P9-EEI-432

Guide de
la France
des
enfants

Un grand merci aux Offices de Tourisme et aux Syndicats d'Initiative et à tous les grands et les petits qui ont d'une façon ou d'une autre contribué à la rédaction de ce guide.

à Marie

Les illustrations et la couverture sont de Pierre Milon
La conception graphique est de Dominique Lemonnier

MARYLÈNE BELLENGER

Guide de
la France
des
enfants

NATHAN

© Éditions Rouge et Or, 1995
Dépôt légal : avril 1995
ISBN 2-09-490195-5
N° de projet : 10025579 - (I) - (8) - OSBV - 90
Imprimé en France
par Pollina, 85400 Luçon - n° 67430
Composition : PFC, Dole

Conforme à la loi n° 49.956 du 16 Juillet 1949
sur les publications destinées à la jeunesse.

INTRODUCTION

P arcourir la France en famille peut être source de grandes joies mais, pour être une réussite, chaque voyage ou chaque déplacement nécessite un minimum de préparation. Les centres d'intérêt des adultes ne sont pas toujours les mêmes que ceux des enfants. Heureusement la France foisonne de merveilles, et grands et petits peuvent aisément trouver leur bonheur. Il faudra simplement choisir un parcours prévoyant des visites pour tous les âges.

Ce guide a donc répertorié, à l'usage des adultes mais à l'intention des moins de quinze ans, les parcs d'attractions, zoos, espaces aquatiques, élevages, sites, musées, etc., susceptibles de plaire aux jeunes.

Nous avons imaginé un périple qui, partant de Lille et se terminant à Monte-Carlo, traverse toutes les régions de France. Le choix des étapes a été fait avec l'avis des enfants. Ces circuits passent par les principales villes de France et les sites les plus fameux, laissant volontairement de côté certains monuments ou musées célèbres si ceux-ci ne concernent pas d'une façon ou d'une autre les jeunes touristes. Pour le choix des musées, nous avons retenu, outre l'intérêt du sujet, des critères de présentation, d'animation ou d'originalité.

Des enfants de tout l'Hexagone ont sélectionné pour vous les visites les plus attrayantes de leur région. J'ai, moi-même, accompagnée de ma fille et de jeunes amis, parcouru plus de 30 000 kilomètres. Nous avons rendu systématiquement visite à nos amis les zèbres et regardé dans les yeux les loups de dizaines et de dizaines de parcs zoologiques, nous avons pris plaisir à glisser sur les toboggans nautiques, ri ou crié sur les grands-huits, descendu les rivières canadiennes ou les Colorado rivers, visité un nombre impressionnant de grottes, nous avons voyagé à bord de petits trains touristiques et découvert avec intérêt les coutumes et les costumes des anciennes provinces.

Nous avons cherché à être le plus éclectique possible dans nos choix, sachant très bien que, si certains lieux remporteront les suffrages de tous les moins de cent ans, d'autres plairont plus ou moins, en fonction de la personnalité du jeune visiteur.

Nous avons d'autre part essayé de faire ressortir les caractéristiques ou l'originalité de chaque région et nous nous sommes efforcés de vous signaler les spécialités sucrées. Et c'est sur un critère de gourmandise que nous avons noté les visites : une, deux, trois boules de glace gratifient les étapes les plus séduisantes.

Vous choisirez donc vos visites en fonction des goûts de la famille et aussi de l'âge de vos enfants. Pour vous aider, nous vous donnons une idée de la tranche d'âge la plus concernée, sachant pertinemment que vous serez seul juge et que ce critère dépend surtout de la maturité de vos enfants.
Vous trouverez également une fourchette de prix et une indication sur l'existence de restaurants, buvettes et aires de pique-nique afin de vous permettre de mieux organiser vos déplacements.

Enfin nous vous précisons les jours et les heures d'ouverture. Nous ne saurions cependant trop vous recommander de les vérifier à l'avance : un parc peut toujours avoir fermé ou un musée avoir modifié ses horaires.

Sachez enfin que certaines chaînes d'hôtels accordent des réductions, voire la gratuité aux enfants et que de plus en plus de restaurants, y compris des restaurants gastronomiques, proposent des menus spécialement conçus pour eux.

Nous vous souhaitons de prendre tous autant de bon temps à parcourir le Guide de la France des enfants que nous en avons pris à réaliser ce livre.

Bonne route.

DÉFINITIONS DES SIGLES

Les « étoiles » en boules de glace

Bien   Très bien   Formidable

Les Horaires

Heures d'ouvertures

Les Prix

Gratuit

– de 10 francs

entre 10 et 25 francs

entre 25 et 50 francs

entre 50 et 100 francs

+ de 100 francs

Les enfants bénéficient en général
de 30 à 50 % de réduction

Les Âges

– de 8 ans   + de 8 ans

+ de 12 ans   pour tous

Les Prestations

 Restaurant – snack

 Buvette

 Aire de pique-nique

Fugues et Zoom

 Le début d'une fugue

 La fin de la fugue

Le début d'un zoom

La fin du zoom

SOMMAIRE

Les régions

L es pays du Nord évoquent tout de suite la monotonie du « plat pays » chanté par Jacques Brel.
Ce n'est pourtant pas une région aux paysages uniformes : l'Avesnois est souvent appelé « la petite Suisse du Nord » avec ses vallons parsemés d'étangs ; le Hainaut et le Cambrésis alignent eux leurs champs de blé et de betteraves ; la Côte d'Opale laisse une mer de lait baigner ses falaises ; et la verte vallée de la Somme patauge dans ses marais.

Trois circuits parcourent les pays du Nord. Le premier part de Lille et vous fait passer à Maubeuge, à Douai et à Arras. Le deuxième descend la Côte d'Opale. Et le troisième vous fait découvrir l'Amiénois.

~ Musée d'Histoire Naturelle ————
~ Musée d'Art Moderne

Réserve Ornithologique ————

GROUIK?

Zoo de Maubeuge ————————————

Le Moulin de Sar-Poteries ——————

Atelier - Musée de verre ——————————

Musée du Textile et de la vie Sociale ————

Souterrains de l'Hotel de ville ————————

~ Le Beffroi ————————————
~ Musée de la Chartreuse
Centre historique minier ————————

Parc d'Estourmel ——————

Réserve Naturelle ——————

Les Prés du Hem ——————————

L'AVESNOIS, LE HAINAUT
ET LE CAMBRESIS

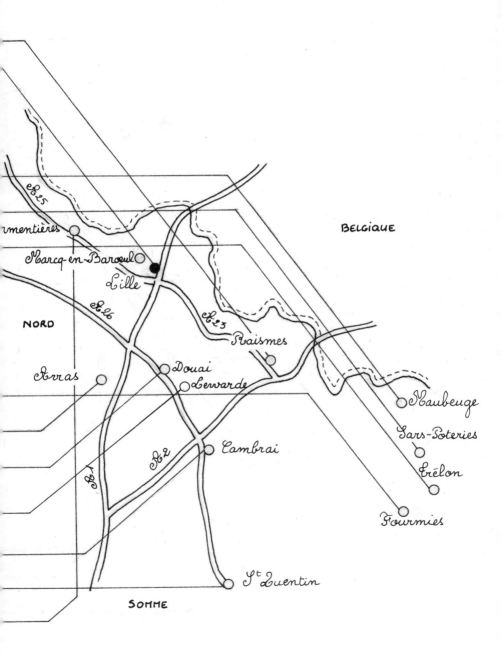

BELGIQUE

Armentières

Marcq-en-Barœul

Lille

A 25

A 26

A 23

Raismes

NORD

Arras

Douai

Lewarde

Maubeuge

Sars-Poteries

A 2

Cambrai

Trélon

Fourmies

St Quentin

SOMME

L'AVESNOIS, LE HAINAUT ET LE CAMBRÉSIS JUSQU'AU VERMANDOIS

Vous partez de Lille et vous vous dirigez dans un premier temps vers Maubeuge et Fourmies, puis vous irez à Douai et à Arras.

LILLE

Les aléas de l'Histoire firent souvent changer Lille de nationalité.

Flamande au XIe siècle, elle devint au XIVe siècle une des capitales de l'État bourguignon. À la suite du mariage de la fille de Charles le Téméraire avec Maximilien d'Autriche, la ville fit partie des Pays-Bas espagnols ; enfin, en 1667, Louis XIV prit Lille et la rattacha au royaume de France.

Aujourd'hui métropole régionale, Lille est une ville carrefour au cœur de l'Europe du nord-ouest.

Lille adore les fêtes et chaque quartier a sa « ducasse » ou fête patronale. Toutes les occasions sont bonnes pour se déguiser et promener dans la ville les Géants, fondateurs de la ville : Lydéric et Phinaert.

Le premier dimanche de septembre, la ville est en liesse, à l'occasion de la **Grande Braderie**. Les trottoirs sont envahis par les forains, et chacun se gave de frites et de moules.

Ses musées ne passionneront pas les enfants, nous ne citerons que le Musée d'Histoire Naturelle.

Musée d'Histoire Naturelle

19, rue de Bruxelles 59000 Lille - Tél. : 20 53 38 46

 Ouvert tous les lundis, mercredis, jeudis et vendredis de 9 h à 12 h et de 14 h à 17 h ; les dimanches de 10 h à 17 h.

La faune de la région et une très belle collection d'oiseaux d'Europe ne manquent pas d'intérêt, mais c'est surtout la ruche vitrée dans laquelle s'affairent les abeilles qui captivera l'attention des jeunes visiteurs.

Des aquariums viennent d'être installés et une animation vidéo agrémente la visite.

14

Lille a aussi son **« bois de Boulogne »** avec un parc zoologique.

Parc Zoologique

Jardin de la Citadelle 59000 Lille - Tél. : 20 57 38 08

 Ouvert de novembre au 31 mars de 10 h à 17 h et du 1ᵉʳ avril au 30 septembre de 9 h à 19 h.

Si le bois est la promenade favorite des Lillois, les enfants, eux, glisseront sur les toboggans, feront de la balançoire, et rendront visite aux animaux et aux oiseaux du zoo.

Les enfants lillois ont aussi la chance d'avoir, au cœur de leur ville, une vraie ferme aménagée pour eux.

Ferme Miniature Marcel Dhenin

Parc des Dondaines 14, rue E. Jacquet 59000 Lille - Tél. : 20 55 16 12

 Ouverte tous les jours de 9 h à 17 h.

Construite dans un style flamand, la ferme comprend tous les bâtiments d'une ferme traditionnelle : poulailler, bergerie, étable, écurie... Elle se consacre particulièrement à l'élevage d'animaux domestiques en voie de disparition. À loisir, chacun s'y promène faisant ami-ami avec les habitants de cette sympathique basse-cour.

En quittant Lille par l'est, arrêtez-vous à Villeneuve-d'Ascq. Quelle ne sera pas votre surprise de découvrir, au cœur de cette ville nouvelle, trois moulins témoins d'une époque révolue !

Ces trois moulins, l'un à huile, l'autre à farine et le troisième à eau, se visitent tous les dimanches après-midi, d'avril à novembre.

Renseignements au 20 05 49 34.

À la limite du beau parc du Héron, un bâtiment tout en verre et en brique abrite la prestigieuse donation Masurel d'art contemporain et des expositions temporaires.

Musée d'Art Moderne

1, allée du Musée 59650 Villeneuve-d'Ascq - Tél. : 20 05 42 46

 Ouvert tous les jours sauf mardi de 10 h à 18 h (19 h les dimanches et fêtes de juin à septembre).

Il faut rendre hommage à ce Musée d'Art Moderne qui manifeste un tel intérêt pour ses jeunes visiteurs : des visites découvertes et des ateliers, relatifs aux collections permanentes et à l'occasion de chaque exposition, sont organisés. Des livres-jeux et des fiches de lecture pour enfants sont consultables dans l'espace de repos.

De Lille à Charleville-Mézières

Rattrapez l'autoroute A 23 en direction de Valenciennes, sortez à Saint-Amand-les-Eaux et allez vous promener dans la réserve ornithologique de la forêt de Raismes.

Des visites à thèmes sont organisées, se renseigner à l'Office national des forêts (tél. : 27 30 35 70).

Vous poursuivrez votre route jusqu'à Maubeuge, où les enfants auront plaisir à voir les nombreux animaux du zoo.

Parc Zoologique

Avenue du Parc - 59600 Maubeuge - Tél. : 27 65 15 73

 Ouvert du 15 février au 30 novembre : de 13 h 30 à 17 h 30 ; du 1er mai au 31 août : de 10 h à 18 h ; du 1er septembre au 1er novembre : de 13 h 30 à 17 h 30. La Ferme du Zoo est ouverte du 15 avril au 15 septembre.

Vous apprécierez sur plus de 6 hectares, les animaux en liberté dans de vastes enclos. L'élevage d'hippopotames est particulièrement intéressant : depuis 1964 « les chevaux des fleuves » se reproduisent au pied des remparts de Vauban.

Vous y verrez aussi des cigognes, elles étaient, paraît-il, nombreuses autrefois dans le Nord, et aujourd'hui le zoo de Maubeuge tente de les réacclimater.

À la Ferme du Zoo, les plus petits pourront jouer et goûter.

De Maubeuge, vous prendrez la N 2 et à 4 km avant Avesnes, vous tournerez à gauche sur la D 962 conduisant à **Sars-Poteries**.

Sur la rivière Rieu-de-Sars, vous visiterez un moulin à eau.

Moulin de Sars-Poteries

59216 Sars-Poteries - Tél. : 27 61 60 01

 Ouvert les dimanches et fêtes à partir de 15 h du 1er mai au 1er novembre ; et tous les jours sauf le mardi, à partir de 15 h du 1er juillet au 1er octobre.

  pour les – de 7 ans

Typique du XVIIIe siècle, le moulin de Sars est l'un des rares de la région à avoir conservé l'intégralité de son mécanisme sur quatre niveaux. La grande roue dentée, appelée le rouet, fonctionnera prochainement. La meunière vous accueille et vous parle de la vie au moulin. Une exposition de photos permet de découvrir les jolis coins de la région.

Un peu plus loin à Felleries, un autre moulin, celui des Bois-Jolis, vous attend.

Moulin des Bois-Jolis

59740 Felleries - Tél. : 27 59 06 71

 Ouvert de Pâques à novembre le dimanche de 15 h à 19 h. En juillet et août de 15 h à 19 h.

  pour les enfants

Ce petit musée rassemble des objets en bois tourné, des quilles, des boules, des boîtes, et les tours qui ont servi à les fabriquer.

Gagnez la D 963 (Solre-le-Château - Trélon) et, à Willies, rendez-vous au bord du **lac du Val-Joly**.

Si le soleil brille, quel plaisir de se baigner dans ce vaste **plan d'eau aménagé en base de loisirs** ! Par temps maussade, vous vous contenterez d'une visite à la **ferme du Haut-Joly** où sont présentées des expositions sur la région.

Tél. : 27 61 84 14.

Sous un chapiteau, des animations ont lieu le dimanche à 17 h, du 15 mai au 1er septembre.

De retour sur la D 963, vous vous arrêterez, à Trélon, à :

Atelier-musée du Verre

59132 Trélon - Renseignements au 27 60 66 11 (même numéro pour tous les écomusées qui vont suivre)

 Ouvert d'avril à octobre, en semaine de 14 h à 18 h et le samedi et le dimanche de 14 h à 18 h 30.

Vous assisterez à une présentation complète du cycle de fabrication d'un objet en verre, de la gobeleterie au flaconnage.

Une époustouflante démonstration de soufflage à bouche clôt la visite.

Poursuivez votre route jusqu'à **Fourmies**, et rendez-vous au :

Musée du Textile et de la Vie Sociale

59610 Fourmies - Tél. : 27 60 66 11

 Ouvert du 1er mars au 30 novembre, en semaine de 9 h à 12 h et de 14 h à 18 h et les week-ends et jours fériés de 14 h 30 à 18 h30 ; en juillet, août, septembre de 9 h à 18 h sans interruption.

Dans une ancienne filature, trente machines en fonctionnement vous apprennent tout sur le textile « de la fibre au tissu ».

Au-delà de la technique, vous découvrez la vie quotidienne à travers des reconstitutions diverses, un habitat, un estaminet, des magasins...

Une **baignade à l'étang des Moines** tout proche sera, par beau temps, fort appréciée.

Signalons, à Sains-du-Nord, sur la D 42 en direction d'Avesnes la Maison du Bocage.

Maison du Bocage

59177 Sains-du-Nord - Tél. : 27 60 66 11

 Ouverte du 1er mars au 30 novembre, en semaine de 14 h à 18 h et les week-ends et jours fériés de 15 h à 19 h.

Installée dans une fermette, la Maison du Bocage est avant tout une vitrine du monde rural avesnois. Vous verrez la reconstitution d'une laiterie, d'une étable, d'une écurie. Et vous dégusterez le fameux fromage de Maroilles.

De Fourmies, vous rejoindrez la N 43 et la suivrez jusqu'à Charleville-Mézières, dans les Ardennes.

De Lille à Saint-Quentin

Ayant emprunté l'autoroute A 1 en direction de Paris, vous la quitterez à la sortie d'Arras.

Sans l'ami Bidasse, héros d'une célèbre chanson populaire, vous parcourrez les souterrains de l'hôtel de ville d'Arras.

Les Boves

Entrée par le sous-sol de l'hôtel de ville - 62000 Arras - Tél. : 21 51 48 30

 Ouvert en été : les jours de semaine de 10 h à 12 h et de 14 h à 18 h (de 15 h à 18 h 30 le dimanche) ; en hiver : de 14 h à 18 h en semaine et de 10 h à 12 h et 15 h à 18 h le dimanche.

Véritable dédale de salles et de couloirs, ces galeries souterraines ou « boves » servirent d'abri pendant les guerres.
Un spectacle audiovisuel donne un bon aperçu de l'histoire de la ville.

N'oubliez pas que l'on ne quitte pas Arras sans son paquet de cœurs en chocolat !

Dans le cadre de ce circuit, la N 50 vous conduira à Douai, mais vous pourrez également prendre la N 25 pour Amiens et, dans ce cas, vous enchaînerez avec le **circuit dans l'Amiénois** (voir p. 29).

Douai est la ville des « enfants de Gayant », et Gayant est un Géant, le plus célèbre des pays du Nord. Avec sa femme, Marie Cagenon, et leurs trois enfants, Jacquot, Fillon et Binbin, il parcourt la ville le dimanche qui suit le 5 juillet.

Les enfants se sentiront bien petits devant ces mannequins d'osier hauts de 8 mètres !

Le **beffroi de Douai** renferme un **carillon de 62 cloches** et, le samedi matin et les jours de fête, entre 10 h 45 et 11 h 45, vous l'écouterez vous donner un merveilleux concert. En été le concert est renouvelé le lundi de 21 h à 22 h.   Renseignements au 27 88 26 79.

Prenez la N 45 en direction de Denain et arrêtez-vous au Centre Minier de Lewarde.

Centre Historique Minier

59287 Lewarde - Tél. : 27 98 03 89

Ouvert tous les jours à partir de 10 h et jusqu'à 16 h de novembre à mars et 17 h d'avril à octobre. Fermé du 15 au 31 janvier, le 1er mai, le 1er novembre et le 25 décembre.
Durée de la visite complète : 3 heures environ, y compris le circuit minier (1 heure).
La visite du circuit minier se fait en groupe, en train, et selon un horaire précis indiqué à la billetterie.

Le Centre de Lewarde est aménagé au cœur du bassin minier, sur le site de l'ancienne fosse Delloye où travaillèrent un millier de personnes, produisant 1 000 tonnes de charbon par jour.
Guidé par d'anciens mineurs, vous découvrez le travail et la vie des hommes et des femmes de la mine ; vous empruntez le train du personnel, puis vous pénétrez, par une descente simulée, dans les galeries minières reconstituées. Une animation audiovisuelle permet de comprendre l'évolution des techniques de l'extraction du charbon.

Puis, vous gagnerez Cambrai où vous achèterez des « bêtises », avant de poursuivre la N 43 en direction de Caudry, à mi-chemin, faites une halte au parc animalier d'Estourmel.

Parc d'Estourmel

59440 Estourmel - Tél. : 27 78 62 61

 Ouvert tous les jours dès 10 h du 1er mai à la rentrée scolaire ; et les mercredis et dimanches dès 14 h en avril et septembre.

Chameaux, lamas, chimpanzés, kangourous... presque tous les animaux présentés sont en semi-liberté. Jeux pour les enfants.

De retour à Cambrai, prenez la N 44 pour **Saint-Quentin**.

À Saint-Quentin, il y a un musée Entomologique (rue de la Sellerie). Cette collection de papillons fut l'une des plus belles d'Europe au début du siècle. Vous admirerez les magnifiques couleurs des espèces tropicales. Cependant, il est tout de même plus agréable de les contempler vivants !
Au pied de la ville de Saint-Quentin une plage avec jeux et pédalos a été aménagée pour les enfants au bord du marais d'Isle.
Ouverte de 10 h à 19 h à la belle saison.
Et vous pourrez observer oiseaux et plantes dans la **Réserve naturelle du Marais de l'Isle**. Renseignements au 23 67 05 00.

De Lille à Dunkerque

Vous sortirez de Lille par la D 933 pour vous arrêter à la base de loisirs d'Armentières.

Les Prés du Hem

5, avenue Marc-Sangnier 59280 Armentières - Tél. : 20 77 43 99

 Ouvert de mars à la fin septembre, le week-end de 10 h 30 à 21 h en juillet et en août et en semaine de 10 h 30 à 20 h.

150 hectares de nature, de verdure et d'eau : une plage de sable fin, un toboggan nautique, une plaine de jeux, une ferme pour les petits et une réserve naturelle d'oiseaux sauvages.

Puis l'autoroute A 25 vous conduira à **Dunkerque**.

Musée Portuaire ————————————

Centre d'Information Eurotunnel ——

Nausicaa ————————

Parc d'attractions

Zoo de la côte d'Opale ————

Aquaclub de la côte Picarde ————————

Parc Ornithologique de Marquenterre ————————

Chemin de fer de
la Baie de Somme

La maison de l'oiseau ————————

Les grottes de Naours ————————

Cathédrale ————————

Les Hortillonnages

Parc Zoologique de La Flotoie

Parc de Samara ————————————

Petit train de la Haute-Somme ————————————

Domaine des Iles ————————————

Aquaclub ————————————

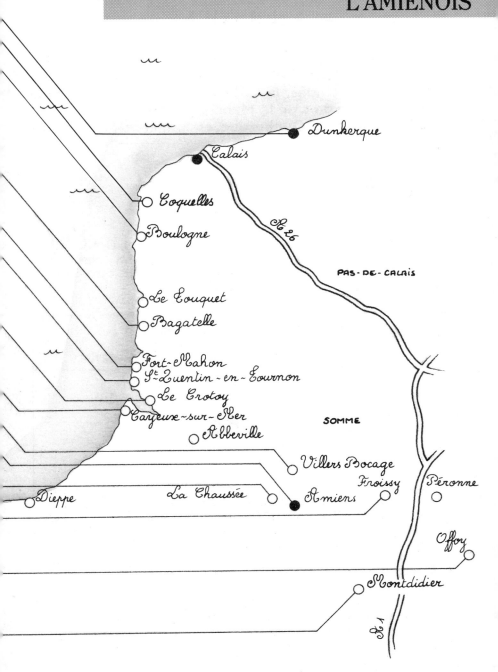

Dunkerque

Calais

Coquelles

Boulogne

Le Touquet

Bagatelle

Fort-Mahon
St-Quentin-en-Tournon
Le Crotoy
Cayeux-sur-Mer
Abbeville

PAS-DE-CALAIS

SOMME

Villers Bocage

Froissy

Péronne

Dieppe

La Chaussée

Amiens

Offoy

Montdidier

LA CÔTE D'OPALE DE DUNKERQUE À BOULOGNE

**Paysage de dunes, d'immenses plages de sable, de falaises et de landes, la Côte d'Opale court le long de la mer du Nord et de la Manche.
Vous partirez de Dunkerque et longerez la côte jusqu'au Tréport.**

DUNKERQUE

Presque entièrement détruite en 1945, Dunkerque est aujourd'hui le troisième port de France. La ville possède un musée d'Art contemporain d'architecture et de conception très moderne et un musée récent consacré aux activités portuaires.

Musée Portuaire

9b, quai de la Citadelle - 59140 Dunkerque - Tél. : 28 63 33 39

 Ouvert tous les jours, sauf mardi, de 10 h à 12 h et de 14 h à 18 h (en été de 10 h à 18 h).

 pour le musée

 pour les ateliers

Dans l'ancien entrepôt de tabacs de la citadelle, planté depuis bien longtemps à fleur de bassin, sont présentées les activités du port de Dunkerque au fil des siècles. On apprend ce qu'était le travail du charpentier de marine, du pêcheur, du docker mais aussi celui du transitaire ou du corsaire. Au fil des salles, on retrouve bien sûr Jean Bart, l'enfant chéri des Dunkerquois. À quai, le musée se poursuit avec la possibilité de monter à bord de deux bateaux-feux.

En été, les visites sont animées par des professionnels du port (docker, pilote, etc.). Il existe également des ateliers d'initiation au matelotage pour les 7/14 ans ou à la météo pour les 12/16 ans.

24

Avant de quitter la ville faites le tour du port en bateau. Départ place de Minck - Bassin du Commerce. Renseignements au 28 66 79 21.

Poursuivez votre route jusqu'à Boulogne. Et si vous passez par le **cap Gris-Nez** ou le **cap Blanc-Nez** là où la mer du Nord rejoint la Manche, jetez un petit coup d'œil sur les côtes d'Angleterre, elles sont tout près. Tellement près qu'un tunnel relie maintenant les deux pays.

Vous pourrez visiter le centre d'informations de l'Eurotunnel. Vous y verrez un diaporama, un film retraçant les principales étapes de la construction et une exceptionnelle maquette animée. **Centre d'Information Euro-tunnel -** 62231 Coquelles - Tél. : 21 00 69 00. Ouvert tous les jours de 10 h à 19 h de mai à septembre (18 h d'octobre à avril).

BOULOGNE

Boulogne est le premier port de pêche de France. Nausicaa, un centre de la mer, vient récemment d'ouvrir ses portes.

Nausicaa

Bd Sainte-Beuve - 62200 Boulogne-sur-Mer - Tél. : 21 30 99 99

 Ouvert tous les jours de 10 h à 20 h du 15 juin au 14 septembre et de 10 h à 18 h du 15 septembre au 14 juin. Fermé du 9 au 20 janvier.

Difficile de raconter ce lieu extraordinaire, il faut y aller de toute urgence.
C'est la découverte du monde marin. Des effets d'optique, des aquariums « bulles », un éclairage, une ambiance sonore créent l'illusion de pénétrer vraiment dans les fonds sous-marins.
Au centre d'une sphère de verre, vous allez regarder les requins évoluer ; vous vous risquerez à caresser les raies ; vous glisserez la tête dans l'univers des crustacés ; vous monterez sur le pont d'un chalutier reconstitué grandeur nature.
Tout est là pour comprendre la mer : explications, jeux, films...
Prévoyez beaucoup de temps, mais la réussite de ce voyage au centre de la mer est garantie.

L'étape suivante sera Le Touquet.

Aqualud

Boulevard de la Mer 62520 Le Touquet - Tél. : 21 05 63 59

 Ouvert de la mi-février à la mi-novembre de 10 h à 18 h.

Un parc de jeux aquatiques : rivière à bouées, canyons et rapides, toboggans, piscine à vagues, vous attend.

Du Touquet vous descendrez à Berck. Et là, juste avant d'arriver à **Berck**, s'étend à votre droite le parc d'attractions et le zoo de la Côte d'Opale.

Parc de Bagatelle

62155 Merlimont - Tél. : 21 89 09 91

 Ouvert du 15 avril au 4 septembre tous les jours de 10 h à 19 h et les mercredis, samedis et dimanches de septembre (accès aux attractions de 10 h 30 à 18 h 30).

 pour les moins de 1 mètre
le droit d'entrée permet l'accès
à volonté aux attractions
et spectacles.

Dans un parc ombragé, bien entretenu et fleuri, trente-deux attractions attendent petits et plus grands : voyage en train, tacots 1900, grande roue, montagnes russes, kart, promenades en bateau, armature à la mine d'or, spectacles, et le Park O'Daims avec ses animaux des quatre coins du monde ou la ferme des tout-petits.
  Dernière création : le circuit « Grand Prix », une piste de voitures de course pour petits et grands avec voitures à essence bi-places.

À Berk-sur-Mer, à l'**Agora** (Esplanade de la mer - Tél. : 21 09 01 81), on peut se baigner dans un bassin à vagues, glisser sur des toboggans dans une eau à 28°..., jouer au bowling et aux bateaux télécommandés.
  Juste après Berck, vous entrez dans la **Somme** et, entre Fort-Mahon et Quend, vous verrez indiqué un parc aquatique.

Aquaclub de la Côte Picarde

Promenade du Marquenterre 80790 Fort-Mahon-Plage - Tél. : 22 23 33 29

Ouvert pendant les vacances de Pâques et les mercredis, samedis, dimanches, en mars, avril et septembre après le 10, de 10 h à 18 h et en juin, juillet, août et jusqu'au 10 septembre tous les jours en juillet et août de 10 h à 19 h.

Vous pourrez, par tous les temps, nager, glisser, affronter les vagues, rire et vous amuser de bon cœur sur les tobbogans géants.

Un tout petit peu plus loin à St-Quentin-en-Tourmont :

Parc Ornithologique
de Marquenterre

St-Quentin-en-Tourmont 80120 Rue - Tél. : 22 25 03 06

Ouvert tous les jours de 9 h 30 à 19 h du 20 mars au 11 novembre.

Dans un paysage de marais, de landes et de dunes la réserve offre deux promenades merveilleuses. La nature, les couleurs sont exceptionnelles, l'atmosphère dégage calme et sérénité. Tout est conçu pour que le promeneur puisse agréablement observer les oiseaux sans les déranger. Des tableaux explicatifs permettront tout au long des rencontres d'identifier les oiseaux : est-ce une oie cendrée, une bernache, une cigogne blanche, un huîtrier-pie, un chevalier gambette, un balbuzard pêcheur ? Les dessins, très clairs, vous donneront la réponse.

Vous aurez le choix entre deux parcours : la promenade d'initiation de 1,5 km (environ 1 h 30) où vous verrez des oiseaux plus familiers à l'intérieur d'étangs clos. Par leur présence et leurs appels ils attirent des oiseaux migrateurs. Ou le parcours d'observation (deux bonnes heures). Les oiseaux ne vous verront pas mais vous, vous les verrez grâce à des postes de guet très bien camouflés.

Votre visite se terminera par le passage à travers une volière très discrète où vous verrez un certain nombre d'oiseaux de plus près.

Un endroit magique où il faut vraiment prévoir de passer un bon moment. Le parcours le plus court ne posera pas de problème pour les petites jambes à partir de 8 ans.

Poursuivez votre route. L'arrêt suivant sera la petite gare **du Crotoy**. Un petit train circule le long de la baie de la Somme.

Chemin de Fer de la Baie de Somme

Gares du Crotoy, de Noyelles-sur-Mer, de Saint-Valéry-sur-Somme et de Cayeux-sur-Mer

 Les trains circulent les dimanches et jours fériés de la mi-avril à la mi-septembre ; les mardis, mercredis, jeudis et samedis en juillet et août ; et les 21 et 22 mai. Se renseigner sur les horaires précis au 22 26 96 96.

 St-Valéry-le-Crotoy

 Cayeux-Noyelles

Le trajet dure de 1 heure à 2 heures, selon l'itinéraire choisi.

Justement, à côté de Cayeux, vous pourrez aussi visiter la Maison de l'Oiseau. Vous trouverez facilement la maison, de nombreux panneaux la signalent depuis le carrefour Abbeville-Saint-Valéry.

 # Maison de l'Oiseau

Carrefour du Hourdel, Route D 204, Lanchères 80410 Cayeux-sur-Mer
Tél. : 22 26 93 93

 Ouverte tous les jours de 10 h à 18 h (19 h en juillet et août) du 1er mars au 11 novembre.

La Maison de l'Oiseau célèbre l'oiseau : dans de jolis paysages peints, les oiseaux de la côte picarde semblent prêts à s'envoler, une jolie mise en scène : les marais, les dunes, la côte et ses falaises, etc. Un film vidéo sur la côte picarde clôt intelligemment la visite.

Après avoir passé **Le Tréport** et **Eu**, vous prendrez la direction de Paris. Et, dans la forêt de Beaumont, vous trouverez la **Ferme de Beaumont** et ses **élevages de canards et de faisans**. Tél. : 35 86 15 94.

Vous êtes maintenant en **Seine-Maritime** et vous poursuivez votre route avec le **circuit de Haute-Normandie**.

L'AMIÉNOIS

Vous arrivez d'Arras par la N 25, 10 km après Doullens, vous prenez à gauche la D 117 pour Naours où vous visitez les grottes ou « muches ».

Grottes de Naours

80260 Naours - Tél. : 22 93 71 78

 Ouvert tous les jours de 9 h à 12 h et de 13 h 30 à 18 h du 1er février au 11 novembre et le reste de l'année tous les dimanches après-midi de 14 h à 17 h.

 pour la visite des grottes

Plusieurs kilomètres de souterrains ont été creusés dans le plateau picard pour former des refuges ou « muches » (cachettes) capables de recevoir jusqu'à 3 000 personnes. Des villages entiers, hommes et bétail, pouvaient s'y réfugier ; vous découvrez des places publiques, des étables, des chambres et même une chapelle. Ce lieu un peu mystérieux fut utilisé comme cachette pendant les guerres de Religion puis pendant la guerre de Trente Ans et enfin par les Allemands pendant la guerre de 1939-1945.

Une exposition présente les métiers d'autrefois, et deux moulins se visitent également.

Un mini-golf et des jeux sont à la disposition des enfants.

Continuez votre route pour Amiens.

AMIENS

Visiter **Amiens** veut dire en premier lieu se rendre à la **cathédrale**. Vous irez sûrement, et vous aurez bien raison. Les enfants apprécieront surtout le spectacle du **Son et Lumière** à la cathédrale.

 Présenté du 15 avril au 15 octobre les mardis, jeudis, vendredis et samedis.
Il sera prudent de se renseigner sur les horaires et de réserver au 22 91 83 83.

Amiens est célèbre aussi pour ses marionnettes à fils. Leur héros est le valet « Lafleur », un joyeux drille poète, amoureux de sa région et parlant la langue picarde. Avec sa fidèle complice, sa femme Sandrine, Tchot Blaise et bien d'autres personnages savoureux, il fait rire de bon cœur les enfants. Des représentations sont régulièrement données aux « **Chés Cabotans d'Amiens** », un théâtre de marionnettes permanent (Tél. : 22 92 42 06).

Vous pourrez également acquérir de ravissantes marionnettes sculptées à l'atelier J.-Pierre Facquier, place du Don, 80000 Amiens - Tél. : 22 92 49 52.

Avant d'aller faire un tour en barque dans les hortillonnages, ayez une petite pensée pour Jules Verne qui passa une grande partie de sa vie en Picardie. Vous pouvez entrer dans une des maisons qu'il occupa.

Maison de Jules Verne

2, rue Charles-Dubois 80000 Amiens - Tél. : 22 45 37 84 ou 22 95 30 32

   Ouvert tous les jours sauf le dimanche et le lundi de 9 h à 12 h et de 14 h à 18 h.

Né à Nantes en 1828, Jules Verne s'est définitivement fixé à Amiens en 1871. C'est probablement au cours de ses nombreux séjours au Crotoy ou au Tréport que l'idée du Nautilus lui vint. La ville d'Amiens conserve de nombreuses traces de l'écrivain : le cirque qu'il inaugura, sa statue, son spectaculaire tombeau et sa maison. Vous y verrez son cabinet de travail, des objets lui ayant appartenu et diverses maquettes.

Après cela, ne manquez pas d'aller faire un petit tour dans les hortillonnages.

Les Hortillonnages

Boulevard Beauvillé 80000 Amiens - Renseignements au 22 92 12 18

Départ au 54, boulevard de Beauvillé, les week-ends et jours fériés de Pâques au 31 octobre, à partir de 14 h. Le bateau contient 12 personnes et ne part que lorsqu'il est plein ! La promenade dure une heure.

Les hortillonnages sont des jardins flottants, encerclés, irrigués par la Somme et l'Avre et parcourus de petits canaux appelés rieux. Les rieux sont navigables en barques à fond plat ou « bateaux à cornet » dont l'extrémité relevée permet d'accoster sans détériorer les berges fragiles. Depuis le Moyen Âge, les Amiénois cultivent leurs légumes sur ces petites parcelles de terre entourées d'eau. Aujourd'hui, ils ont aussi planté des arbres fruitiers et des fleurs et ils considèrent souvent leur jardin ou leur petite villa comme leur propriété de week-end.

À **l'auberge du Vert-Galant**, le long du chemin de halage (Tél. : 22 91 31 66), vous pourrez aussi louer une **barque à rames** et vous promener individuellement.

Amiens entretient aussi un joli zoo.

Parc Zoologique de la Hotoie

139, rue du Faubourg-de-Hem 80000 Amiens - Tél. : 22 43 06 95

Ouvert en avril, mai, septembre, octobre de 10 h à 12 h et de 14 h à 18 h et en juin, juillet et août de 9 h à 18 h - 19 h ; de novembre à mars, les mercredis et dimanches de 14 h à 17 h.
Fermé le lundi en hiver.

Ce zoo est situé dans un parc à la sortie de la ville vers Abbeville. Des animaux du monde entier évoluent dans un joli cadre de nature bordant la Somme. Les panneaux donnant des renseignements sur chacun des animaux sont particulièrement bien faits.

Dégustez un petit macaron bien moelleux ou des tuiles amiénoises à base de chocolat et d'amandes, puis quittez Amiens en partant soit vers Abbeville, soit vers Saint-Quentin, soit encore vers Beauvais.

Vers Abbeville

Prenez la N 1 en direction d'Abbeville. À La Chaussée-Tirancourt, tournez à gauche pour **le parc de Samara** (très bien fléché).

Samara

80310 La Chaussée-Tirancourt - Tél. : 22 51 82 83

 Ouvert tous les jours de 9 h 30 à 20 h de mars à novembre.

Samara est un parc surprenant. Certains l'appellent « parc du temps », ses organisateurs le définissent comme « l'information scientifique à portée de tous »... À vous de juger !

Sur un vaste espace, vous découvrez un ensemble d'installations n'ayant pas forcément de rapports entre elles :
– Un arboretum, dont les arbres ont été plantés spécialement.
– Un jardin botanique – un peu rigide.
– Un oppidum (plus exactement vous marchez sur un sentier longeant un grand champ qui fut du temps de César un site fortifié !).
– Des habitats de la préhistoire, remarquablement reconstitués : une maison des premiers agriculteurs-éleveurs du néolithique (5 000 ans av. J.-C.), une demeure de la fin de l'âge de bronze, une maison et un grenier à grains du début de l'époque gallo-romaine.
– Un musée, « une initiation aux sciences de l'homme et de la nature : de la vie quotidienne des "hommes du passé" aux écosystèmes de demain ». À l'intérieur, dans un espace bien aménagé, vous voyez à nouveau une reconstitution d'habitat et une évocation de la vie des hommes du paléolithique à l'époque gallo-romaine ; vous parcourez des salles sur les sciences de la nature : les chaînes alimentaires, l'énergie et l'homme, le cycle de vie des céréales, la fabrication du pain, du sucre, etc., un hommage à Pasteur et quelques aquariums. Vous contemplez une grande peinture murale représentant l'évolution du paysage agricole au cours des âges, de la préhistoire, très boisée, aux grandes plaines cultivées du XXᵉ siècle.
– Enfin, un sentier longe les marais où une hutte de chasse et une cabane de tourbier ont été construites.

Beaucoup de choses intéressantes, peut-être trop. Il manque un fil conducteur et le parc reste abstrait pour le visiteur.

Curieusement, la confusion du propos contraste avec l'exceptionnelle organisation (des poubelles camouflées tous les 20 mètres, des bancs, des parcours très bien balisés, des sentiers bien entretenus qui ne mènent, hélas, souvent nulle part...).

Vers Saint-Quentin

Vous prenez la N 29 pour Saint-Quentin. À 9 km après Villers-Bretonneux, tournez à gauche (D 329) pour Bray-en-Somme ; juste avant, à Froissy, part le p'tit train de la Haute-Somme.

P'tit Train de la Haute-Somme

60480 Froissy - Renseignements au 22 44 55 40 (le matin)

Fonctionne du 1er mai à la fin septembre, les dimanches et jours fériés, de 14 h 15 à 18 h.
Du 14 juillet au 31 août des excursions partent les mercredis et samedis à 15 h et 16 h 30, les dimanches et jours de fête de 14 h 15 à 18 h.
Durée du circuit : 1 h 30.

Il vous emmène à travers bois, le long des berges de la Somme, jusqu'à Cappy ; il escalade ensuite la colline par un curieux itinéraire offrant un superbe panorama.

Si vous n'avez pas pris le petit train et si vous êtes restés sur la N 29, vous pourrez, à mi-chemin de Saint-Quentin, faire un détour par la D 937 vers **Ham** et aller au Parc de Loisirs d'Offoy.
Vous pouvez aussi atteindre très facilement ce parc si vous êtes sur l'autoroute A 1. En venant de Lille, vous sortez à Péronne, direction Saint-Quentin puis Ham, et fléchage ; et si vous venez de Paris, sortie Roye, direction Ham puis fléchage.

Domaine des Îles

80400 Offoy - Tél. : 23 81 10 55

Ouvert tous les jours de mars à octobre de 9 h à 20 h, les dimanches et jours de fêtes et de 9 h à 19 h en semaine.
Vous ne payez pas, mais vous achetez des « poissons » :

 pour un poisson    pour cinq poissons

Munis de ces « poissons », les enfants peuvent prendre le petit train, faire du vélo, du poney, une promenade en bateau, du pédalo ou de la barque.

Vers Beauvais

Tout près de Beauvais, en prenant la N 31 vers Gournay-en-Brie, les enfants iront s'amuser au parc Saint-Paul.

Parc Saint-Paul

Route de Beauvais à Rouen 60650 Saint-Paul - Tél. : 44 82 20 16

 Ouvert d'avril à septembre de 10 h à 19 h.

Un parc d'attractions traditionnel et familial avec petit train, manège, grande roue, pont des singes, tacots 1900, château hanté, etc.

Les enfants pourront aussi faire du pédalo ou du vélo aquatique sur le plan d'eau. Les papas attendront sagement leurs enfants en taquinant la truite.

Pêche à la demi-journée :

 entrée comprise et prise illimitée

Après Beauvais vous rejoindrez Senlis et le **circuit en Ile-de-France**.

L e massif des Ardennes, profondément entaillé par la vallée de la Meuse, les vastes horizons des champs de bataille, les grands lacs de l'Aube et les vignobles de la Champagne donnent quelques images des paysages de la région Champagne/Ardenne, balisée par les cathédrales de Troyes et de Reims, et la basilique de Chaumont.

Parc Animalier _____

Musée de la Forêt _____

Parc de Vision _____

Parc Ornithologique _____

Haras National _____

Lac du Der-Chantecoq _____

Nigloland _____

~ Musée de la Bonneterie _____
~ Maison de l'Outil et de la Pensée Ouvrière
~ Son et Lumière de la Cathédrale
~ Musée d'Histoire Naturelle

Son et Lumière _____

~ Centre Historique de l'auto-
        mobile Française
~ Planétarium

Le Fort de Pompelle _____

Le Jardin des Papillons _____

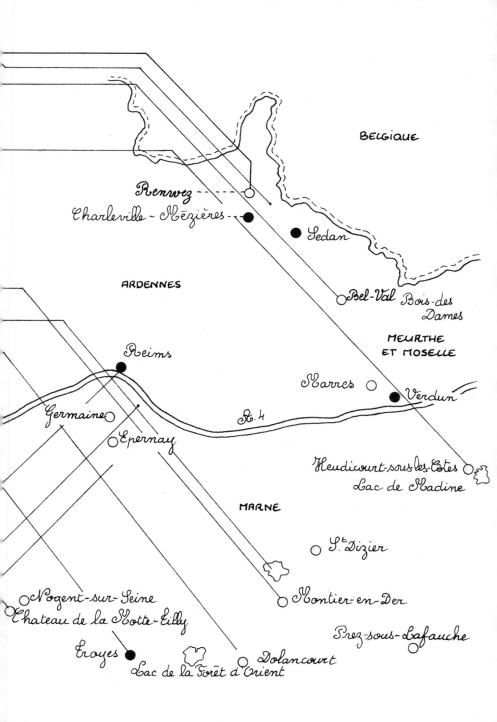

L'ARDENNE ET LA CHAMPAGNE

Vous partirez des Ardennes pour vous retrouver d'une part sur le plateau de Langres, et d'autre part sur la route du champagne.

CHARLEVILLE-MÉZIÈRES

« Sur la place, taillée en mesquines pelouses... », se dresse la statue de **Rimbaud**, né à Charleville-Mézières. C'est dans cette ville qu'il composa son plus célèbre poème **Le Bateau ivre**. Peu sensibles encore aux sublimes vers de « l'homme aux semelles de vent », les enfants préféreront la poésie du parc animalier, situé à 8 km au nord-est de Charleville-Mézières (sur la D 58, entre Saint-Laurent et Aiglemont).

Parc Animalier

08000 Charleville-Mézières - Tél. : 24 57 39 84

 Ouvert du 1er avril au 30 septembre du lundi au vendredi de 14 h à 18 h et les week-ends et jours fériés de 13 h 30 à 19 h ; du 1er octobre au 31 mars de 13 h 30 à 17 h 30. Fermé le jeudi.

Une très agréable promenade dans la belle forêt des Ardennes peuplée de cerfs, daims, sangliers, mouflons...

Si vous n'avez pas la chance de vous trouver à Charleville une des trois années où a lieu le **festival mondial des Théâtres de Marionnettes**, vous pourrez occuper votre temps en allant faire une excursion au **rocher des « Quatre Fils Aymon »** et aux **« Dames de la Meuse »** (la D 1 vers Monthermé et Revin).

Cette promenade sera l'occasion d'évoquer l'histoire des quatre fils Aymon et de leur formidable cheval Bayard, capable de franchir d'un bond la vallée de la Meuse. Il existe de passionnantes traductions en français moderne de cette chanson de geste du Moyen Âge.

Au cours d'une courte randonnée nocturne (tous les samedis de mai à la mi-septembre), au départ de Monthermé, **vous écouterez cette légende vieille d'un millénaire**. Réservez vos places au 24 56 06 08.

Vous pourrez faire ce même circuit en **bateau-mouche.** Départ de

Charleville, Monthermé et Revin (fonctionne d'avril à septembre. Renseignements au 24 56 00 63).

Si de Charleville-Mézières, vous partez sur Renwez (N 43) ; de cette ville, par la D 40, vous pourrez vous rendre au Musée de la Forêt.

Musée de la Forêt

08150 Renwez - Tél. : 24 54 82 66

Voici un lieu original et insolite. Si vous aimez la nature et les métiers d'autrefois, vous ne regretterez pas cette promenade dans cette forêt-musée où des sculptures modernes en bois représentent les bûcherons au travail.

De retour à Charleville-Mézières vous pouvez quitter la ville, par deux routes, au choix. Celle qui longe la Meuse en passant par les champs de bataille et le lac de Madine avant d'atteindre Saint-Dizier. Ou celle qui conduit à Reims et aux vignobles champenois.

De Charleville-Mézières à Saint-Dizier

Prenez l'autoroute jusqu'à Sedan, puis la D 964 pour Stenay. **À Stenay, avant de continuer votre route, achetez des « délicieuses » (des madeleines, spécialité de la région) et des biscuits « Cochon », genre de biscuit à champagne dont la marque existe depuis 1810.**
    Puis tournez à droite sur la D 947 pour vous rendre à Belval-Bois-des-Dames, au Parc de Vision.

Parc de Vision de Bel-val

08240 Belval-Bois-des-Dames - Tél. : 24 30 01 86

 Ouvert tous les jours, sauf les mardis et mercredis, de 13 h à 18 h du 1er avril au 30 septembre et de 12 h 30 à 19 h en juin, juillet et août.

L'originalité du Parc de Vision de Bel-val est de ne montrer que des espèces d'animaux sauvages vivant encore ou ayant vécu il y a 1 500 ou 2 000 ans dans la région : cerfs, daims, biches, chevreuils, sangliers, mouflons, élans, bisons, ours.

Le parc se visite uniquement en voiture, excepté aux endroits du parcours où il est permis de marcher à pied. Les animaux étant réellement sauvages, il est recommandé de bien observer les indications données et d'éviter tout bruit.

Les meilleures heures pour visiter le parc sont surtout le soir et le matin, où l'on peut voir les bêtes s'ébattre et se nourrir sur les nombreuses prairies qui bordent les étangs.

Les élans et les bisons sont en cours de réacclimatation, chacun dans le vaste domaine qui leur est réservé.

En été, un petit train touristique fait le tour du parc.

À l'automne, vous pourrez, sur rendez-vous, venir écouter les cerfs bramer.

Traversant la région des **champs de bataille de la Grande Guerre de 14-18**, vous ferez une incursion en **Lorraine**.

Toujours par la D 964, vous arrivez à Verdun.

Verdun évoque avant tout pour les adultes la terrible et glorieuse bataille qui porte son nom. Allez visiter la **Citadelle Souterraine de Verdun**. Assis dans des véhicules filo-guidés vous serez transportés dans la vie extraordinaire de cette ville souterraine durant la Seconde Guerre mondiale : scènes animées, effets spéciaux, panorama des champs de bataille... Très intéressant et émouvant. Rens. au 29 86 14 18.

Les plus grands ne devront pas manquer la visite du **Centre mondial de la Paix, des Libertés et des Droits de l'Homme**, palais épiscopal 55100 Verdun - Tél. : 29 86 55 00.

De Verdun par la D 903, vous atteindrez Manheulles, puis la D 904 vous conduira à Pannes, d'où vous vous rendrez sur les bords du lac de Madine.

Lac de Madine

Rens. à Madine-Accueil à Nonsard - Tél. : 29 89 32 50

 Ouvert du 1er avril au 15 novembre de 9 h 30 à 18 h 30.

Un lac aménagé avec baignade surveillée, pataugeoires, pédalos, planches à voile et aire de jeux.

À proximité du complexe de loisirs du lac de Madine, à Heudicourt-sous-les-Côtes, vous irez visiter le Parc Ornithologique.

Parc Ornithologique de Madine

55210 Heudicourt-sous-les-Côtes - Tél. : 29 89 34 55

Ouvert du 1er avril au 15 novembre de 9 h 30 à 18 h 30.
Location de jumelles.

En lisière de forêt : découverte et approche d'oiseaux de tous les continents. Sur des pièces d'eau, vous voyez évoluer des flamants, des oies et des canards. Le long de votre chemin, vous rencontrez des paons, des émeus, des nandous... En trente volières de plein air, vous avez le loisir de contempler une multitude d'oiseaux exotiques. Vous traversez une volière ouverte, peuplée de hérons, d'ibis, de tisserins, etc. Des panneaux illustrés, disposés tout au long de la promenade, vous permettent d'identifier plus facilement les espèces.

De Vigneulles, la D 901 vous mène à Bar-le-Duc.

La spécialité de Bar-le-Duc tient dans un petit pot, ce sont des groseilles épépinées à la plume d'oie. Goûtez-en, c'est délicieux.

Prenez la N 35 pour Saint-Dizier. Là, les routes se séparent ; l'une part vers **Chaumont** et **Dijon** ; l'autre vers **Troyes** et se termine à **Paris**.

De Saint-Dizier à Dijon

Au cours de votre descente de Saint-Dizier à Chaumont (N 67), vous pourrez faire un crochet par Prez-sous-Lafauche afin de visiter un bien curieux musée.
À Joinville, vous prenez la D 427 pour Liffol-le-Grand et vous tournez à droite sur la N 74 ; 8 km plus loin, vous trouvez, dans le village de Prez, un « Zoo de Bois » (Tél. : 25 31 57 76).

41

Un habitant du village amoureux des arbres a sculpté des branches et des rameaux, leur donnant des formes d'animaux ou de personnages. Ouvert du 1er juin au 15 septembre tous les après-midi sauf le lundi de 14 h 30 à 18 h.

Continuez la N 74 et vous vous retrouvez à Chaumont, d'où la N 19 vous conduit à Langres puis à **Dijon** où passe le **circuit de Bourgogne**.

Dans le **musée de Chaumont** (place du Palais) consacré particulièrement aux peintures et aux sculptures du XVIe siècle au XIXe siècle, il y a une exceptionnelle collection de crèches : des crèches napolitaines, en verre filé ou en cire. Ouvert tous les jours, sauf le mardi, de 14 h à 18 h.

De Saint-Dizier à Troyes

La D 384 vous mène à Montier-en-Der où les enfants, s'ils aiment les chevaux, pourront visiter le haras.

Haras National

52220 Montier-en-Der - Tél. : 25 04 22 17

 Ouvert tous les jours entre 15 h et 18 h (14 h et 17 h en hiver).
Visite guidée d'une heure.

Installées dans l'emplacement de l'ancienne abbaye, les vastes cours du haras abritent des écuries, une forge, des selleries et des remises à voitures.
   Tous les jeudis après-midi à 15 h, de septembre à mi-novembre, les gardes du haras en tenue d'apparat présentent les étalons et les attelages dans les cours du haras.

De Montier, la D 12 vous conduira au bord du **lac du Der-Chantecoq**.

Le lac offre une variété de **plaisirs nautiques** : ports et plages se succèdent sur 77 km.

De mi-avril à mi-septembre vous pourrez embarquer sur une vedette pour faire le **tour du lac**. Promenade de 45 minutes, départ toutes les heures. Renseignements à la Maison du Lac au 26 72 62 80.

Dans une ferme riveraine du lac du Der-Chantecoq a été aménagée la **Maison de l'Oiseau et du Poisson** (Tél. : 26 74 00 00).

Présentée dans un décor et une ambiance sonore et animée par des jeux de lumières, une centaine de sculptures ou moulages recrée l'ambiance du milieu naturel.

Retour à Montier, d'où vous prenez la D 384 pour Bar-sur-Aube.
Croisant la N 19, vous l'empruntez en direction de Troyes. Juste avant **Dolancourt** le Nigloland est fléché.

Nigloland

10200 Dolancourt - Tél. : 25 27 94 52

 Ouvert de Pâques à la fin septembre de 10 h à 18 h (19 h les dimanches et les mois d'été).

La Rivière Canadienne et celle Enchantée, le Village Merveilleux... feront la joie de tous ; le train de la Mine d'Or donnera aux jeunes pionniers des sensations fortes. Toute la famille découvrira le « Niglo-show », une revue musicale interprétée par 22 automates géants. Et ne ratez pas la dernière nouveauté : la vertigineuse course de bobsleigh.

Vous reprendrez la N 19 et, avant d'arriver à Troyes, vous passerez devant le lac de la **Forêt d'Orient**.

Et vous pourrez vous baigner sur les **plages de sable fin** de Géraudot et de Mesnil-Saint-Père. Si le soleil n'est pas de sortie, une **promenade en calèche** dans la forêt d'Orient consolera tout le monde. Renseignements à la Maison du Parc à Piney (le long du lac) au 25 41 35 57.

TROYES

Troyes était la ville des « bonnets de coton » ; aujourd'hui elle est toujours la capitale de la bonneterie – un musée entier est consacré à cette activité. Les musées de la ville sont très dynamiques pour les enfants : le Musée des Beaux-Arts (Abbaye Saint-Loup, 1, rue Chrestien-de-Troyes) organise des ateliers sur la « Nature morte », et le Musée de la Bonneterie propose des valises pédagogiques sur la fabrication des étoffes ou l'art de la mode. Les jeunes visiteurs de passage iront visiter :

Musée d'Histoire Naturelle

1, rue Chrétien-de-Troyes 10000 Troyes - Tél. : 25 73 49 49

Ouvert tous les jours sauf mardis et fêtes de 10 h à 12 h et de 14 h à 18 h.

 le mercredi

Le musée occupe plusieurs salles et deux cloîtres de l'abbaye Saint-Loup. Vous verrez des spécimens de la faune aquatique des eaux douces et du milieu marin. La faune régionale : mammifères et oiseaux sont exposés dans des vitrines ou dans des décors reconstituant leur milieu de vie.

Le bel hôtel Renaissance des abbés de Vauluisant abrite deux musées : un musée historique et le musée de la Bonneterie, Tél. : 25 73 49 49.

Sur la route de Paris, à Provins, ne ratez pas le spectacle médiéval de rapaces en vol libre. **Les Aigles de Provins**, théâtre des Remparts 77160 Provins - Tél. : 64 60 17 90. Représentations tous les après-midi (sauf lundi) du 26 mars au 1ᵉʳ novembre et tous les après-midi en juillet et août.

De Charleville-Mézières à Reims

Prenez la N 51 pour Reims.

REIMS

Reims a vu le baptême de Clovis en 496 et le couronnement de vingt-cinq rois de France. Son nom, lié au champagne, est célèbre dans le monde entier. Faute de le sabler, les enfants se contenteront des bouchons... en chocolat.

Les jeunes touristes apprécieront particulièrement la belle **cathédrale**.

Le spectacle extérieur a lieu tous les samedis en juillet et août (gratuit), le spectacle intitulé **« Cathédrale des sacres et des fêtes »** les jeudis, vendredis et samedis en alternance avec celui consacré à **« l'Apocalypse**

de saint Jean », du début juillet au mois de septembre (Prix : 40 F). Renseignements au 26 82 84 85 ou au 26 47 25 69 (O.T.).

Pères et fils iront visiter le musée de l'automobile.

 # Centre Historique de l'Automobile Française

84, avenue Georges Clemenceau 51100 Reims - Tél. : 26 82 83 84

 Ouvert tous les jours d'avril à novembre de 10 h à 12 h et de 14 h à 18 h 30. En hiver les week-ends et les fêtes de 10 h à 12 h et de 14 h à 17 h.

Dans ce musée des automobiles de fabrication française, vous verrez une Delaunay-Belleville ayant appartenu au tsar de Russie, la Renault-Vivastella du maréchal Pétain, la Panhard d'Alphonse XIII, etc. Et les petits garçons resteront bouche bée devant la remarquable collection de petites voitures et de maquettes.

Tous ensemble vous irez au Planétarium.

 # Planétarium

1, place Museaux 51100 Reims - Tél. : 26 85 51 50

 Séances chaque jour pendant les vacances scolaires à 15 h 15, 16 h 30 ; les week-ends : le samedi à 15 h 15 et 16 h 30 et le dimanche à 14 h 15, 15 h 30 et 16 h 45. Fermé le 14 juillet et le 15 août.

 pour les moins de 16 ans

Sous une coupole, un appareil de projection d'un type particulier permet de reconstituer l'aspect du ciel tel que vous le verriez en réalité.

Vous contemplez les 5 800 étoiles... visibles à l'œil nu et cinq planètes (Mercure, Vénus, Mars, Jupiter et Saturne) et, bien sûr, le Soleil et la Lune.

Tous les astres sont animés et permettent d'effectuer des voyages dans le temps et dans l'espace, de passer en quelques secondes du ciel d'été au ciel d'hiver, de l'hémisphère Sud à l'hémisphère Nord.

Si vous avez envie de faire une belle promenade au grand air, n'hésitez pas à vous rendre dans la **forêt de Verzy** par la N 44 (vers Châlons-sur-Marne). En cours de route, vous ferez une halte à 5 km de Reims au fort du Pompelle.

Fort du Pompelle - Musée 1914-1918

1, place Museux 51100 Reims - Tél. : 26 85 48 60 et 26 49 11 85

 Ouvert tous les jours de l'année, de 10 h à 17 h de décembre à février et de 8 h à 19 h du 1er mars au 30 novembre.

Des Gaulois jusqu'à la fin de la Première Guerre mondiale, son histoire est reconstituée dans un spectacle audiovisuel. Vous verrez aussi des « Crapouillots », des canons, des véhicules hippomobiles et une collection d'uniformes et d'armes de l'Armée française.

Au cours de votre marche dans **la forêt de Verzy**, vous découvrez ces arbres extraordinaires appelés **« faux »**, qui sont des hêtres très vieux aux branches tortueuses. Des sentiers balisés, le long desquels ont été plantés plusieurs panneaux d'information, facilitent la promenade dans la forêt et sa découverte. Renseignements au Parc naturel régional de la Montagne de Reims – Maison du parc Pourcy (Ay). Tél. : 26 59 44 44.

De Verzy, vous longerez au nord la lisière de la forêt de la montagne de Reims jusqu'à Rilly-la-Montagne, et de là vous descendrez sur Germaine. À **Germaine**, dans la **Maison du Bûcheron** sont évoqués les métiers forestiers. (Tél. : 26 59 44 44 – ouverte les samedis, dimanches et jours fériés du 25 mars au 12 novembre, de 14 h 30 à 18 h 30).

De Germaine, vous regagnerez la N 51, passerez par Épernay la capitale du champagne, où vous irez admirer les papillons du « jardin ».

Jardin des Papillons

63 bis, avenue de Champagne 51200 Épernay - Tél. : 26 55 15 33

 Ouvert tous les jours de mai à octobre, de 10 h à 12 h et de 14 h à 18 h.

Des centaines de papillons du monde entier volent en liberté dans une grande serre tropicale.

Vous observerez les chrysalides dans les éclosoirs, où chaque jour naissent de nouveaux papillons qui sont lâchés dès qu'ils ont déployé et séché leurs ailes...

De Reims **vous gagnerez Paris** par l'autoroute A 4. Devant le panneau indiquant **Château-Thierry**, vous évoquerez La Fontaine né dans cette jolie ville.

46

L'Île-de-France s'étend autour de Paris. Cette région sans unité réelle est souvent symbolisée par un petit village entourant une église au clocher pointu. On parle aussi de cieux d'un bleu assez pâle et chargés de nuages bien moelleux.

Les enfants seront comblés car les parcs d'attractions poussent mieux que les champignons des grandes forêts de Chantilly, de Fontainebleau ou de Rambouillet. Des musées, ils n'en visiteront guère, ils n'en auront ni le temps ni l'envie, trop de distractions les attendent dans cette belle région.

ILE-DE-FRANCE

Chantilly
~ Musée vivant du Che

~ Mirapolis ○ Pontoise

Triel-sur-Seine
Le Parc aux Etoiles ●

VAL-D'OISE

Poissy :
~ Musée du Jouet ○

rte. 13   Paris

Parc de Thoiry

Château de Versailles ●

YVELINES

Chevreuse : ○
~ Le Château de Breteuil

Emancé : ~ Château
de Sauvage ○   Rambouillet : ●
~ Parc Animalier des Yvelines
~ La Bergerie Nationale
~ Le Rambolitrain
~ Les Etangs de Hollande

rte. 10

Parc de St Vrain ○

ESSONNE

Nemour
~ Musée de la Préhistoire

O Compiègne :~ Le Musée de la Voiture
~ Musée de la figurine historique

O Sacy-le-Grand :
~ Parc de Loisirs
~ Musée de l'habit du Cheval

O Château de Pierrefonds

OISE

O Ermenonville : ~ La Mer de Sable

O Parc Astérix

VAL-DE-MARNE

Chessy :
~ Le Palais du Casse-
Tête
O

...rne-la-Vallée : Euro-Disneyland

Ozoir-la-Ferrière : ~ Parc Zoologique

...aveil : ~ Le Port aux Cerises

SEINE-&-MARNE

O Maincy :
~ Château de
Vaux-le-
Vicomte

O Grez-sur-Loing : ~ Escot des Lacs

ÎLE-DE-FRANCE

Nous vous proposons un certain nombre de circuits autour de la capitale. **Tournant du nord au sud et de l'est à l'ouest, vous partirez chaque fois de Paris et rejoindrez les circuits régionaux du Nord, de la Champagne, de la Bourgogne, du Berry-Bourbonnais, de la vallée de la Loire, du Maine et de la Normandie.**

Au nord de Paris en direction du circuit du Nord

Vous quittez Paris par l'autoroute A 1 et vous sortez 38 km plus loin au parc Astérix.

Parc Astérix

60128 Plailly - Tél. : 44 62 31 31
Minitel : 36 15 code Astérix

 Ouvert de début avril à fin octobre : tous les jours en avril, mai, juin, juillet et août (sauf le vendredi en juin) ; les mercredis, samedis et dimanches en septembre et octobre, de 10 h à 18 h en semaine et de 10 h à 19 h les week-ends et en juillet et août.

 (à l'extérieur du parc)

Partez pour un voyage au pays d'Astérix et d'Obélix, allez retrouver le village gaulois, la place de Gergovie et la cité romaine. Dès l'entrée, en marchant sur la via Antiqua, une rue bordée de maisons-boutiques évoquant les pays visités par Astérix, vous êtes plongés dans l'univers de la bande dessinée. Faites le plein d'énergie à la station « Servix » équipée de... pompes à foin ! et allez affronter les Romains ; ils se réunissent dans les « Arènes » pour donner des spectacles ; laissez en chemin Obélix emmener les plus petits sur le « Grand Carrousel ». Sans hésiter, faites la queue pour descendre le « Styx » à bord de bouées géantes.

50

Pénétrez ensuite dans le village d'Astérix avec ses huttes, l'arbre du barde Assurancetourix, la boutique du poissonnier Ordralfabetix, la maison du chef Abraracourcix, etc., ou bien contournez le village en bateau, bonne occasion pour voir nos héros en action. En sortant, conduisez les petits dans la « Forêt des Carnutes ».

N'oubliez pas de regarder votre montre pour ne pas rater le show des dauphins et otaries dans le « Delphinarium ». Plus loin, dans la rue de Paris, revivez l'ambiance d'une ville du Moyen Âge avec la « Cour des Miracles » et ses baladins. Laissez les grands à la recherche d'émotions fortes embarquer sur « Goudurix », qui leur mettra sept fois la tête à l'envers. Plus tranquillement, laissez-vous tous emporter sur le mini « grand huit » qui traverse les monts d'Auvergne. Et ne résistez pas à l'envie de descendre la chute d'eau du « Grand Splatch ».

Des spectacles, des aventures pour toute la famille, des restaurants pour tous les goûts et des souvenirs pour toutes les bourses.

Prévoyez d'y passer la journée pour amortir le forfait d'entrée, tout de même assez cher lorsqu'on se déplace en famille.

Vous avez commencé par le plus beau et, bien sûr, il ne faudra pas vous rendre dans la foulée à la **Mer de Sable d'Ermenonville** ou au **parc Jean-Jacques Rousseau**.

La Mer de Sable

60950 Ermenonville - Tél. : 44 54 00 96
Minitel : 36 15 Mer de Sable

 Ouvert de 10 h 30 à 18 h 30 les mercredis, samedis et dimanches du début avril à fin septembre, et tous les jours en juin, juillet et août.

Imaginez, au milieu d'une forêt de l'Île-de-France, un désert de vingt hectares avec des dunes comme au Sahara. Les enfants partagent leur temps entre les jeux et les spectacles. Les spectacles, à dominance western, sont très bien montés : une attaque de trains par les Indiens, un show équestre où les numéros de dressage et de voltige mettent en valeur le talent des cascadeurs.

Entre les spectacles, les enfants peuvent se détendre en descendant la rivière sauvage, en glissant sur les toboggans géants, ou encore en embarquant pour le « Monde des Chicapas », un voyage féerique dans un univers de près de 300 marionnettes.

C'est la sortie n° 7 (la même que pour Ermenonville) que vous emprunterez pour gagner la N 17 et la D 924 A qui vous conduiront à Chantilly (40 km de Paris).

Musée vivant du Cheval

Grandes Écuries, 60500 Château de Chantilly
Tél. : 44 57 40 40

 Ouvert tous les jours sauf mardi : du 1ᵉʳ avril au 31 octobre de 10 h 30 à 17 h 30 en semaine, et les week-ends et jours fériés de 10 h 30 à 18 h ; du 1ᵉʳ novembre au 31 mars de 14 h à 16 h 30 en semaine, et les week-ends et jours fériés de 10 h 30 à 17 h 30.

      (spectacle compris)

Nous devons ces magnifiques écuries à Louis-Henri de Bourbon, prince de Condé, qui, d'après la légende, pensait se réincarner en cheval après sa mort ; il fit donc construire, en 1719, des écuries à la gloire du cheval. Ces écuries abritaient les chevaux du prince et ses meutes. Elles servaient aussi de cadre à de somptueuses fêtes.

Aujourd'hui, vous avez la chance de pouvoir encore assister les dimanches et jours fériés (se renseigner par téléphone sur les jours et les horaires) à des spectacles équestres. Nous les devons à Yves Bienaimé, le créateur du musée vivant du Cheval. Ce musée à la gloire de la plus noble conquête de l'homme est passionnant. Un diorama de 650 figurines de plomb retrace de façon vivante l'histoire du cheval. Trois fois par jour à heure fixe, ont lieu des démonstrations de dressage.

Dans le parc du château, vous attend une expérience exceptionnelle.

Vol en Aérophile

Château de Chantilly - Tél. : 44 57 35 35

 Fonctionne d'avril à novembre de 14 h à 19 h en semaine et le week-end de 10 h à 19 h.

   avec l'entrée du parc

Qui n'a pas rêvé de s'envoler en ballon ! Voici une magnifique occasion de survoler sans bruit le château et la forêt de Chantilly. L'aérophile est, en fait, le descendant des grands ballons captifs du XIXᵉ siècle ; il s'agit d'un ballon gonflé à l'hélium, relié au sol par un câble et susceptible d'emmener 25 personnes à 150 mètres d'altitude.

De la sortie suivante de l'A 1, vous irez à droite à **Compiègne** et à gauche à **Sacy-le-Grand**.

En prenant la D 200 sur votre droite vous arrivez donc à Compiègne où vous ne trouvez plus de jeux mais deux musées (histoire de ne pas perdre l'habitude tout de même...).

Musée de la Voiture

Château de Compiègne 60200 Compiègne - Tél. : 44 38 47 00

 Ouvert tous les jours sauf mardi de 9 h 30 à 12 h et de 13 h 30 à 17 h.

  pour les enfants

Une collection de cent cinquante voitures, de bicyclettes, de traîneaux et d'attelages retrace l'histoire de la locomotion. La berline de gala est superbe, et la « Jamais Contente » est un ancêtre drôle de la voiture électrique.

Musée de la Figurine historique

Place de l'Hôtel-de-Ville, 60200 Compiègne - Tél. : 44 40 72 55

 Ouvert tous les jours de 9 h à 12 h et de 14 h à 17 h de novembre à février ; de 9 h à 12 h et de 14 h à 18 h du 1ᵉʳ mars au 31 octobre (fermé le lundi, le dimanche matin et certains jours fériés).

Des reconstitutions de batailles, des revues militaires, des scènes de la vie d'autrefois, des événements historiques représentés par des figurines en étain, en plomb, en bois et en matière plastique. Une maquette de la bataille de Waterloo a été sonorisée, elle est l'attrait principal de ce musée plus conçu pour les adultes que pour les enfants. Les petits sont souvent obligés de grimper pour atteindre le niveau des vitrines.

À partir du mois d'avril et jusqu'au mois de novembre, vous pourrez faire des balades en bateau sur l'Oise et l'Aisne. Renseignez-vous sur les horaires à l'office du tourisme, tél. : 44 40 01 00.

Et, en mai, ne ratez pas la fête du Muguet et celle de Jeanne d'Arc.

En poursuivant votre route, traversez la forêt par la N 973 pour atteindre Pierrefonds.

Château de Pierrefonds

60350 Pierrefonds - Tél. : 44 42 80 77

 Ouvert tous les jours sauf mardis et mercredis de 10 h à 12 h et de 14 h à 17 h du 1er octobre au 1er mars ; tous les jours sauf mardis de 10 h à 12 h et de 14 h à 18 h du 1er avril au 30 septembre.

Tout droit sorti d'un film de cape et d'épée, le château de Pierrefonds, dont la restauration par Viollet-le-Duc, au XIXᵉ siècle, a été très critiquée, reste un bel exemple de l'architecture féodale. La visite guidée de l'intérieur n'est pas une nécessité, mais un coup d'œil sur l'extérieur vaut la peine.

Les enfants vous diront peut-être que le château est tout aussi intéressant vu du **lac** et qu'ils préfèrent embarquer sur le **bateau-promenade** ou se dépenser sur les **pédalos**.

En prenant maintenant la D 200 sur votre gauche, puis la N 17 à droite vous atteignez Saint-Martin-Longeau et, en prenant à gauche, vous arrivez au parc de loisirs de **Sacy-le-Grand**.

Sacy-Parc et Loisirs

Route de La Bruyère, 60700 Sacy-le-Grand - Tél. : 44 29 94 75

 Ouvert de Pâques à octobre, les mercredis, samedis et dimanches, et tous les jours pendant les vacances scolaires.

 et attractions payantes

Les daims en liberté et des wallibies donnent un charme particulier à ce petit parc familial où l'on trouve les traditionnels petit train, manège, poneys, château gonflable et mini-golf.

À Sacy même se trouve un **musée original consacré à l'habit du cheval**. De Sacy ou de Senlis vous gagnerez **Beauvais** et commencerez le circuit dans les **pays du Nord**.

À l'est de Paris en direction du circuit de Champagne-Ardenne

Prenez l'autoroute A 4, dite autoroute de l'est et sortez à Pontault-Combault-Melun (N 104). Prenez ensuite la direction d'Ozoir-la-Ferrière et tournez à droite vers le zoo d'Attilly.

Parc zoologique du bois d'Attilly

77330 Ozoir-la-Ferrière
Tél. : (1) 60 02 70 80

 Ouvert toute l'année de 9 h 30 à 18 h (17 h en hiver).

Des animaux en semi-liberté dans un vaste parc aux chênes centenaires. La plupart des oiseaux évoluent à leur gré au-dessus des mares et des pièces d'eau.

Après ces bons moments de détente, vous pourrez aller vous fatiguer les méninges au palais du Casse-Tête. De l'autoroute A 4, prenez l'autoroute Roissy-Charles-de-Gaulle (A 104), à la hauteur de Saint-Thibault-des-Vignes vous empruntez la N 34 jusqu'à Chessy.

Palais du Casse-Tête

13, rue P.-Laguesse, 77144 Chessy - Tél. : (1) 60 43 82 90

 Ouvert les samedis, dimanches et jours fériés de 14 h à 19 h de début avril à la fin octobre.

Un jour, un monsieur reçoit, en cadeau, un « solitaire », un de ces jeux que l'on fait tout seul. Il met trois jours à trouver la solution. Fier de lui, il décide d'en acheter un autre, et encore un autre, se prend au jeu, se passionne, collectionne ces énigmes de bois, correspond avec les amateurs de casse-tête, les rencontre parfois et accumule tellement de pièces qu'il décide d'en faire un musée. Voilà pourquoi vous verrez rassemblés ici 2 500 jeux venant du monde entier.

À l'origine, les casse-tête viennent de Chine : ce sont des constructions composées le plus souvent de pièces de bois assemblées selon des règles très précises, et qu'il faut démonter et remonter sans se tromper.

Toujours sur l'A 4, vous ne risquerez pas de manquer la sortie d'Euro Disneyland, sortie n° 14 « Parc Euro Disneyland », sachez seulement qu'elle se situe à 32 km de Paris.

Disneyland Paris

Marne-la-Vallée - Tél. : (1) 64 74 30 00 et 3615 Disneyland

Autoroute A4 (Paris-Metz-Nancy), sortie n° 14
Desservi par le TGV et la ligne A du RER
Ouvert toute l'année : tous les jours de 10 h à 18 h et le samedi de 10 h à 20 h
du 4 mars au 14 avril.

 à l'extérieur du parc   Location de poussette à la journée

Euro Disneyland a trouvé son inspiration dans les films de Walt Disney, et se fonde sur le succès des parcs à thèmes Disney déjà réalisés en Californie, en Floride et au Japon.

Après avoir acheté vos billets d'entrée à l'un des 42 guichets situés sous le **Disneyland Hôtel**, ce sont Mickey, Minnie, Donald et le reste de la bande qui vous accueillent dans la grande rue d'une ville américaine, sortie tout droit des souvenirs d'enfance de Walt Disney. C'est « **Main Street U.S.A.** ». Des omnibus tirés par des chevaux, des automobiles d'autrefois, 14 boutiques et 10 restaurants rappellent l'Amérique du début du siècle.

Des trains à vapeur partent de « **Main Street Station** » pour un voyage à « **Frontierland** » à travers un diorama du Grand Canyon et passent en bordure des autres pays pour une grande excursion autour du parc.

Au bout de la rue, le « **Château de la Belle au Bois Dormant** » domine le parc ; il est magnifique, ses toits scintillent comme il se doit dans les contes de fées... Dans les souterrains du château, prenez garde au terrifiant « dragon » ! Le pays qui entoure la féerique demeure s'appelle « **Fantasyland** ».

Les plus jeunes trouveront des attractions inspirées des films de Walt Disney, et des légendes et des contes européens : « **Blanche Neige et les Sept Nains** », « **Pinocchio** », « **Peter Pan** », « **Dumbo the Flying Elephant** » ; ils tourneront à la recherche du Graal sur les chevaux sculptés et décorés du **Carrousel de Lancelot**, et ils applaudiront une des plus fameuses attractions des parcs Disney : « **It's a Small World** », un hymne aux enfants du monde entier.

À gauche du château, partez vivre des aventures fantastiques dans « **Adventureland** » : à bord de pirogues vous traverserez un port espagnol attaqué par de redoutables flibustiers, « **Pirates of the**

56

Caribbean » ; ensuite, escaladez le rocher tête de mort « **Skull Rock** » ; montez à l'intérieur de **La Cabane des Robinsons suisses** : une véritable maison y est installée ; et partez à la recherche d'un trésor caché sur « **Adventure Isle** ».

Gagnez « **Frontierland** » et prenez le train fou, le « **Big Thunder Mountain Railroad** » ; il vous conduira à un rythme d'enfer à travers des canyons et des mines du pays de la Ruée vers l'or ; explosions, chutes de rochers, rien ne vous sera épargné !

Plus tranquillement, descendez les « **Rivers of the Far West** » à bord de pittoresques bateaux à aube, des canoës indiens ou encore des « River Rogue Keelboats ». Si les fantômes ne vous donnent pas trop de frissons, allez les rencontrer dans la lugubre maison hantée, « **Phantom Manor** ».

De l'autre côté du parc, vous découvrirez le pays de l'invention et de l'imagination, « **Discoveryland** » ; les attractions s'inspirent des œuvres de Léonard de Vinci, de Jules Verne, de H.G. Wells.

Embarquez-vous pour un voyage intergalactique dans le « **Star Tours** » ; des simulateurs de vol permettent de revivre les grands moments de la Guerre des Étoiles. À bord du *Starspeeder 3000*, vivez toutes les péripéties d'un voyage interplanétaire.

Allez découvrir les « **Mystères du Nautilus** » à bord de la reconstitution grandeur nature du célèbre sous-marin de « **20 000 lieues sous les mers** ».

Assistez au « **Visionarium** » à la projection d'un film sur un écran à 360° : « **De Temps en Temps** » ; il vous entraîne dans un périple à travers le passé, le présent et le futur de l'Europe.

La dernière née des attractions, « **Space Mountain, de la Terre à la Lune** », promet un voyage intersidéral à toute vitesse où les sensations fortes sont garanties (ouverture été 1995).

N'oubliez pas non plus le circuit automobile « **Autopia** » où les enfants pilotent de véritables voitures de course sur une autoroute du futur.

La journée ne suffira pas pour participer à toutes les attractions et découvrir les principaux spectacles bénéficiant des dernières inventions en matière de créativité et de technologie de l'équipe Disney.

Vous n'aurez le temps d'entrer que dans quelques-unes des boutiques, et vous aurez du mal à choisir, parmi tous les restaurants et cafés à thème, dans lequel vous allez vous restaurer. Il vous faudra revenir et revenir !

Aux portes du parc, un complexe hôtelier propose des hôtels représentant chacun une région ou une époque américaine. Réservation hôtel : tél. : (1) 60 30 60 30.

En poursuivant l'autoroute A 4, vous rejoindrez le circuit de Champagne.

Au sud de Paris vers le circuit de Bourgogne, ou dans le Bourbonnais

Tout près de Paris, vous irez mettre les planches à l'eau au Port aux Cerises. Partez par l'A 6 (dite autoroute du sud), puis prenez la bretelle en direction d'Orly afin de rejoindre la N 7 (direction Evry) ; à Juvisy, dirigez-vous vers le centre ville, traversez la Seine pour vous rendre à Draveil.

Port aux Cerises

91210 Draveil - Tél. : (1) 69 83 46 00

 Ouvert toute l'année du lever au coucher du soleil.

Voici une base de loisirs vaste et bien aménagée. Petits et grands vont s'en donner à cœur joie : tennis, poney, mini-golf, planche à voile, canoë-kayak... et une piscine à vagues.

Vous ne roulerez pas beaucoup plus pour aller passer une journée dans l'un des plus beaux parcs animaliers de France.

Sortez de l'autoroute A 6 à Viry-Châtillon-Fleury-Mérogis et prenez la direction de Brétigny puis de Vert, et suivez le fléchage « Saint-Vrain ».

Parc de Saint-Vrain

91770 Saint-Vrain - Tél. : (1) 64 56 10 80

 Ouvert tous les jours du 1er avril au 30 septembre de 10 h 30 à 18 h.

Le site est très agréable ; vous restez tout d'abord dans votre voiture et parcourez le parc-safari où lions, ours, rhinocéros, girafes, zèbres, etc., sont en liberté. Les babouins grimpent sur la carrosserie de votre voiture et vous avez toutes les peines du monde à vous en débarrasser.

Vous pouvez aussi marcher et caresser les animaux de la petite ferme et découvrir ensuite un zoo bien étrange : celui des dinosaures, des brontosaures, stégosaures, etc. Fidèlement reproduits, ils vous surprendront par leur réalisme. Si ces animaux d'un autre temps effraient les petits, ils pourront les voir d'un peu plus haut, en circulant autour du parc préhistorique dans la « libellule ».

Un peu plus loin, **en sortant de l'autoroute à Melun-Sénart**, vous vous rendrez par la N 6 et la N 36 au château de Vaux-le-Vicomte.

Château de Vaux-le-Vicomte

77950 Maincy - Tél. : (1) 64 14 41 90

 Ouvert tous les jours de 10 h à 18 h du 1er avril au 31 octobre ; tous les jours de 11 h à 17 h du 1er novembre au 31 mars. Fermé du 16 novembre au 18 décembre et du 4 janvier au 12 février.
Les jets d'eau fonctionnent du 1er avril au 30 novembre les deuxième et dernier samedis de chaque mois de 15 h à 18 h.

Ce magnifique château, commandité par Nicolas Fouquet, est entouré d'un parc à la française dessiné par Le Nôtre.
  La visite du château aux chandelles, les samedis soir de mai à septembre de 20 h à 23 h, plaira beaucoup aux jeunes visiteurs. Et le musée des Équipages redonne vie aux Grandes Écuries avec ses voitures à cheval qui n'attendent plus que leur passager pour partir.

Vous quittez maintenant l'autoroute A 6 et prenez la **direction de Fontainebleau**, puis par la N 7 vous gagnez **Grez-sur-Loing** où vous irez faire une promenade dans un train à vapeur 1900 : « Le Tacot des Lacs » (tél. : (1) 64 28 67 67). Fonctionne les week-ends et jours fériés de 14 h à 18 h 30.
Un peu plus loin, à Nemours, vous visiterez le :

Musée de Préhistoire

Avenue de Stalingrad, 77140 Nemours - Tél. : (1) 64 28 40 37

 Ouvert tous les jours (sauf mercredi) de 10 h à 12 h et de 14 h à 17 h 30. Fermé les jours fériés.

À partir d'une première salle où l'on a reconstitué un chantier de fouilles, la visite se poursuit selon deux circuits distincts, l'un destiné au grand public et aux enfants, et l'autre réservé aux visiteurs soucieux d'approfondir leurs connaissances en préhistoire régionale. La mise en valeur des objets et des sites est très réussie et les explications sont claires et bien formulées.

Ne manquez pas l'audiovisuel sur les chasseurs de rennes.

À l'ouest de Paris vers les circuits du Maine ou de Basse-Normandie

Côté ouest vous avez cinq promenades : la première passant par la **vallée de Chevreuse** et la forêt de Rambouillet ; la deuxième par **Versailles** ; la troisième allant à **Thoiry**, la quatrième, prenant la direction de **Mantes**.

Première promenade : LA VALLÉE DE CHEVREUSE ET LA FORÊT DE RAMBOUILLET

Partez par la N 118 (en direction de l'autoroute de Chartres) ; à Saclay, prenez la direction de Chevreuse (N 306) et, à Saint-Rémy-les-Chevreuse, vous suivrez le fléchage pour vous rendre au château de Breteuil.

Château de Breteuil

78460 Choisel par Chevreuse
Tél. : (1) 30 52 05 02

 Le parc est ouvert tous les jours de l'année, à partir de 10 h et jusqu'au coucher du soleil. Le château est ouvert à 14 h 30, à 11 h les dimanches et jours fériés et tous les jours pendant les vacances scolaires.

Le château de Breteuil est bâti dans un jardin recréé d'après des cartons de Le Nôtre. Le château actuel, commencé sous Henri IV, est entré dans la famille de Breteuil en 1712 et a toujours été transmis depuis de père en fils. Les jeunes visiteurs vont avoir l'occasion de parcourir les pièces d'un château sans soupirer d'ennui... Ils vont rencontrer Marie-Antoinette et Louis XVI, Louis XVIII, Gambetta, Marcel Proust, etc. ; dans les cuisines, ils auront la surprise de voir le pâtissier rouler sa pâte et la cuisinière respirer. Tous ces personnages ont ressuscité grâce au musée Grévin.

Des scènes recréent quelques-uns des contes les plus célèbres de Charles Perrault : la Belle au bois dormant dort dans le château ; Peau d'Âne lave les torchons dans le lavoir ; et le Petit Chaperon rouge rend visite à sa mère-grand dans un petit pavillon du parc... Et toute la famille se promènera dans le parc planté d'arbres magnifiques où quelques daims vivent en liberté, et découvrira le jardin des princes.

À proximité de la N 10 (en direction de Rambouillet), faites à **Élancourt** un tour de France en moins de trois heures.

France miniature

25, route du Mesnil 78990 Élancourt - Tél. : 30 51 51 51

 Ouvert du 1er avril au 15 novembre de 10 h à 19 h (20 h en juillet et août) ; nocturne le samedi jusqu'à 23 h.

Une fois grimpés sur des Alpes de 9 mètres de haut, la carte de France s'étend devant vous avec ses montagnes, ses mers et ses océans, ses fleuves et ses rivières. La tour Eiffel, presque au centre, domine la situation. Devant elle, on voit les châteaux de la Loire, là-bas on aperçoit le Mont-Saint-Michel, à gauche on reconnaît Notre-Dame-de-la-Garde, au loin on devine la cathédrale d'Amiens... Plus de 150 monuments et 15 villages typiques reproduits au 1/30e symbolisent la France et ses régions. Les cathédrales ont leurs vitraux, leurs statues, leurs gargouilles ; les toits des hospices de Beaune sont recouverts de tuiles bien vernissées. Ce voyage dans la France miniature donne envie de découvrir ou redécouvrir notre beau pays.

Avant d'arriver à Rambouillet, vous pourrez faire un peu de marche dans le parc animalier des Yvelines.

Espace Rambouillet

N 306 direction Clairefontaine - Renseignements au (1) 34 83 05 00

 Ouvert du 16 octobre au 31 mars les mercredis et samedis de 13 h à 17 h, les dimanches et jours fériés de 9 h à 17 h ; du 1er avril au 15 octobre, les mercredis de 13 h à 17 h, les samedis de 13 h à 18 h et les dimanches et jours fériés de 8 h à 18 h. Fermé du 15 mai au 15 juin (période des naissances).

Sur un vaste territoire de 250 hectares s'ébattent en liberté des cerfs, chevreuils, daims, sangliers... Muni de jumelles et en faisant le moins de bruit possible, vous observerez les animaux.

Pendant les mois d'été et les dimanches de printemps ont lieu des représentations de rapaces en vol.

Si vous n'avez pas réussi à approcher les cerfs ou les biches, consolez les enfants en les emmenant à la bergerie.

 # Bergerie nationale

Parc du château 78120 Rambouillet - Tél. : (1) 34 83 83 09

 Ouverte du 1er septembre au 30 juin les dimanches et jours fériés de 14 h à 17 h ; du 1er juillet au 31 août les vendredis, samedis, week-ends et jours fériés de 14 h à 17 h.

  pour les moins de 10 ans

Depuis la fin du XVIIIe siècle, les moutons mérinos sont élevés à Rambouillet ; leur laine est célèbre dans le monde entier. Vous visiterez leur bergerie et un musée relatant leur vie et celle de leurs bergers.

Et pour changer complètement d'atmosphère, dans la ville même rendez-vous au musée du Train.

Le Rambolitrain

Place de l'église 78120 Rambouillet - Tél. : (1) 34 83 15 93

 Ouvert du mercredi au dimanche inclus de 10 h à 12 h et de 14 h à 17 h 30.

Quatre mille trains sont entrés en gare... et un grand nombre fonctionne sur un gigantesque réseau avec tunnel, viaduc, gare. De quoi faire rêver les fanas de train électrique... et même les autres.

S'il fait beau, ne manquez pas d'aller vous baigner dans les étangs de la forêt de Rambouillet. Vous serez surpris de découvrir, au milieu des futaies, cette plage de sable blanc aménagée et cette étendue d'eau où les véliplanchistes cherchent à capter le vent. Les **Étangs de Hollande**, ouvert du 1er mai au 30 septembre de 10 h à 18 h. Tél. : (1) 34 86 30 50.

En partant rejoindre le **circuit de Basse-Normandie**, passez par Épernon et, juste avant, vous faites un crochet par le joli parc du **château de Sauvage** (entre Gazeran et Épernon).

Château de Sauvage

78120 Émancé - Tél. : (1) 34 94 00 94

Ouvert tous les jours en été de 9 h à 19 h et en hiver de 9 h à 17 h 30.

Là, vous en verrez, des daims, ils sont en liberté dans le parc et passent en troupeau devant vous. Les adorables kangourous se laisseront approcher et vous serez vraiment attendris en regardant les petites têtes sortir des poches ventrales des mamans.

Dans le château est installée une très belle volière et, au bord du lac, de nombreux flamants se promènent nonchalamment.

Deuxième promenade : VERSAILLES

Vous atteindrez Versailles en prenant à la première sortie de l'autoroute de l'Ouest, Versailles nord.

Le château de Versailles, si célèbre et tant copié dans le monde entier, vaut absolument votre passage. Cependant, il vous faudra faire un choix dans les visites qui vous sont proposées, d'une part à cause du temps et du monde, et d'autre part parce que les enfants seront loin d'être intéressés par la totalité du lieu.

Château de Versailles

78000 Versailles - Tél. : (1) 30 84 74 00

Ouvert tous les jours de l'année sauf lundi et jours fériés.

 pour les enfants

Château : ouvert de 9 h à 18 h du 2 mai au 30 septembre et de 9 h à 17 h 30 du 1er octobre au 30 avril.

Entrée porte A pour les visites libres et porte C pour les visites commentées.

Grand Trianon et Petit Trianon : ouvert de 10 h à 18 h du 2 mai au 30 septembre et de 9 h 45 à 12 h et de 14 h à 17 h du 1er octobre au 30 avril.

Le Parc : ouvert de 7 h à la tombée de la nuit.

 à pied   en voiture

 Il est interdit de pique-niquer.

Un petit train fait le tour du parc, vous pouvez le prendre à n'importe quel arrêt, il part du bassin de Neptune, passe près du grand canal, se rend au Grand puis au Petit Trianon. Le train circule de 9 h 30 à 17 h (rens. au (1) 39 50 55 12).

Ne ratez surtout pas les « Grandes Eaux Musicales » qui ont lieu tous les dimanches, du début mai au début octobre de 11 h 15 à 17 h 30 au bassin de Neptune.

 pour les moins de 10 ans

Les samedis d'été, vous pourrez aussi assister à de grandes fêtes de nuit : feux d'artifice et grandes eaux lumineuses au bassin de Neptune (rens. au (1) 39 50 36 22).

Il existe un programme destiné aux enfants. Des visites et des ateliers sont organisés pour les 7/13 ans. Rens. au 30 84 75 43.

Non loin de Versailles, vous pourrez aller vous détendre et vous baigner aux étangs de Saint-Quentin (autoroute de l'Ouest, direction Rambouillet, sortie Saint-Quentin).

Base de Plein-Air et de Loisirs de Saint-Quentin-en-Yvelines

RD 912 - 78190 Trappes - Tél. : (1) 30 62 20 12

 Ouvert toute l'année de 10 h à 20 h.

 activités payantes

Le site est étonnant. Vous avez la brusque impression, tant l'étang est vaste, de vous trouver à la mer à 30 km de Paris !

Piscine à vagues, pataugeoire, voile, jeux pour enfants et petite ferme.

Troisième promenade : LE PARC DE THOIRY

Prenez toujours l'autoroute de l'Ouest, suivez-la en direction de Dreux et, après Ponchartrain, prenez la D 11 pour Thoiry.

Parc zoologique du château de Thoiry

78770 Thoiry - Tél. : (1) 34 87 52 25 Minitel 36 14 code Thoiry

 Ouvert tous les jours de l'année : du 1er avril au 31 octobre, en semaine de 10 h à 18 h et les dimanches et jours fériés de 10 h à 18 h 30 ; du 1er novembre au 31 mars, en semaine de 10 h à 17 h et les dimanches et jours fériés de 10 h à 17 h 30.

   pour la réserve + le jardin zoologique

Créée par Paul de La Panouse, il y a plus de vingt ans, cette réserve est un petit morceau de la jungle africaine en région parisienne. En voiture, vous roulerez à proximité des girafes, des éléphants, des hypotragues, des lamas, des lions... Les zèbres, les autruches n'hésiteront pas à venir vous regarder de tout près. Au printemps, avec un peu de patience, vous aurez la joie d'apercevoir, en haut des arbres du parc à ours, des oursons nouveau-nés. Soyez prudents : tous ces animaux sont sauvages, vous pouvez les regarder à loisir mais ne descendez jamais de voiture.

Vous passerez à pied au-dessus de la cité des singes, du parc des loups, de celui des tigres. Les enfants s'amuseront sur l'aire de jeux et admireront un adorable Hameau de la Reine en miniature dans lequel évoluent chèvres, cochons et poules naines. Vous pourrez aussi vous promener dans le magnifique parc à l'anglaise.

Tout près de Thoiry, à la Queue-lez-Yvelines sur la N 12, des centaines de papillons volettent heureux.

Serre aux papillons

Jardinerie Poullain 78940 La Queue-lez-Yvelines
Tél. : (1) 34 86 42 99

 Ouvert tous les jours de début avril au 15 novembre de 9 h 15 à 12 h et de 14 h 15 à 18 h.

Dans une serre, plus de 500 papillons exotiques volent au milieu des hibiscus, des orchidées et des bananiers. Vous découvrez le monde merveilleux de ces papillons aux couleurs chatoyantes, originaires des quatre coins du monde. Vous assisterez aussi en direct à la transformation des chenilles en papillons.

Quatrième promenade : VERS MANTES

Par l'autoroute de l'Ouest cette fois-ci vers Rouen, sortez à **Poissy** et allez visiter le Musée du Jouet.

Musée du Jouet

2, enclos de l'Abbaye 78300 Poissy - Tél. : (1) 39 65 06 06

 Ouvert du mercredi au dimanche inclus, de 9 h 30 à 12 h et de 14 h à 17 h 30. Fermé les jours fériés.

  Fermé pour travaux en 1995

Un ensemble de jouets et de jeux des XIXe et XXe siècles : des poupées de biscuit et leur mobilier voisinent avec des jouets mécaniques, des trains, des voitures, des jeux de sociétés.

Pour faire maintenant plaisir aux garçons et aux filles, continuez votre route jusqu'à Triel-sur-Seine, histoire de faire un voyage dans les étoiles, avant de partir vers les pays du Nord ou la Haute-Normandie.

Parc aux étoiles

Observatoire de Triel 78510 Triel-sur-Seine
Tél. : (1) 39 74 75 10

 Visites guidées tous les jours de 14 h à 18 h 30.

Par l'usage du principe de la lumière noire, tout le ciel est représenté en trois dimensions. Plus de 20 000 étoiles brillent de tous leurs feux. Des dioramas géants restituent les principales constellations du ciel boréal et racontent les grands moments de la conquête de l'espace. En sortant de cette présentation, vous pourrez pénétrer à l'intérieur de la coupole qui abrite une lunette astronomique. Par temps clair, vous aurez la chance de pouvoir observer le ciel.

Paris, capitale de la France, mériterait un livre pour elle toute seule.

Nous n'avons donc pu retenir que les musées, les monuments et les parcs les plus importants, dans la mesure, bien sûr, où ils présentent un réel intérêt pour les enfants.

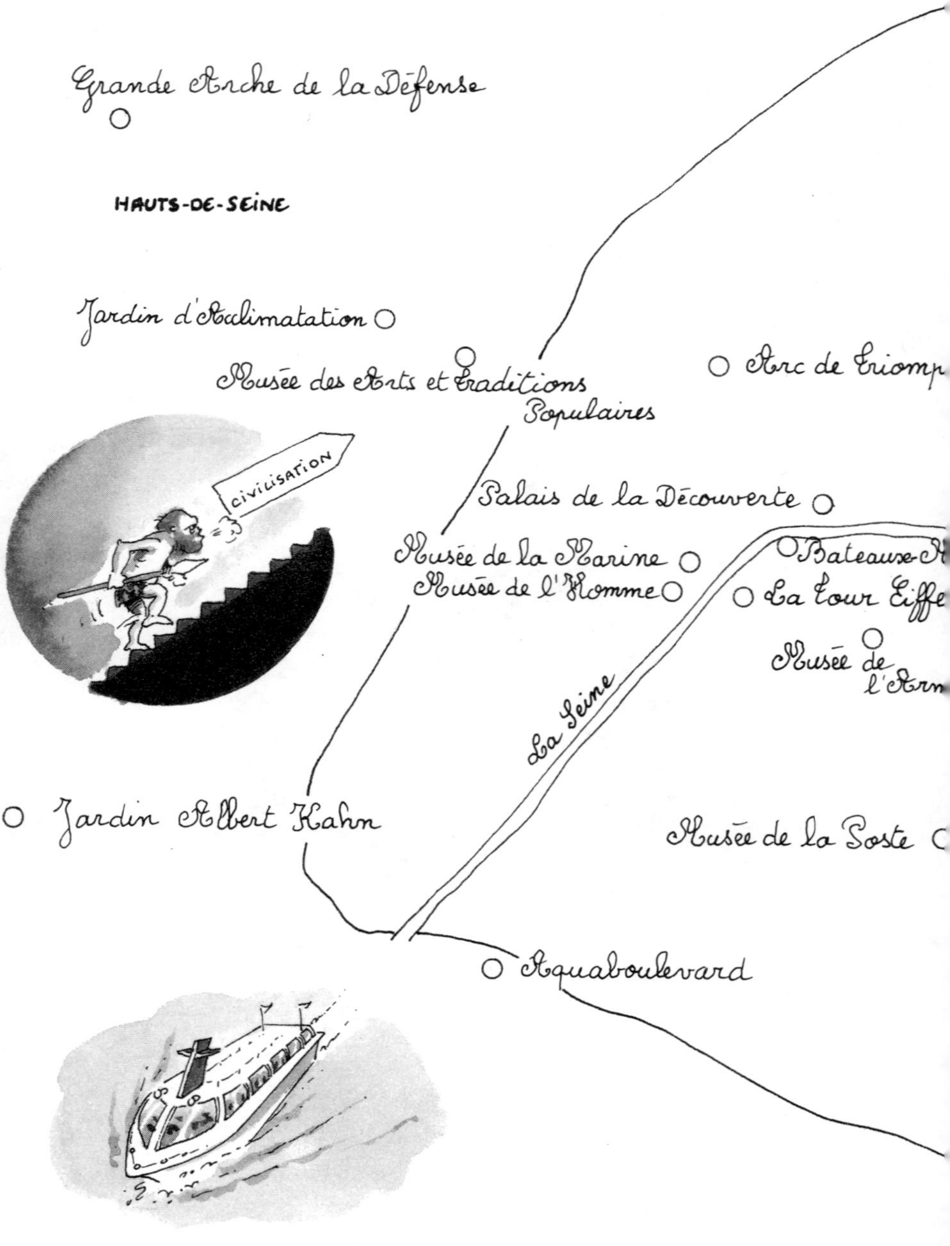

Grande Arche de la Défense

HAUTS-DE-SEINE

Jardin d'Acclimatation

Musée des Arts et Traditions Populaires

Arc de Triomp

Palais de la Découverte

Musée de la Marine
Musée de l'Homme

Bateaux

La Tour Eiffe

Musée de l'Arm

CIVILISATION

La Seine

Jardin Albert Kahn

Musée de la Poste

Aquaboulevard

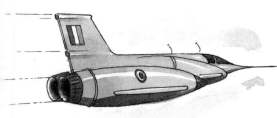

Le Bourget
Musée de l'air et
de l'Espace

SEINE - ST. DENIS

Paris

Cité des Sciences et de l'Industrie

○ Musée en Herbe

○ Musée Grévin

usée
rts Décoratifs ○ Centre Georges Pompidou
○ ○ Musée du Louvre
usée d'Orsay ○ Musée Carnavalet
Notre Dame ○

Jardin des Plantes

Musée des Arts Africains
et Océaniens

Parc Zoologique

LES MUSÉES

Nous ne citerons que les musées qui, soit par leur contenu, soit grâce aux animations proposées, touchent directement les petits touristes.

Pour plus de commodité, les musées sont classés par genre.

LES MUSÉES SPÉCIALEMENT CONÇUS POUR LES ENFANTS

Musée en herbe

Jardin d'Acclimatation, Bois de Boulogne 75116
Tél. : 40 67 97 66

Métro : Sablons
Ouvert de 10 h à 18 h, les samedis de 14 h à 18 h et tous les jours pendant les vacances scolaires.
Atelier les mercredis et dimanches à 15 h.

 + entrée au Jardin d'Acclimatation

Ce musée propose des expositions temporaires essentiellement conçues pour un jeune public avec des jeux adaptés à chaque âge. En 1992, il accueillera le Centre d'art européen : douze cellules correspondant aux pays de la Communauté européenne présenteront la reproduction d'un chef-d'œuvre significatif de l'art et de l'histoire de chaque pays.

Musée de la Halle Saint-Pierre

2, rue Ronsard 75018 - Tél. : 42 58 72 89

Métro : Anvers
Ouvert tous les jours de 10 h à 18 h.

Chaque année, une exposition est présentée et la plupart du temps des jeux sont proposés tout au long des visites. Liés aux expositions, des ateliers de travaux manuels sont organisés, les mercredis, samedis, dimanches et durant les vacances scolaires.

Musée Grévin

10, boulevard Montmartre 75009
Tél. : 42 46 13 26

Métro : Montmartre
Ouvert tous les jours de 13 h à 19 h, et de 10 h à 19 h pendant les vacances scolaires.

Ce musée fondé en 1882 par un caricaturiste, Alfred Grévin, et un journaliste, Arthur Meyer, est une institution parisienne. À ce jour 45 millions de visiteurs sont venus rencontrer les cinq cents personnages de cire qui racontent l'actualité et l'histoire de France.

Haroun Tazieff, au-dessus d'un volcan, vous accueille, et dans l'étonnante salle des colonnes se côtoient des personnalités politiques (George Bush, Deng Xiaoping, François Mitterrand...), artistiques (Serge Gainsbourg, Dorothée, Michael Jackson...) et sportives (Alain Prost, Boris Becker, Steffi Graf...). Poursuivant votre visite, sous la coupole, vous rencontrez Mstislav Rostropovitch, Patrick Dupond, Barychnikov... En descendant, vous entrez dans l'Histoire : Marat vient d'être assassiné dans sa « véritable baignoire », tous les héros de l'histoire de France sont présents, de Charlemagne à Napoléon III. Plus loin, vous vivrez « l'aventure au cinéma » : Orson Welles regarde la robe de Marilyn Monroe voler au vent, un homme sans tête est entouré des corbeaux d'Alfred Hitchcock, John Wayne joue les westerns dans une rue déserte du Texas, Jean Marais en gladiateur livre un combat à Sylvester Stallone... Après le cinéma, retour à l'Histoire ; au château de La Malmaison, Napoléon et Joséphine de Beauharnais prennent le thé entourés de leurs frères et sœurs, de musiciens et des maréchaux de l'Empire.

Au premier étage, les enfants de toutes les générations prennent un plaisir chaque fois renouvelé, dans le palais des Mirages. Ce son et lumière bien particulier avait été réalisé pour l'Exposition Universelle de 1900. Il vous transporte successivement dans la jungle asiatique, en Inde et à l'Alhambra de Grenade.

À côté, dans le « théâtre joli », tous les après-midi vous pouvez assister à un spectacle de prestidigitation.

Attention, ce musée a beaucoup de succès, et les visiteurs sont souvent très nombreux ; choisir de s'y rendre le matin de préférence.

Musée Grévin des Halles

Forum des Halles 75001 - Tél. : 47 70 85 05

Niveau – 1, entrée rue Pierre-Lescot
Métro : Les Halles
Ouvert tous les jours de 10 h 30 à 18 h 45 et les dimanches et fêtes de 13 h à 18 h 30.

Cent quarante personnages font revivre en 21 scènes animées et sonorisées les grands moments de la Belle Époque.

En vous promenant dans une rue du siècle dernier, vous rencontrez : Gustave Eiffel présentant au journaliste Arthur Meyer les plans de sa tour ; Jules Verne qui vous entraîne dans son *Nautilus* ; Toulouse-Lautrec croquant la Goulue au Moulin Rouge ; Sarah Bernhardt déclamant un de ses grands rôles ; Auguste Renoir, Alfred Sisley, Berthe Morisot, Paul Gauguin parlant, dans un atelier sous les toits de Paris, de la peinture impressionniste ; Émile Reynaud présentant l'invention du Praxinoscope, un appareil permettant de projeter le premier dessin animé au monde...

Le musée de l'Holographie n'est pas spécialement réservé aux enfants mais il les fascine particulièrement.

Musée de l'Holographie

Forum des Halles 75001 - Tél. : 40 39 96 83

Niveau – 1, entre les portes Berger et Rambuteau
Métro : Châtelet - Les Halles
Ouvert tous les jours de 10 h 30 à 19 h, sauf dimanches, lundis et jours fériés de 13 h à 19 h.

Qu'est-ce que l'holographie ? C'est un procédé de photographie en relief utilisant les propriétés de la lumière cohérente. Le résultat obtenu est le double parfait en trois dimensions de l'objet enregistré, grâce à un codage de la lumière par un système d'interférence de deux faisceaux issus d'une même source.

Ces drôles d'images en trois dimensions se modifient selon l'angle sous lequel vous les regardez. Amusez-vous donc à regarder de la droite, puis de la gauche, d'en haut, puis d'en bas, les photos exposées.

Musée du Louvre

Palais du Louvre 75001 - Renseignements au 40 20 50 50
ou minitel 36 15 code Louvre

 Entrée principale : Pyramide (cour Napoléon). Métro : Louvre
Ouvert les jeudis, vendredis, samedis et dimanches, de 9 h à 18 h, et les lundis
et mercredis de 9 h à 21 h 45.

 pour les − de 18 ans

Le musée du Louvre est aujourd'hui si magnifique, les œuvres d'art si merveilleusement présentées que vous n'aurez aucun mal à le faire découvrir aux enfants. Cependant le musée étant gigantesque, il faut savoir faire des choix afin de ne pas décourager les petites jambes.

Le musée du Louvre propose aux enfants des ateliers remarquablement bien faits.

 Les ateliers Hall Napoléon, accueil des groupes,
niveau mezzanine
Programme et réservation au 40 20 52 63.

Les billets sont en vente **20 minutes** avant le début de l'atelier. Réservation le matin pour l'après-midi.

 Mercredi et samedi après-midi, séance de deux heures.

Le programme des activités en ateliers est édité chaque trimestre (disponible à l'accueil sous la pyramide, ou sur demande au Service culturel du musée, 36, quai du Louvre 75058 Paris cedex 01.

 pour les moins de 14 ans à partir de 5 ans.

Les ateliers concernent tous les départements du musée. Ils sont assurés par des conférenciers des musées nationaux, des artistes et des enseignants. Parmi les vingt-six thèmes d'ateliers proposés aux enfants à partir de 5 ans, nous citerons l'initiation aux écritures antiques, le costume grec, la couleur, l'expression des sentiments... et les derniers nés « monstres et démons » sur la démarche artistique du fantastique, « la mosaïque », un « voyage dans un pays flamand » grâce aux multiples paysages que recèlent les peintures flamandes et enfin un atelier original sur l'architecture du monde musulman.

Et surtout, n'oubliez pas de vous rendre à la librairie d'art pour les jeunes.

Centre National d'Art et de Culture Georges-Pompidou

Rues Rambuteau, Saint-Martin et Beaubourg 75004 - Tél. : (1) 42 77 12 33

Métro : Châtelet, Rambuteau ou Hôtel-de-Ville. Bus : 38 - 47 - 79.

Ouvert : les lundis, mercredis, jeudis et vendredis de 12 h à 22 h ; les samedis, dimanches et jours fériés de 10 h à 22 h.

 pour le musée pour les enfants

En dehors de la visite du musée d'Art moderne, qui est suffisamment bien présenté pour ne pas déplaire aux enfants, des ateliers/lieux d'expression et de création sont proposés aux 6/12 ans accompagnés ou non de leurs parents.

Des espaces-jeux en lien avec les expositions du Centre sont à la disposition des enfants et des ateliers sont proposés autour des œuvres du musée. L'atelier des enfants est ouvert tous les jours de 13 h 30 à 17 h 30, sauf mardi, dimanche et jours fériés. Renseignements au 44 78 49 17 (l'après-midi).

Une bibliothèque des enfants est ouverte de 13 h à 19 h. L'entrée est gratuite et interdite aux parents.

Musée d'Orsay - M'O

1, rue de Bellechasse 75007 Paris - Tél. : 45 49 48 14 et 45 49 11 11 (répondeur)

Métro : Solférino ou RER station Musée d'Orsay.

Ouvert de 10 h à 18 h (19 h en été) sauf le lundi ; le jeudi de 10 h à 21 h 45 ; le dimanche de 9 h à 18 h.

 pour les moins de 18 ans

Dans l'ancienne gare d'Orsay sont présentées des collections illustrant la création artistique de la seconde moitié du XIXe siècle et des premières années du XXe siècle. Les jeunes visiteurs sont particulièrement bienvenus ; des visites-ateliers et des visites-explorations leur sont proposées.

Tous les mercredis, les 5/10 ans découvrent les collections avec des animateurs spécialisés et s'attachent ensuite à découvrir les aspects techniques de la peinture ou de la sculpture. (Réservation une semaine à l'avance au 40 49 49 76.)

Pour les visiteurs individuels, des feuillets « visites-découvertes » sont à leur disposition.

Musée d'Art moderne de la ville de Paris

11, avenue du Président-Wilson 75116 - Tél. : 47 23 61 27

Métro : Alma-Marceau ou Iéna
Ouvert tous les jours, sauf les lundis et jours fériés, de 10 h à 17 h 30 ; et les mercredis jusqu'à 20 h 30.

Le musée contient une collection de peintures du début du siècle à nos jours. Des ateliers permettent aux enfants de comprendre les grands courants de la peinture moderne. Réservation obligatoire au 47 20 07 80.

Musée Picasso

Hôtel Salé, 5, rue de Thorigny 75003
Tél. : 42 71 25 21

Métro : Saint-Paul ou Filles-du-Calvaire
Ouvert tous les jours, sauf les mardis et jours de fêtes, de 9 h 15 à 17 h 15 et les mercredis jusqu'à 22 h.

L'œuvre de Picasso peut séduire les enfants, d'autant que ce musée contient un grand nombre de ses toiles les plus représentatives. Les jeunes amateurs auront néanmoins besoin de vous, pour leur apprendre à regarder.

Musée des Monuments français

Palais de Chaillot, place du Trocadéro 75116 - Tél. : 44 05 39 10

Métro : Trocadéro
Ouvert tous les jours sauf mardi de 9 h à 18 h.

Ce musée est toute la France à lui seul, car il contient des moulages des grandes œuvres de la sculpture française et des reproductions de nombre de peintures murales. Des montages audiovisuels remettent les œuvres dans leur contexte et les ateliers tentent avec succès de faire apprécier le musée aux enfants.

Les enfants visitent les collections à partir d'un thème lié à l'architecture des monuments français. Ils manipulent de très belles maquettes ou apprennent la sculpture sur savon, ou la technique de la fresque. Atelier sur inscription, le mercredi pour les 12/18 ans, et sans inscription le samedi pour les 3/13 ans (durée : 2 heures).

Musée des Arts décoratifs et musée des Arts de la mode

107, rue de Rivoli 75001 – Tél. : 44 55 57 50

Métro : Palais-Royal
Ouvert de 12 h 30 à 18 h sauf les lundis et mardis.

Des animations/visites dans les collections permanentes et les expositions temporaires ont lieu régulièrement au musée des Arts décoratifs et au musée des Arts de la mode. Ces visites durent 1 h 30 et sont réservées aux enfants de 6 à 12 ans.

Des ateliers proposent des cycles de huit mercredis autour d'un thème pour les 8/14 ans. Et, pendant les vacances scolaires, des ateliers sont organisés autour des collections permanentes et des expositions temporaires. Ces séances ont lieu l'après-midi, durent 2 heures et sont réservées aux 8/12 ans. Cycles de trois jours. Réservation : **Art Déco Jeunes** Tél. : 44 55 59 25 de 9 h à 18 h.
et Ateliers du Carrousel,
tél. : 42 61 29 38.

la séance

Musée de la Mode et du Costume

Palais Galliera, 10, avenue Pierre-Ier-de-Serbie 75116
Tél. : 47 20 85 23

Ateliers

Cycle de 4 séances de 2 heures, le mercredi à 14 h 30 pour les 6/8 ans, à 15 h pour les 6/12 ans ; le samedi à 14 h pour les 8/12 ans et à 15 h pour les 6/12 ans. Sur inscription.

Parrainés par les machines à coudre Singer, les ateliers tournent autour de la mode : création de patron, coupe, couture... Les petites filles habillent la poupée Agathe ou se confectionnent un déguisement.

Musée Carnavalet

23, rue de Sévigné 75003 - Tél. : 42 72 21 13

Métro : Saint-Paul
Ouvert tous les jours sauf lundis et jours de fêtes, de 10 h à 17 h 45.

L'ancien hôtel de Mme de Sévigné raconte l'histoire de Paris et de la Révolution. Quatre nouvelles salles sont consacrées à la période de la préhistoire au XVᵉ siècle. Un très joli petit jardin entoure le musée.

Des ateliers vont faire revivre aux enfants l'histoire de la capitale : les 6/9 ans vont découvrir la vie d'une rue et les métiers d'autrefois, les 8/12 ans vont écrire un guide du Paris d'autrefois, ou encore se livrer à un travail de comparaison entre des photos de Paris anciennes et contemporaines.

Séances les mercredis et samedis, se renseigner sur le programme du moment et réserver au 42 72 21 13.

                pour trois séances.

Musée de l'Armée

Hôtel national des Invalides 75007 - Tél. : 45 55 37 67

Métro : Invalides - La Tour Maubourg
Ouvert tous les jours, sauf certains jours de fêtes, de 10 h à 18 h (du 1ᵉʳ avril au 30 septembre) ; et 17 h (du 1ᵉʳ octobre au 31 mars).

Le musée de l'Armée est un musée d'art, de techniques et d'histoire ; il permet de comprendre les rapports de l'homme et des armes au cours des siècles, de l'âge de la pierre à l'ère atomique. Il ne faudra pas manquer de jeter un coup d'œil sur le Musée des Plan-Reliefs (maquettes de villes et places fortes de Vauban jusqu'à nos jours). Tél. : 47 05 11 07.

Musée national
des Arts asiatiques Guimet

6, place d'Iéna 75116 – Tél. : 47 23 61 65

Métro : Iéna
Ouvert tous les jours de 9 h 45 à 17 h 15. Fermé les mardis.

  jusqu'à 18 ans

Le musée Guimet est l'un des plus grands musées d'art asiatique au monde. Il contient des sculptures, des peintures, des objets d'une rare beauté, mais il faut bien reconnaître qu'une visite sans explication n'intéressera guère les enfants. Les plus jeunes ont la chance de pouvoir participer à de courtes visites qui les tiendront en haleine.

Des visites-contes suivies d'un atelier de dessin sont proposées aux enfants. Les objets du musée donnent prétexte à raconter une légende ou à s'initier à la vie de Bouddha. Atelier les mercredis et samedis à 15 h 15 - Durée : 1 heure. Vous pouvez vous inscrire au 47 23 61 65, poste 321.

 5/9 ans

Musée des Arts africains
et océaniens

293, avenue Daumesnil 75012 - Tél. : 44 74 84 80

Métro : Porte Dorée
Ouvert tous les jours de 10 h à 12 h et de 13 h 30 à 17 h 30 ; les samedis et dimanches de 12 h 30 à 18 h (l'aquarium est ouvert de 10 h à 18 h).

  pour le musée pour l'aquarium

Construit pour l'Exposition Coloniale de 1931, le musée, dédié aux arts et civilisations du Maghreb, de l'Afrique intertropicale et de l'Océanie, ne passionnera guère les enfants. Mais quel plaisir de regarder évoluer gracieusement les poissons de toutes les couleurs dans les spacieux aquariums du sous-sol !

Des ateliers proposent des promenades-explorations autour d'un thème, approche des techniques de la couleur dans les arts africains, initiation aux instruments de musique du Maghreb et à la calligraphie. Séance de 2 heures, les mercredis et samedis à 14 h 30, inscription nécessaire.

Musée de l'Institut du Monde Arabe

23, quai Saint-Bernard 75005 - Tél. : (1) 40 51 38 38

 Métro : Sully-Morland, Jussieu, Cardinal-Lemoine.
Bus : 24 - 63 - 67 - 86 - 87 - 89.

Ouvert tous les jours sauf lundis de 10 h à 18 h.

 pour le musée

 à   pour les animations

Les expositions permanentes sur l'art et les civilisations des pays de l'Islam n'intéresseront pas les enfants. Mais des animations pour les 8-15 ans ont lieu les mercredis et les samedis de 14 h à 16 h : parcours exploration ou écriture et calligraphie par exemple.

Les groupes sont de 15 enfants, il est donc préférable de s'inscrire au préalable (Tél. : 46 34 15 20).

Musée de la Marine

Palais de Chaillot, place du Trocadéro 75116
Tél. : 45 53 31 70

 Métro : Trocadéro
Ouvert tous les jours de 10 h à 18 h. Fermé les mardis.

Le musée de la Marine fut créé au XVIIIe siècle par une ordonnance de Charles X, décidant de rassembler en un musée la collection exceptionnelle de modèles du XVIIIe siècle dans les arsenaux royaux. Modèles, tableaux, sculptures, instruments de navigation racontent trois siècles d'aventures, de science et de techniques nautiques. On admire, entre autres, la maquette de la *Santa Maria* de Christophe Colomb et de la *Belle Poule* qui ramena les cendres de Napoléon de Sainte-Hélène. Un musée passionnant, remarquablement présenté.

Chaque mercredi à 15 h, une visite commentée attend les enfants en « escale » dans le musée. Des ateliers en rapport avec l'exposition en cours sont organisés le mercredi et le samedi.

Musée national des Arts et Traditions populaires

6, avenue du Mahatma-Gandhi 75116 - Tél. : 44 17 60 00

Métro : Sablons
Ouvert tous les jours sauf les mardis de 9 h 45 à 17 h 15.

Un musée sur la France rurale (l'habitat, les techniques de l'artisanat, l'agriculture, l'élevage, les coutumes, les jeux, etc.). Des tableaux animés (à la demande) montrent et expliquent différentes scènes de la vie quotidienne. La présentation des objets est remarquable, on déplore le parti pris du noir rendant souvent lugubre la visite de ce musée sur la vie.

LES MUSÉES SCIENTIFIQUES

Le Palais de la Découverte n'est pas à proprement parler un musée, mais il apporte une information scientifique.

Palais de la Découverte

Avenue Franklin-Roosevelt 75008
Tél. : 40 74 80 00 - minitel 36 15 code Découverte

Métro : Franklin-Roosevelt
Ouvert tous les jours sauf lundi de 10 h à 18 h.

     pour le planétarium
et les ateliers

Tout est passionnant dans ce « palais » : les salles sur l'astronomie, l'informatique, la biologie, les sciences de la terre ; les expériences d'électrostatique, d'électromagnétisme ; les animations, les films sur des sujets scientifiques et le planétarium.

Et le planétarium fascinera les enfants de tous âges : tous les jours vous assistez, sous un ciel nocturne parfaitement pur, à un merveilleux spectacle sur les étoiles et les planètes (plusieurs séances par jour : 14 h – 14 h 15 – 16 h 30 et séances supplémentaires pour les vacances scolaires et les week-ends). Les visiteurs sont nombreux les mercredis et les week-ends, prévoir de l'avance.

Des ateliers proposent la construction d'un cadran solaire ou de moteurs électriques ; fabrication de cristaux et micro-analyse chimique ; réalisation de maquettes en relief, etc. À partir de 10 ans, sur inscription.

Cité des Sciences et de l'Industrie

30, avenue Corentin-Cariou 75019 - Tél. : (1) 36 68 29 30
ou minitel 3615 Villette

Métro : Porte de la Villette.
Réservation pour la Cité des Enfants, la Géode et le Cinaxe au 36 68 29 30.

Ouvert tous les jours, sauf lundi, du mardi au samedi de 10 h à 18 h, le dimanche de 10 h à 19 h.

 en moyenne

Ce lieu porte bien son nom : une cité. Il vous faudra tout d'abord vous repérer. Procurez-vous toute la documentation à l'accueil, demandez conseil et planifiez votre visite. En fonction de l'âge des enfants, de votre temps, votre choix se fera entre :

Explora (niveaux 1 et 2)

Des expositions permanentes et temporaires vous entraînent dans la passionnante aventure de la vie, de la technologie et de la communication et vous décrivent les réalisations et les possibilités extraordinaires de la science et de l'industrie. Partez à la conquête de l'espace, jouez avec les sons et la lumière, observez la vie intime des microbes, évaluez l'âge de l'univers... Des centaines d'expériences attendent petits et grands. Des ateliers et des animations particulières existent aussi, renseignez-vous sur place.

Le Planétarium (niveau 2 d'Explora) Réservation sur place

Une salle de spectacle pour découvrir les nébuleuses, les comètes, les galaxies et les planètes. Plusieurs spectacles par jour et en alternance.

La Cité des Enfants 3 à 12 ans (niveau 0)

Les enfants doivent être obligatoirement accompagnés d'un adulte.

Deux espaces interactifs, d'ateliers et d'animations pour découvrir en s'amusant le monde des sciences et techniques. En suivant un cours d'eau, les tout-petits (3/5 ans) explorent un trajet à surprises ; tout en testant leur équilibre, ils découvrent la transmission du mouvement, suivent les étapes de la culture du blé et de la fabrication du pain, jouent en utilisant l'énergie de l'eau...

Pour les 5/12 ans, plus de 200 manipulations permettent par exemple de voler comme un oiseau grâce à des trucages vidéo, de pénétrer au cœur d'une fourmilière, de voir l'intérieur de son corps...

Tecno-Cité 12/15 ans

Ce nouvel espace va permettre aux adolescents de s'initier aux systèmes mécaniques : manipuler une boîte de vitesse transparente, piloter un bras mécanique, observer l'intérieur d'une artère avec un microscope électronique... bref se familiariser avec la technologie au quotidien.

La Géode (à l'extérieur, devant la Cité des Science)

Dans cette jolie sphère dans laquelle le ciel, l'eau et les lumières se reflètent, vous regarderez des films étonnants sur un écran hémisphérique de 1 000 m².

Le Cinaxe (à l'extérieur de la Cité des Sciences)

Le Cinaxe est une salle mobile dite de « simulation ». La cabine articulée se déplace au rythme des images projetées.

Le Cinéma Louis-Lumière (niveau 0)

Chaussez des lunettes spéciales à filtres polarisants distribuées avant le film et vous pourrez voir en relief des films de fiction ou sur la nature...

L'Aquarium (niveau S 2)

Dans un aquarium géant, plus de 200 espèces de la faune et de la flore méditerranéenne.

L'Argonaute (à l'extérieur, près de la Géode)

 Ouvert de 10 h à 18 h du mardi au vendredi et de 10 h à 19 h les week-ends.

À l'aide d'un casque audioguide, vous parcourrez ce sous-marin désarmé en 1982. Dans l'exposition située dans la « folie » attenante, vous découvrirez l'aventure technologique et humaine de la navigation sous la mer.

La Cité des Sciences c'est aussi la **Cité des Métiers**, un centre de documentation et d'informations sur l'orientation et l'emploi, et la **Médiathèque**, une immense bibliothèque ouverte à tous.

Musée de l'Homme

Palais de Chaillot, place du Trocadéro - Tél. : (1) 44 05 72 00

 Ouvert tous les jours sauf mardi et jours fériés de 9 h 45 à 17 h 15.

  « Le Totem »

Origine et évolution de l'homme et quelques aperçus sur les cultures et sociétés humaines dans le monde. Des squelettes, des objets en provenance du monde entier, et... beaucoup de poussière.

Muséum National d'Histoire Naturelle

57, rue Cuvier 75005 - Tél. : (1) 40 79 30 00

 Métro : Monge, Jussieu, Austerlitz.
Ouvert tous les jours, sauf mardi, de 10 h à 17 h ; de 10 h à 18 h et jusqu'à 22 h le jeudi pour la Grande Galerie.

Ce musée est composé de plusieurs galeries dont les visites sont indépendantes : Anatomie comparée et Paléontologie, Minéralogie, Paléobotanique, Entomologie et la Grande Galerie.

 ## La Grande Galerie

Fabuleux !
Précipitez-vous à la Grande Galerie. Cette salle gigantesque consacrée à la zoologie et la paléontologie vient d'être totalement rénovée et les collections restaurées. Ordonnées selon le thème unificateur de l'évolution, les spécimens présentés sont littéralement mis en scène. Lumières et musique viennent à l'appui de la scénographie. Maquettes, audio-visuels et dispositifs spéciaux contribuent à rendre accessibles les connaissances scientifiques les plus récentes. De grandes fiches cartonnées très bien faites et des écrans tactiles aident à mieux comprendre l'évolution de l'espèce.

Si les sciences abordées n'intéressent que les plus de 10 ans, la présentation et la rencontre avec tous les animaux du monde pourra séduire les plus petits.

Centre de la Mer et des Eaux

195, rue Saint-Jacques 75005 - Tél. : (1) 46 33 08 61

Métro : Luxembourg. Bus : 21 - 27.

Ouvert de 10 h à 12 h 30 et de 13 h 15 à 17 h 30, sans interruption le week-end. Fermé le lundi et en août.

Des aquariums tropicaux, des audiovisuels, un diorama, des maquettes de bateaux et des films de la série « L'Odyssée de l'équipe Cousteau » (les mercredis, samedis et dimanches à 15 h et 16 h).

LES VISITES INSOLITES :

Musée du Rock

Forum des Halles 75001 - Tél. : 40 28 08 13

Métro : Châtelet-Les Halles
Ouvert tous les jours de 10 h 30 à 18 h 30.

De Madonna à Bill Haley, des scènes animées présentent les figures légendaires de l'histoire du rock.

Musée des Instruments de Musique Mécanique

Impasse Berthaud 75003 - Tél. : (1) 42 71 99 54

Métro : Rambuteau. Bus : 38.

Ouvert les samedis, dimanches et fêtes de 14 h à 19 h.
Visite-démonstration d'une heure.

Une centaine d'instruments tous en état de marche : polyphon, orchestrion, orgue mécanique, pianola, limonaire, etc.

Musée de la Poste

34, boulevard de Vaugirard 75015 - Tél. : (1) 42 79 23 45

Métro : Montparnasse-Bienvenue.
Ouvert tous les jours sauf dimanches et fêtes de 11 h à 17 h.

  pour les moins de 18 ans

Un remarquable musée de conception très moderne : vous commencez votre visite au 5ᵉ étage et parcourez 15 salles disposées en spirale jusqu'au premier étage. Vous saurez tout sur la poste à travers les âges, vous verrez des maquettes (malle-poste, bateaux, avions, trains, relais de poste), un diorama sur l'acheminement du courrier au XIVᵉ siècle, des costumes, le ballon du siège de Paris, etc. Vous découvrez aussi les machines servant à l'impression des timbres et apprenez que l'imprimerie des timbres-poste de Périgueux fabrique chaque année 4 milliards 500 millions de timbres-poste !

Un atelier d'initiation à la philatélie est ouvert aux jeunes de 9 à 11 ans.

Et à proximité du Centre Georges-Pompidou : le **Défenseur du Temps** - rue Bernard-de-Clairvaux 75003.

Une horloge animée : l'homme armé d'un glaive et d'un bouclier se bat toutes les heures avec les trois animaux qui l'entourent : le dragon symbole de la terre, l'oiseau symbole de l'air et le crabe symbole de l'eau.

À 12 h, 18 h et 22 h les trois animaux attaquent à la fois.

LES MONUMENTS

Paris, c'est d'abord la Tour Eiffel, et vous ne pourrez pas éviter d'y monter.

Tour Eiffel

Champ-de-Mars 75007 - Tél. : (1) 45 55 91 11 et 44 11 23 23

Métro : Bir-Hakeim et Champ-de-Mars (RER)
Bus : 42 - 69 - 82 - 87 - 72.
Ouvert : de 9 h 30 à 23 h.

Prix :

1ᵉʳ étage : pour les 4-12 ans   pour les + de 12 ans

85

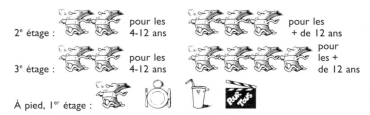

2e étage :   pour les 4-12 ans   pour les + de 12 ans

3e étage :   pour les 4-12 ans   pour les + de 12 ans

À pied, 1er étage :

Au premier étage, l'espace Cinemax offre l'histoire de la tour sur grand écran.

Arc de Triomphe

Tél. : (1) 43 80 31 31

Métro : Charles-de-Gaulle-Étoile

Ouvert : du 1er octobre au 31 mars de 10 h à 17 h (16 h 30 en hiver) ; du 1er avril au 30 septembre de 10 h à 18 h.

Un petit musée historique et un film documentaire sont visibles à l'intérieur et la vue du sommet sur Paris est magnifique.

La Grande Arche de la Défense

Parvis de la Défense 92400 Courbevoie - Tél. : (1) 49 07 27 57

Métro : RER La Défense.

Si vous venez en voiture : suivez le boulevard circulaire et sortez à « La Défense 4 », suivez « P Central », garez-vous dans ce parking et vous sortirez à pied sur le parvis.

Ouvert tous les jours de la semaine de 10 h à 17 h, les week-ends et jours fériés de 10 h à 19 h ; et les vendredis, samedis et jours fériés de juillet et août de 10 h à 21 h.

Le dernier-né des monuments de Paris a été conçu par l'architecte danois Otto von Spreckelsen, c'est une immense arche de béton recouverte de marbre de carrare et haute de 105 mètres, Notre-Dame-de-Paris pourrait tenir entre ses parois !

Un ascenseur panoramique vous permet d'atteindre le belvédère du sommet. Malheureusement les enfants auront beaucoup de mal à voir la rue, la balustrade étant trop haute ; la montée en ascenseur les consolera.

LES PARCS

Jardin d'Acclimatation

Bois de Boulogne - Tél. : (1) 40 67 90 82

Métro : Porte-Maillot.

Petit train au départ de la porte Maillot (mercredis, samedis, dimanches, jours fériés et vacances scolaires, à partir de 13 h 30 jusqu'à 18 h).

Ouvert toute l'année de 10 h à 18 h.

Beaucoup d'attractions (malheureusement payantes) : rivière enchantée, tacots 1900, petit train, bateaux téléguidés, manèges, guignol, toboggans, pont aux singes, etc., et quelques animaux : des ours, des singes, des oiseaux ainsi qu'une mini-ferme.
Une des distractions favorites des petits Parisiens.

Pas très loin, également dans le bois de Boulogne, un autre petit jardin propose des jeux aux enfants.

Relais du Bois

Croix Catelan, Bois de Boulogne - Tél. : (1) 42 88 08 43 et (1) 42 88 53 87

Ouvert tous les jours de 10 h à 19 h (18 h en hiver).

 pour l'entrée
carnets de tickets pour les jeux

Bateaux, circuit de voitures, trampoline, petit train, manège, etc.
Sympathique et beaucoup moins onéreux que son illustre voisin.

À l'opposé de la ville s'étendent le parc Floral, le parc Zoologique de Paris et la ferme de Georges Ville.

Parc Floral

Route de la Pyramide 75012 - Tél. : (1) 43 43 92 95

Métro : Château de Vincennes.
Ouvert tous les jours de 9 h 30 et 19 h en été, 18 h en hiver.

 attractions en supplément

Un très beau parc si joliment fleuri à la belle saison, avec des jeux en veux-tu en voilà, un mini-golf et un guignol.

Parc Zoologique de Paris

53, avenue Saint-Maurice 75012 - Tél. : (1) 44 75 20 10

Métro : Porte Dorée.
Ouvert en été de 9 h à 18 h et en hiver de 9 h à 17 h.

Le fameux rocher du zoo que l'on voit d'assez loin s'effondre peu à peu.
Vous verrez beaucoup d'animaux, mais, en comparaison des magnifiques parcs zoologiques que nous avons vus en province, Paris n'a pas à être fier de son zoo. Il va, paraît-il, être rénové.

Ferme de Georges Ville

Route du Pesage, Bois de Vincennes 75012
Renseignements au 43 28 47 63

Métro : Château de Vincennes
Ouvert les samedis, dimanches et jours fériés de 10 h à 19 h de mars à octobre, et de 10 h à 17 h de novembre à février.

Cette vraie ferme réjouira les petits Parisiens n'ayant pas la chance d'aller souvent à la campagne ; ils verront pour de vrai des veaux, des vaches, des cochons, des coqs et des poules... ; ils découvriront aussi quelques grands principes de la culture des potagers et des champs.

Des animaux vous en verrez d'autres au Jardin des Plantes.

Jardin des Plantes

57, rue Cuvier 75005 - Tél. : (1) 40 79 30 00

 Métro : Jussieu et Gare-d'Austerlitz.
Ouvert tous les jours de 7 h 30 (en été) et 8 h (en hiver) à la nuit.

 pour le jardin

Zoo   Tél. : (1) 40 79 37 94

 Ouvert de 9 h à 17 h (en hiver) ou 18 h 30 (été).

Un petit zoo sans prétention et agréable le temps d'une promenade.
En sortant, entrez dans les grandes serres, cela vaut vraiment la peine.

Ouvertes de 13 h 30 à 17 h sauf le mardi.

Et ne ratez pas le parc le plus étonnant de Paris, celui de la Villette.

Parc de la Villette

211, avenue Jean-Jaurès 75019
Rens. au 40 03 75 75 ou au 40 03 75 03 (Villette-Information)

 Métro : Porte de Pantin, Porte de la Villette et Corentin-Cariou

Devant la Cité des Sciences s'étend un parc étonnant où vous attendent jour et nuit des surprises. Ni simple espace vert ni parc d'attractions, le Parc renoue avec la tradition des jardins des XVIIe et XVIIIe siècles, des lieux de rencontres et d'activités.

Découvrez tranquillement les merveilleux jardins : le jardin de Bambous avec ses fontaines et son cylindre sonore, le jardin des Brouillards et sa machine à brume, le jardin des Miroirs où l'on ne sait plus si le ciel est devant ou au-dessus de soi, le jardin des Frayeurs Enfantines, le jardin du Dragon et son toboggan, le jardin des Vents pour les tout-petits.

Laissez les enfants courir dans les grandes prairies où se disputent d'interminables jeux de ballon. Est-ce Gargantua qui a laissé le temps ensevelir son vélo au milieu de l'une d'elles ? Non, c'est plutôt le talent de Claes Oldenburg qui est responsable de cette drôle de sculpture.

> Vous serez intrigués par ces petits bâtiments métalliques peints en rouge. Ce sont les « Folies ». Ces touches de fantaisie sont à la fois centres d'information, d'observation et ateliers pour les jeunes.

Les autres jardins de Paris proposent pour la plupart des jeux pour les petits et très souvent des représentations de Guignol.

Citons : le **jardin du Luxembourg**, le **parc Montsouris**, le **Champ-de-Mars**, le **jardin du Ranelagh**, le **parc Monceau**, le **jardin des Tuileries**, les **Buttes Chaumont** et le **parc Georges-Brassens** (aménagé à l'emplacement des anciens abattoirs de Vaugirard), et le **Jardin aux Halles**.

Jardin des enfants aux Halles

Forum des Halles, 105, rue Rambuteau 75001 - Tél. : (1) 45 08 07 18

Métro : Les Halles sortie Rambuteau.

Ouvert tous les jours sauf lundi. Les horaires varient selon les jours et les saisons, il est préférable de téléphoner avant de se déplacer. Les parents sont les bienvenus le mercredi de 10 h à 14 h.

Voici un endroit merveilleux où vous allez pouvoir laisser vos enfants pendant votre heure de shopping au forum des Halles. Les 7/11 ans vont partir pour une promenade étonnante : ils vont traverser la jungle, escalader un volcan, descendre des ravins en toboggan, voyager dans le ventre d'un escargot...

Votre visite « enfantine » de Paris ne serait vraiment pas complète sans une promenade en « bateau-mouche » sur la Seine.

Les « Bateaux-Mouches » : embarcadère pont de l'Alma 75008 - Tél. : 42 25 96 10. Tous les jours de 10 h à 12 h et de 13 h 30 à 22 h 30 (toutes les demi-heures).

Bateaux Parisiens Tour Eiffel : embarcadère port de la Bourdonnais (pont d'Iéna) 75007 - Tél. : 44 11 33 44. Départ tous les jours de 10 h à 22 h (toutes les demi-heures).

Vedettes de Paris-Ile-de-France : Porte de Suffren 75015 - Tél. : 47 05 71 29. Croisières de 10 h à 19 h.

Bateaux vedettes du Pont Neuf : embarcadère square du Vert-Galant 75004 - Tél. : 46 33 98 38. Départ tous les jours de 10 h à 12 h et de 13 h 30 à 18 h 30 (toutes les demi-heures).

Bateaux parisiens Notre-Dame : quai de Montebello 75005 - Tél. : 43 26 92 55. Départ toutes les heures de 10 h à 22 h.

Canal Saint-Martin et la Seine : quai Anatole-France 75007 - Tél. : 42 40 96 97. Croisière du musée d'Orsay au parc de la Villette. Départ tous les jours à 9 h 30 (musée d'Orsay) et 14 h 30 (parc de la Villette) ; deux départs les week-ends et jours fériés.

Canauxrama : départ du parc de la Villette au port de l'Arsenal et inversement. Tél. : 42 39 15 00. Départ à 9 h 15 et 14 h 45.

Et maintenant, il faut absolument aller vous baigner à l'**Aquaboulevard**.

Aquaboulevard

4, rue Louis-Armand 75015 - Tél. : (1) 40 60 10 00

 Métro : Porte de Versailles, Place Balard.
Ouvert tous les jours de 9 h à 23 h (24 h les vendredis et dimanches).

 pour 4 heures

par heure supplémentaire

Une eau à 30 °C, un bassin à vagues intérieur et extérieur en été, des geysers, des toboggans géants, une rivière à contre-courant, des cascades de bains bouillonnants et une végétation tropicale : un véritable paradis aquatique sous le ciel parisien.

Autour de Paris

Citons maintenant, dans la banlieue toute proche de Paris, un musée au Bourget et des jardins à Boulogne-Billancourt susceptibles de plaire aux enfants.

Musée de l'Air et de l'Espace

Aéroport du Bourget 93350 Le Bourget - Tél. : (1) 49 92 71 99

 Ouvert tous les jours sauf lundi, de 10 h à 17 h ; du 1er mai au 31 octobre de 10 h à 18 h. Fermé le 25 décembre et le 1er janvier.

  pour les moins de 8 ans

175 avions, 35 satellites et lanceurs de nombreuses maquettes relatant l'histoire de l'aéronautique. Vous verrez le Breguet de Nungesser et Coli qui effectua la première traversée de l'Atlantique sud en 1927, des

avions de chasse, des mirages, la reproduction grandeur nature de la fusée Ariane...

Remarquablement présentés, les avions sont pour la plupart accrochés ou surélevés, ce qui simule mieux la réalité.

 # Musée départemental Albert Kahn Jardins et collections

14, rue du Port 92100 Boulogne - Tél. : 46 04 52 80

 Métro : Boulogne
Ouverts tous les jours sauf les lundis du 1er mai au 30 septembre de 11 h à 19 h et du 1er octobre au 30 avril de 11 h à 18 h. Fermeture annuelle du 23 décembre au début février.

De merveilleux jardins : un verger, une roseraie, un jardin anglais, une forêt vosgienne, un palmarium, un jardin japonais (une vraie splendeur au printemps), etc.

Attention, ce jardin est un peu comme un musée : les enfants doivent rester près de leurs parents afin de ne pas risquer d'endommager la beauté de ce lieu fragile.

Des fonds d'images fixes et animés sont accessibles au jeune public à partir de bornes informatiques.

L a Normandie est une région si vaste et si riche en visites que nous prenons pour plus de commodité la division administrative de Haute-Normandie et Basse-Normandie.

Les images de la **Haute-Normandie** sont à la fois celles de vertes prairies où poussent des pommiers et où paissent les fameuses vaches normandes, et celles des hautes falaises de craie qui bordent le pays de Caux.

Les célèbres stations balnéaires de la Côte fleurie, les longues plages du débarquement, la campagne verdoyante et souvent vallonnée résument les paysages de la **Basse-Normandie**.

Musée des Maquettes ⸺

Musée des Terre-Neuvas ⸺
        et de la Pêche

Les Visons de la Marnière ⸺

Le Canyon Park ⸺⸺⸺⸺⸺⸺⸺⸺

Musée de la Marine de Seine ⸺⸺⸺⸺⸺

- Parc Zoologique ⸺⸺⸺⸺⸺⸺⸺⸺

- Musée d'Automobiles
        de Normandie

- Musée Jeanne-d'Arc ⸺⸺⸺⸺⸺⸺⸺

- Musée d'Histoire Naturelle

- Musée National de l'Éducation

- L'Océade

Musée d'Automates ⸺⸺⸺⸺⸺⸺⸺

Maison de Claude Monet ⸺⸺

Le Moulin à vent ⸺⸺⸺⸺

Le Château de Robert le Diable ⸺

Base de loisirs ⸺⸺⸺⸺

Le Tréport

Dieppe

SEINE~MARITIME

Fécamp

Daubeuf~Serville

Yvetot   Clères   Forges~les~Eaux

Epretot

Tancarville   Caudebec   Ry   Beauvais

avre

Hauville   Moulineaux   Rouen

Léry-Poses

Les Andelys

Giverny

La Seine

R. 13.

LA HAUTE-NORMANDIE

Au départ de Dieppe, vous avez le choix entre deux circuits, vous commencez votre itinéraire d'une part en allant de Dieppe au Havre, d'autre part en parcourant le pays de Bray et enfin en remontant la vallée de la Seine.

Du Tréport par la D 925, vous atteignez Dieppe.

Dieppe n'offre qu'une plage de galets, et vous ne verrez plus les chars à voile parcourir à grande vitesse les longues plages du Nord. En revanche, sur les pelouses du boulevard Verdun, les *speed-sails*, planches à voile sur roulettes, ont fait leur apparition.

À Dieppe, votre route se divise en deux : soit vous partez vers Beauvais en traversant le pays de Bray, soit vous parcourez le pays de Caux jusqu'au Havre.

De Dieppe à Beauvais

La D 1 vous fait d'abord passer à Neufchâtel-en-Bray où, dans une maison du XVIe siècle, **un petit musée d'Art Populaire** a été aménagé.

Musée J.-B. Mathon et A. Durand

76270 Neufchâtel-en-Bray - Tél. : 35 93 06 55

Ouvert toute l'année les samedis et dimanches de 15 h à 18 h ; et du 1er juillet au 31 août tous les jours de 15 h à 18 h sauf le lundi.

Puis vous traversez Forges-les-Eaux.

Dans l'annexe de l'hôtel de ville, des maquettes reconstituent la vie rurale et les véhicules hippomobiles d'autrefois.

96

Musée des Maquettes

76440 Forges-les-Eaux - Tél. : 35 90 52 10 (O.T.)

 Ouvert tous les jours sauf le lundi, de 14 h à 17 h de Pâques à octobre.

Un sympathique petit train traverse la station thermale.

Vous pourrez aussi faire un voyage « rétro » en pays de Bray avec la compagnie des omnibus à cheval.

Vous partez à 9 h, traversez la ville de Forges-les-Eaux et sa région, déjeunez à la **ferme des Loisirs de Mauquenchy** (tél. : 35 90 58 77) et visitez l'après-midi le hameau de Bray avec son pressoir à cidre, son moulin et son four à pain.

De Dieppe au Havre

Longeant de plus ou moins près la **côte d'Albâtre** (nommée ainsi à cause de ses falaises de craie), vous arriverez à **Fécamp**.

Nous laisserons aux papas la responsabilité d'associer le nom de Fécamp à la liqueur Bénédictine ; peut-être même iront-ils visiter le musée qui porte son nom. Les enfants, eux, se rendront au Musée des Terre-Neuvas et de la pêche.

Musée des Terre-Neuvas et de la Pêche

27, bd Albert-Ier (front de mer) 76400 Fécamp - Tél. : 35 28 31 99

 Ouvert tous les jours sauf mardi de 10 h à 12 h et de 14 h à 17 h 30 (ouvert également le mardi en juillet et août).

 pour les enfants

Un musée tout neuf qui relate la grande aventure des voiliers morutiers et de la pêche harenguière.

Des fiches pédagogiques sont mises à la disposition des enfants.

À 11 km de Fécamp par la D 17, le parc du château des sires d'Estouteville a été aménagé en espace de promenade et de jeux : **Parc des Loisirs à Valmont** 76540 (tél. : 35 21 69 63). Ouvert toute l'année de 10 h à 18 h.

Vous revenez à Fécamp en passant par Daubeuf-Serville (la D 17 et la D 10).

L'élevage de visons de la Marnière vous ouvre ses portes. Un guide vous présente ces petits mammifères : **Visons de la Marnière** (tél. : 35 27 84 16). Ouvert du 15 juin à fin octobre : tous les jours de juin à fin août et les week-ends de septembre et octobre de 14 h à 18 h.

De Fécamp, vous gagnerez Le Havre, mais en cours de route arrêtez-vous à **Étretat** pour admirer les superbes falaises.
Les enfants prennent toujours beaucoup de plaisir à emprunter les 180 marches taillées dans la falaise qui descendent de l'extrémité de la digue-promenade à la plage. Une rampe vous facilite la descente, mais la plus grande prudence est recommandée, surtout avec les petits.

LE HAVRE

Établi sur l'estuaire maritime de la Seine, Le Havre est le second port maritime de France.
« Paris, Rouen, Le Havre ne sont qu'une seule ville dont la Seine est la rue », disait Napoléon Ier.
Le port se visite en vedette à partir du quai de la Marine. Vous aurez ainsi un bon aperçu des installations portuaires.
Visite de Pâques à septembre. Renseignements au 35 21 22 88 (O.I.).

Le **musée d'Histoire Naturelle** étant en cours de réorganisation et le musée du Vieux Havre étant bien trop sérieux pour les enfants, il ne vous restera qu'à vous rendre à la forêt de Mongeron ou au parc des Rouelles.

FORÊT DE MONGERON

Accès par le tunnel Jenner en direction de la ville haute.

À la périphérie de la ville, cette forêt de hêtres, de chênes et de bouleaux a été aménagée en parc de loisirs avec canotage sur le lac, jeux pour les enfants et parcs animaliers.

PARC DES ROUELLES

Il a été aménagé plus récemment et est situé presque dans le prolongement de la forêt de Mongeron.

Paysage rural réhabilité sur le site d'une ferme et d'une gentilhommière du XVIIᵉ, le parc est principalement un arboretum de plus de deux cents variétés d'arbres.

Au Havre, le circuit se divise à nouveau en deux : il passe d'une part par **Yvetot et Rouen** et longe **la rive droite de la Seine** jusqu'à Vernon, et d'autre part il franchit **le pont de Tancarville**, traverse **le parc de Brotonne** et conduit au château de Robert le Diable sur la rive gauche de la Seine.

Du Havre à Vernon

Vous quittez Le Havre par la N 15. À Saint-Romain-de-Colbosc, vous tournez à gauche pour vous rendre à Épretot, au Canyon Park.

Canyon Park

76430 Epretot - Tél. : 35 20 42 69

 Ouvert du 1ᵉʳ mars au 30 octobre, tous les mercredis, week-ends et vacances scolaires de 10 h 30 à 19 h ; du 1ᵉʳ juin au 31 août tous les jours de 10 h 30 à 19 h.

50 jeux divers sont à la disposition des enfants dans ce parc d'attractions.
   Par beau temps, vous aurez de plus la joie de glisser sur le toboggan nautique de la belle piscine.
   Si le temps n'est pas favorable à la baignade, vous flânerez dans le village western.

Vous reprendrez la N 15 jusqu'à Bolbec, et là vous prendrez la D 173 puis la D 982 pour Caudebec-en-Caux.

À Caudebec a été récemment inauguré un Musée de la Marine de Seine.

Musée de la Marine de Seine

76490 Caudebec-en-Caux - Tél. : 35 96 27 30

 Ouvert tous les jours sauf mardi du 15 mars au 31 octobre, tous les jours en juillet et août et les week-ends du 1ᵉʳ novembre au 31 décembre de 14 h à 18 h 30.

Appartenant à la série des équipements de l'écomusée de la Basse-Seine (Parc naturel régional de Brotonne), le musée propose un vaste panorama des activités humaines liées à la Seine dans sa partie maritime. Dans un hangar, vous verrez la dernière gribane de Seine (bateau de transport à voiles jusqu'au début du siècle) et une dizaine d'embarcations de travail et de loisirs.

Une salle audiovisuelle présente un montage intéressant, complément de cette visite.

De Caudebec vous remonterez à Yvetot **mais nous vous conseillons un petit crochet par Allouville-Bellefosse**, ce village célèbre pour son chêne vieux de treize siècles.

Deux chapelles accessibles par des escaliers ont été aménagées dans le tronc.

À 1,5 km du village (itinéraire fléché), un musée de la Nature a été aménagé.

Musée de la Nature

76190 Allouville-Bellefosse - Tél. : 35 96 06 54

 Ouvert tous les jours, de la mi-mars à la mi-octobre de 9 h à 12 h et de 14 h à 19 h ; et de la mi-octobre à la mi-mars, les mercredis, les week-ends et jours fériés de 9 h à 12 h et de 14 h à 19 h.

Dans une ancienne grange à colombages, quatorze mini-diaporamas et quatre grands décors représentent les principaux milieux naturels et les spécimens de la faune régionale normande.

D'Yvetot vous continuez la N 29 jusqu'à Tôtes, là vous prenez la N 27 en direction de Rouen, et à 9 km environ, à Le Boulay, vous tournez à gauche pour Clères.

Les enfants ne manquent pas de distractions à Clères.

Un parc zoologique, un parc d'attractions et un musée de l'Automobile attendent leur visite.

Parc Zoologique de Clères

76690 Clères - Tél. : 35 33 23 08

 Ouvert en été, tous les jours de 9 h à 18 h ou 19 h ; au printemps et en automne, tous les jours de 9 h à 12 h et de 13 h 30 à 17 h ou 18 h. Fermeture du guichet une heure avant la fermeture du parc.
Fermé de décembre à mars.

Ce magnifique parc entourant un château Renaissance et des ruines féodales contient environ 2 000 oiseaux (grues, flamants, cygnes, bernaches, canards, sarcelles, paons, etc.) et des mammifères comme les antilopes, les kangourous ou les singes. La plupart de ces animaux se promènent en liberté ; seuls quelques oiseaux rares ou des animaux plus sauvages sont installés dans des volières ou de grands enclos.

Musée d'Automobiles de Normandie

Devant la halle du marché, près du parc zoologique - Tél. : 35 33 23 02

 Ouvert tous les jours de 9 h à 19 h.

Cent voitures automobiles de 1895 à 1968, des motos, des moteurs d'avions et de chars, et 25 engins blindés de la Seconde Guerre mondiale.

À 2 km sur la D 6, le Parc du Bocasse.

Parc du Bocasse

76690 Clères - Tél. : 35 33 22 25

 Ouvert les mercredis et samedis de 13 h à 18 h ; les dimanches et jours fériés de 10 h à 19 h ; du 19 avril au 9 septembre de 10 h à 18 h.

Plus de 70 jeux : toboggans, autos tamponneuses, piste de luge d'été, pédalos volants... pour passer un bon après-midi.

ROUEN

Injustement surnommée le « pot de chambre de la France », Rouen est un port actif et une belle ville-musée. Son vieux quartier se visite à pied et on passe avec émotion sur la place du Vieux-Marché où Jeanne d'Arc fut brûlée.

Vous visiterez plusieurs musées très différents les uns des autres : le Musée Jeanne d'Arc en premier lieu, puis le Musée d'Histoire Naturelle et le Musée de l'Éducation.

Musée Jeanne-d'Arc

33, place du Vieux-Marché 76000 Rouen - Tél. : 35 88 02 70

 Ouvert tous les jours de toute l'année : en été de 9 h 30 à 13 h et de 13 h 30 à 19 h ; en hiver de 10 h à 12 h et de 14 h à 18 h 30 (fermé le lundi).

Une suite émouvante de tableaux de cire grandeur nature conte tous les épisodes de la vie de Jeanne, de Domrémy au bûcher.

Musée d'Histoire Naturelle, Ethnographie et Préhistoire

198, rue Beauvoisine, square André-Maurois 76000 Rouen - Tél. : 35 71 41 50

 Ouvert du mardi au samedi de 9 h 45 à 12 h et de 13 h 45 à 17 h 30 et le dimanche de 14 h à 19 h (fermé les lundis et la plupart des jours de fêtes).

Le muséum de Rouen est l'un des plus importants de France. Les animaux sont présentés dans leur milieu naturel reconstitué en décors grandeur nature.

Des collections naturalistes (géologie, zoologie et botanique) permettent de mieux connaître la région normande.

Musée National de l'Éducation

185, rue Eau-de-Robec 76000 Rouen - Tél. : 35 75 49 70

 Ouvert du mardi au samedi de 13 h à 18 h.

Dans cette ancienne maison à pans de bois sont présentées des expositions annuelles sur l'histoire de l'éducation, montées à partir des riches collections d'objets et de documents conservés dans les réserves du musée.

Au printemps, allez découvrir l'énorme nénuphar de l'Amazone au jardin des Plantes.

Jardin des Plantes

7, rue de Trianon 76100 Rouen - Tél. : 35 72 36 36

 Ouvert tous les jours de 8 h à 18 h. Les serres sont ouvertes de 9 h à 11 h 30 et de 14 h à 17 h.

Vous ferez une agréable promenade dans ce parc planté de beaux arbres. Et si par hasard il pleuvait... vous pourriez vous abriter dans les serres de plantes exotiques. Au printemps, vous aurez la chance de faire la connaissance de la Victoria Regia, un nénuphar dont les feuilles peuvent atteindre 1 mètre et plus de diamètre.

Quittez Rouen par la N 31 en direction de Gournay-en-Bray. À Vascœuil prenez la D 12 pour **Ry** et son musée des Automates.

Galerie Bovary, Musée d'Automates

Place Gustave-Flaubert 76116 Ry - Tél. : 35 23 61 44

 Ouvert de Pâques à fin octobre les samedis, dimanches, lundis et jours fériés de 11 h à 12 h et de 14 h à 19 h ; en juillet et août, tous les jours de 15 h à 18 h.

Dans un ancien pressoir, 500 automates, dont 300 représentent les principales scènes du roman de Gustave Flaubert *Madame Bovary*.

Vous passerez ensuite aux confins de la belle forêt de hêtres de Lyons et il vous faudra vous rendre au **château de Fleury** et à l'**abbaye de Mortemer.**

Château de Fleury-la-Forêt

27480 Lyons-la-Forêt - Tél. : 32 49 54 34

 Ouvert toute l'année les dimanches et jours de fêtes de 14 h à 18 h 30 et tous les jours de 14 h à 18 h de Pâques à la Toussaint.

 (possibilité de jumeler la visite avec celle de l'abbaye)

Outre ses propriétaires, le château de Fleury-la-Forêt est habité de poupées. Elles sont logées pour la plupart dans une maison géante, les autres se sont installées dans les chambres des enfants, dans le salon de musique et même dans les cuisines...

Abbaye de Mortemer

Musée de la vie monastique, des légendes et des fantômes
27440 Ecouis - Tél. : 32 49 54 34

 Visites toute l'année les samedis, dimanches et jours de fêtes de 14 h à 18 h 30 et tous les jours de 14 h à 18 h de Pâques à la Toussaint.

Si dans l'abbaye cistercienne de Mortemer fondée au XIIe siècle régnait la foi authentique, autour d'elle dans la forêt qui la cernait les légendes étaient nombreuses. Une mise en scène évoque ce monde de l'imaginaire.

Les ruines imposantes du Château-Gaillard dominent le bourg. Un petit sentier grimpe au pied du château fort de Richard Cœur de Lion, et de là-haut s'étend un beau panorama sur la boucle de la Seine.

Vous reviendrez sur la rive droite de la seine et longerez le fleuve jusqu'à Vernon, puis l'autre rive jusqu'à **Mantes-la-Jolie.**

Signalons près de Vernon, à **Giverny**, la maison du peintre Claude Monet. Ce n'est pas à proprement parler une visite pour les enfants, mais le jardin, au printemps et en été, est si joli que chacun prendra plaisir à s'y promener.

Maison de Claude Monet

27620 Giverny - Tél. : 32 51 28 21

Ouverte tous les jours sauf lundi, de 10 h à 18 h du 1er avril au 31 octobre.

Des fleurs de toutes les couleurs, des petites allées recouvertes de capucines, les nénuphars sur la pièce d'eau, tout contribue à donner à ce jardin l'aspect d'un petit coin de paradis.

Du Havre au château de Robert le Diable

Du Havre vous prenez l'autoroute A 15 vous conduisant au **pont de Tancarville** que vous franchissez. **Ce pont routier à péage a une longueur de 1,4 km,** c'est l'un des plus longs ponts suspendus d'Europe.

Vous empruntez ensuite la N 182 qui longe le **marais Vernier**. Le **CEntre de DÉcouverte de la NAture (CEDENA)** organise des sorties nature (rens. au **32 56 94 87**).

Puis avant d'atteindre l'autoroute A 13, vous bifurquez sur la gauche vers Bourneville.

À Bourneville se trouve la Maison des Métiers.

Maison des Métiers

27500 Bourneville - Tél. : 32 57 40 41

Ouverte du 1er avril au 31 octobre, tous les jours sauf mardi, de 14 h à 18 h (19 h en été et mardi compris) et du 1er novembre au 31 décembre le samedi et le dimanche de 14 h à 18 h.

Centre de promotion de l'artisanat régional, vous y verrez les artisans exerçant les métiers traditionnels de la Haute-Normandie (verriers, potiers, faïenciers, ferronniers, chaumiers, casquetiers).

Un peu plus loin, au cœur du **Parc régional de la forêt de Brotonne**, à La Haye-de-Routot vous verrez un four à pain et l'atelier d'un sabotier (Les fléchages sont nombreux mais pas toujours très clairs, il faut être attentif, car rien ne ressemble plus à une petite route qu'une autre petite route !). Maison du Parc 76940 Notre-Dame-de-Briquetuit - Tél. : 35 37 23 16.

Four à Pain

27350 La Haye-de-Routot - Tél. : 35 37 28 32

 Ouvert les dimanches d'avril, d'octobre et de novembre et les samedis et dimanches en mai, juin et septembre de 14 h 30 à 18 h 30 et tous les jours en juillet et août.

Le four à pain du XIXᵉ siècle, musée de la boulangerie rurale, fait revivre les traditions rurales de pains et de spécialités régionales. Les dimanches après-midi, un boulanger fait fonctionner le vieux four à bois.

Atelier du Sabotier

27350 La Haye-de-Routot - Tél. : 32 57 33 98

 Ouvert en avril tous les dimanches de 14 h 30 à 18 h 30 ; en mai, juin et septembre tous les week-ends de 14 h 30 à 18 h 30 ; tous les jours sauf mardi en juillet et août de 14 h 30 à 18 h 30 ; et en octobre et novembre le dimanche de 14 h à 18 h.

 pour les 2 visites

L'atelier du sabotier est tel qu'il était au début du siècle avec ses outils et ses sabots en cours de fabrication. Un petit film montre le métier de sabotier.

En poursuivant la même petite route, vous passez devant le moulin à vent de **Hauville**.

Moulin à Vent

27350 Hauville - Tél. : 32 56 57 32

 Ouvert les samedis, dimanches et jours fériés d'avril au 30 juin et du 15 septembre au 1ᵉʳ octobre de 14 h à 18 h 30 ; jusqu'à 18 h seulement du 1ᵉʳ octobre au 11 novembre ; et tous les jours sauf mardi du 1ᵉʳ juillet au 15 septembre de 14 h 30 à 18 h 30.

L'un des tout premiers moulins à vent implantés en France, daté de 1230 environ, est ouvert à la visite et moud du grain à certaines périodes.

En arrivant sur la D 313, tournez à droite pour gagner la N 175, que vous suivrez en direction de Paris. À une dizaine de kilomètres environ, vous apercevrez le château de Robert le Diable.

Château de Robert le Diable

76530 Moulineaux - Tél. : 35 23 81 10

 Ouvert tous les jours de mars au 15 novembre de 9 h à 19 h ; les dimanches seulement de novembre à mars et fermé en janvier.

Les ruines du château dominent la Seine. À l'intérieur, dans les souterrains, quelques tableaux de personnages en cire illustrent l'histoire de la Normandie. Le choix des scènes peut parfois surprendre. Ainsi, Guillaume le Conquérant, qui fut cinquante-deux ans duc de Normandie et vingt et un ans roi d'Angleterre est représenté gisant sur son lit de mort ! Ou bien le tableau évoquant les invasions vikings montre trois personnages de dos regardant la mer...

L'histoire très confuse de ce château est de plus très mal expliquée, et petits et grands ont l'impression de ne faire que monter et descendre pour rien.

De là, reprenez l'autoroute A 13 et vous ne tarderez pas à entrer en **Île-de-France**.

 ## *Fugue à la plage de Léry-Poses*

S'il fait très chaud, vous allez vous baigner à la base de loisirs de Léry-Poses, sortie Val-de-Reuil.

Base de Loisirs de Léry-Poses

27740 Léry-Poses - Tél. : 32 59 13 13

La forêt de Bord, les falaises, les plans d'eau, les bords de l'Eure et de la Seine constituent le cadre naturel de cette base de loisirs. Vous trouverez une belle plage, une location de planches à voile, un espace de jeux particulièrement étudié pour les enfants, une réserve ornithologique et un mini-golf de 18 trous (ouvert tous les après-midi d'avril à octobre - Tél. : 32 61 12 14).

Parc des oiseaux————————————

Parc Zoologique de Cerza ———

Musée d'initiation à la nature————————————————————

~ Jardin des plantes

Festyland —————————————————————————————

Aquarium —————————————————————————————

Musée du chemin de fer miniature ————————————

Musée international du mobilier miniature ———————

Le Haras du Pin ——————————————————————

Center Parcs —————————————————————————

Automates Avenue ————————

Aquarium - Tunnel ~
Musée du Coquillage ———

Musée du Débarquement ———

Musée des Ballons ————————

Haras de Saint-Lô ——————

La Vallée des oiseaux —————————————————————

L'Aquarium et les Musées ——————————————————

Parc Zoologique de Champrepus ———————————————

Zoo de Jurques ——————

Parc Animalier ——————

Village Enchanté —————

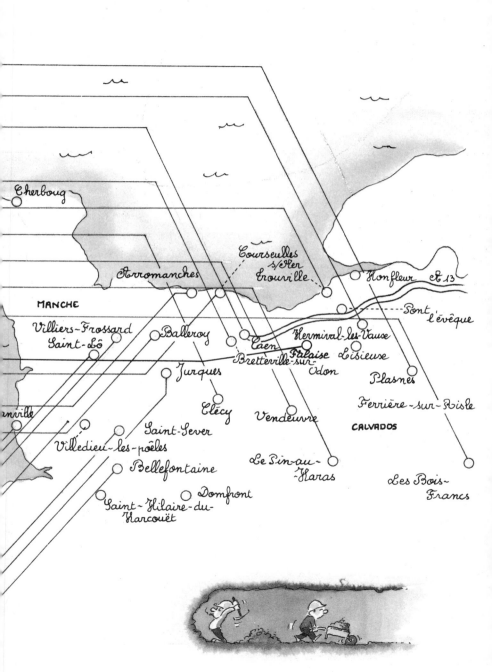

Cherboug

Arromanches

Courseulles s/Mer
Trouville

Honfleur   A.13

MANCHE

Pont l'évêque

Villiers-Frossard
Saint-Lô

Balleroy

Caen   Hermival-les-Vaux

Bretteville-sur-Odon   Falaise   Lisieux

Jurques

Plasnes

Clécy   Vendeuvre   Ferrière-sur-Risle

CALVADOS

nville

Saint-Sever

Villedieu-les-poêles

Bellefontaine   Le Pin-au-Haras   Les Bois-Francs

Domfront

Saint-Hilaire-du-Harcouët

LA BASSE-NORMANDIE

Le circuit débute dans le pays d'Auge, passe par Caen et la Côte fleurie, se promène dans la Suisse normande, traverse le Cotentin et se termine dans le Perche.

À Evreux, vous entrez en Basse-Normandie ; s'il ne pleut pas (cela arrive !), vous n'aurez que l'embarras du choix des plans d'eau où vous baigner.

A 8 km environ d'Evreux sur la D 830 (direction L'Aigle) se trouve le plan d'eau du domaine de la Noé.

Domaine de la Noé

27190 Bonneville-sur-Iton - Tél. : 32 30 20 41 (mairie de Conches) ou 32 37 61 97

 Ouvert du 1er mai à fin septembre.

Au choix : baignades, promenades en canoë-kayak, entraînement à la planche à voile, balades à dos de poneys...

Dans la vallée de la Risle, vous passerez quelques heures de détente au bord du lac de Grosley.

Centre de Loisirs de Grosley

27170 Grosley-sur-Risle - Tél. : 32 46 31 98

 Ouvert tous les jours du 1er mars à fin septembre, de 7 h à 19 h.

Baignade surveillée, location de pédalos, mini-golf, parcours de bicross, aire de jeux, promenades en calèche.

Puis à Brionne, de l'autre côté de la N 13 (Evreux-Lisieux), vous irez capter le vent sur le plan d'eau.

Base de Loisirs

27800 Brionne - Tél. : 32 43 66 11

 Ouvert pour la voile de juin à octobre.

La baignade est autorisée et surveillée en juillet et août, mais l'activité principale à laquelle vous vous livrerez sera la voile.

La D 140 vous conduit ensuite à Bernay et, en empruntant sur 4 km la N 138, vous arrivez au parc des oiseaux de Plasnes.

Parc des Oiseaux

Plasnes 27300 Bernay - Tél. : 32 43 21 22

 Ouvert de 10 h à 19 h du 15 mars au 30 septembre.

Au centre d'une belle forêt, un élevage d'oiseaux des cinq continents et une reconstitution d'animaux préhistoriques. Un petit train fait le tour du parc et les enfants disposent d'un certain nombre de jeux et d'attractions.
    Numéros de cirque les dimanches et jours de fêtes.

Rattrapez maintenant la N 13 et gagnez Lisieux.

Sainte-Thérèse de l'Enfant Jésus a rendu **Lisieux** célèbre dans le monde entier. À l'intérieur de la basilique : un spectacle illustré par des jeux de lumière et des effets sonores raconte l'histoire de la ville « des Vikings à Thérèse ». Tous les soirs à 21 h de juin à septembre (sauf le dimanche). (Renseignements au 31 62 08 41 O.T.).

En été, un petit train fait le tour de la capitale de la vallée d'Auge.

À proximité de Lisieux, sur la D 510 (en direction de Cormeilles et Pont-Audemer) à **Hermival-les-Vaux**, se trouve le parc zoologique de Cerzä.

Parc Zoologique de Cerzä

14100 Hermival-les-Vaux - Tél. : 31 62 17 22

 Ouvert tous les jours du 1er février au 15 décembre, de 9 h 30 à 19 h au printemps et en été, et de 10 h à 16 h en hiver.

Dans le parc d'un manoir du XVIIe siècle, des cerfs, des daims, des zébus nains, des singes, des mouflons... tous d'heureuse humeur vous regarderont passer.

De Lisieux, par la N 13 et la D 16, vous irez à « **Automates Avenue** » à **Falaise**, ville natale de Guillaume le Conquérant.

Automates Avenue

Boulevard de la Libération 14700 Falaise - Tél. : 31 90 02 43

 Ouvert tous les jours d'avril à septembre et pendant les vacances scolaires de 10 à 18 h, et les week-ends et jours fériés d'octobre à mars de 10 à 18 h.

Des automates, témoins des années 1920 à 1950, sont présentés au travers d'une reconstitution des rues de Paris. Ces personnages burlesques s'animent et refont inlassablement leurs mimiques pour la grande joie de tous.

La N 158 vous conduit maintenant directement à **Caen**.

CAEN

Entrée dans l'histoire avec la passion qui unissait Guillaume le Conquérant et la reine Mathilde, Caen est aujourd'hui une belle ville bien reconstruite.

Vous pourrez la parcourir en petit train (départ place Saint-Pierre - Renseignements au 31 86 64 25).

Les visites de musées ne seront pas totalement épargnées aux enfants. Mais, heureusement, le Musée d'Initiation à la Nature leur plaira beaucoup et le Musée de la Poste ne les ennuiera pas.

Musée d'Initiation à la Nature

Enceinte de l'Hôtel-de-Ville 14000 Caen - Tél. : 31 30 43 27

Ouvert le mercredi de 14 h à 17 h 30 d'octobre à mars et du lundi au vendredi d'avril à septembre.

Installé dans l'ancienne boulangerie de l'Abbaye-aux-Hommes fondée en 1063 par Guillaume le Conquérant, le Musée d'Initiation à la Nature invite à la découverte de la faune et de la flore normandes. Les dioramas mettant en scène des animaux naturalisés dans des paysages de mer, de marais, de bocage, etc., plairont beaucoup aux jeunes. La visite se poursuit à l'intérieur, dans un jardin, où sont présentés différents aspects de la végétation régionale. Chacun peut y découvrir les arbres de la haie normande, les arbustes à baies, les plantes médicinales et toxiques.

Un service d'animation « Aulne vert » met à la disposition des enfants des petits livrets-jeux et propose des sorties découvertes dans l'estuaire de l'Orne.

Musée de la Poste et des Techniques de communication

52, rue Saint-Pierre 14000 Caen - Tél. : 31 50 12 20

Ouvert du 16 juin au 15 septembre du mardi au samedi de 10 h à 12 h et de 14 h à 18 h ; du 1er mars au 15 juin et du 15 septembre au 31 décembre : du mardi au samedi inclus de 13 h 30 à 17 h 30.

Installé dans une des rares maisons à pans de bois qui subsistent à Caen, le Musée de la Poste évoque le passé de nos PTT actuels et entrouvre les portes de la communication du futur.

Si regarder les uniformes des facteurs ou les téléphones d'hier et d'aujourd'hui n'a rien de vraiment passionnant pour les enfants, en revanche les démonstrations retiendront toute leur attention.

Avant d'aller à la rencontre de l'Histoire, une petite promenade au Jardin des Plantes serait une bonne idée. Achetez, pour les déguster pendant la promenade, un paquet de « chiques » (sorte de berlingots).

113

Jardin des Plantes

5, place Blot 14000 Caen - Tél. : 31 86 28 80

 Le parc est ouvert tous les jours en hiver de 8 h à 17 h et en été de 8 h à 19 h 30 ; les serres ouvrent de 14 h à 17 h tous les jours.

Le parc, dessiné et planté au siècle dernier, est un lieu de détente et de loisirs pour les enfants. Les amateurs pourront apprendre le nom des arbres et des plantes grâce à l'étiquetage de chacune des espèces.

Les serres et l'orangerie abritent une belle collection de plantes tropicales. La moiteur que l'on ressent en entrant dans les serres a toujours un petit goût d'exotisme.

Un musée pour la paix.

Mémorial
Un Musée pour la Paix

Av. Montgomery 14000 Caen - Tél. : 31 06 06 44 Minitel 3615 code Mémorial

 Ouvert tous les jours de 9 h à 19 h et de 9 h à 22 h du 1er juin au 31 août. Fermé du 1er au 15 janvier, le 21 mars et le 25 décembre.

Ce musée exceptionnel propose un voyage à travers l'Histoire de 1918 à nos jours. Des audiovisuels, de nombreuses maquettes, documents et matériels sont présentés et un espace est réservé aux collections d'uniformes et d'armes légères.

À la porte de la ville, un parc propose de nombreuses attractions.

Festyland

Route de Carpiquet, Bretteville-sur-Odon (banlieue de Caen) - Tél. : 31 75 04 04

 Ouvert tous les jours de fin avril à septembre, de 11 h à 19 h ; et le reste de l'année, les mercredis, dimanches et jours fériés de 11 h à 19 h.

> Dans un îlot de verdure, de très nombreuses attractions, classiques mais toujours appréciées par les plus jeunes.

À partir de Caen, le circuit « Basse-Normandie » se divise en trois : le premier circuit vous fait admirer la **Côte fleurie**, le deuxième traverse la **Suisse normande** puis rejoint Argentan avant de s'achever à **Verneuil-sur-Avre**, et le troisième fait le tour du **Cotentin**, passe par le **Parc régional de Normandie-Maine** et se termine dans le **Perche**.

La Côte fleurie

De Caen, vous prendrez la D 513. Vous traverserez les belles plages, de **Cabourg**, de **Houlgate**, et vous arriverez à **Deauville**.

Un peu snob, Deauville est la plus parisienne des plages de la Côte fleurie.
    Trouville n'est plus comme sous le second Empire le rendez-vous du Tout-Paris, mais reste une superbe plage, un peu moins fréquentée que son illustre voisine.
    Le long de la plage vous pourrez visiter, s'il pleut... l'aquarium.

Aquarium

14360 Trouville - Tél. : 31 88 46 04

 Ouvert de novembre à Pâques de 14 h à 18 h 30 ; de Pâques à juin de 10 h à 12 h et de 14 h à 19 h ; en juillet et août de 10 h à 20 h ; en septembre et octobre de 10 h à 12 h et de 14 h à 19 h.

Des poissons d'eau douce et des mers profondes : des poissons-écureuils ou chirurgiens, des barbiers rouges, des poissons-anges ou clowns et quelques reptiles : tout ce petit et beau monde se produit dans des locaux assez vieillots.

Au-dessus d'Honfleur, la côte est tout aussi fleurie, mais elle porte le nom de **côte de Grâce**. De la route, vous jouirez d'un panorama sur l'estuaire de la Seine et Le Havre.
    Flânez sur le port **d'Honfleur**, il est délicieux et les enfants pourront se promener sans danger, une des rives et les petites rues avoisinantes sont piétonnières. Vous passerez devant l'ancienne église Saint-Étienne dans laquelle est aujourd'hui installé le musée de la Marine.

Musée de la Marine

14600 Honfleur - Tél. : 31 89 23 30

 Ouvert d'octobre à la mi-mars, les samedis et dimanches de 14 h à 18 h ; et du 15 mars au 15 septembre, tous les jours, sauf mardi, de 10 h 30 à 12 h et de 14 h 30 à 18 h.

Ce musée abrite une collection de maquettes de bateaux, des objets et des souvenirs de la marine en bois.

Promenade sur l'Estuaire de la Seine

Départ sur le port d'Honfleur - Renseignements sur les horaires au syndicat d'initiative (Tél. : 31 89 23 30).

Cette courte promenade vous fait découvrir le pont de Tancarville et la côte de Grâce vus d'en bas.

De Caen à Verneuil

Vous quittez Caen par la D 562 en direction de Flers. Traversant la forêt de Grimbosq, vous pourrez vous arrêter au Parc Animalier.

Parc Animalier

Forêt de Grimbosq 14220 Grimbosq

 Ouvert du 1er avril au 15 novembre, les lundis, mercredis, vendredis et samedis de 13 h 30 à 17 h ; les mardis et jeudis de 8 h à 11 h 30 et les dimanches de 10 h à 18 h 30 ; du 16 novembre au 31 mars, les mercredis et samedis de 13 h 30 à 17 h et les dimanches de 10 h à 17 h.

Une petite promenade agréable dans ce parc où sangliers, daims et cerfs vivent en liberté.

À **Clécy**, centre touristique de la **Suisse normande**, les enfants seront comblés. Un petit monde miniature les attend.

Musée du Chemin de Fer Miniature

14570 Clécy - Tél. : 31 69 07 13

Ouvert de Pâques au 1er octobre de 10 h à 12 h et de 15 h à 18 h et tous les dimanches hors saison de 14 h 15 à 18 h.
La visite est commentée.

550 petites maisons, 430 mètres de voies, 182 locomotives et 250 wagons (et des heures de travail) recréent en miniature, sur 310 m², un paysage d'Alsace et du nord de la France. Les trains circulent, le téléphérique grimpe, les maisons s'éclairent, un incendie se déclare (avec de la fumée), un mariage sort de l'église et les cloches sonnent... Tout un petit monde fascinant pour grands et petits.

Très peu de kilomètres après Clécy, vous prenez la D 511 pour **Falaise**.

En juillet, août et septembre vous pourrez assister, devant le château de Falaise, à un spectacle historique relatant la bataille d'Hastings. Renseignements au 31 40 13 00.

Fugue au château de Vendeuvre

De Falaise, vous continuez la D 511 jusqu'à Vendeuvre pour aller visiter le musée du Mobilier miniature.

Musée International du Mobilier Miniature

Château de Vendeuvre 14170 Vendeuvre - Tél. : 31 40 93 83

Ouvert de Pâques au 1er juin et du 15 septembre à la Toussaint les samedis, dimanches et fêtes de 14 h à 19 h ; du 1er juin au 15 septembre tous les jours de 14 h à 19 h.

Dans l'orangerie du château est présentée une collection exceptionnelle de meubles miniatures, de bibelots lilliputiens, de mini-couverts en argent... Des animations-jeux sont proposés aux enfants. Dans le parc, vous découvrirez des « jardins d'eau surprises » et, si vous visitez le château, chaque pièce est animée par les automates.

De Falaise, vous suivez la N 158 pour Argentan puis la N 26 en direction de **L'Aigle**.
Vous vous arrêterez à 40 km d'Alençon au **Haras du Pin**.

Haras du Pin

61310 Le Pin-au-Haras - Tél. : 33 36 68 68

 Ouvert de mi-octobre à début avril tous les jours sauf mardi de 14 h 30 à 16 h et les dimanches et jours fériés de 14 h à 16 h 30 ; de début avril à mi-octobre tous les jours de 9 h 30 à 11 h 30 et de 14 h à 17 h 30. Visites guidées. Présentation commentée d'étalons et d'attelages les jeudis à 15 h du 15 juillet au 30 septembre.

 aménagées
dans la forêt avoisinante

Construit au début du XVIIIe siècle, le Haras du Pin est le plus ancien des vingt-trois dépôts d'étalons du service des Haras. Il abrite des étalons de races différentes. Vous visiterez les écuries, la sellerie et les remises à voitures.

Juste avant d'arriver à L'Aigle (6 km) : à **Aube** est installé, dans un ancien presbytère, un musée consacré à la comtesse de Ségur.

Musée de la comtesse de Ségur

61270 Aube - Renseignements au 33 24 01 68

 Ouvert du 15 juin au 20 septembre les vendredis, samedis, dimanches et lundis de 14 h à 18 h.

La comtesse de Ségur passa cinquante années dans son château des Nouettes situé dans ce village. C'est là qu'elle accueillait ses enfants et petits-enfants et qu'elle écrivit *Les Nouveaux Contes de fées* et dix-neuf autres romans. Des photographies et des documents évoquant sa vie et sa famille sont rassemblés dans ce petit musée, un peu sérieux mais émouvant pour les si nombreux lecteurs des *Petites Filles modèles*.

Passez L'Aigle juste avant **Verneuil**, un petit coin des Tropiques vous attend.

Center Parcs

Domaine des Bois-Francs 27130 Les Barils, Verneuil-sur-Avre
Renseignements et informations au (1) 42 18 12 12

Une idée des prix : un week-end pour quatre personnes coûte environ 2 000 F
en cottage.

Center Parcs, c'est le bout du monde à 120 km de Paris.

Dans ce paradis aquatique, vous pouvez vous baigner toute l'année dans une eau à 29 °C. Tout est prévu pour que les enfants s'en donnent à cœur joie sur les toboggans aquatiques, dans le bassin à vagues, dans les rapides et les tourbillons. En dehors de la « bulle », ils feront du poney ou du bicross. Et ils apprécieront beaucoup de se déplacer dans le « village » à bicyclette.

Hélas, vous ne pourrez pas vous contenter d'une halte. À Center Parcs, on reste au moins trois jours.

Logé dans un cottage ou à l'hôtel, vous profitez, pour une somme forfaitaire, des installations du parc. Et, sous une immense voûte transparente, vous trouvez des restaurants et des boutiques.

Un second village ouvrira au cours de l'été 1993, à Chaumont-sur-Tharonne, en Sologne.

Passé Verneuil, vous quittez la Normandie.

De Caen à Alençon
en passant par le Cotentin.

Vous quittez Caen par la D 7 pour vous rendre à **Courseulles-sur-Mer**, à la Maison de la Mer.

Maison de la Mer
Musée du Coquillage - Aquarium

Place Charles-de-Gaulle 14470 Courseulles-sur-Mer - Tél. : 31 37 92 58

Ouvert tous les jours en juillet et août de 10 h à 19 h ; en mai, juin et septembre de 9 h à 13 h et de 14 h à 19 h ; et hors saison du mardi au dimanche de 10 h à 12 h et de 14 h à 18 h.

Constitué d'un long tunnel vitré de plus de 10 m de long, l'Aquarium océanographique est le prolongement naturel du musée du Coquillage. De part et d'autre et au-dessus de vos têtes, vos yeux émerveillés découvriront ce monde fantastique que constitue le fond des océans.

Vous frémirez face aux grands congres guettant leur proie, vous admirerez l'élégant vol plané des raies, sourirez aux mimiques de la tortue de mer.

Vous ne quitterez pas cet univers marin sans regarder le diaporama sur les huîtres.

De Courseulles vous suivrez la **côte de Nacre** et longerez les **plages du débarquement**. Vous passerez devant le phare de Ver-sur-Mer et arriverez à Arromanches.

Arromanches doit sa célébrité à la gigantesque opération menée par les Anglais et les Américains qui aboutit au **débarquement des forces alliées le 6 juin 1944.** Toutes les plages le long de cette côte de Nacre portèrent pendant tout le temps de préparation de l'opération **« Overlord »** des noms de code ; ainsi Collerville-Plage, Lion-sur-Mer et Saint-Aubin s'appelèrent **« Sword Beach »**, Ver-sur-Mer et Asnelles, **« Lord Beach »** ; **« Omaha Beach »** correspondait aux plages de Saint-Laurent, Colleville et Vierville-sur-Mer, et **« Utah Beach »** était le nom donné aux plages situées à l'est de Carentan.

Musée du Débarquement

14117 Arromanches-les-Bains - Tél. : 31 22 34 31

 Ouvert tous les jours de toute l'année, sauf du 1er au 20 janvier, de 9 h à 11 h 30 et de 14 h à 17 h 30 ; en juin, juillet et août de 9 h à 18 h 30.

Des dioramas, des maquettes animées et un plan schématisent le débarquement ; un film retrace les différentes opérations du « Jour J ».

Un musée sérieux mais remarquablement fait et qui passionnera les jeunes.

Si Arromanches est liée à la libération de la France par les Alliés, la ville de **Bayeux**, votre prochaine étape, est associée à la conquête de l'Angleterre par les Normands. Même si la fameuse « tapisserie de la reine Mathilde » est en quelque sorte l'ancêtre de la bande dessinée, elle ne retiendra pas toute l'attention des enfants qui préféreront ne pas s'attarder et partir pour Balleroy (D 572 et D 13).

Musée des Ballons

Château de Balleroy 14490 Balleroy - Tél. : 31 21 60 61

Ouvert tous les jours sauf mercredi, du 15 avril au 31 octobre, de 9 h à 12 h et de 14 h à 18 h.

Le rassemblement international des montgolfières a lieu chaque année début juin.

Seul musée au monde à être consacré aux ballons, il contient des souvenirs et des documents illustrant l'histoire des ballons, depuis les frères Montgolfier jusqu'à nos jours.

Faute de vous envoler en ballon, vous reprendrez la D 572 pour Saint-Lô.

À **Saint-Lô**, vous pourrez visiter le haras.

Haras de Saint-Lô

50000 Saint-Lô - Tél. : 33 57 14 13

Visite du 15 juillet au 15 février de 10 h à 12 h et de 14 h à 17 h.

Un haras dont les chevaux sont réputés dans le monde entier.

Pendant l'été, le dernier jeudi de juillet, tous les jeudis d'août et le premier jeudi de septembre des présentations d'attelages et d'étalons ont lieu le matin à 10 h.

Si vous vous rendez à Cherbourg vous pourrez faire un petit crochet par la vallée des oiseaux de **Villiers-Fossard** (8 km de Saint-Lô) et, sur la route, vous vous arrêterez à la ferme de **Sainte-Mère-Église**.

Vallée aux Oiseaux

50680 Villiers-Fossard - Tél. : 33 57 75 22 ou 33 57 25 17

 Ouvert en été de 10 h à 19 h et en hiver les mercredis, samedis et dimanches de 14 h à la tombée de la nuit.

Un petit parc zoologique abritant principalement des oiseaux.

Musée de la Ferme

50480 Sainte-Mère-Église - Tél. : 33 41 30 25

 Ouvert de Pâques à septembre, tous les jours sauf mardi de 10 h à 12 h et de 14 h à 19 h (ouvert le mardi en juillet et août).

Des scènes de la vie paysanne du début du siècle dans le cadre d'une ferme typique de la région.

Si vous n'avez pas de raison particulière de continuer sur Cherbourg, de Saint-Lô vous prendrez la D 972 pour **Coutances** et la D 971 pour **Granville**.

À **Granville**, sur le promontoire rocheux qui domine la ville, sont installés un aquarium, un petit musée maritime et une féerie du coquillage.

Aquarium et Musées

Le Roc 50400 Granville - Tél. : 33 50 19 10 (pour l'aquarium),
33 50 19 83 (pour les musées)

 Ouvert tous les jours du 20 mars au 11 novembre de 9 h à 12 h et de 14 h à 19 h ; en hiver les dimanches après-midi et les vacances scolaires.

 pour chacun des musées ou pour l'aquarium

L'aquarium donne un aperçu de la richesse de la faune sous-marine des cinq continents.
Le musée évoque, commentée par un guide, l'histoire de la cité grâce à des dioramas et des jeux de lumière.

La féerie des coquillages regroupe des compositions étonnantes faites uniquement avec des coquillages : le temple d'Angkor, les minarets d'Égypte, une grotte de coraux, des fleurs, etc.
Un jardin de papillons vient d'ouvrir (tél. : 33 50 03 13).
Après le voyage à l'aquarium dans les mers du monde, vous voici maintenant au cœur de l'Amazonie, au milieu des papillons aux somptueuses couleurs.

De Granville, vous vous rendrez au Mont-Saint-Michel que pour des raisons de commodités nous avons placé en Bretagne (voir p. 148).
Prenez maintenant la D 924 et arrêtez-vous 7 km avant **Villedieu-les-Poêles**, au Parc Zoologique de Champrepus.

Parc Zoologique de Champrepus

50800 Villedieu-les-Poêles - Tél. : 33 61 30 74

 Ouvert tous les jours de toute l'année de 10 h à 18 h 30 (l'hiver de 14 h à 18 h).

Quatre-vingts espèces d'animaux dans un parc verdoyant et fleuri, une ferme pour les tout-petits, un parc de babouins, d'ocelots et d'ours et une aire de jeux.

Un atelier du cuivre

54, rue Général-Huard 50800 Villedieu-les-Poêles - Tél. : 33 51 31 85

 Ouvert tous les jours de la fin juin au début septembre de 9 h à 12 h et de 14 h à 18 h et hors saison du mardi au samedi inclus.

Un petit train peut vous conduire de la place de la Poste à l'Atelier du Cuivre, puis il vous déposera à la Maison de l'Étain ou à la Fonderie des Cloches.

Une fonderie de cloches

Rue du Pont-Chignon 50800 Villedieu-les-Poêles - Tél. : 33 61 00 56

 Ouvert tous les jours sauf le dimanche et le lundi de 8 h à 12 h et de 14 h à 18 h.

Dans un atelier du XIXe, des compagnons fondeurs « moulent au trousseau » des cloches monumentales à destination du monde entier, selon des méthodes vieilles de plusieurs siècles.

Fugue à partir de Villedieu-les-Poêles

En direction d'Avranches (par la N 175 et la D 461), à Bourguerolles, allez visiter le musée de la Bicyclette.

Musée de la Bicyclette « Bati Rustic »
50800 Villedieu - Tél. : 33 61 13 90

 Ouvert tous les jours du 1er avril au 31 octobre de 10 h à 19 h.

Vous verrez deux cents modèles de bicyclettes et, surtout, ce qui est plus drôle, vous les verrez rouler.

Sur la route de Caen (N 175).
À une trentaine de kilomètres, est signalé sur votre droite le Zoo de La Cabosse.

Zoo de Jurques
14260 Jurques - Tél. : 31 77 80 58

 Ouvert en janvier, février, mars, octobre et novembre de 10 h à 17 h ; 18 h en avril et septembre ; 19 h en mai, juin, juillet et août.

De nombreux pensionnaires allant du zébu à l'autruche dans un joli parc boisé.

En direction de Vire.
Par la D 524, vous atteindrez la forêt de Saint-Sever et son parc animalier.

Parc Animalier de Saint-Sever
14380 Saint-Sever-Calvados - Tél. : 33 68 92 10

 Ouvert tous les jours en juillet et août et le dimanche en avril, mai, juin et septembre.

Des biches et des cerfs en totale liberté. Un prétexte à une belle promenade sous les hêtres centenaires.

De Villedieu-les-Poêles, partez en direction de **Saint-Hilaire-du-Harcouët** (D 999) et, lorsque vous croisez la D 5 indiquant Mortain, tournez pour vous rendre à **Juvigny-le-Tertre** au Village Enchanté.

Village Enchanté

50520 Bellefontaine par Juvigny-le-Tertre - Tél. : 33 59 01 93

 Ouvert tous les jours du 1er mars au 15 septembre de 9 h à 18 h ou 19 h en été.

Le parc est installé dans un site vallonné. En suivant un petit sentier vous passez à côté des saynètes évoquant les contes de Perrault : Blanche-Neige, la Belle au bois dormant, Cendrillon...
   Les attractions sont plus originales que dans la plupart des parcs et les enfants s'amusent vraiment.
   Un spectacle d'automates clôt la visite : « Il était une fois Bellefontaine », véritable magie de couleurs, de lumières et de sons.

Revenez ensuite sur vos pas et reprenez la direction de Saint-Hilaire-du-Harcouët. 7 km plus loin sur la N 176, vous trouverez le parc de **Saint-Symphorien**.

Eden Parc

50640 St-Symphorien-des-Monts - Tél. : 33 49 02 41

 Ouvert du 15 mai au 15 novembre de 9 h à la tombée de la nuit.

Une évasion vers le monde animal dans le cadre somptueux du parc d'un château.
   Les petits pourront se détendre sur l'aire de jeux.

À partir de Saint-Hilaire-du-Harcouët, suivez la N 176 qui traverse Domfront, et une partie du **Parc régional de Normandie-Maine** et qui passe à proximité des belles **forêts d'Andaine** et **d'Écouves**.

Entre Domfront et Pré-en-Pail, à Couterne, vous pourrez aller (par la D 34) admirer, à Lassay, **un vrai château fort de conte de fées où sont donnés des spectacles le vendredi et le samedi, de mai à septembre.** Renseignements au 43 04 19 37 (S.I.).

Vous regagnerez la nationale en passant par **Madré** et **la ferme du Chemin**.

Dans cette ferme-musée (Tél. : 43 08 57 03) **sont conservées les techniques maintenant révolues : le cheval fait toujours tourner la roue du pressoir à pommes** (ouvert toute l'année).

En carriole vous pourrez faire **des promenades** sur les routes du bocage.

Après Alençon, **la route est à nouveau bordée de forêts. Elle est en outre agrémentée d'étangs du Perche.** Vous rejoindrez soit **Verneuil** par Mortagne-en-Perche (vous prendrez un petit bain au **plan d'eau** aménagé **du Mêle**), soit **Chartres par Nogent-le-Rotrou.**

Dans ce dernier cas, vous vous arrêterez en cours de route, juste après Bellême, à **Sainte-Gauburge** (à 5 km à droite de la nationale) **au Musée des Arts et Traditions Populaires.**

Musée des Arts
et Traditions Populaires du Perche

61130 Sainte-Gauburge en Saint-Cyr-la-Rosière - Tél. : 33 73 48 06

 Ouvert tous les jours de 14 h à 19 h du 1er mai au 1er novembre et tous les jours, sauf le samedi, de 14 h à 18 h du 1er novembre au 1er mai.

Les métiers de l'artisanat occupent principalement ce musée : reconstitution d'atelier de maréchal-ferrant, de bourrelier, de charron, de sabotier... Un espace est naturellement consacré à l'histoire du cheval percheron, symbole et fierté de la région, et on visite une salle d'école aménagée comme en 1900.

Un parcours-enquête est distribué aux enfants afin de leur faire découvrir de manière active et moins ennuyeuse les trésors de ce musée.

De Chartres vous rejoindrez Rambouillet et le **circuit Île-de-France**.

Vert comme la Normandie avec ses prés bordés d'arbres, sérieux comme la Bretagne avec ses maisons aux murs de granit et aux toits d'ardoise, beau comme le pays de la Loire avec ses châteaux à ne plus savoir les compter, le Maine couvre les départements de la Sarthe et de la Mayenne.

Parc Animalier de Pescheray —————

Musée de l'automobile —————

Papéa —————

Parc Zoologique du tertre Rouge —————

Musée Lilliput —————

Domaine de la Petite Couère —————

- Le Spectacle Nocturne —————

- Le Musée de l'Auditoire —————
- Spectacles de Chevalerie

La Mine Bleue —————

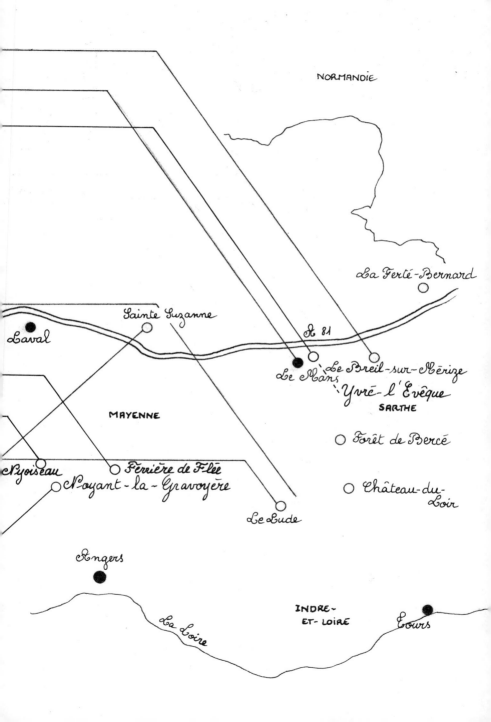

NORMANDIE

La Ferté-Bernard

Laval

Sainte Suzanne

₰ 81

Le Breil-sur-Mérize

Le Mans

Yvré-l'Évêque

SARTHE

MAYENNE

Forêt de Bercé

Nyoiseau

Ferrière de Flée

Noyant-la-Gravoyère

Château-du-Loir

Le Lude

Angers

INDRE-
ET-LOIRE

Tours

La Loire

LE MAINE

Venant de Chartres, vous vous rendez au Mans. À partir de cette ville aussi célèbre pour ses Vingt-Quatre Heures que pour ses reinettes et ses rillettes, le circuit se divise en trois. Une route vous conduit à Tours, une autre à Angers en passant par Le Lude et La Flèche, et la dernière à Rennes en traversant la Mayenne.

Vous sortez de l'autoroute A 13 à La Ferté-Bernard et vous suivez la N 23 jusqu'à Connerré. Si les enfants manifestent une grande envie d'aller se baigner, vous pourrez en cours de route, à Vouvray-sur-Huisne, prendre la D 19 pour **Tuffé** où un **plan d'eau** est aménagé (ouvert tous les jours en saison - Tél. : 43 93 47 45).
À Connerré vous prenez la D 33 pour **Le Breil-sur-Mérize**, le parc animalier de Pescheray y est installé.

Parc Animalier de Pescheray

Centre rural d'entraide professionnelle 72370 Le Breil-sur-Mérize
Tél. : 43 89 83 62

 Ouvert du 1er avril au 1er octobre, tous les jours de 10 h à 19 h.

L'Entraide aux Handicapés par le travail (E.H.P.T.) s'est donné pour but de rechercher pour les handicapés des formes originales d'intégration sociale pour le travail. Et c'est dans ce but qu'elle a créé avec le Secours catholique ce parc animalier dont l'entretien est assuré par des adultes handicapés.
Un parcours d'environ 3 km le long duquel vous rencontrez de nombreux panneaux explicatifs sur la flore et sur les animaux visibles dans les enclos.

Au Mans, faute d'assister aux Vingt-Quatre Heures, les garçons seront contents de visiter le Musée de l'Automobile, situé à l'intérieur même du circuit.

Musée de l'Automobile

Circuit des Vingt-Quatre Heures du Mans 72000 Le Mans
Tél. : 43 72 72 24

 Ouvert tous les jours, de 9 h à 12 h et de 14 h à 19 h (sauf le mardi du 16 octobre à Pâques, et fermeture à 18 h pendant cette période d'hiver).

La visite libre du musée dure environ une heure, vous y découvrez plus de cent trente voitures, depuis les premiers véhicules à vapeur jusqu'aux bolides des Vingt-Quatre Heures, ainsi qu'une collection de cycles, motocycles, moteurs, etc.

Non loin du Mans, à **Ivré-l'Évêque** sur la RN 23 un parc d'attractions permettra aux petits de passer quelques bons moments.

Papéa

72530 Yvré-l'Évêque - Tél. : 43 89 61 05

 Ouvert de Pâques à fin septembre. Tous les jours en juillet et août et les week-ends le reste du temps.

Pendant que les plus jeunes sauteront sur le château gonflable, se promèneront à bord du petit train ou se baigneront dans la pataugeoire chauffée, les plus grands glisseront sur les six pistes du pentogliss ou sur le « boa » du bassin aquatique.

Du Mans à Angers

Par la N 23 vous gagnez **La Flèche** et, sur la route du Lude, la D 306, vous passez le long du zoo.

Zoo La Flèche

Route de Tours 72200 La Flèche - Tél. : 43 94 04 55

 Ouvert tous les jours de toute l'année de 9 h 30 à 19 h.

Ce parc se modernise et un nouvel espace africain ouvrira pour l'été 1993 : des nouvelles volières, des îles pour les chimpanzés et les gibbons, un parc aqua-loutres... Vous pourrez également visiter un vivarium, une maison des abeilles, un musée de Sciences Naturelles et une mini-ferme.

Pas très loin, **à Spay**, vous admirerez et écouterez les oiseaux du **Jardin de Spay**.

Jardin des Oiseaux

72700 Spay - Tél. : 43 21 33 02

 Ouvert toute l'année de 9 h 30 à la tombée de la nuit.

Sur 6 hectares d'un agréable parc, 150 espèces d'oiseaux exotiques attendent en chantant votre visite.

Arrivés **au Lude**, en été, vous assisterez au spectacle de son et lumière au château.

Spectacle Nocturne

 72800 Le Lude – Renseignements au 43 94 67 27 ou 43 94 62 20

 Représentation tous les vendredis et samedis du 15 juin à la fin août, à 22 h 30 en juin et juillet et 22 h en août.

Depuis la guerre de Cent Ans jusqu'à la fin du siècle dernier, c'est cinq siècles de l'histoire de France qui sont évoqués avec des personnages en costumes, des jets d'eau multicolores et des jeux de lumière.

D'Angers à Rennes

Prenez la N 162 pour Le Lion-d'Angers, puis la D 863 pour Segré, enfin par la D 775 vous arriverez à Noyant-la-Gravoyère et à la Mine Bleue.

La Mine Bleue

49780 Noyant-la-Gravoyère - Tél. : 41 61 55 60

 Ouvert du 1ᵉʳ avril au début novembre, tous les jours de 9 h à 17 h (10 h à 18 h en juillet et août). Fermé le lundi en mars, avril, octobre et novembre.

Il vous faudra prévoir une bonne demi-journée pour visiter ce lieu étonnant. La mine d'ardoise de la Gatelière était inexploitée depuis 1936, la municipalité a eu la bonne idée d'aménager le site et de l'ouvrir aux visiteurs.
Coiffés d'un casque de mineur, vous descendez par un funiculaire à 126 m sous terre ; vous empruntez le train minier et sillonnez les galeries ; puis, à pied, accompagnés d'un ancien mineur, vous allez assister à cinq spectacles « son et lumière » qui vous feront revivre la mine.
À l'extérieur de l'ardoisière, en suivant un itinéraire sonorisé, vous irez découvrir le travail des fendeurs d'ardoise.
De l'autre côté de la rivière, les enfants pourront aller se distraire dans le parc de Loisirs Saint-Blaise (tél. : 41 61 75 39) ; s'il fait beau, vous pourrez tous vous baigner.

Non loin de là, entre **Châtelais et Nyoiseau** sur la D 71, un village reconstitué évoque la vie au début du siècle.

Domaine de la Petite Couère

49500 Nyoiseau - Tél. : 41 61 06 31

 Ouvert d'avril à octobre le dimanche et les jours fériés de 10 h à 19 h et tous les jours en juillet et août.

Dans un parc de 80 hectares où évoluent en semi-liberté lamas, daims, moutons... vous admirerez des expositions sur le mode de vie dans les années 1900, les voitures anciennes, les tracteurs..., et surtout vous

vous promènerez dans un village reconstitué avec son école, sa chapelle et ses maisons meublées.

Un petit train fait le tour du site.

Segré passé, en remontant vers Château-Gontier (D 923), à **La Ferrière-de-Flée** vous aurez soudain l'illusion d'appartenir à une race de géants.

Musée Lilliput

49500 Ferrière-de-Flée - Tél. : 41 92 21 76

 Ouvert les week-ends et jours fériés de 14 h à 18 h du 1er mai au 31 août.

Une exposition de meubles miniatures anciens et d'accessoires à la taille des poupées qui habitent ces lieux. Ces charmantes petites dames rivalisent d'élégance en arborant leurs plus jolies tenues.

Du Mans à Rennes

Empruntez la N 157 jusqu'à ce que vous croisiez la route de Sainte-Suzanne (la D 7).

Sainte-Suzanne est une cité médiévale, où un musée est installé dans la forteresse qui domine la ville.

Musée de L'Auditoire

53270 Sainte-Suzanne - Tél. : 43 01 42 16

 Ouvert tous les jours du 1er mai au 1er novembre de 14 h à 18 h (19 h en juillet et août).

Des scènes historiques retracent l'histoire de la cité, et une salle de musée est consacrée aux métiers disparus. En été, des spectacles de chevalerie (adoubements, ordalies, combats) vous permettent de vous croire au Moyen Âge. Rens. au 43 01 42 15.

L a Bretagne est pour les enfants synonyme de mer.

C'est vrai, la Bretagne, c'est la mer avec ses embruns et la vie rude des pêcheurs, avec ses belles plages et ses côtes rocheuses joliment découpées.

Mais c'est aussi un pays de traditions et de légendes : Merlin l'enchanteur et la fée Viviane ne s'y rencontrèrent-ils pas ? Tristan y aima Iseut, et Marie-Morgane, la sirène, attire toujours, dit-on, les marins au fond de la mer...

Nous avons découpé la Bretagne en trois parties : la Bretagne Nord (l'Ille-et-Vilaine et une partie des Côtes d'Armor), la Bretagne Ouest (une partie des Côtes d'Armor et du Finistère) et la Bretagne Sud (l'autre partie du Finistère, le Morbihan et une petite partie de la Loire-Atlantique).

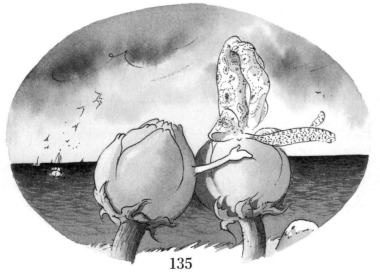

- Ecomusée du pays de Rennes
- Aquarium
- Musée automobile
  de Bretagne

Musée international de la faune

Zoo du château de la Bourbançais

Cobac parc

Duic-en-Groigne (Musée de cire)
Le Renard
- Aquarium
- Exotarium

Musée international des Longs-cours Cap-Horniers

Usine marémotrice

Les pierres sonnantes

Le Fort la Latte

Les rochers sculptés

Découvertes Entomologiques

Mont-Saint-Michel

Musée de la chaussure

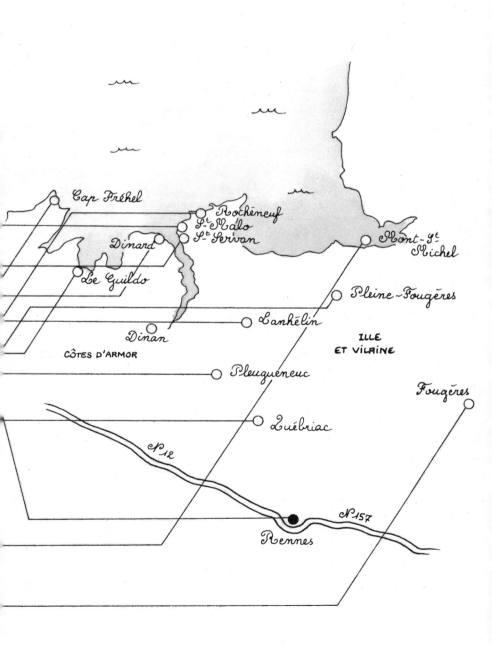

Cap Fréhel

Rothéneuf
St Malo
St Servan

Mont-St Michel

Dinard

Le Guildo

Pleine-Fougères

Lanhélin

Dinan

ILLE ET VILAINE

CÔTES D'ARMOR

Pleuguéneuc

Fougères

Québriac

N 12

N 157

Rennes

LA BRETAGNE NORD

Nous partirons de Rennes, nous irons à Saint-Malo, puis au Mont-Saint-Michel (en Normandie !).

RENNES

Rennes est la capitale de la Bretagne. La vieille ville est jolie, mais les enfants apprécieront surtout les petites haltes dans les crêperies !

Au palais des Musées, une visite du Musée de Bretagne donne une bonne idée générale de la région.

Musée de Bretagne

20, quai Émile-Zola 35000 Rennes - Tél. : 99 28 55 84

 Ouvert tous les jours sauf mardis et jours fériés, de 10 h à 12 h et de 14 h à 18 h.

Une carte animée et des audiovisuels vous permettront une première approche de la Bretagne. Vous admirerez aussi la belle collection de costumes, de coiffes et d'instruments de musique. Pour avoir une information plus complète, il faudra vous rendre à l'Écomusée du pays de Rennes.

Reprenez la voiture et, au sud de la rocade, en direction de Châtillon-sur-Seiche (D 82), venez découvrir cinq siècles de vie en pays de Rennes.

N'oubliez pas, à Rennes, un paquet de kalinettes, ces délicieux bonbons fourrés.

 ## Écomusée du Pays de Rennes

Ferme de la Bintinais, route de Châtillon-sur-Seiche 35100 Rennes Sud
Tél. : 99 51 38 15

 Ouvert tous les jours sauf mardis et jours fériés du 1er avril au 15 octobre de 14 h à 19 h, et du 16 octobre au 31 mars de 14 h à 18 h.
Fermé du 1er au 15 janvier.

138

À partir de l'histoire de la ferme de la Bintinais et de ses habitants, l'Écomusée vous propose de suivre l'évolution de tout un monde rural.

Des projections sur les murs d'une salle vide présentent, les uns après les autres, les habitants de la Bintinais depuis le XVIIe siècle jusqu'à nos jours. Puis, de salle en salle, tous les aspects de la vie paysanne : les cultures, les animaux, les habitudes, l'habitat, etc., sont évoqués avec des objets, des photos, des reconstitutions, des montages audiovisuels et des jeux vidéo.

Un enfant ne s'intéressant ni à l'histoire ni aux questions agricoles de la Bretagne aura malgré tout un vif plaisir à visiter ce musée. Il se distraira avec les jeux interactifs et appréciera les mises en scène originales.

Le jardin de la ferme est entretenu, et on peut y voir le rucher et le poulailler et apprendre à reconnaître les légumes du potager.

Pas très loin de la ferme de la Bintinais, en allant à Châtillon-sur-Seiche puis **Bruz**, vous irez faire un petit tour dans le monde féerique des oiseaux.

Parc Ornithologique de Bruz

53, boulevard Pasteur 35170 Bruz - Tél. : 99 52 68 57

 Ouvert tous les jours du 1er mars au 15 novembre de 10 h à 12 h et de 14 h à 19 h, et le week-end du 15 novembre au 1er mars de 14 h à 18 h.

De la perruche d'Australie aux aras brésiliens et au faisan grand tétras, une collection bruyante d'oiseaux des cinq continents.

En sortant, reprenez la direction de Rennes puis la rocade vers le nord et rendez-vous à **Cesson-Sévigné** (6 km du centre ville).

Aquarium

43, bd de Dézerseul 35510 Cesson-Sévigné - Tél. : 99 83 11 11

 Ouvert toute l'année : du 15 mai au 15 septembre, tous les jours de 10 h à 19 h, les week-ends et jours fériés de 14 h à 19 h ; et du 16 septembre au 14 mai les mercredis, samedis et dimanches de 14 h à 18 h et tous les jours de 10 h à 18 h pendant les vacances scolaires.

Présenté d'une façon assez remarquable, cet aquarium regroupe une cinquantaine d'espèces de poissons d'eau douce : des saumons, des esturgeons et des anguilles, des brochets, des ombres et des écrevisses...

À proximité, sur la route de Fougères, vous changerez d'atmosphère en regardant les soixante-dix voitures en état de marche du :

Musée Automobile de Bretagne

35510 Cesson-Sévigné - Tél. : 99 62 00 17

 Ouvert tous les jours de 10 h à 12 h et de 14 h à 19 h.

Vous quittez Rennes par la N 137 en direction de Saint-Malo.
À 27 km environ vous arrivez à **Tinténiac** ; sur la droite, une petite route (la D 81) vous conduira à Québriac où se trouve le **musée de la Faune**, mais avant, juste à la sortie de Tinténiac, arrêtez-vous un moment au :

Musée de l'Outil et des Métiers

Le magasin à grains 35190 Tinténiac - Tél. : 99 68 02 03

 Ouvert du 1er juillet au 30 septembre tous les jours sauf dimanche matin de 10 h 30 à 12 h et de 14 h 30 à 18 h 30.

  pour les – de 10 ans

Reconstitués tels qu'autrefois les ateliers du maréchal-ferrant, du forgeron, du bourrelier, du tonnelier...

Zoo Loisirs

35190 Québriac - Tél. : 99 68 10 22

 Ouvert tous les jours du 15 mars au 15 novembre de 10 h 30 à 18 h 30.
Musée de la Faune et parc animalier avec jeux d'enfants.

 musée seul  musée et parc

Lilian et Michel Laurent, grands amateurs de chasse, ont conçu ce musée, prolongement de leur passion.

Surgissant des steppes, marais, banquises, savanes ou jungle, plus de trois cents animaux naturalisés vous entraînent dans un tour du monde étonnant. Vous verrez un énorme ours polaire tout blanc aux ongles impressionnants, un bœuf musqué, des bisons d'Amérique, un mouflon blanc du Canada, des oiseaux de toute espèce, etc.

Devant chaque tableau des explications sont données sur les différents animaux. Un parc d'animaux et des jeux complètent la visite.

En reprenant le N 137, une quinzaine de kilomètres plus loin, vous arrivez à Pleugueneuc où se trouve le château de la Bourbançais.

Zoo du Château de la Bourbançais

35720 Pleugueneuc - Tél. : 99 45 20 42

 Ouvert tous les jours en avril, mai et à la mi-septembre de 10 h à 12 h et de 14 h à 18 h; du 1er octobre au 31 mars de 14 h à 17 h 30 et du 1er juin au 15 septembre de 10 h à 18 h 30.

Une jolie promenade dans un parc où vivent en semi-liberté des dizaines d'espèces d'animaux.

En reprenant toujours la N 137, quelques kilomètres plus loin, la D 78 vous conduira à **Lanhélin** au :

Cobac Parc

35720 Lanhélin - Tél. : 99 73 80 16

 Ouvert tous les jours du 15 mars au 30 septembre de 11 h à 19 h, samedis, dimanches et jours fériés en mars, avril et octobre.

Des jeux : trampolines, châteaux gonflés, balades en poney, petit train, promenade en barques, etc. Et surtout, deux ponts en liane comme dans les montagnes du Tibet. Attention de ne pas tomber : l'eau du bassin n'est pas engageante ! Heureusement, un toboggan géant vous attend un peu plus loin pour glisser dans une piscine.

Prenez la D 73 vers Minjac-Morvan et, à l'intersection avec la N 176, prenez cette dernière à droite sur environ 3 km.

À gauche vous verrez indiqué **le village de Plerguer**, où une soixantaine de chèvres vous accueilleront de leurs bêlements à la **« Chèvrerie du Désert »** (tél. : 99 58 92 14). Ouvert dimanche et jours fériés de Pâques à septembre et tous les après-midi du 30 juin au 10 septembre de 14 h 30 à 19 h 30.

Regagnez la N 137 et dirigez-vous vers Dol-de-Bretagne. 3 km avant cette ville, à **Baguer-Morvan**, est aménagé le Musée de la Paysannerie.

Musée de la Paysannerie

35120 Baguer-Morvan par Dol-de-Bretagne - Tél. : 99 48 04 04

 Ouvert tous les jours du 1er mai au 30 septembre de 9 h à 12 h 30 et de 14 h à 18 h 30.

Le matériel agricole des grands-parents et surtout arrière-grands-parents des petits visiteurs : fléaux, faux, charrues, batteuses, charrettes, etc., un siècle de vie du monde paysan.

De Dol-de-Bretagne, par la D 4, vous gagnerez **Saint-Malo**.

SAINT-MALO

La fameuse cité des corsaires, entourée de ses murailles, semble plus appartenir au théâtre qu'à la réalité.

Un petit train permet d'en faire le tour sans se fatiguer.

Le Petit Train

Départ et arrivée : Porte Saint-Vincent - Inf. au 99 40 49 49

 Promenade d'environ 30 minutes.

Tout au long du trajet les enfants s'amuseront à lire les noms des rues : rue de la Corne-de-Cerf, de la Pie-qui-boit, du Chat-qui-danse ou place du Poids-du-Roi...

Le petit train vous arrêtera au retour presque dans le château : vous vous précipiterez dans une des tours qui abrite le Musée de Cire Quic-en-Groigne.

Quic-en-Groigne

Château-Hôtel de ville 35400 Saint-Malo - Tél. : 99 40 80 26

 Ouvert tous les jours d'avril à septembre de 9 h à 12 h et de 14 h à 18 h du 1er juin au 1er octobre.

Des tableaux de personnages en cire remarquablement conçus mettent en scène les personnalités de la ville : Jacques Cartier, l'audacieux navigateur qui découvrit le Canada, Duguay-Trouin et Surcouf, les corsaires, l'écrivain Chateaubriand, etc.

Des enregistrements de récits relatent les pages d'histoire évoquées et se mettent en route au fur et à mesure de la progression de votre visite.

La tour fut baptisée « Quic-en-Groigne » par Anne de Bretagne. La reine, qui avait décidé de remettre en état le château à l'encontre des autorités de la ville, marqua sa volonté en faisant graver sur une des tours :

« Quic en grogne, ainsi sera, car tel est mon bon plaisir. »

L'installation du musée dans cette tour rend la visite encore plus attrayante.

Embarquez maintenant à bord d'un bateau corsaire, la réplique exacte du dernier cotre armé par Surcouf.

Le Renard

Rens. au 99 40 53 10

 Le lieu et les horaires d'embarquement varient en fonction des marées.

Une journée extraordinaire pendant laquelle il sera permis de se prendre pour un de ces valeureux marins qui combattirent les Anglais un certain jour de septembre 1813.

Un peu plus loin, logé cette fois, dans les remparts, l'Aquarium.

Aquarium

Place Vauban 35400 Saint-Malo

 Ouvert tout l'été de 9 h à 23 h.

Les installations de cet aquarium commencent à être un peu vétustes et seules de somptueuses anémones de mer valent la visite.

Juste en face, l'Exotarium.

Exotarium

Place Vauban 35400 Saint-Malo

 Mêmes horaires, même prix.

 le mercredi

Le monde étrange des reptiles, serpents, crocodiles et iguanes fascinera certains et fera frémir les autres.
    Outre la répulsion que l'on peut avoir pour les reptiles, l'odeur du lieu est assez effrayante et en éloignera plus d'un.

Changez complètement d'atmosphère en revenant sur vos pas et en prenant, à la porte Saint-Louis, la rue de Toulouse.

Musée de Poupées

13, rue de Toulouse 35400 Saint-Malo Intra-muros - Tél. : 99 40 15 51

 Ouvert du 1er juillet à mi-septembre de 10 h à 13 h et de 14 h à 19 h.

Trois cents poupées vous attendent sagement.

Vous quittez Saint-Malo et vous vous rendez dans la ville voisine de Saint-Servan, où **la tour Solidor renferme le :**

Musée International du Long-cours Cap-Hornier

35400 Saint-Servan-sur-Mer - Tél. : 99 56 41 38

Ouvert tous les jours de 10 h à 12 h et de 14 h à 18 h de Pâques au 30 septembre. Le reste de l'année de 10 h à 12 h et de 14 h à 18 h sauf mardi et jours fériés.

La vie de ces marins partis sur leurs trois-mâts vivre des aventures lointaines en fascinera plus d'un. Plans en relief, maquettes, modèles réduits retracent leur histoire.

Vous n'êtes pas au bord de la mer pour rester uniquement sur le plancher des vaches ! Plusieurs **excursions en bateau** seront agréables : sur **la Rance**, jusqu'à **l'île du Grand-Bé**, vers l'île de **Cézembre** ou le **cap Fréhel**. Renseignements au 99 56 64 48 (O.T.).

De Saint-Malo, deux choix s'offrent à vous : **traverser la Rance** et poursuivre votre route **jusqu'au cap Fréhel**, ou longer la côte **vers Cancale** et partir **pour le Mont-Saint-Michel**.

En route vers le cap Fréhel

Vous traversez la Rance sur la route-pont qui enjambe en passant l'usine marémotrice.

L'usine marémotrice se visite. Une série de tableaux lumineux et de dioramas expliquent comment la force motrice des marées peut produire de l'énergie. L'immense salle des machines où l'on se déplace à bicyclette vaut vraiment le coup d'œil.

À Dinard, de l'autre côté, faites une courte halte à l'Aquarium.

Aquarium du Laboratoire Maritime

17, avenue George-V 35800 Dinard - Tél. : 99 46 13 90

Ouvert tous les jours de 10 h 30 à 12 h 30 et de 15 h 30 à 19 h 30 de la Pentecôte au 30 septembre ; les dimanches et jours fériés de 10 h 30 à 12 h 30 et de 14 h 30 à 19 h 30.

Vous y découvrirez une collection de coquillages et de mollusques et des souvenirs du commandant Charcot et du *Pourquoi-Pas*. L'aquarium présente les poissons de la région.

Quittez Dinard par la D 168 vers Ploubalay, puis prenez la D 786 vers Matignon.

Au Guildo, vous vous garerez sur le port, puis, à pied, vous longerez le chemin qui suit l'Arguenon ; à la hauteur des ruines du château, vous verrez un amoncellement de rocs. Lancez dessus des pierres de même nature, et vous obtiendrez des sonorités très étonnantes.

Laissez les pierres sonner... et reprenez la route.

Après Matignon, dirigez-vous vers le cap Fréhel.

LE CAP FRÉHEL

Des falaises colorées dominent la mer et, sur les rochers, les vagues se fracassent avec violence. Le tour du cap est une spectaculaire promenade.

À proximité du phare le Fort la Latte.

Fort la Latte

Le cap Fréhel

 Ouvert de mai à fin septembre et pendant les vacances scolaires de 10 h à 12 h 30 et de 14 h 30 à 18 h 30. Le reste de l'année le dimanche seulement.

Un vrai château fort comme on en voit au cinéma avec son pont-levis, son mur pare-boulets, son four à rougir les boulets, son donjon, son chemin de ronde. Les enfants voudraient bien grimper à loisir dans les tours, hélas la visite est accompagnée...

Vous pouvez de là suivre **la route de la côte**, rejoindre Saint-Brieuc, et poursuivre votre tour de la Bretagne en rattrapant le **circuit Bretagne-Ouest**.

Vers le Mont-Saint-Michel

De Saint-Malo, prenez la D 201 et arrêtez-vous tout de suite à Rothéneuf.

Rochers sculptés

35400 Rothéneuf - Tél. : 99 56 97 64

 Ouvert tous les jours de Pâques au 30 septembre de 9 h à 19 h ; les week-ends et vacances scolaires de 10 h à 12 h et de 14 h à 18 h.

Pendant vingt-cinq ans l'abbé Fouré a sculpté près de trois cents rochers ! Aujourd'hui, vous pouvez escalader ces personnages aux silhouettes grossières.
Ne manquez pas, juste à côté, l'**Aquarium marin**. Il présente les poissons de la région et une importante collection de coquillages.

Toujours à Rothéneuf, à 500 m de l'église, est bâtie la Maison de Jacques Cartier.

Maison de Jacques Cartier

Manoir de Limoëlou 35400 Rothéneuf - Tél. : 99 40 97 73

 Ouvert du 1er octobre au 1er juin tous les jours sauf week-end de 9 h à 11 h et de 14 h à 16 h et le reste de l'année de 10 h à 11 h 30 et de 14 h 30 à 18 h (sauf les lundis et mardis en juin et septembre).

Dans cette maison du XVIe siècle, une présentation audiovisuelle retrace les voyages de l'explorateur vers la Nouvelle-France, appelée aujourd'hui le Canada.

---

5 km après Cancale, à Saint-Méloir-des-Ondes, est installé un Atelier du Verre.

147

Atelier du Verre

4, rue Radegonde 35350 Saint-Méloir-des-Ondes - Tél. : 99 89 18 10

Véritables magiciens, les souffleurs jouent avec le feu et donnent à la bulle les formes subtiles de différents petits objets.

Reprenez la D 155 et 3,5 km avant Pontorson, vous tournez à droite pour vous rendre au village de **Pleine-Fougères** et allez faire des découvertes entomologiques.

Découvertes Entomologiques

Le Petit Chauffaut 35610 Pleine-Fougères - Tél. : 99 48 65 97

 Ouvert du 1er juin au 15 septembre de 10 h à 19 h.

Plus de cinq mille insectes et papillons du monde entier.

Dans le terrarium, un grand nombre d'insectes, de scorpions et d'araignées se déplacent devant les yeux un peu inquiets des enfants.

Sur la route de Pontorson (D 155), si vous vous arrêtez au Viviers-sur-Mer, vous pouvez embarquer sur la Sirène de la Mer, ce bateau sur roues, vous parcourez la grève de la baie du Mont-Saint-Michel. (Rens. au 99 48 82 30)

LE MONT-SAINT-MICHEL

« Le Mont-Saint-Michel que le Couesnon dans sa folie a mis en Normandie. »

Tantôt entouré de sable à marée basse, tantôt encerclé par la mer (qui monte les jours de grandes marées à la vitesse d'un cheval au galop), le Mont-Saint-Michel est probablement le site le plus célèbre de France.

Autrefois lieu de pèlerinage, il est aujourd'hui fréquenté par les touristes.

Le lieu est suffisamment spectaculaire et la situation exceptionnelle pour que les enfants aient plaisir à gravir les petites rues tortueuses. Ils monteront et descendront les nombreux escaliers et se promèneront sur le chemin de ronde.

Plus tard, ils goûteront à l'énorme omelette soufflée de la « Mère Poulard ».

Trois musées les intéresseront plus particulièrement :

Musée Historique et Maritime

À droite en montant la rue principale - Tél. : 33 60 14 09

 Ouvert tous les jours de l'année de 9 h à 18 h.

 pour les trois musées

 pour un seul

Ce musée fait découvrir l'environnement maritime du Mont (les grandes marées, l'ensablement) et plus de deux cents maquettes anciennes de bateaux complètent la présentation.

L'Archéoscope

À droite en montant la rue principale - Tél. : 33 60 14 36

 Ouvert de février au 11 novembre et pendant les vacances scolaires de Noël, tous les jours de 9 h à 18 h.

Un spectacle au laser retraçant l'histoire de la construction de l'abbaye.

Musée Grévin du Mont-Saint-Michel

Au pied de l'abbaye - Tél. : 33 60 14 09

 Ouvert tous les jours de 9 h à 18 h.

Grâce aux voix de grands acteurs et des effets de lumière, les personnages de l'histoire du Mont reprennent vie pour vous.

En quittant le Mont-Saint-Michel, vous vous dirigerez vers **Saint-Hilaire-du-Harcouët** et poursuivrez votre route avec le **circuit de Normandie**.

Parc animalier

Planétarium du Trégor ———

Station Ornithologique des Sept-Îles ————

Aquarium et Musée Océanographique ————

L'Arsenal ————

Musée Naval

Océanopolis

Moulins de Kerouat ————

Parc animalier ————

Grottes Marines ————

Camaret ————

Musée de l'école rurale ————

Port-Musée

Réserve Ornithologique ————

Phare D'Eckmühl ————

Musée de pêche ————

Site ornithologique ————

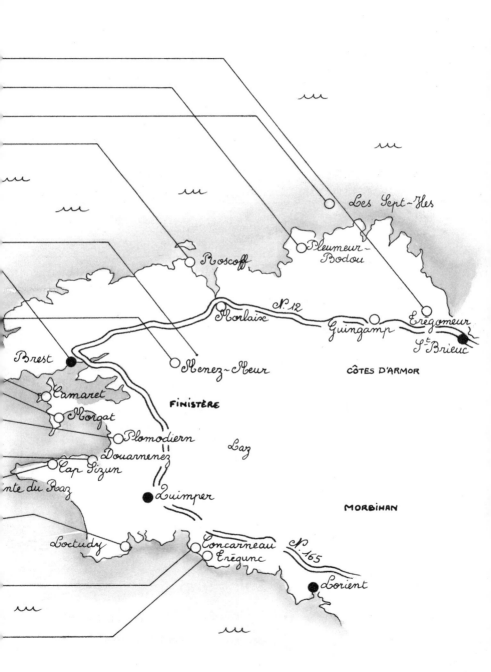

Les Sept-Îles

Pleumeur-Bodou

Roscoff

N. 12

Morlaise

Guingamp   Trégomeur

St Brieuc

Brest

Menez-Meur

CÔTES D'ARMOR

Camaret

FINISTÈRE

Morgat

Plomodiern

Laz

Douarnenez

Cap Sizun

nte du Raz

Quimper

MORBIHAN

Loctudy

Concarneau   N. 165

Trégunc

Lorient

Vous partez de Saint-Brieuc et suivez un circuit passant par Morlaix, Brest, Quimper et Lorient.

De Saint-Brieuc à Trégomeur

De Saint-Brieuc, vous prendrez la direction de Paimpol ; à une dizaine de kilomètres vous verrez, indiqué sur la droite, le Parc zoologique de Trégomeur.

Parc Zoologique

Moulin Richard 22590 Trégomeur - Tél. : 96 79 01 07

 Ouvert du 15 février au 30 septembre de 10 h à 18 h, tous les jours ; du 1er octobre au 14 février, les mercredis et dimanches après-midi de 14 h à 17 h.

Vous vous sentirez un peu chez vous dans ce parc. Une grande complicité s'établit entre les visiteurs et les animaux. En semi-liberté, élans du Cap, autruches, lamas, zèbres, nandous, émeus, gnous, onagres, pécaris et yacks longent à côté de vous les enclos. Les singes et les lémuriens sautent de branche en branche dans les arbres d'une petite île.

Et, en totale liberté, des daims, des chèvres et des moutons accompagnent votre marche dans les sous-bois. Très familiers, ils n'hésitent pas à se servir eux-mêmes dans votre paquet de pop-corns ou à vérifier si vous n'avez rien caché dans vos poches. À partir de huit ans les enfants riront de bon cœur devant tant de toupet ; un peu plus jeunes, ils auront un peu peur.

À la hauteur des enfants, des panneaux d'informations sur les animaux.

De Saint-Brieuc à Guingamp

Sur la N 12, faites un petit crochet par Landorec (à Plouargat, une petite route sur la gauche) où se trouve le Terrarium de Kerdanet.

Terrarium de Kerdanet

22170 Plouagat - Tél. : 96 32 64 49

 Ouvert de mai à septembre, les mercredis, samedis et dimanches de 10 h à 12 h et de 14 h à 18 h.

Dans un cadre de verdure, vous aurez l'occasion de découvrir le monde insolite des animaux dits « mal aimés » : vipères, crapauds, tritons, salamandres... et même des redoutables boas, pythons, najas, etc. La visite autour des fossés est guidée par un responsable du terrarium.

Suivez la D 786 et arrêtez-vous à **Saint-Quay-Portrieux**, jolie plage de sable et de rochers.

À la **Pointe de l'Arcouest**, il est possible de prendre une **vedette** (départ environ toutes les demi-heures en été) **pour la jolie île de Bréhat**. Traversée d'une demi-heure ou tour de l'île en bateau.
Renseignements au 96 55 86 99.

De Guingamp à Lannion

Suivez la D 767 et arrêtez-vous à **Bégard**. Là, un tout nouveau parc d'attractions attend les enfants.

Armoripark

22140 Bégard - Tél. : 96 45 36 36

 Ouvert à partir du 1er dimanche d'avril à 11 h : tous les dimanches, jours fériés et congés scolaires et tous les jours de la mi-juin au début septembre.

Bonne idée ! Si la Manche est trop froide, vous pourrez tous aller vous baigner dans une eau merveilleusement chaude. Vous glisserez sur le toboggan géant et amerrirez dans les bassins bleus. Si la baignade ne vous dit rien, grands et petits pourront descendre la piste de bobsleigh ou plus calmement faire le tour du parc en bateau.

Vous laisserez Lannion et suivrez sur 10 km la D 11 jusqu'au **parc du Trégor**.

Parc scientifique du Trégor

22560 Pleumeur-Bodou - Tél. : 96 91 83 78

Le parc se compose d'un **musée des Télécommunications**, du **Radôme** et du **Planétarium**.

Le Musée des Télécommunications et le Radôme
(Rens. au 96 46 63 80)

 Ouvert en février et mars de 13 h 30 à 17 h 30, sauf samedi ; en avril et mai de 10 h à 18 h, sauf samedi ; en juin tous les jours de 10 h à 18 h ; en juillet et août tous les jours de 9 h à 19 h ; en septembre de 10 h à 18 h, sauf samedi ; en octobre, novembre et décembre de 13 h 30 à 17 h 30, sauf samedi.

 pour le musée et le Radôme - valable 4 heures

2 500 m^2 d'exposition, en huit espaces thématiques, consacrés aux câbles sous-marins, aux radiocommunications, aux télécommunications par satellite et aux services du futur, vous invitent à un voyage à travers le temps et les télécommunications.

Sous le Radôme, cet énorme ballon blanc si insolite dans la lande bretonne, vous assisterez à un spectacle son et lumière rappelant l'histoire de cette aventure spatiale commencée en 1962.

Le Planétarium (Rens. au 96 91 83 78)

 Ouvert toute l'année sauf en janvier. Séances en été 10 h 45 - 14 h - 17 h 45 - 21 h 45 ; le reste de l'année à 15 h et 16 h 30 pendant les vacances scolaires, les mercredis et les dimanches.

Sur un écran de 600 m^2, le Planétarium projette la voûte céleste. Bonne occasion pour comprendre le mécanisme des saisons, pour voyager dans l'hémisphère Sud ou encore pour admirer le mouvement des planètes.

Par les petites routes ou directement de Lannion par la D 788 vous vous rendrez à Perros-Guirec.

Sur la **plage de Trestraou** vous embarquerez pour le tour des îles : **L'Île-aux-Moines**, où les plus courageux grimperont les 83 marches du phare ; celle **de Rouzic** ou **île aux oiseaux** où, de février à septembre, vous verrez une impressionnante colonie de fous de Bassan, et entre mars et juillet un grand nombre d'oiseaux tels que des goélands, des cormorans, des huîtriers-pies...

De Perros-Guirec vous longerez la route de la côte pour regagner Lannion. En passant à **Trégastel** vous admirerez l'Aquarium.

Aquarium

22730 Trégastel - Tél. : 96 23 88 67

 Ouvert de 9 h à 20 h en juillet et en août ; de 10 h à 12 h et de 14 h à 18 h de Pâques à la fin juin et en septembre ; et pendant les vacances scolaires d'hiver de 14 h à 17 h.

Aménagé dans des grottes naturelles ; vous contemplerez des poissons vivant dans les mers bretonnes.

Le long de la côte, les enfants s'amuseront à reconnaître lequel de ces curieux rochers de granit rose ressemble à la « sorcière », à la « tortue », au « bolide », à la « palette du peintre », au « dé », à la « tête de mort »...

À Île-Grande a été montée une station ornithologique.

Station Ornithologique

22560 Île-Grande - Tél. : 96 91 91 40

 Ouvert en juillet et août : tous les jours de 10 h à 13 h et de 14 h 30 à 19 h ; en juin et septembre : tous les jours de 10 h à 12 h et de 14 h 30 à 18 h 30. Fermé samedi et dimanche matin.

Située à quelques milles de la réserve naturelle des Sept-Îles, la station a deux fonctions : le traitement et la réhabilitation des oiseaux mazoutés et l'information des visiteurs sur l'écologie des oiseaux marins.

Vous verrez un diaporama sur les oiseaux, des expositions sur les oiseaux, des films « nature », ou bien vous participerez à des sorties-observation.

D'avril à septembre, une liaison audio-vidéo par faisceau hertzien vous permet de voir en direct, sur écran géant, la colonie de fous de Bassan des Sept-Îles. L'animateur de la Ligue française pour la protection des oiseaux vous fera découvrir la vie intime du plus gros oiseau de mer français.

À Lannion, vous prendrez la D 786 pour Morlaix et la D 58 pour Saint-Pol-de-Léon et **Roscoff**, où vous visiterez l'Aquarium et le Musée Océanographique.

Aquarium
et Musée Océanographique

Place Georges-Teissier 29680 Roscoff - Tél. : 98 29 23 23

Ouvert du 1er juillet au 4 septembre de 9 h 30 à 12 h et de 14 h à 19 h ; pendant les vacances de Pâques, au mois de septembre et les week-ends d'octobre de 14 h à 18 h et en mai et juin de 10 h à 12 h et de 14 h à 18 h.

Des requins, des raies, des torpilles, des hippocampes, des seiches, des pieuvres, des oursins, des astéries évoluent dans trente-sept aquariums.

Des expositions traitant de l'océanographie se succèdent régulièrement.

Nous vous suggérons de marcher à proximité des viviers (derrière la butte où se trouve la chapelle). Des passerelles permettent de circuler parmi les bassins où évoluent truites de mer, saumons, langoustes, crabes, etc. (Visites du lundi au vendredi, le matin et l'après-midi.)

Envisagez un petit tour en mer vers l'île de Batz, les enfants aiment toujours les promenades en bateau. Plusieurs départs par jour, tout au long de l'année. Rens. au 98 61 78 87 – 98 61 76 61 – 98 61 76 98.

De Roscoff, soit vous retournez à Morlaix et faites la route buissonnière jusqu'à Quimper, soit, par la D 69, vous vous rendez à Landivisiau.

À Landivisiau, deux itinéraires sont à nouveau possibles : l'un vous mènera **directement à Brest**, l'autre vous conduira au **Parc régional d'Armorique**.

À 5 minutes de Morlaix, les enfants pourront aller s'amuser au **Parc de la Vallée Enchantée**.

Parc de la Vallée Enchantée

Moulin du Bréon 29610 Plouigneau - Tél. : 98 88 81 50

 Ouvert du 1er mai au 30 septembre de 10 h 30 à 19 h et d'octobre à avril les mercredis, samedis, dimanches et jours fériés et tous les jours pendant les vacances scolaires de 10 h 30 à 18 h.

Des jeux pour les petits, des toboggans géants pour les plus grands et la garantie de sensations fortes pour les plus intrépides.

De Morlaix à Quimper

La D 769 vous fait passer par **Huelgoat**, où vous vous promenez dans un site étonnant. Quel géant a mis un jour un tel désordre dans les rochers ?
Des gros blocs de granit s'entassent les uns sur les autres. Vous marchez dans le « chaos du diable », de toutes vos forces vous tentez de faire osciller la « roche tremblante ».

De Loqueffret, vous descendez par la D 36 à Châteauneuf-du-Faou.
Sur la route de Laz, arrêtez-vous au :

Domaine Trevarez

29520 Saint-Goazec - Tél. : 98 26 82 79

 Ouvert en avril, mai, juin, septembre, tous les jours sauf le mardi, de 13 h à 18 h 30 ; en juillet et août tous les jours de 11 h à 19 h et du 1er octobre au 31 mars les samedis, dimanches, jours fériés et les vacances scolaires de 14 h à 18 h.

 pour les enfants

Riche souvenir de la Belle Époque, le château de Trévarez est situé au centre d'un vaste parc, où fleurissent camélias, rhododendrons et azalées. Des expositions et des festivals autour des fleurs sont chaque année organisés. Les enfants peuvent visiter le parc en empruntant un petit train et des aires de jeux leur sont réservées.

Un peu plus loin, à Laz, un parc de loisirs vous ouvre ses portes.

Point de Vue

29119 Laz - Tél. : 98 26 82 47

 Ouvert tous les jours du 15 juin au 15 septembre de 11 h à 19 h et hors saison le week-end et le mercredi de 14 h à 19 h.

  avec une descente en luge

Un parc bien situé dans le beau paysage des montagnes Noires avec des jeux pour enfants, notamment une piste de luge et des toboggans géants.

De Laz, vous poursuivrez la D 36 et rattraperez la D 15 pour **Quimper**.

Brest par Landivisiau

BREST

Les garçons rêveront d'aventures lointaines en contemplant la rade de Brest. Vous pourrez visiter l'Arsenal.

Arsenal

Entrée par la porte Tourville - Tél. : 98 22 11 82

 Visites d'avril à septembre de 9 h à 11 h et de 14 h à 16 h.

Vous verrez les ateliers de construction et de réparation de bateaux de guerre et, avec un peu de chance, vous aurez la possibilité de monter sur l'un d'eux.

N'oubliez surtout pas vos papiers d'identité, ils sont nécessaires pour entrer dans l'arsenal car la visite n'est autorisée qu'aux ressortissants français.

De l'autre côté, après avoir traversé le pont de Recouvrance, se trouve le château et, à l'intérieur, le Musée naval.

Musée Naval

29200 Brest

 Ouvert tous les jours sauf mardi de 9 h 15 à 12 h et de 14 h 20 à 18 h.

Installé dans les trois tours du château, le musée possède une belle collection de maquettes de bateaux, d'instruments anciens et d'objets divers de la Marine nationale.

La grande rade et le port militaire se visitent aussi en bateau.

Promenade d'une demi-heure d'avril à fin septembre à raison de trois départs par jour. Renseignements au 98 44 24 96.

Vous pourrez aussi embarquer pour la presqu'île de Crozon. Trois allers et retours par jour de la mi-mars à fin septembre.
Renseignements : Compagnie des vedettes armoricaines (1er Bassin, Port du Commerce) - Tél. : 98 44 44 04.

Vous quittez Brest par le port du Moulin-Blanc où se trouve Océanopolis.

 # Océanopolis

Port de Plaisance du Moulin Blanc 29000 Brest - Tél. : 98 34 40 40

 Ouvert du 1er octobre au 30 avril : du mardi au vendredi de 9 h 30 à 17 h, le lundi de 14 h à 17 h, et les samedis, dimanches et jours fériés de 9 h 30 à 18 h ; et du 1er mai au 30 septembre tous les jours de 9 h 30 à 18 h.

Océanopolis n'est ni un marineland ni un musée. C'est la maison de la mer.
Commencez votre visite en allant admirer les images de la terre vues de l'espace, puis faites une escale au bassin de navigation, réplique exacte d'un port de pêche. À partir d'un poste de commande, vous pourrez vous initier aux principes de la navigation et piloter des modèles réduits de bateaux. Plongez ensuite dans l'univers des algues et découvrez leurs différents domaines d'utilisation.
Continuez votre promenade en allant observer les poissons, phoques et mollusques évoluant dans leur univers fidèlement reconstitué dans deux grands aquariums à ciel ouvert.

Le grand pont Albert-Louppe franchi, vous serez vite à Plougastel-Daoulas.

Plougastel, la ville des fraises : au moment de la récolte, une grande animation règne dans les champs et l'odeur des fraises se répand un peu partout dans la campagne.

LE PARC RÉGIONAL D'ARMORIQUE

De Landivisiau, la N 30 vous conduit à **Sizun**.

À Sizun, vous entrez dans le Parc régional d'Armorique. Ce parc s'étend sur 95 000 hectares. Il comprend un secteur maritime et insulaire avec l'archipel d'Ouessant, l'île de Sein, la presqu'île de Crozon, l'estuaire de l'Aulne, et un secteur intérieur qui correspond à peu près aux monts d'Arrée.

Dans certains villages des petits musées ont été aménagés, ce sont les écomusées des monts d'Arrée. Nous n'en citerons que quelques-uns, car certains n'intéressent pas vraiment les enfants.

À Sizun, vous trouvez la Maison de la Rivière, de l'Eau et de la Pêche.

Maison de la Rivière, de l'Eau et de la Pêche

Moulin de Vergraon 29450 Sizun - Tél. : 98 68 86 33

 Ouverte toute l'année : les dimanches, jours fériés et vacances scolaires l'après-midi et tous les jours en été de 10 h 30 à 19 h.

 Des circuits-découvertes des rivières d'une journée (avec pique-nique) sont organisés à la belle saison. Le prix varie entre 50 F et 150 F.

Dans des aquariums en prise directe avec la rivière, vous voyez évoluer des saumons et des truites.

Une exposition permanente traite de la vie des poissons, de l'eau en Bretagne, de la faune et de la flore des vallées. Tout cela étant un peu sérieux, les enfants préféreront attendre leur tour pour répondre aux questions de l'ordinateur.

Tout près de Sizun s'étend le parc de La Galopette.

La Galopette

29460 Hanvec - Tél. : 98 21 92 51

 Ouvert tous les jours d'avril à septembre de 10 h 30 à 19 h et d'octobre à mars les mercredis, week-ends et jours fériés de 11 h à 18 h.

Un agréable après-midi où les enfants s'amuseront sur les toboggans, téléphériques, balançoires, plus de 50 jeux pour petits et grands.

Sur la route de Sizun à Commara, la D 764 vous fait découvrir, blottis au fond d'un vallon, les Moulins de Kerouat.

Moulins de Kerouat

29450 Commara - Tél. : 98 68 87 76

 Ouvert tous les jours, sauf le samedi du 15 mars au 31 mai, et du 1er septembre au 30 octobre de 14 h à 18 h ; tous les jours du 1er juin au 30 juin de 14 h à 18 h et du 1er juillet au 31 août de 11 h à 20 h.

Vous visitez les deux moulins, l'habitation du meunier et la tannerie (activité florissante au début du siècle dans le secteur de Landivisiau). Certains jours d'été, vous assisterez à la fabrication du pain, ou à la veillée vous écouterez les récits des conteurs.

Quittez Sizun pour le parc animalier de Menez Meur (D 342).

Parc Animalier de Menez Meur

Sur la D 342 29640 Hanvec – Tél. : 98 68 81 71

 Ouvert de juin à septembre tous les jours de 10 h à 19 h ; en mai de 13 h 30 à 17 h 30 et le reste de l'année le mercredi et le dimanche seulement de 10 h à 12 h et de 13 h à 18 h.

  pour les – de 8 ans

Il faut toujours marcher dans ce parc, où l'on observe, derrière des barrières rustiques, des animaux sauvages (daims, sangliers, loups, aurochs) ou des animaux familiers (moutons d'Ouessant, chevaux postiers bretons, poneys de toutes les races).

À l'entrée du parc, dans la Maison du cheval breton, une exposition et un film montrent la place importante tenue par le cheval dans la société rurale bretonne.

Vous gagnez maintenant par la D 42 et la D 18 Le Faou, où vous retrouvez la route venant de Brest.

Par la D 791, vous vous rendez à Crozon et à Morgat.

À Morgat, vous visiterez les grottes marines, dont certaines ne sont accessibles qu'en bateau.

 # Vedettes sur le port

29160 Morgat - Tél. : 98 27 09 54 et 98 27 22 50 ou 98 92 83 83

 Les horaires varient selon la marée.
3/4 d'heure de promenade.

Le bateau entre dans la grotte de l'Autel (90 m de profondeur) et la Chambre du diable. Le guide vous raconte la légende de sainte Marine et vous montre l'impressionnante Cheminée des cormorans. Cette promenade sympathique devant les plages de Morgat a l'avantage de ne pas être trop longue.

De Crozon, une petite route conduit à la pointe de Dinan. Le site est superbe, et les énormes rochers qui s'amoncellent à l'extrémité de la pointe ont tout à fait l'aspect d'un château.

Les enfants escaladeront ce palais de pierre et s'imagineront être les seigneurs du lieu.

À Camaret, petit port à quelques kilomètres de là, vous pourrez voir au Musée naval de belles maquettes de bateaux.

Musée Naval

29129 Camaret - Tél. : 98 27 91 13

 Ouvert tous les jours du 1er juin au 30 septembre de 10 h à 12 h et de 14 h à 19 h et du 1er octobre au 31 mai de 14 h à 18 h. Fermé du 15 novembre au 15 décembre et du 15 janvier au 15 février.

Promenades en bateau

Tél. : 98 27 22 50

 Départ du 15 juin au 5 juillet et du 26 août au 8 septembre à 15 h et du 6 juillet au 25 août à 14 h 30 et 16 h.

Partez à bord d'une vedette à la découverte des falaises, des criques et des plages autour de Camaret.

Vous approcherez des célèbres « Tas de Pois », petits îlots faisant partie du parc régional d'Armorique, et où nichent cormorans huppés, mouettes tridactyles et autres oiseaux marins.

De Camaret, vous reviendrez sur vos pas et vous vous rendrez à Douarnenez. En cours de route, vous passerez non loin de **Trégarvan** (des panneaux vous guideront) et de son école rurale transformée en musée.

Musée de l'École Rurale Bretonne

29560 Trégarvan - Tél. : 98 26 04 72

 Ouvert du 1er juin au 15 septembre, tous les jours de 13 h 30 à 19 h ; du 1er avril au 31 mai et du 16 septembre au 1er novembre de 14 h à 18 h, le dimanche et les jours fériés.

L'école des arrière-grands-parents : la salle de classe est restée telle qu'elle était avec ses pupitres tachés d'encre violette et ses grandes cartes accrochées aux murs. Animations en été.

DOUARNENEZ

Au fond de cette baie mystérieuse dans laquelle est peut-être ensevelie la fameuse ville d'Ys, le port de Douarnenez offre l'animation sympathique des allées et venues des bateaux et des pêcheurs revenant parfois de Mauritanie ou d'Afrique du Nord.

En dégustant une part de *kouign aman*, vous pourrez aussi embarquer pour une promenade dans la baie de Douarnenez.

Promenade en bateau

Tél. : 98 92 13 35 (S.I.) ou 98 92 83 83 (bureau des vedettes)
Départ du vieux port de Rosmeur, à l'angle de la criée.

 Les promenades ont lieu l'après-midi de juin à septembre, en juin une fois par jour et en juillet et août trois fois.

Vous découvrirez l'**île Tristan**, refuge des oiseaux de mer, et les grottes marines de Tar-ar-Grip.

Sur le bord de la rivière du Port-Rhu se trouve le Musée du Bateau.

Le Port-Musée

Quai de Port-Rhu 29100 Douarnenez - Tél. : 98 92 05 41

 Ouvert tous les jours de l'année de 10 h à 19 h de mai à septembre et de 10 h à 18 h d'octobre à fin avril.

Un musée exceptionnel : vous allez avoir l'occasion de monter à bord de langoustiers, de chalutiers, de thoniers... de visiter la salle des machines d'un remorqueur à vapeur, une barge de la Tamise, d'admirer dans le musée 200 bateaux venant de tous les pays, etc.

Vous vivrez en direct la construction de bateaux en bois ; vous découvrirez les métiers traditionnels de la côte : ostréiculteurs, goémoniers, cordiers.

Vous pourrez traverser le plan d'eau avec des passeurs, ou encore mieux embarquez sur des voiliers traditionnels, l'*Ariane* ou la galéasse norvégienne.

À quai, vous monterez à bord d'un bateau-feu, d'un langoustier ou encore d'un remorqueur à vapeur. Le long des quais, vous revivrez l'ambiance des ports d'autrefois et admirerez les artisans au travail.

Vous quittez Douarnenez pour vous rendre par la D 7 au **cap Sizun** à la Réserve ornithologique.

Réserve Ornithologique

Cap Sizun - Tél. : 98 70 13 53

 Ouvert du 1er avril au 31 août de 10 h à 12 h et de 14 h à 18 h (10 h à 18 h les mois d'été). Durée moyenne de la visite 45 mn.
Des longues-vues sont prêtées gratuitement.

Une des plus belles colonies d'oiseaux marins : des mouettes tridactyles, des pingouins guillemots, des pétrels, des goélands, des cormorans, etc.
   Les oiseaux sont souvent nombreux (surtout au printemps, période de nidification) et c'est assez impressionnant de se promener au milieu des piaillements des mouettes et autres oiseaux.
   Ne quittez pas le petit sentier pour ne pas les effrayer.

L'étape suivante sera :

LA POINTE DU RAZ

Une promenade à ne pas manquer, surtout hors saison.
   Un sentier borde des gouffres vertigineux et la mer se fracasse sur les rochers dans un bruit effrayant.
   La plus grande prudence est recommandée, il faut bien tenir la main des enfants et surtout porter des chaussures à semelles non glissantes.

Vous gagnez ensuite **Audierne**. À mi-chemin entre cette ville et Pont-l'Abbé et à 2 km de la route, à Peumerit est installé le Zoo de la Pommeraie.

Zoo de la Pommeraie

29710 Peumerit - Tél. : 98 82 90 03

 Ouvert tous les jours du 1er avril au 30 septembre de 14 h à 19 h ; en juillet et août le matin également de 10 h à 12 h et de Pâques à décembre, tous les dimanches et jours fériés de 14 h à 19 h.

Des animaux à la portée des visiteurs derrière des barrières de bois, et des petites chèvres du Sénégal en liberté.

Sur la route de Pont-l'Abbé à Loctudy, une vraie ferme est aménagée en écomusée.

Maison du pays bigouden

Ferme de Kervazégan, route de Loctudy 29120 Pont-l'Abbé - Tél. : 98 87 35 63

  Ouverte du 1er juin au 30 septembre, tous les jours sauf dimanches et jours fériés, de 10 h à 12 h 15 et de 15 h à 18 h 30.

+12ans

Les bâtiments de la ferme sont tels quels, les charrettes et le char à bancs sont restés dans les hangars, les harnais sont suspendus dans l'écurie ; seuls les cochons ne sont plus dans la porcherie !
La maison d'habitation est toute meublée avec ses lits clos et ses grands coffres.

À Loctudy, vous pouvez prendre un **bateau pour les îles de Glénans**, célèbres pour leur école de voile.
La traversée de 1 h 15 est un peu longue pour les enfants.
Il vaut mieux s'y rendre de Concarneau en hydro-jet.

Vous quittez Loctudy pour vous rendre à la pointe de Penmarch et vous allez contempler la vue du haut du **phare d'Eckmühl**, un des plus puissants de France. Ouvert du 1er mai au 15 septembre de 10 h à 12 h et de 14 h à 19 h ; l'après-midi seulement le reste de l'année. La visite est guidée et dure 3/4 d'heure.

À côté de la **pointe de la Torche**, vous serez fascinés par la multitude de cerfs-volants de toutes les couleurs qui s'élèvent dans le ciel. Et sur les gros rouleaux de la mer vous verrez les surfeurs garder tant bien que mal leur équilibre. Un pavillon de thé chinois vend des cerfs-volants si vous avez envie de vous entraîner...

Vous traversez ensuite l'Odet que vous pouvez remonter en **bateau de Benodet** jusqu'à Quimper. Renseignements au 98 57 00 58. En été, le service est assuré six fois par jour.

Il est possible de déjeuner à bord, cela rend la promenade moins longue pour les enfants.

Les promenades sur l'Odet sont également possibles de **Quimper** (Tél. : 98 52 98 41) **et de Loctudy** (Tél. : 98 87 45 63).

De Benodet, vous allez à Concarneau (D 44).

CONCARNEAU

Concarneau est le premier port de France pour le thon et le troisième pour le poisson frais. Toute l'année, la nuit, les chalutiers déchargent leur pêche : langoustines, maquereaux, raies, lottes, limandes... et même d'énormes thons. Au petit matin, la vente à la criée mérite que l'on se lève de bonne heure. Concarneau est aussi un joli lieu touristique avec sa vieille ville close, amarrée comme un bateau dans le port.

Tout de suite à gauche après avoir franchi le petit pont d'accès sur l'île où est construite la ville close, vous verrez les bâtiments de l'ancien arsenal transformés en musée de la Pêche.

Musée de la Pêche

29110 Concarneau - Tél. : 98 97 10 20

Ouvert toute l'année, tous les jours de 9 h 30 à 12 h 30 et de 14 h à 18 h ; du 15 juin au 15 septembre de 9 h 30 à 19 h.

Les pêches au thon, à la baleine, à la morue, à la sardine, sont racontées et illustrées avec des documents et des maquettes. La carapace d'un crabe géant japonais est suspendue à l'entrée des petits aquariums de poissons vivants des côtes bretonnes.

À « flot », amarrés sur l'estacade, deux vrais bateaux se visitent : un racleur d'océan et un bateau de pêche. Sur le premier, un ancien germonnier, un film sur la pêche au thon sera bientôt projeté. Sur le second, l'*Hémérica*, on monte et on descend, des cales à poissons au poste d'équipage, en passant par la salle des machines.

À l'extrémité de Concarneau, au port de la Croix, on peut visiter le :

Marinarium du Laboratoire de Biologie marine

Place de la Croix 29110 Concarneau - Tél. : 98 97 06 59

 Ouvert tous les jours de Pâques au 30 septembre de 10 h à 12 h et de 14 h à 18 h 30.

Ce marinarium est une sorte d'écomusée présentant les divers aspects de la vie marine et faisant état des recherches en cours dans le domaine de la biologie.

Des montages audiovisuels et sonores expliquent la vie dans le milieu marin, la chaîne alimentaire dans l'océan et l'influence de l'homme sur le milieu.

Dans des aquariums vous verrez des invertébrés marins et des coraux, et vous pourrez observer la mue chez les crustacés.

Des sorties sont organisées à marée basse pour expliquer sur le terrain le mode de vie des algues et des animaux marins. Ces sorties sont dépendantes des horaires de marées. Renseignez-vous sur place sur les dates et les heures.

Vous reprendrez la D 70 et gagnerez **Pont-Aven**, célèbre surtout à cause de l'école de peinture créée par Gauguin.

Ne ratez pas le premier dimanche d'août la belle fête des ajoncs, une idée du chanteur-compositeur Théodore Botrel, celui qui écrivit la célèbre chanson la *Paimpolaise*.

Le temps d'acheter des galettes, et vous reprendrez la route de Quimperlé (D 783).

À 10 km de Quimperlé, par la D 16 en direction du Pouldu, vous trouverez, à **Clohars-Carnoët**, un parc animalier.

Parc Animalier du Quinquis

29360 Clohars-Carnoët - Tél. : 98 39 94 13

 Ouvert tous les jours en été de 10 h à 19 h ; autres saisons les mercredis et dimanches de 14 h à 17 h 30.

Dans un site botanique exceptionnel, les visiteurs peuvent découvrir plus de 60 espèces d'animaux des quatre coins du globe vivant en liberté totale ou semi-liberté.

Un espace ludique et pédagogique appelé Mini Ferme permettra aux enfants de jouer et d'approcher des animaux domestiques d'espèces peu connues.

Entre Quimperlé et Hennebont, sur la D 26, vous vous arrêterez au zoo.

Parc Zoologique de Pont-Scorff

56620 Pont-Scorff - Tél. : 97 32 60 86

Ouvert tous les jours de 9 h à 19 h en saison et de 10 h à 18 h hors saison. Spectacles tous les jours à 15 h et 16 h 30 du 15 juin au 15 septembre et tous les dimanches à partir de Pâques à 15 h, 16 h 30 et 17 h 30.

Un très bel élevage de félins : chats sauvages, chats du Bengale, lynx, ocelots, panthères, jaguars, etc. En été, l'après-midi, les visiteurs assistent à une séance de dressage et, au gré de leur promenade rencontrent des animaux sauvages en liberté – rassurez-vous ! un dresseur ne les quitte jamais.

Après cette visite vous atteindrez Hennebont où commence **la troisième promenade en Bretagne.**

- Alignements de Carnac

- Musée de Préhistoire
- Archéoscope

"L'Historial" (Musée de cire)

- Aquarium
- Musée des automates

Musée de poupées

Château de Crevy

Forêt de Brocéliande

Parc de la Préhistoire

Zoo de Branféré

Promenades en chalands sur les marais

Océonarium

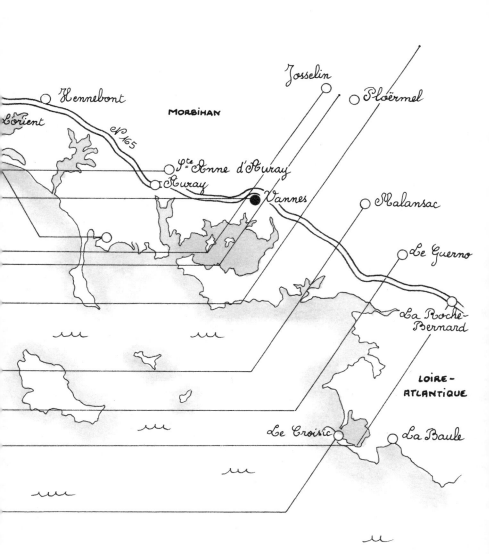

De Hennebont dans le Morbihan à Nantes en Loire-Atlantique.

À **Hennebont**, vous visiterez le haras.

Haras

56700 Hennebont - Tél. : 97 36 20 27

 Visite des écuries du 15 juillet au 31 août à 10 h – 11 h – 14 h 15 – 15 h 15 et 16 h 15 ; du 1ᵉʳ septembre au 30 septembre à 14 h 15 – 15 h 15 – 16 h 15 ; et du 1ᵉʳ octobre au 28 février à 15 h 15.
Le haras est fermé les dimanches et jours fériés et du 1ᵉʳ mars au 15 juillet.
Visites accompagnées d'environ 50 mn.

Ce haras fut créé en 1806 par Napoléon, aujourd'hui encore près de trois cents étalons assurent la pérennité de la race bretonne.

Par la N 165, vous gagnez Auray.
D'Auray vous irez à **Carnac** et à **Sainte-Anne-d'Auray**.

Carnac par la D 768

Avant le bourg, arrêtez-vous aux Alignements, ces 3 000 menhirs dressés au milieu des pins et des ajoncs. Laissez les enfants tenter d'élucider le mystère de ces rochers dressés.

En ville, dans l'ancien presbytère, vous visiterez le :

 # Musée de la Préhistoire

10, place de la Chapelle 56340 Carnac - Tél. : 97 52 22 04

 Ouvert toute l'année : de janvier à mai et de septembre à décembre de 10 h à 12 h et de 14 h à 17 h (fermé le mardi) ; en juin et en septembre de 10 h à 12 h et de 14 h à 18 h (fermé le mardi) ; en juillet et août tous les jours de 10 h à 12 h et de 14 h à 18 h 30.

  pour les enfants

Dans une présentation originale sur deux niveaux, le musée vous fait voyager dans la région de Carnac de 450 000 ans av. J.-C. au VIIIe siècle de notre ère.

Des reconstitutions et un audiovisuel permettent de mieux participer à ce voyage dans le temps.

Ne ratez pas l'occasion de mieux comprendre le mystère des Alignements.

Archéoscope

Le Medec 56340 Carnac - Tél. : 97 52 07 49

 Ouvert tous les jours en saison. Spectacle de 30 mn de 9 h à 19 h en continu...

Qui ne s'est posé des questions sur l'origine de ces mégalithes que vous voyez à Carnac et dans ses environs ? L'Archéoscope utilise les techniques les plus récentes et les effets spéciaux pour vous emmener sur les traces de l'homme néolithique.

Si vous vous dirigez vers Quiberon, vous verrez, à l'anse du Bégo, installé dans un ancien blockhaus, un :

Musée de la Chouannerie et des Guerres de l'Ouest

Anse de Bégo - Tél. : 97 52 31 31

 Ouvert du 25 mars au 30 septembre tous les jours de 10 h à 12 h et de 14 h à 18 h et pendant les vacances scolaires de 14 h à 18 h.

  pour les enfants

Des tableaux constitués de petites figurines retracent les principales étapes de la guerre des Chouans.

De Carnac, vous pourrez prendre **le petit train** pour vous rendre à **La Trinité**, ce joli port de bateaux de plaisance. Le circuit de 50 minutes est commenté et passe par les Alignements.

Le petit train circule du 15 juin au 15 septembre de nombreux départs par jour, se renseigner sur les horaires auprès des syndicats d'initiative, Tél. : 97 52 13 52 (Carnac) et 97 55 72 21 (La Trinité).

À **La Trinité**, vous embarquerez pour de belles **promenades sur la mer** et **sur la rivière de Crach.**

L'embarquement se fait juste derrière le syndicat d'initiative. Renseignements sur les horaires au 97 55 85 67.

Sainte-Anne-d'Auray par la D 17

Sainte-Anne-d'Auray est un lieu de pèlerinage, vous visiterez le petit musée juste en face de la basilique :

Historial - Musée de Cire

56400 Sainte-Anne-d'Auray - Tél. : 97 57 64 05 ou 97 52 36 18

 Ouvert du 1er avril au 15 octobre de 8 h à 20 h.

L'histoire d'Yves Nicolazic et des apparitions de sainte Anne au brave paysan est retracée dans ce petit musée de cire.

Quelques scènes sont très réussies grâce à la participation d'architectes, de peintres et de décorateurs renommés.

La N 165 vous conduit maintenant d'Auray à Vannes.

VANNES

L'aquarium de Vannes est un des plus beaux de France.

Aquarium

La Ferme des Marais 56000 Vannes - Tél. : 97 40 67 40

 Ouvert tous les jours de 9 h à 18 h (en été) et de 9 h à 12 h et 13 h 30 à 18 h 30 (hors saison).

Un aquarium tout neuf et remarquablement aménagé.

Dans une cinquantaine d'aquariums, des poissons de nos régions ou des poissons tropicaux évoluent devant vos yeux émerveillés. Certains sont étonnants, comme les poissons-hérissons ou les nautiles, ces fossiles vivants qui n'ont pas évolué depuis des millions d'années.

Un récif corallien est recréé dans un bassin contenant 35 000 litres d'eau, les nombreuses espèces de poissons qui le peuplent formant des bancs multicolores.

Vous ferez aussi la connaissance d'un crocodile découvert dans les égouts de Paris en 1984, et vous verrez une lampe s'allumer régulièrement grâce aux décharges électriques des anguilles d'Amazone.

Juste en face, le Palais des Automates.

Palais des Automates

Parc du Golfe 56000 Vannes - Tél. : 97 40 40 39

 Ouvert de 10 h à 12 h 30 et de 14 h à 19 h.

Les expositions itinérantes de la famille Guillard ont aujourd'hui trouvé un toit définitif. Des automates anciens et modernes s'animent à votre demande.

De Vannes vous partirez soit vers **Josselin** et la **forêt de Paimpont** et vous regagnerez **Rennes** bouclant ainsi votre tour de la Bretagne ; soit vers **La Roche-Bernard** et le **parc régional de Brière**.

De Vannes à Rennes

Vous partez d'abord vers Ploërmel (N 166).
À **Elven**, les soirs d'été, vous assisterez à un son et lumière.

Son et lumière

56250 Elven - Tél. : 97 53 52 79

 Représentations à 23 h en juillet et 22 h 30 en août, tous les vendredis et samedis, du 17 juillet au 29 août.

Réalisé par les habitants d'Elven et de la région ; 350 acteurs, 800 personnages costumés évoluent devant le donjon le plus haut de France. Les féeries sur l'eau sont superbes.

À Roc-Saint-André vous prendrez la D 4 en direction de Josselin. 4 km après ce croisement, vous suivez à gauche une petite route et ferez un petit crochet par le village de Lizio.

Écomusée de Lizio

« Bob-Huet » 56460 Lizio - Tél. : 97 74 93 01

 Ouvert toute l'année de 10 h à 12 h et de 14 h à 19 h.

Vous verrez reconstitués des boutiques d'autrefois, des intérieurs de fermes, des ateliers d'artisans, une salle de classe 1900. Une sympathique évocation des métiers disparus et de la vie rurale d'antan.

En arrivant à **Josselin**, la vue sur le château des Rohan est spectaculaire. Les trois tours et les murailles de la forteresse élevée au XVIe siècle se reflètent dans les eaux de l'Oust.

Dans les écuries du château a été installé le musée des Poupées.

Musée de Poupées

3, rue des Trentes 56120 Josselin - Tél. : 97 22 36 45

 Ouvert du 1er juin au 30 septembre, tous les jours de 10 h à 12 h et de 14 h à 18 h ; du 1er avril au 31 mai et du 1er octobre au 31 octobre les mercredis, samedis, dimanches et vacances scolaires de 14 h à 18 h.

Cette collection est celle de la famille Rohan.

L'arrière-grand-mère des propriétaires actuels, la duchesse Herminie de Rohan, commença à rapporter de ses voyages des poupées devenues aujourd'hui très rares. Plus tard, les parents, amis et visiteurs prirent l'habitude d'offrir une poupée en guise de cadeau. Les poupées furent exposées à diverses époques puis oubliées jusqu'à ce que le propriétaire actuel décide de créer un vrai musée pour les accueillir.

La collection comprend environ six cents poupées et s'élargit et se diversifie au fil des années.

Des petits meubles et de la vaisselle ancienne complètent agréablement la présentation.

Petits et grands se laisseront séduire par ce délicieux musée.

En quittant Josselin et en revenant sur Ploërmel, vous vous arrêterez à la Chapelle-Caro au :

Château du Crévy

56460 La Chapelle-Caro - Tél. : 97 74 91 95

Ouvert du 1er juillet au 15 septembre tous les jours de 10 h à 12 h et de 14 h à 18 h 30 ; en juin tous les jours de 14 h à 18 h 30 ; du 1er avril au 31 mai et du 16 septembre au 11 novembre les mercredis, samedis et dimanches de 14 h à 18 h 30.
La visite est guidée et dure 1 h 20.

Ce château abrite dans douze pièces décorées plus de cent costumes de 1730 à 1930.

De Ploërmel, vous regagnez Rennes en longeant **la forêt de Paimpont, célèbre forêt de Brocéliande où Merlin rencontra la fée Viviane et où les chevaliers de la Table Ronde, compagnons du roi Arthur, errèrent à la recherche du Saint-Graal** (vase contenant le sang du Christ).

De Vannes au parc régional de la Brière

La N 166 et la D 775 vous conduisent à Questembert, et la D 777 à Rochefort-en-Terre.

Rochefort-en-Terre n'a rien de particulier à montrer aux enfants mais le village est si fleuri et ressemble à un décor d'opérette.

De Rochefort vous irez par la D 313 à **Malansac** voir le parc de la Préhistoire.

Parc de la Préhistoire

56220 Malansac - Tél. : 97 43 34 17

Ouvert tous les jours de 10 h à 18 h du 1er avril au 11 novembre.

Ce parc vous invite à suivre l'évolution de l'homme depuis les hommes du paléolithique vivant de chasse et de pêche jusqu'aux hommes du néolithique, ceux qui dressaient les menhirs. Des tableaux répartis dans le parc mettent en scène ces hommes dans leurs activités diverses.
De nouvelles scènes présentent des dinosaures, grandeur nature.
L'endroit est étrange avec ses gouffres aux eaux vert émeraude. (Ce sont des puits à ciel ouvert d'anciennes carrières d'ardoise.)

De Malansac, vous prendrez la route de La Roche-Bernard et, à l'intersection avec la D 20, vous tournerez à gauche ; à **Péaule**, vous verrez indiqué le zoo de Branféré.

Parc de Branféré

56190 Le Guerno - Tél. : 97 42 94 66

 Ouvert tous les jours de 9 h à 12 h et de 14 h à 18 h 30 (17 h 30 de novembre à février) et sans interruption de 9 h à 20 h du 1er avril au 15 septembre (fermeture des guichets à 18 h 30).

Dans un parc de 50 hectares entourant le château de Branféré et planté de beaux arbres exotiques s'ébattent en liberté oiseaux et mammifères. Vous verrez des espèces devenues très rares : des maras, des ibis sacrés, des oies céréops...

Gagnez maintenant La Roche-Bernard puis Herbignac par la D 774. À Herbignac, vous prendrez d'abord la direction de La Chapelle-des-Marais et vous serez alors au cœur du **Parc régional de Brière**.

La Brière est un grand marais sauvage. Il se présente comme une mosaïque de canaux (les curées), de plans d'eau peu profonds (les piardes), de roselières et de prairies inondées. Les oiseaux y sont nombreux et la plupart des espèces de poissons d'eau douce peuplent les eaux des marais.

Faites une **promenade en chaland** dans les piardes (tout au long de la route qui traverse la Brière, vous trouverez des « promeneurs », environ 20 à 30 F la promenade). Même les enfants se laisseront séduire par le charme de ces paysages ; ils regarderont les roselières onduler au vent, guetteront les sarcelles ou les poules d'eau et rencontreront, avec un peu de chance, un ragondin.

À 10 km de La Chapelle-des-Marais, sur la D 50 s'étend le Parc animalier.

Parc Animalier

44550 Saint-Malo-de-Guersac - Tél. : 40 91 17 80

 Ouvert du 1er mai au 31 octobre et pendant les vacances de Pâques de 9 h à 18 h.

La promenade dans cette réserve est un peu décevante : vous verrez surtout des vaches et des moutons.

Juste à l'entrée du parc se trouve la Maison de l'éclusier.

Maison de l'Éclusier

44550 Saint-Malo-de-Guersac - Tél. : 40 91 17 80

 Ouvert du 1er juin au 30 septembre de 10 h à 12 h 30 et de 15 h à 19 h.

Un petit musée sur la flore, la faune et les activités traditionnelles de la région.

Juste à côté de Saint-Lyphard sur la D 51 se trouve le plus adorable des villages.

 KERHINET

« Tout était petit, petit dans ce village-là... » Les chaumières sont recouvertes de chaume, les portes et les volets sont joliment peints en bleu du ciel, les hortensias poussent devant les maisons et les canards se promènent comme chez eux sans être dérangés par les voitures.

Un petit musée sur l'habitat et les coutumes de la Brière a été aménagé dans une des chaumières. (Ouvert du 1er juin au 30 septembre de 10 h à 12 h 30 et de 15 h à 19 h).

Vous poursuivrez la D 51 jusqu'à Guérande puis vous vous rendrez au **Croisic**, un port actif où vous visiterez l'aquarium.

Océanarium

av. de St-Goustan 44490 Le Croisic - Tél. : 40 23 02 44

 Ouvert tous les jours de toute l'année : en été, de 10 h à 22 h et hors saison de 10 h à 12 h et de 14 h à 18 h 30.

Quelle joie de visiter un aquarium tout neuf ! Vous saurez tout après cette visite sur les poissons et crustacés de l'Atlantique. Vous franchirez un tunnel sous 300 000 litres d'eau de mer, ferez ami-ami avec les poissons dans le bassin de contact et sympathiserez avec une colonie de manchots.

En quittant Le Croisic, profitez de la belle plage de **La Baule**, puis, par la D 92, vous vous rendrez à **Saint-Nazaire** où vous visiterez le sous-marin « Espadon ».

Écomusée de Saint-Nazaire

Avenue de Saint-Hubert 44600 Saint-Nazaire - Tél. : 40 22 35 33

 Ouvert tous les jours de 9 h 30 à 18 h 30 du 1er juin au 30 septembre et tous les jours (sauf le mardi) de 10 h à 12 h et de 14 h à 18 h de septembre à juin. Réservation conseillée pour la visite du sous-marin.

La visite de l'Écomusée vous entraîne à la découverte de la légende des hommes qui ont construit les plus grands paquebots du monde.

De nombreuses animations permettent de saisir la fabuleuse histoire de la navale.

Embarquez à bord du sous-marin *Espadon*, afin d'imaginer la vie des marins dans la salle des torpilles, des machines, des dortoirs.

Avant de quitter Saint-Nazaire vous irez voir, à la sortie de la ville, le plus long pont à haubans d'Europe. Puis par la N 171 et N 165, vous gagnez **Nantes**.

our à tour nonchalante et violente, la Loire trace l'itinéraire de ce circuit. Elle coule à travers l'Orléanais, riche terroir bordé des forêts de Sologne, la Touraine, le jardin de la France, le doux Anjou, pays des fleurs et de la vigne, et le pays nantais appartenant déjà un peu à la Bretagne. Jalonnée de châteaux, cette vallée de la Loire mêle avec bonheur l'art et l'histoire dans des paysages riants et variés. Les enfants feront un beau voyage dans le passé, visitant les châteaux plus particulièrement aménagés à leur intention et admirant les reconstitutions historiques des son et lumière.

181

Parc des Naudières

Musée Jules-Verne
Musée d'histoire naturelle
Musée Naval Maillé-Brézé
Zoo de la Châtaigneraie

Parc de Loisirs du Lac de Maine

Parc Zoologique de Doué-la-Fontaine

Château de Saumur
Cadre Noir

Centrale nucléaire

Château d'Ussé

Historial de Touraine
Aquarium Tropical

Manoir du Clos-Lucé
Musée de la Poste

Château de Chenonceaux

Parc Ornithologique

Château de Valençay

A 11

Angers

MAINE & LOIRE

La Loire

LOIRE - ATLANTIQUE

Nantes

Saumur

Sautron

Doué-la-Fontaine

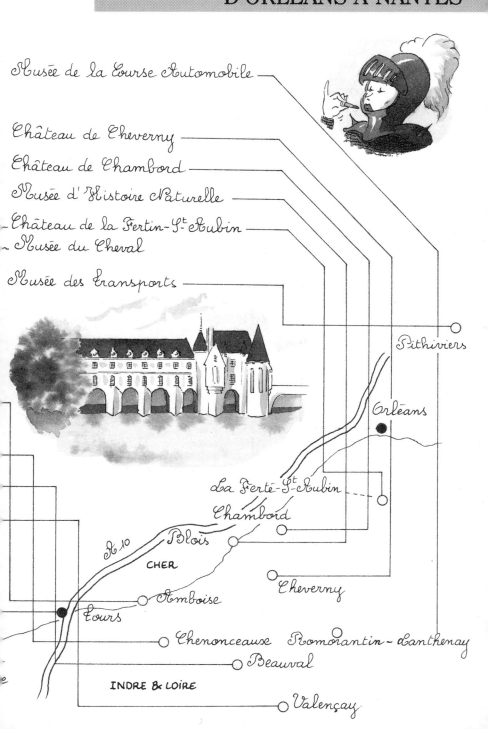

LA VALLÉE DE LA LOIRE
D'ORLÉANS À NANTES

Musée de la Course Automobile

Château de Cheverny
Château de Chambord
Musée d'Histoire Naturelle
Château de la Fertin-St Aubin
Musée du Cheval

Musée des Transports

Pithiviers

Orléans

La Ferté-St Aubin

Chambord

H.10 Blois

CHER

Amboise

Tours

Chenonceaux Romorantin-Lanthenay

Beauval

INDRE & LOIRE

Cheverny

Valençay

LA VALLÉE DE LA LOIRE D'ORLÉANS À NANTES

Vous suivrez la Loire d'Orléans à Nantes, ne lui faisant qu'une infidélité avec le Cher.

Vous parviendrez à Orléans par l'autoroute A 10, ou bien vous arriverez (A 6 et N 152) par **Pithiviers**, où est installé un musée des Transports.

Musée des Transports

Situé à 200 m de la gare 45300 Pithiviers - Tél. : 38 30 50 02 (O.T.)

 Ouvert les dimanches et jours fériés du 1er mai à la mi-octobre de 14 h 30 à 18 h.

La visite du musée inclut une exposition rétrospective des anciens chemins de fer (locomotives, tramways, autorails, voitures-salons...) et une promenade en train à vapeur sur un tronçon de 4 km.

ORLÉANS

Orléans est la « cité de Jeanne d'Arc ».

Le 7 mai 1429 Jeanne d'Arc faisait une entrée triomphale dans la ville délivrée des Anglais. Chaque année, des fêtes fastueuses commémorent cet événement.

Vous vous rendrez dans la maison Jacques Boucher (fidèlement reconstruite après les bombardements de 1940) où Jeanne fut logée en 1429 pendant la levée du siège de la ville et dans laquelle un musée a été aménagé.

Maison de Jeanne d'Arc

3, place de Gaulle 45000 Orléans - Tél. : 38 42 22 69

 Ouverte tous les jours du 1er mai au 31 octobre de 10 h à 12 h et de 14 h à 18 h ; du 1er novembre au 30 avril de 14 h à 18 h.

 pour les – de 16 ans

Les enfants prendront infiniment de plaisir à visiter ce remarquable petit musée constitué principalement de dioramas animés et sonores. Vous

184

verrez Jeanne victorieuse entrer dans Orléans en liesse ou la prise du fort des Tourelles le 7 mars 1429. Des costumes de l'époque et des panneaux explicatifs très clairs complètent la visite.

Un autre musée, très différent, plaira aux jeunes touristes : celui des Sciences naturelles.

Musée des Sciences Naturelles

2, rue Marcel-Proust 45000 Orléans - Tél. : 38 54 61 05

 Ouvert tous les après-midi de 14 h à 18 h. Fermé le samedi.

Des aquariums de poissons exotiques ou de faune française, un terrarium pour les reptiles et des dioramas dans lesquels sont présentés, dans leur décor, des animaux naturalisés.

De l'autre côté de la Loire, un nouvel Orléans est né, la ville moderne et aérée d'Orléans-la-Source. Vous irez tous vous promener dans son superbe parc.

Parc Floral

45000 Orléans-la-Source - Tél. : 38 49 30 00

 Ouvert tous les jours de 9 h à 18 h du 1er avril au 11 novembre.

  pour les enfants

Un petit train fait le tour du parc de mai au 15 septembre, tous les après-midi sauf vendredi ; en avril et du 15 septembre au 11 novembre les mercredis, samedis, dimanches et fêtes l'après-midi.

À pied, vous ferez une agréable promenade parmi des parterres de fleurs différents selon les saisons ; les enfants pourront jouer au golf miniature ou profiter des divers jeux qui leur sont proposés.

Avant de poursuivre votre promenade dans le val de Loire, empruntez la N 20 pour vous rendre au château de **La Ferté-Saint-Aubin**.

Château de La Ferté-Saint-Aubin
et Musée du Cheval

45240 La Ferté-Saint-Aubin - Tél. : 38 76 52 72

 Ouvert tous les jours de la mi-mars au 11 novembre de 10 h à 19 h.

Dans cet exceptionnel ensemble architectural du XVIIe siècle, vous aurez plusieurs visites à faire : celle du château, du parc animalier, de la ferme modèle et des grandes écuries.

La visite du château est sonorisée et vous permet de flâner de pièce en pièce en rencontrant, au gré de vos déplacements, des mannequins costumés.

Dans les cuisines du château, Marthe, la cuisinière, attend les enfants pour leur livrer ses secrets gourmands (compris dans le prix d'entrée, mais sur réservation).

Au cours de votre promenade dans le parc animalier, vous apercevrez des cerfs, des daims, des chevreuils, des mouflons de Corse... et, sur une petite île que l'on atteint par un petit pont en bois, les enfants découvriront une « maison enchantée » ; chaque pièce illustrant un conte de fées. Puis, dans la petite ferme modèle, les enfants approcheront des animaux familiers.

D'Orléans vous aurez le choix pour poursuivre votre route : soit vous reprenez l'A 10 pour **Blois**, soit vous suivez la rive gauche de la Loire afin de vous rendre à **Chambord**.

BLOIS

À Blois, les enfants seront peut-être plus intéressés par la visite du musée d'Histoire naturelle que par le château.

Musée d'Histoire Naturelle

« Les Jacobins », rue Anne-de-Bretagne 41000 Blois - Tél. : 54 74 13 89

 Ouvert tous les jours sauf lundi de 14 h à 18 h ; et de 9 h à 12 h et de 14 h à 17 h le mercredi et le samedi en juillet et août.

Petits et grands mammifères, oiseaux des étangs de Sologne, rapaces... sont présentés dans des dioramas. Le musée sera bientôt tout beau, tout neuf.

Mais le soir vous les emmènerez sans faute assister à la « pictoscénie » historique devant le château.

Son et Lumière au Château de Blois

Renseignement et réservations au 54 78 72 76.

 Représentations de mai à septembre.

Un mélange de tableaux projetés et de scènes vivantes couvrant la période historique allant de Jeanne d'Arc à Henri III.

CHAMBORD

Le château de François Ier surgit brusquement au détour de la route qui traverse le grand parc. Les enfants admireront de l'extérieur cette merveille de la Renaissance et apprécieront surtout le spectacle équestre présenté dans l'enceinte du château et le son et lumière.

Son et Lumière au Château de Chambord

41250 Chambord - Tél. : 54 20 34 86

 Représentations du début avril à la mi-mai et de la mi-septembre au début octobre, les vendredis, samedis, fêtes et veilles de fêtes ; tous les soirs de la fin juin à la mi-septembre.

Ils seront aussi tentés par une promenade en calèche dans le parc de Chambord, espérant rencontrer quelques biches dans cette forêt protégée. **Écuries du maréchal de Saxe** (tél. : 54 20 31 01).

 # Spectacle d'Art Équestre

41250 Chambord - Tél. : 54 20 31 01

 Représentations tous les week-ends de mai et juin et tous les jours en juillet et août à 11 h 45 et 17 h.

Une reprise de haute école en costumes Louis XV.

De là, rendez-vous à **Cheverny** pour assister à la **soupe des soixante-dix chiens de la meute.**

Château de Cheverny

41700 Cheverny - Tél. : 54 79 96 29

 Visite du chenil les lundis, mercredis, jeudis, vendredis de toute l'année de 10 h 30 à 12 h 30 et de 14 h 30 à 18 h 30.
Soupe des chiens : les après-midi à 15 h du 1er janvier au 31 mars et du 16 septembre au 31 décembre sauf mardis, samedis, dimanches et fêtes ; tous les jours à 17 h sauf dimanches et fêtes d'avril au 15 septembre.

Vous pourrez rester le soir pour le son et lumière sur le thème de la vénerie.
Représentations les trois derniers samedis de juillet et les trois premiers d'août à 22 h (durée 1 h 1/4).

De Cour-Cheverny, effectuez un crochet par **Contres** : vous ferez plaisir aux plus jeunes en les emmenant au château de Fresnes.

Château Enchanté

41700 Contres - Tél. : 54 79 53 55

 Tous les jours de 11 h à 19 h du 29 mars au 30 septembre ; samedis et dimanches en octobre.

Vingt-sept saynètes de marionnettes animées relatant la vie du château et de la région, des Vikings à nos jours. S'y ajoutent des présentations originales différentes chaque année.

Puis vous rejoindrez la D 765 conduisant à **Romorantin-Lanthenay**. Là, ce ne sont plus les voitures hippomobiles que vous irez voir, mais les bolides de course.

Musée de la Course Automobile

29, Faubourg-d'Orléans 41200 Romorantin-Lanthenay - Tél. : 54 76 07 06

 Ouvert toute l'année, tous les jours sauf le mardi et le dimanche matin de 10 h à 11 h 30 et de 14 h à 17 h 30.

Les garçons seront surtout intéressés par les dix-sept voitures de course, laissant les adultes se documenter sur l'évolution des techniques.

De Romorantin vous irez rejoindre la vallée du Cher mais, avant de descendre le long de cette rivière, faites une fugue dans le Berry.

 Fugue dans le Berry

À Selles-sur-Cher prenez la D 956.

Château de Valençay

36600 Valençay - Tél. : 54 00 10 66

 Ouvert tous les jours de 9 h à 12 h et de 14 h à 18 h de mars à novembre. Le parc est ouvert seulement les après-midi en hiver.

Vous admirerez le château Renaissance, habité par le prince de Talleyrand au début du XIXe siècle ; les garçons se précipiteront au musée

---

de Voitures anciennes (toutes en état de marche) ; et tout le monde fera une promenade dans le parc où vivent, dans un vaste enclos, quelques lamas, zèbres, kangourous... et un troupeau de daims de près de cent têtes.

Vous terminerez votre journée en assistant au :

Son et lumière Renseignements et réservations au 54 00 04 42

 Représentations les vendredis et samedis à 22 h ou 21 h 30 de la fin juillet à la fin août (durée 2 h).

Gagnez ensuite Saint-Aignan et, à 4 km au sud par la D 675, vous irez observer les oiseaux du Parc ornithologique de Beauval.

Zoo Parc de Beauval

41110 Saint-Aignan - Tél. : 54 75 05 56

 Ouvert tous les jours de la semaine de 9 h à la tombée de la nuit.

Aménagé au creux d'un vallon, ce parc est avant tout une ferme d'élevage d'espèces en voie de disparition ; mais vous découvrirez de superbes oiseaux exotiques dans de grandes volières et des canards de toutes sortes sur le lac.

Le parc poursuit son évolution et présente de plus en plus d'animaux : singes, panthères noires et mouchetées, jaguars, ours, lions et des tigres blancs uniques en France.

Continuez le long du Cher jusqu'à Montrichard, cette cité médiévale étalée au pied du promontoire où s'élève un donjon. Devant ce donjon a lieu en été un **Spectacle de Rapaces**. Renseignements au 54 32 01 16.

Votre étape suivante est **Chenonceaux.**

Château de Chenonceaux et Musée de Cire

37150 Chenonceaux - Tél. : 47 23 90 07

 Ouvert tous les jours : du 1er au 15 février et du 16 novembre au 31 décembre de 9 h à 12 h et de 14 h à 16 h 30 ; du 16 février au 28 février et du 1er au 15 novembre de 9 h à 17 h ; du 1er mars au 15 mars, du 16 septembre au 30 octobre de 9 h à 18 h ; du 16 mars au 15 septembre de 9 h à 19 h.

Enjambant harmonieusement le Cher, on a appelé ce château, « le château des femmes » : épouses légitimes, favorites, reines l'ont habité pendant quatre cents ans. Vous les rencontrerez dans le musée de Cire : Catherine de Briçonnet, la première occupante, celle qui fit construire le château (XVe siècle) ; la ravissante Diane de Poitiers, femme de tête et de goût, qui fit édifier le pont reliant le château à l'autre rive ; Catherine de Médicis, la reine, qui satisfit son penchant pour le faste en faisant tracer le parc, et contruire une galerie au-dessus du pont ; Louise de Lorraine, la Dame Blanche, qui y vécut toute sa vie après l'assassinat de son époux le roi Henri III ; Madame Dupin, propriétaire du château au XVIIIe siècle, amie des lettres, qui y reçut toutes les célébrités de l'époque et prit Jean-Jacques Rousseau comme précepteur pour son fils ; enfin, en 1864, Madame Pelouze, qui fit restaurer le château dans le goût du XIXe siècle.

Vous entendrez le soir évoquer leur souvenir au cours du :

Spectacle de son et lumière

Renseignements au 47 23 90 07

 Représentation les vendredi et dimanche de la Pentecôte et tous les soirs de juin à la fin septembre à 22 h et 22 h 45. (Durée : 3/4 d'heure.)

Après Chenonceaux, vous quitterez la vallée du Cher pour rejoindre la Loire à Amboise.

AMBOISE

Amboise est dominée par son château où vécurent Charles VIII et François Ier.

Un autre habitant contribua à la célébrité de la ville, « le plus grand génie de tous les temps » : Léonard de Vinci. Vous visiterez la maison, le Clos-Lucé, où il vécut les trois dernières années de sa vie.

Manoir du Clos-Lucé
et les fabuleuses machines
de Léonard de Vinci

37400 Amboise - Tél. : 47 57 00 73 ou 47 57 62 88

 Ouvert tous les jours de 9 h à 18 h de la mi-novembre à la mi-mars et jusqu'à 19 h le reste de l'année.

Vous allez découvrir l'extraordinaire collection de maquettes des fabuleuses machines conçues par Léonard de Vinci et réalisées scrupuleusement par IBM avec des matériaux de l'époque. Vous verrez : une lanterne magique (Léonard de Vinci avait déjà découvert le principe de la projection de la lumière à l'aide d'une loupe) ; un char d'assaut (un ensemble blindé sur quatre roues devant être entraîné par la force humaine ou animale et comportant des canons et une tourelle d'observation) ; une mitrailleuse, l'ancêtre du parachute, de l'aéroplane, de l'hélicoptère... Avec quatre siècles d'avance, ce précurseur stupéfiant avait fait quelques-unes des découvertes qui allaient marquer le XXe siècle.

Léonard de Vinci n'était pas que ce génial ingénieur, il était aussi le peintre à qui nous devons entre autres la célèbre **Joconde**, un sculpteur, un musicien, un poète, une force de la nature – il tordait un fer à cheval d'une seule main ! – et l'ami du roi François Ier. Un film retrace sa vie (malheureusement un peu long, 55 minutes, et projeté dans de mauvaises conditions : va-et-vient incessant des spectateurs et une déplorable qualité du son).

Au-dessus de la salle de projection, une exposition a été montée à l'usage des enfants avec des jeux et des devinettes sur la vie et l'œuvre de Léonard.

Vous aurez la chance le soir d'être invité à la cour du roy François pendant le spectacle son et lumière.

Son et Lumière
au Château d'Amboise

Tél. : 47 57 09 28 Rés. au 47 57 14 47

 Représentations les derniers mercredi et samedi de juin à 22 h 30, et les mercredis et samedis de juillet à 22 h 30 et d'août à 22 h. (Durée 1 h 30.)

Ne quittez pas Amboise sans passer par le musée de la Poste et la Maison Enchantée.

Musée de la Poste

Hôtel de Joyeuse, 6, rue Joyeuse 37400 Amboise - Tél. : 47 57 00 11

 Ouvert tous les jours, sauf lundi : du 1er avril au 30 septembre de 9 h 30 à 12 h et de 14 h à 18 h 30 et du 1er octobre au 30 mars : de 10 h à 12 h et de 14 h à 17 h. Fermé en janvier.

Dans une demeure du début du XVIe siècle, le musée fait revivre l'histoire de l'acheminement du courrier depuis la poste à chevaux avec les postillons et les relais jusqu'à la poste d'aujourd'hui.

Les bottes que portaient les postillons étaient de véritables carapaces, certaines pèsent plus de 3 kg. Elles servaient à protéger les jambes des frottements de chaînes et des coups de timon. Une fois à terre, le postillon devait les ôter immédiatement, car le moindre pas s'avérait impossible dans un tel carcan.

Dans la petite salle consacrée à Abel Gody, un des pionniers de la TSF, vous pourrez faire écouter aux enfants les premières émissions de radio.

Les 12-15 ans peuvent découvrir le musée guidés par des commentaires enregistrés sur baladeur.

La Maison Enchantée

7, rue du général Foy 37400 Amboise - Tél. : 47 23 24 50

 Ouvert tous les jours en juillet et août de 10 h à 19 h et de 14 h à 17 h 30 (fermé le lundi) les autres mois.

Trois cents personnages animés, répartis en 25 scènes, présentent des sujets variant de Charles Perrault à Jean Cocteau, de Léonard de Vinci au docteur Jekyll, du saloon western au bateau pirate... Le monde des automates reste pour chacun un monde magique.

Après Amboise, en direction de Tours, vous vous arrêterez à l'aquarium de **Lussault-sur-Loire**.

Aquarium de Touraine

37400 Lussault-sur-Loire - Tél. : 47 23 44 44

 Ouvert tous les jours du 1er avril au 30 septembre de 9 h à 19 h (nocturne jusqu'à 23 h en juillet et août) ; du 1er octobre au 31 mars de 10 h à 18 h.

Ce grand aquarium d'eau douce est tout nouveau. Dans de grands bacs à ciel ouvert évoluent quelque dix mille poissons : saumons de fontaine, esturgeons, brochets, ombres... Certains d'entre eux passeront même au-dessus de votre tête dans un tunnel contenant 800 tonnes d'eau.

TOURS

Tours est souvent le point de départ des excursions dans la région des châteaux, la ville elle-même mérite que l'on s'y arrête et propose plusieurs musées que les enfants auront plaisir à visiter.

Historial de la Touraine
Musée Grévin

Château royal, Quai d'Orléans 37000 Tours - Tél. : 45 61 02 95

 Ouvert les après-midi de 14 h à 17 h 30 du 15 novembre au 15 mars ; tous les jours de 9 h à 12 h et de 14 h à 18 h du 16 mars au 15 juin et du 16 septembre au 15 novembre ; tous les jours de 9 h à 19 h du 16 juin au 15 septembre.

C'est au château de Tours que Charles VII, le roi errant, installe sa première demeure ; il y trouve refuge avec son fils Louis XI. Ce même château abrite aujourd'hui un musée Grévin de Touraine.

De la période gallo-romaine à la Renaissance, du traité de l'Île d'Or au congrès de Tours, des rois, des reines, des guerriers, des médecins, des écrivains, des hommes politiques et le bon peuple de la province... cent soixante-cinq personnages font revivre en une vaste fresque toute l'histoire de la Touraine.

Ne manquez pas, avant de quitter le château, d'aller admirer les poissons de l'aquarium situé au rez-de-chaussée.

Aquarium

Château de Tours, quai d'Orléans 37000 Tours - Tél. : 47 64 29 52

 Ouvert tous les jours sauf le lundi matin : du 1er avril au 30 juin et du 1er septembre au 15 novembre de 9 h 30 à 12 h et de 14 h à 18 h ; du 1er juillet au 31 août de 9 h à 19 h ; du 16 novembre au 31 mars de 14 h à 18 h.

Les poissons sont présentés par continent et par espèce dans des décors de fonds sous-marins.

De nouveaux aquariums sont en cours d'aménagement.

Les jeunes touristes auront aussi beaucoup de plaisir à visiter le petit musée du Costume.

Musée du Costume

54, boulevard Béranger 37000 Tours - Tél. : 47 61 59 17

 Ouvert tous les jours sauf lundis, dimanches et jours fériés, de 9 h 30 à 11 h et de 14 h 30 à 17 h.

Visite guidée d'environ 1 heure (commentaires en fonction de l'âge des visiteurs).

Ce musée est autant l'histoire du costume que celui des poupées. Remarquablement vêtues, les petites « demoiselles » sont installées dans deux galeries et quatre salons.

Le monde du cirque fait l'objet d'un hommage particulier.

Vous quitterez Tours par la N 10 et avant de poursuivre votre cheminement le long du fleuve, vous irez jusqu'à Sainte-Maure-de-Touraine. Au **Château de Rohan** (tél. : 47 65 66 20), des personnages en costume recréent la vie telle qu'elle se déroulait au temps de la splendeur du château. Ouvert du 1er juillet au 30 août de 10 h à 11 h 15 et de 14 h 30 à 17 h.

Retournez sur vos pas jusqu'à **Joué-les-Tours** et prenez la D 7 qui vous conduira aux **grottes pétrifiantes de Savonnière.**

Grottes Pétrifiantes

37510 Savonnières - Tél. : 47 50 00 09

 Ouvertes tous les jours : en février et de la mi-novembre à la mi-décembre (sauf jeudi), en mars et du 1er octobre au 11 novembre, de 9 h à 12 h et de 14 h à 18 h ; tous les jours, du 1er avril au 30 septembre de 9 h à 19 h.

Vous visiterez des grottes avec de remarquables concrétions, des cascades pétrifiées et, près du lac, un musée de la pétrification et une reconstitution de la faune préhistorique : tanystropheus, diplodocus, le mystérieux rhamphorhynchus, tilosaurus, dimétrodon, etc.

Continuez la D 7 et arrivez à Lignières-de-Touraine, tournez à droite pour franchir la Loire et vous vous retrouvez à **Langeais.**

Château de Langeais

37130 Langeais - Tél. : 47 96 72 60

Ouvert tous les jours du 15 mars au 15 juillet et du 1er septembre au 2 novembre de 9 h à 18 h 30 ; du 3 novembre au 14 mars de 9 h à 12 h et de 14 h à 17 h ; du 16 juillet au 31 août de 9 h à 22 h.

Le mariage de Charles VIII et d'Anne de Bretagne fut célébré dans ce château en 1491. Une reconstitution extrêmement réaliste avec des mannequins habillés de costumes superbes fait revivre la cérémonie.

Vous retraverserez le fleuve, reprendrez la D 7 jusqu'au château de la Belle au bois dormant, **à Ussé**.

Château d'Ussé

Rigny-Ussé 37420 - Avoire - Tél. : 47 95 54 05

Ouvert du 15 février au 15 mars de 10 h à 12 h et de 14 h à 17 h ; du 16 mars à Pâques de 9 h à 12 h et de 14 h à 18 h ; de Pâques au 13 juillet de 9 h à 12 h et de 14 h à 18 h 30 ; du 14 juillet au 31 août de 9 h à 18 h 30 et du 26 septembre au 12 novembre de 10 h à 12 h et de 14 h à 17 h.

Le château, vu de l'extérieur, est digne des contes de fées et il invite au rêve. À l'intérieur, le rêve devient réalité car dans la tour du château vous verrez, toujours endormie, la Belle au bois dormant ; le Prince Charmant est là aussi, attendant son réveil ; la méchante fée marraine se cache heureusement dans une autre petite pièce.

Vous entrerez dans l'antre de la sorcière, ni cornus, ni corbeaux ne manquent au rendez-vous.

La visite suivante, réservée aux grands (plus de treize ans), vous changera bien d'atmosphère. Vous reviendrez aux temps modernes et vous vous projetterez même dans l'avenir en visitant la **centrale nucléaire d'Avoine**.

Centrale Nucléaire

37420 Avoine – Tél. : 47 98 97 07

 Visite de la Centrale en fonctionnement, tous les jours, sauf les week-ends et jours fériés ; visite de la « boule », tous les jours, sauf jours fériés. Il est nécessaire de téléphoner (du lundi au vendredi entre 8 h et 16 h) pour s'inscrire à l'avance.

Une pièce d'identité est exigée pour les adultes.
L'arrivée au centre d'information doit être prévue 1/4 d'heure avant le début de la visite.

La visite comprend : une information sur l'énergie nucléaire et son développement grâce à des explications et à l'aide d'audiovisuels ; un spectacle audiovisuel multi-écran rendant vivante l'histoire de l'électricité et celle de sa production ; la découverte des sites ; la visite de la « boule ».

La « boule » est la première centrale nucléaire française. Elle a aujourd'hui cessé de produire de l'électricité et est transformée en un centre d'information sur le fonctionnement d'une centrale électronucléaire avec un audiovisuel sur grand écran.

Sortant de la centrale, vous n'aurez qu'à traverser à nouveau la Loire pour prendre la N 152 pour **Saumur**.

SAUMUR

Saumur évoque tout de suite la célèbre école du Cadre Noir. Pour vous mettre dans l'ambiance équestre, vous irez visiter le musée du Cheval installé dans le château du roi René.

Château de Saumur

49400 Saumur - Tél. : 41 51 30 46

Musée du Cheval

 Ouvert de 9 h à 19 h : nocturnes en juillet et août, les mercredis et samedis de 19 h à 22 h.

Vous saurez tout sur l'évolution du cheval de la préhistoire à nos jours, sur l'histoire des harnachements et de la sellerie dans le monde et sur celle de la célèbre école.

Musée de la Figurine-Jouet
Tél. : 41 67 39 23

 Ouvert d'octobre à mars, le dimanche de 14 h à 18 h ; en avril, mai, juin et septembre de 10 h à 12 h 30 et de 14 h à 18 h ; du 1er juillet au 31 août de 10 h à 18 h.

Sur les remparts, dans une ancienne poudrière du château, ce musée rassemble 20 000 soldats miniatures de toutes factures et de tous sujets.

Le Cadre Noir est installé maintenant dans les bâtiments de l'École nationale d'équitation dans le bois de Terrefort.

Le Cadre Noir

49400 Saumur - Tél. : 41 50 21 35

 Les reprises de la célèbre école d'Équitation ont lieu de mars à septembre (réservations au 41 50 44 57) et des visites guidées de l'école ont lieu d'avril à fin septembre.

Si vous avez la chance de passer par Saumur le 4, le 5 juin ou le 14 juillet, ne ratez pas les soirées de Gala du Cadre Noir et, les 21 - 22 - 24 - 25 juillet, le Carrousel de l'École d'application de l'arme blindée et de la cavalerie.

Ne privez pas non plus les garçons de la visite du musée des Blindés.

Musée des Blindés

École d'application de l'arme blindée et de la cavalerie 49400 Saumur
Tél. : 41 53 06 99

 Ouvert tous les jours de 9 h à 12 h et de 14 h à 18 h.

Cent cinquante véhicules français et étrangers des chars de la guerre de 1914 aux chars modernes en passant par les Panzers allemands de la guerre de 1940.

Si vous aimez les musées insolites, allez voir, à 2 km au nord-ouest de Saumur, sur la rive gauche de la Loire, le musée du Champignon.

Musée du Champignon

« La Houssaye » 49400 Saint-Hilaire-Saint-Florent - Tél. : 41 50 31 55

 Ouvert tous les jours du 15 février au 15 novembre de 10 h à 19 h.

  dégustation de champignons

Dès le début du siècle, des galeries souterraines ont été utilisées pour cultiver les champignons dits de Paris. Dans ce musée, vous aurez l'explication des différentes façons de cultiver les champignons de couche : en meule, comme autrefois, ou en caisses comme aujourd'hui. Vous découvrirez plus de 200 espèces de champignons de forêt.

Dans le même bourg, un autre musée original :

Musée du Masque

rue de l'Abbaye 49400 Saint-Hilaire-Saint-Florent - Tél. : 41 50 75 26

 Ouvert tous les jours d'avril à octobre de 10 h à 13 h et de 14 h à 19 h ; les week-ends le reste de l'année.

Une collection de masques de 1870 à nos jours, présentée sur des mannequins costumés et mis en scène dans des décors et des éclairages spéciaux.

Vous prendrez ensuite la D 952 pour vous rendre à Angers.
Sur les bords du lac Maine, à l'ouest de la ville en direction de Nantes, une base de loisirs est aménagée : Base de Loisirs du lac Maine - Tél. : 41 22 32 22.
Et, à l'est de la ville, à Saint-Barthélemy, se trouve le **musée européen de la Communication**.

Musée Européen
de la Communication

Château de Pignerolle 49124 Angers Saint-Barthélemy - Tél. : 41 93 38 38

 Ouvert tous les jours sauf mardi (ouvert le mardi de juillet à novembre) du 1er avril au 1er juillet de 10 h à 12 h 30 et de 14 h à 18 h 30 ; tous les dimanches après-midi du 2 novembre au 31 mars.

Vous découvrirez dans ce château l'histoire de la communication entre les hommes, cette communication qui va du tam-tam au satellite.

Quittez Angers pour Nantes en prenant la N 23 si vous voulez faire un crochet par le zoo de la Châtaigneraie.

À Ancenis, vous prendrez la D 763 pour Saint-Laurent-des-Autels. **Vous pourrez visiter tout à côté le village des potiers du Fuilet** (renseignements au S.I. 41 70 90 21).
Puis vous continuerez jusqu'à **La Boissière-du-Doré.**

Zoo de la Châtaigneraie

44430 La Boissière-du-Doré - Tél. : 40 33 70 32

 Ouvert tous les jours du 1er avril au 1er octobre de 14 h à 18 h ; les week-ends et jours fériés et vacances scolaires du 2 octobre au 31 mars de 14 h à 17 h.

Les animaux semblent heureux dans ce joli bois de châtaigniers. Dromadaires, zèbres, yacks, jaguars, tigres, loups, ours bruns, etc., évoluent dans de vastes enclos sans grillages. Et sur une surface de trois hectares des singes magots vivent en liberté. Les enfants ont ainsi le plaisir de les côtoyer au cours de leur promenade.

De là, par la N 249 rendez-vous à **Nantes**, dernière étape de notre circuit le long de la Loire.

NANTES

À Nantes, vous serez aux portes de la Bretagne et à peu de kilomètres des grandes plages de Vendée. Vous aurez du mal à retenir les enfants le temps de visiter les quatre musées susceptibles de les intéresser.

Musée Jules-Verne

3, rue de l'Hermitage 44000 Nantes - Tél. : 40 69 72 52

Ouvert tous les jours sauf le mardi et le dimanche matin de 10 h à 12 h et de 14 h à 17 h. Fermé les jours fériés.

Vous entrez dans le salon du célèbre Nantais ; le maître de céans vient malheureusement de quitter la pièce. Peut-être est-il dans celle d'à côté : le royaume de l'espace et des voyages aériens, où l'on voit des ballons et le bateau-volant de Robur le Conquérant ?

Il n'est pas non plus dans ce projectile sur lequel ont été embarqués les héros du roman *De la terre à la lune* ?

Alors peut-être est-il à bord du *Nautilus* en train de déguster le curieux repas proposé par le capitaine Nemo à ses hôtes ?

Jules Verne n'est plus là, mais il a laissé ces lettres amusantes dans lesquelles il parle de la rédaction de *Vingt Mille Lieues sous les mers*. Et vous le retrouverez dans un petit film réalisé sur sa vie, et dans ses livres.

Un musée pas tout à fait comme les autres !

Musée de la Poste

10, boulevard A. Pageot 44000 Nantes - Tél. : 40 29 93 07

Ouvert du lundi au vendredi de 9 h à 12 h et de 14 h à 16 h 30.

Dans les locaux de la direction régionale des Postes, une rétrospective de la poste à travers les âges grâce à des maquettes, des costumes, du matériel, des souvenirs et un diaporama de 15 minutes.

Musée de la Poupée
et des Jouets anciens

39, boulevard Saint-Aignan 44100 Nantes - Tél. : 40 69 14 41

Ouvert les mercredis, jeudis, vendredis et samedis du 15 avril au 15 septembre de 14 h 30 à 17 h 30 et tous les jours sauf lundi, mardi et jours fériés du 15 octobre au 15 avril. Fermé du 15 septembre au 15 octobre.

Une collection particulière de poupées installées dans leurs meubles avec leurs bibelots et leurs accessoires : un grand salon, un cabinet de toilette…, ou occupées à leurs activités favorites : une séance de Guignol, la plage, le monde du travail, etc.

Musée d'Histoire Naturelle

12, rue Voltaire 44000 Nantes - Tél. : 40 73 30 03

 Ouvert tous les jours de la semaine sauf le lundi de 10 h à 12 h et de 14 h à 18 h et le dimanche de 14 h à 18 h, fermé les jours fériés.

Très bien rénové depuis peu, ce musée d'Histoire naturelle est à l'heure actuelle un des plus importants de France. Vous verrez un vivarium avec reptiles et amphibiens et quelques terrariums d'insectes, de vipères ou de couleuvres. Vous parcourrez des salles consacrées à la zoologie, à la faune régionale, à l'ethnographie, à la préhistoire…

Le mercredi, les enfants sont particulièrement bienvenus : des activités d'éveil scientifique et d'informatique leur sont proposées.

Peut-être au cours de vos déplacements aurez-vous remarqué, amarré le long de la Loire, un escorteur d'escadre. Les garçons seront ravis d'apprendre que l'on peut le visiter.

Musée Naval Maillé-Brézé

Quai de la Fosse - Tél. : 40 69 56 82 ou 40 69 57 15

Ouvert du 1er avril au 30 septembre tous les jours sauf le lundi de 14 h à 17 h et du 1er octobre au 31 mars les mercredis, samedis et dimanches de 14 h à 17 h.

Cet escorteur a déployé une activité importante en Atlantique et en Méditerranée pendant dix ans, puis fut transformé en bâtiment de lutte anti-sous-marine. Désarmé, il fut remorqué de Brest à Nantes et transformé en musée à flot. Vous pourrez monter et descendre des cales au poste de commande.

Avant de quitter la ville, ne manquez pas le rendez-vous avec les étoiles au Planétarium.

Planétarium

8, rue des Acadiens 44100 Nantes - Tél. : 40 73 99 23

 Séances tous les jours sauf les lundis, les dimanches matin et les jours fériés, à 10 h 30, 11 h 30, 14 h 15 et 15 h 15 (il est préférable d'arriver en avance).

À deux pas du musée Jules-Verne, vous ferez un voyage dans le ciel étoilé projeté sur le fond d'une coupole hémisphérique.

Voyage dans le temps et dans l'espace, observation des phénomènes célestes de n'importe quel point de la Terre et n'importe quel jour de l'année, découverte des saisons, des mouvements des planètes, de la Terre et de la Lune... Chaque jour une séance sur un thème différent.

Si, de Nantes, vous **gagnez la Bretagne** en passant par le parc régional de Brière, vous pourrez vous arrêter le long de l'A 821, 10 km après la sortie de Nantes, au **Parc des Naudières à Sautron**.

Parc des Naudières

44880 Sautron - Tél. : 40 63 21 05

 Ouvert tous les jours du 1er mai au 31 août de 10 h à 20 h ; et en avril et les quinze premiers jours de septembre de 8 h à 19 h.

Deux plans d'eau, des jeux divers, certains classiques, d'autres plus originaux dus à l'imagination des propriétaires.

Si, au contraire, vous partez vers les plages de l'Atlantique, alors nous vous retrouverons en **Vendée**.

L'image de la Vendée est pour beaucoup celle d'un pays de bocage semé de manoirs aux toits d'ardoises et coupé de chemins creux, ces petits sentiers qui ont tant servi la cause des chouans durant la Révolution.

Pour les enfants, la Vendée représente surtout les belles plages de sable fin où ils s'amuseront.

Safari Parc Africain ──────

Île de Noirmoutier ──────

Centre de Découverte du Marais Breton Vendéen ──────

Pépita Park ──────

Moulin à Vent de Rairé ──────

L'Atlantique Toboggan ──────

Jardin Zoologique ──────

Musée de l'Automobile ──────

Zoo du Parc de Californie ──────

Parc Zoologique du Gros Roc ──────

Parc Ornithologique ──────

Parc de Jeux ──────

Cinéscénie du Puy ──────

LA VENDÉE

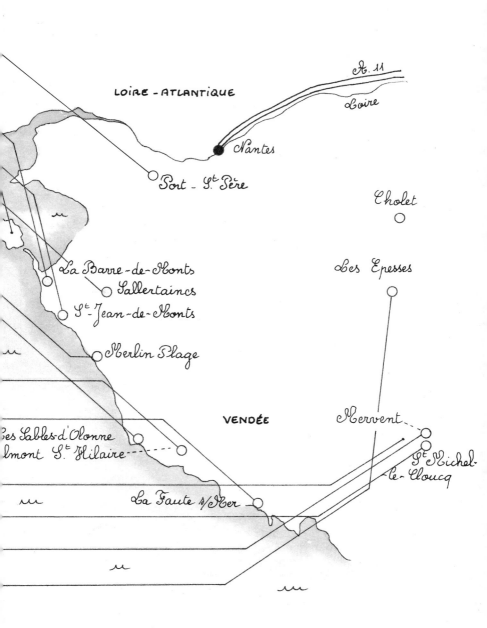

LA VENDÉE

Traversant le pays des monts et des îles, celui des Olonne et le bocage vendéen, vous partirez de Nantes pour vous retrouver à Cholet en passant par la côte atlantique.

Vous quittez Nantes et prenez la direction de Pornic, D 751, à Port-Saint-Père l'Afrique vous attend.

Safari Parc Africain

Port-Saint-Père 44710 - Tél. : 40 04 82 82

 Ouvert en saison de 10 h à 19 h et hors saison de 10 h à 18 h. Fermé du 15 novembre au 15 février.

Dernier-né des Safari parcs, celui-ci a particulièrement soigné le décor. Vous n'êtes plus en Loire-Atlantique, mais dans le pays Dogon ou dans les villages de brousse de Côte-d'Ivoire. Au volant de votre voiture, vous parcourez 10 km de piste passant à côté des lions et des tigres, regardant fuir les troupeaux de nilgauts et de zèbres, dérangeant les paisibles yacks, faites attention de ne pas vous faire arroser par les éléphants... À pied, vous regarderez évoluer les otaries dans un grand lac naturel ou vous irez caresser les petites chèvres.
En été, des groupes de folklore africain animent le village.

 ## L'île de Noirmoutier

L'île servit autrefois de repaire pour les pirates qui partaient faire des raids dans toute la région. De nombreuses légendes sont encore vivaces.
Vous trouverez des traces de cette histoire dans le musée du Château de Noirmoutier, au musée d'Art et Traditions de la Guérinière et dans le musée de la Construction navale de Noirmoutier-en-l'Île.

Musée du Château

Place d'Armes 85330 Noirmoutier-en-l'Île - Tél. : 51 39 10 42

 Ouvert du 1er février au 15 novembre : les horaires variant selon les mois, il est préférable de téléphoner avant de se déplacer.

Cette forteresse du XIIe siècle abrite des collections diverses : histoire naturelle (oiseaux, animaux marins), histoire (évocation des guerres de Vendée) et objets de marine. La très belle collection de faïences n'intéressera pas les enfants...

Musée de la Construction Navale

Rue de l'Écluse 85330 Noirmoutier-en-l'Île - Tél. : 51 39 24 00

 Ouvert du 1er avril au 15 novembre : les horaires variant selon les mois, il est préférable de téléphoner avant de se déplacer.

Aménagé dans une ancienne salorge (entrepôt à sel) transformée en chantier de construction navale, le musée présente les techniques de construction artisanale de bateaux de bois.

Musée des Arts et Traditions de l'Ile

Place de l'Église 85680 La Guérinière - Tél. : 51 39 41 39

 Ouvert du 1er février au 15 novembre : les horaires variant selon les mois, il est préférable de téléphoner avant de se déplacer.

Constitué grâce à la générosité des habitants, ce musée présente un panorama des activités, des traditions et du mode de vie des habitants.

Vous irez aussi, entre deux bains de mer, rendre visite aux poissons de l'aquarium.

Sealand-l'Aquarium

Le Vieux Port 85330 Noirmoutier-en-l'Île - Tél. : 51 39 08 11 et 51 39 05 21

 Ouvert tous les jours de 10 h à 12 h 30 et de 14 h à 19 h ; de 10 h à 20 h en juillet et août (jusqu'à 24 h du 10 juillet au 20 août).

Découvrez le monde fantastique de la faune et de la flore sous-marine au son d'une étrange musique.

Enfin, vous pourrez, à cœur joie, vous livrer aux plaisirs aquatiques dans la mer ou dans un parc aquatique.

Océanile

Site des Oudinières 85330 Noirmoutier-en-l'Île - Tél. : 51 35 91 35

 Ouvert du 15 avril au 15 septembre de 10 h à 19 h.

Si la mer est trop froide, vous aurez le plaisir ici de plonger dans une eau à 28°. Vous glisserez sur les toboggans, descendrez en criant de plaisir le torrent ou encore prendrez du bon temps dans la rivière lente.

De retour sur le continent allez un peu au sud de **La Barre-de-Monts** au :

Centre de Découverte du Marais Breton Vendéen

Le Daviaud 85550 La Barre-de-Monts - Tél. : 51 68 57 03

 Ouvert de juin à septembre, tous les jours (sauf lundi) de 10 h à 12 h et de 14 h à 18 h, le dimanche de 15 à 19 h ; du 1er juillet au 31 août, tous les jours (sauf lundi) de 10 h à 19 h, dimanche de 15 h à 19 h ; du 16 mars au 31 mai et du 1er octobre au 11 novembre, tous les jours (sauf lundi) de 10 h à 12 h et de 14 h à 18 h, le dimanche de 14 h à 18 h ; et pendant les vacances scolaires de Noël et février, tous les jours (sauf lundi) de 14 h à 17 h.

Au travers de deux exploitations agricoles, une métairie et une bourrine (construction en terre), vous découvrez l'histoire naturelle et humaine du Marais. Des animaux domestiques (ânes, vaches, moutons, porcs et volaille) sont élevés sur place et un marais salant est remis en activité. Des sentiers de découverte permettent de mieux connaître les différents milieux naturels : vasières, marais d'eau douce, d'eau saumâtre, etc.

Puis, vous longez la **forêt des Pays de Monts** jusqu'à **Saint-Jean-de-Monts.**

Pepita Park

85160 Saint-Jean-de-Monts - Tél. : 51 58 95 34

 Ouvert de juin à septembre de 11 h à 24 h (de 11 h à 19 h en septembre).

Personne n'est oublié dans ce sympathique luna-park : les grands descendent le toboggan géant et la rivière canadienne, se font peur dans la maison des fantômes et dans le voyage dans l'au-delà ; les petits s'amusent dans le village enchanté glissant sur les animaux-toboggans ou plongeant dans la piscine à boule. Et pour se rafraîchir, et se distraire aussi, une piscine et des toboggans aquatiques sont à votre disposition.

Si vous allez voir le pittoresque **marché aux canards de Challans** (D 753), faites un crochet par le moulin à vent de **Rairé.**

Moulin à Vent de Rairé

85300 Sallertaine - Tél. : 51 35 51 82

 Ouvert tous les jours en juillet et août de 10 h à 12 h et de 14 h à 18 h 30 ; la deuxième quinzaine de juin de 14 h à 18 h et la première de septembre de 14 h à 18 h ; et en avril, mai, juin : jours fériés et vacances scolaires.

Depuis 1560, le moulin de Rairé n'a pas cessé de tourner au vent.
    Passionné par son métier, le meunier vous guide à tous les étages de ce musée vivant, tout en surveillant la finesse de la farine et les caprices du vent.

Vous pourrez ensuite savourer le flan maraîchin, une brioche du pays.

Le long de la route entre Saint-Jean-de-Monts et Saint-Gilles-Croix-de-Vie vous faites encore quelques glissades à l'Atlantique Toboggan.

Atlantique Toboggan

Merlin Plage 85270 St-Hilaire-de-Riez - Tél. : 51 58 05 37

 Ouvert tous les jours de la fin mai au 15 septembre de 10 h à 19 h.

Dans un parc de sable planté de pins maritimes, cinq pistes de toboggans aquatiques et deux piscines chauffées attendent les baigneurs.

Continuez votre route jusqu'aux **Sables-d'Olonne**. Juste avant la célèbre station balnéaire les petits pourront s'amuser dans un sympathique jardin de jeux. **Olana Parc**, route de Challans 85340 Olonne-sur-Mer - Tél. : 51 33 12 45. Ouvert de Pâques à la Toussaint de 11 h à 19 h (tous les jours de la mi-juin à la mi-septembre et les week-ends seulement le reste du temps).

Aux Sables, lorsque vous quitterez la plage, vous irez vous promener au jardin zoologique.

Jardin Zoologique des Sables-d'Olonne

Le Puits d'Enfer, route du Tanchet 85100 Sables-d'Olonne - Tél. : 51 95 14 10

 Ouvert tous les jours du 1er mai au 15 septembre de 9 h 30 à 19 h, du 15 septembre au 1er novembre et du 15 février au 30 avril de 10 h 30 à 12 h et de 14 h à 18 h, du 1er novembre au 15 février de 14 h à 18 h.

Au bout du Remblai, près de l'école de voile, le jardin zoologique sera prétexte à une belle promenade sous d'immenses chênes verts. Vous y découvrirez des singes, des chameaux, des wallabies, des alpagas, des fauves et des oiseaux exotiques.

Par la D 949 rendez vous à **Talmont-Saint-Hilaire** au musée de l'Automobile.

Musée de l'Automobile

85440 Talmont-Saint-Hilaire - Tél. : 51 22 05 81

 Ouvert du 15 mars au 11 novembre de 9 h 30 à 12 h et de 14 h à 19 h.

Dans une gigantesque galerie de 2 250 m² sont alignées des voitures aux noms célèbres ou prestigieux : De Dion Bouton, Delaunay-Belleville, Hispano-Suiza, Bugatti... au total 45 marques pour 60 modèles différents. La collection commence avant 1900 pour s'achever aux années 60.

Continuez de descendre la côte jusqu'à **La Faute-sur-Mer**, un autre zoo, celui du parc de Californie, vous attend.

Ferme Ornithologique
du Parc de Californie

85460 La Faute-sur-Mer - Tél. : 51 27 10 48

 Ouvert tous les jours, de début mars à fin septembre de 9 h à 12 h 30 et de 14 h à 19 h 30.

Des oiseaux du monde entier : échassiers, flamants, grues, nandous, perruches et perroquets, oiseaux exotiques, canards d'ornement, etc., habitent cette ferme ornithologique installée en bordure d'une rivière.

Par la D 746 vous gagnerez la D 949 qui vous conduira à Fontenay-le-Comte. Vous pourrez contourner la ville et prendre la D 65 vers La Châtaigneraie par Mervent ; à 10 km de là, sur votre droite, vous verrez, juste en lisière de la **forêt de Mervent**, un parc zoologique.

Parc Zoologique du Gros Roc

85200 Mervent - Tél. : 51 00 22 54

 Ouvert tous les jours de l'année de 9 h à 19 h (18 h en hiver).

Un petit zoo familial, constitué un peu de bric et de broc, trois cent cinquante animaux allant des gros mammifères aux rapaces et perroquets. De belles panthères aussi et, plus rares dans les zoos, des chameaux et dromadaires broutent dans un grand pré.

Un peu plus loin sur la droite, la D 116 conduit à un petit parc ornithologique.

Parc Animalier

85200 Saint-Michel-le-Cloucq - Tél. : 51 69 02 55

 Ouvert d'avril à novembre de 9 h à la nuit.

En compagnie de daims et lamas, dans un paysage particulièrement agréable, une collection de plus de deux cents variétés d'oiseaux, des plus petites espèces exotiques à l'autruche.

Demi-tour, et cette même route conduit à Mervent, descente spectaculaire dans les sous-bois.

À Mervent, vous pourrez vous baigner dans le lac et prendre ensuite la direction de **Pierre-Brune** au cœur du massif forestier :

Parc de Pierre-Brune

85200 Mervent - Tél. : 51 00 20 18 et 51 00 25 53

 Ouvert de Pâques à la Toussaint de 14 h à 19 h et les week-ends de 10 h à 20 h.

Attractions variées : petit train sur rails - deux mini-golfs - bateaux tamponneurs - parcours botanique - bateaux téléguidés - plaine de jeux avec plus de 60 manèges. Un petit parc familial dans un site enchanteur.

Remontez maintenant vers le nord par La Châtaigneraie et par Pouzauges, gagnez **Les Épesses** (D 752).

Tout à côté, vous pourrez aller passer une journée extraordinaire au Puy du Fou et assister certains soirs d'été à un spectacle exceptionnel (réserver longtemps à l'avance).

Puy du Fou

85590 Les Épesses - Tél. : 51 64 11 11

La Cinéscénie Réservations obligatoires au 51 57 65 65.

Tous les vendredis et samedis du 5 juin au 4 septembre à 22 h.

750 acteurs et 50 cavaliers présentent une extraordinaire reconstitution historique.

Le Grand Parcours

Ouvert tous les dimanches et jours fériés en mai et du 1er juin au 12 septembre, tous les jours sauf lundi de 10 h à 19 h. Prévoir une visite d'au moins 4 heures.

 pour toutes les attractions pique-nique sur le parking

À pied, en yole ou à bord du petit train, le « Grand Parcours » déroule son itinéraire à ciel ouvert. Vous parcourez les siècles, arrêtant l'histoire où bon vous semble. Ici, c'est un village du XVIIIe où les artisans reprennent les gestes d'autrefois ; là, ce sont les joutes d'un spectacle équestre ; plus loin un fauconnier, son oiseau au poing, fait une démonstration de son art ; et partout des saltimbanques, en costume, présentent leurs tours d'adresse.

Enfin un film en trois dimensions permet de découvrir, en relief, une Vendée méconnue.

Cette Vendée, vous pouvez aussi la visiter à bord d'un vrai train à vapeur de la belle époque qui parcourt le bocage vendéen. L'histoire de la ligne est commentée pendant le voyage.

Des Herbiers, vous gagnerez Tiffauges (D 755 et D 9) où vous irez jouer à la guerre dans le **château de Barbe-Bleue.**

Château de Gilles de Rais

dit Barbe-Bleue

85130 Tiffauges - Tél. : 51 65 70 51

Ouvert tous les jours sauf mercredi en avril, mai, juin, septembre de 10 h à 12 h et de 14 h à 18 h et tous les jours en juillet et août de 10 h à 12 h et 14 h à 19 h.
Tirs des machines à 11 h, 15 h et 17 h en été.

Parvenus dans l'enceinte de la forteresse médiévale, vous vous trouverez au milieu d'un camp de siège avec des machines de guerre : bombarde, catapultes, arbalètes géantes, canons, bélier... Vous pourrez assister au tir de boulets et regarder des chevaliers en armure combattre à l'épée et mesurer leur adresse à l'arc et à l'arbalète.

Puis vous gagnez Cholet et prenez la direction de Doué-les-Fontaines (D 930). À Vihiers, vous tournerez à droite pour vous rendre aux Cerqueux-sous-Passavant où vous prendrez l'air de l'ouest américain, avant de rejoindre les grands fauves du zoo de **Doué-la-Fontaine**.

Bisonland

Château des Landes 49310 Les Cerqueux-sous-Passavant - Tél. : 41 59 58 02

 Ouvert tous les dimanches et jours fériés de 14 h 30 à 19 h et tous les jours de 10 h à 19 h du 1er juillet au 31 août.

Inutile de traverser l'océan pour vous croire en contrée indienne ! Ici, au château des Landes, vous verrez des bisons et un camp indien avec des tipis et grands chefs sioux.

Parc Zoologique

49700 Doué-la-Fontaine - Tél. : 41 59 18 58

 Ouvert tous les jours de 9 h à 19 h de début avril à fin septembre, et de 9 h à 12 h et de 14 h à 18 h le reste de l'année.

Installé dans d'anciennes carrières de pierre coquillère, le parc met à profit le rocher et la végétation naturelle pour l'aménagement du zoo. Les singes sont sur des îles, les parcs des fauves et des herbivores sont paysagers. D'une véritable hutte africaine, vous pourrez observer les lions de très près. Dans le vivarium, seuls quelques centimètres de verre vous sépareront d'un anaconda.

Une fois à Saumur, vous pourrez continuer votre promenade sur le **circuit de la Vallée de la Loire**.

L'Alsace est certainement une des régions de France les mieux préservées. Pays coquet, souriant, où les fleurs ornent chaque balcon, chaque fenêtre, et où les maisons n'hésitent pas à se parer des couleurs les plus franches, les murs bleu « France » ou fuchsia faisant ressortir les colombages et les enseignes imagées.

Les va-et-vient de l'histoire – donnant à l'Alsace tantôt la nationalité allemande, tantôt la nationalité française – ont peut-être contribué à rendre cette région encore plus attachante.

Les animaux se sont réunis en Alsace pour distraire la jeune classe, tous s'ingéniant à se montrer les plus habiles ou les plus malins.

L'ALSACE

217

Fantasialand

Nautiland

. Promenades en vedette
. Musée Alsacien
. Musée Zoologique
. Planétarium

. Parc des cigognes et de loisirs
. La montagne des singes
. Château du Haut-Koenigsbourg
. La volerie des aigles

. Centre de réintroduction des cigognes
. Spectacle d'animaux pêcheurs
. Serre à papillons exotiques vivants

Musée animé du Jouet et
des Petits Trains

Ecomusée d'Alsace

. Musée Français du chemin de fer
. Musée des sapeurs pompiers
. Parc Zoologique et Botanique

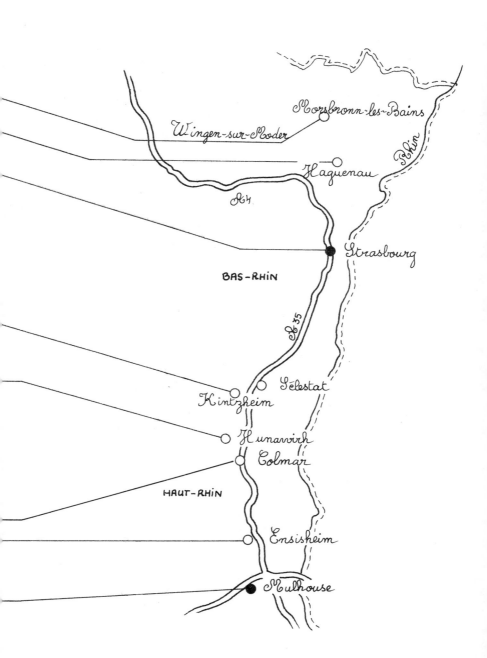

Morsbronn-les-Bains

Wingen-sur-Moder

Haguenau

A4

Strasbourg

BAS-RHIN

A 35

Sélestat

Kintzheim

Hunawihr

Colmar

HAUT-RHIN

Ensisheim

Mulhouse

L'ALSACE

**Vous avez pu atteindre l'Alsace en différents points :
en venant de Paris par l'autoroute A 4, celle qui passe
par Metz et le parc des Schtroumpfs, ou bien par
Colmar, en arrivant de Lorraine, et vous achèverez le
circuit à Mulhouse, en attendant de vous rendre en
Franche-Comté.**

Vous commencerez donc votre périple par les Vosges du Nord situées dans
le département du Bas-Rhin, puis vous traverserez le Haut-Rhin en empruntant la Route des vins.

Vous quittez l'autoroute A 4 à la sortie Sarre-Union et vous prenez la
direction de La Petite-Pierre. Avant d'arriver sur la route N 61, à la hauteur
de Berg, vous verrez sur votre gauche un petit parc de jeux : **Le Relais
de Kirchberg**, tél. : 88 00 60 19, vous pourrez vous arrêter le temps de
prendre une collation, et les petits iront faire de la balançoire, du toboggan,
du petit bateau-cygne ou du train.

Les attractions marchent avec des jetons ; le parc ouvre à partir du
printemps et ferme à 18 h 30.

Les paysages de cette région sont très beaux et **Petite-Pierre** est un charmant
village. Allez donc vous promener dans les belles forêts du parc naturel des
Vosges du nord. Vous aurez peut-être la chance de croiser le regard per-
çant d'une martre ou de faire fuir devant vous une harde de biches.

Renseignez-vous sur les activités proposées par la Maison du Parc (67290
Petite-Pierre - Tél. : 88 70 46 55) : randonnées à bicyclette, promenades à
cheval ou découverte de l'artisanat ou des traditions locales.

De La Petite-Pierre vous prendrez la D 28 vers Niederbronn-les-Bains et vous vous arrêterez en cours de trajet à **Offwiller** à :

La Maison du Village

67340 Offwiller - Tél. : 48 89 31 31 (Mairie)

 Ouverte tous les dimanches de juin, juillet, août et septembre de 14 h à 18 h.

Cette maison évoque le cadre de vie d'un petit paysan des Vosges du Nord au XIXe siècle. Les habitants d'Offwiller ont regroupé ustensiles, meubles, outils agricoles et artisanaux dans une maison typique datant de 1782. Vous pourrez ainsi mieux imaginer comment vivait une famille d'Alsaciens, vous verrez leurs habits et découvrirez leurs habitudes.

Cet arrêt n'aura pas été long et vous aurez encore peut-être le temps, avant de gagner Haguenau, de passer par le **petit parc** de **loisirs de Morsbronn-les-Bains.** (D 28 jusqu'à Woerth et D 27 en direction d'Haguenau.)

Fantasialand

67360 Morsbronn-les-Bains - Tél. : 88 09 39 96

 Ouvert de Pâques à début septembre, du mardi au dimanche de 10 h à 18 h ; les mercredis, samedis et dimanches de 10 h à 18 h en septembre.

Un certain nombre d'attractions amuseront surtout les petits : le train western, les promenades en radeau, une piste de luges, un circuit de vieux tacots, une chenille, un manège de cygnes, etc., et pour les plus grands : une rivière sauvage, un train de mines et un « cinéma 180 ».

En route pour Haguenau (D 27).

Haguenau procure détente et amusement aux enfants de tous âges grâce à son Nautiland situé en plein centre de la ville.

Nautiland

8, rue des Dominicains 67500 Haguenau -
Tél. : 88 73 49 59 - 88 73 51 51 (rép.)

Ouvert lundi, mardi, jeudi, vendredi de 12 h à 21 h, en été jusqu'à 22 h, samedi de 10 h à 24 h, dimanche de 9 h à 19 h.
Vacances scolaires : ouverture à 10 h (9 h le dimanche).

Le Nautiland offre l'exotisme et le sport : une végétation luxuriante entoure les bassins de natation ; un toboggan vous laisse descendre sur 63 mètres de long, les bains bouillonnants relaxent et la pataugeoire enchante les petits avec ses mini-toboggans et sa petite rivière.

Une fois essuyés, vous pouvez aller passer un petit moment au Musée alsacien.

Musée Alsacien

1, place Joseph-Thierry 67500 Haguenau - Tél. : 88 73 30 41

Ouvert toute l'année, sauf le mardi matin, de 8 h à 12 h et de 14 h à 18 h ; le samedi et dimanche de 14 h à 17 h.

Seuls les costumes locaux et la reconstitution d'un intérieur traditionnel, une maison de potier avec la cuisine, la salle de séjour et l'atelier retiendront brièvement l'attention des enfants.

Cette visite achevée, il ne vous reste plus qu'à prendre la route pour Strasbourg (32 km).

STRASBOURG

Strasbourg allie sans heurts le passé et l'avenir : siège du Conseil de l'Europe, elle conserve aussi tout le charme rétro de la Petite France.
Un circuit en minitrain donnera un bon aperçu de la ville.

Minitrain

Départ place de la Cathédrale.
Renseignements et réservations au 88 77 70 03

 Fonctionne d'avril au 1er novembre, départ toutes les demi-heures (promenade d'une heure).

On peut aussi faire une promenade en vedette sur la rivière Ill et dans la Petite France :

Promenade en vedette

Départ de l'embarcadère du Château des Rohan, place du Marché-aux-Poissons – Renseignements au 88 32 75 25

 Quatre départs par jour de novembre à la fin mars et toutes les 1/2 heures de 9 h 30 à 21 h du 30 mars au 29 octobre.
Flânerie nocturne sur l'Ill illuminée à 21 h 30 et 22 h du 1er mai au 1er octobre.

Et si le bateau vous semble la meilleure des distractions vous pourrez aussi visiter le port et vous promener sur le Rhin.

Promenade sur le Rhin

Départ : promenade Dauphine (place de l'Étoile)
Renseignements au 88 44 34 27

 Départ tous les jours à 14 h 30 de juillet au début septembre (durée : 3 heures).

N'oublions tout de même pas que Strasbourg c'est avant tout la **cathédrale**. De mai à septembre vous pourrez assister à un spectacle **son et lumière** et surtout à 12 h 15, vous irez voir **l'horloge astronomique** ; chef-d'œuvre mécanique, elle reste pour les enfants l'intérêt principal de la cathédrale.

223

Horloge Astronomique

Entrée par le portail sud, place du Château

 Ouvert à 12 h. Attention à la foule en été, prévoir de l'avance.

Tout d'abord on vous expliquera l'histoire et le fonctionnement de l'horloge puis à 12 h 30 elle sonnera et les apôtres défileront devant le Christ, puis le coq battra des ailes et chantera trois fois.

Il sera trop tard en sortant pour aller directement au Musée alsacien car il ferme entre 12 et 14 h !

Musée Alsacien

23, quai Saint-Nicolas 67000 Strasbourg - Tél. : 88 52 50 00

 Ouvert toute l'année, tous les jours sauf mardi de 10 h à 12 h et de 14 h à 18 h ; le dimanche de 10 h à 17 h.
Fermé le vendredi Saint, 1er mai, 1er novembre, 25 décembre et 1er janvier.

Il s'agit d'un musée d'art populaire aménagé dans trois pittoresques maisons : meubles, costumes, objets de fabrication artisanale témoignent de la vie dans les campagnes alsaciennes. Des salles sont consacrées à l'outillage agricole, viticole et artisanal ; y sont reconstitués : une forge, un atelier de menuiserie, une corderie, un atelier de fabrication de fleurs artificielles, une ancienne officine de pharmacie, une *stube* * ancienne d'Engwiller avec des mannequins.

Des personnages en costume sont visibles un peu partout dans le musée, comme par exemple une mariée, le *marcaire* **, le mineur de Sainte-Marie-aux-Mines, etc. Il y a aussi une salle consacrée aux jouets avec des poupées de toutes tailles, des plus sophistiquées aux plus simples, une cuisine miniature, des petites chambres de poupées strasbourgeoises du XVIIIe siècle, un marchand ambulant de poteries, un tout petit canon, des chevaux de bois, des jeux de l'oie, etc.

Bien sûr, comme dans tous les musées de traditions populaires, les enfants ne s'intéresseront pas à tout ce qu'ils verront, mais celui-ci est particulièrement bien fait, varié, et vivant.

* La stube est la pièce où se réunissait la famille.
** Le marcaire était un domestique chargé des étables et de la fromagerie.

Le Musée zoologique mérite également une visite :

Musée Zoologique
de l'Université Louis-Pasteur

29, boulevard de la Victoire 67000 Strasbourg - Tél. : 88 35 85 35

 Ouvert tous les jours, sauf mardi, de 10 h à 12 h et de 14 h à 18 h ; le dimanche de 10 h à 17 h.

Le musée zoologique possède une belle collection d'oiseaux, d'insectes, de tortues, de crocodiles, etc.

Les animaux sont exposés dans des vitrines décorées de fonds paysagers, ils ont l'air presque vivants !

Vous pourrez voir et écouter chanter en même temps tous les oiseaux d'Alsace.

Vous verrez peut-être pour la première fois des animaux disparus comme la cigogne noire ou le grand pingouin. Des ateliers d'initiation à la nature sont proposés aux enfants de 10 à 15 ans.

Allez maintenant à la découverte du cosmos, en vous rendant au planétarium.

Planétarium

Rue de l'Observatoire 67000 Strasbourg - Tél. : 88 21 20 44

 Les séances au Planétarium ont lieu du lundi au vendredi à 9 h 15 et 10 h 30 et 14 h 15 et 15 h 30 et les samedi et dimanche à 15 h 15 et 16 h 30. Réservations conseillées.

Se renseigner par téléphone sur la programmation des spectacles.

Vous ferez une visite guidée à travers les merveilles de l'univers astronomique : vous verrez la lunette de la grande coupole, l'installation « Météosat » vous fera découvrir l'image de la Terre vue de 36 000 km prise 90 minutes plus tôt, ou bien, grâce à l'ordinateur M05, vous pourrez contempler les constellations des hémisphères Nord et Sud.

Ce planétarium très dynamique à l'égard des enfants vaut vraiment la peine que l'on s'organise pour le visiter.

Des spectacles sont organisés pour tous les âges :

« En route pour les étoiles », un programme d'initiation à l'astronomie pour les enfants de 3 à 8 ans.

« Le petit Robot et les planètes » pour les 6 à 11 ans : le petit robot Spitz 512 propose un voyage à la découverte de toutes les planètes du système solaire.

« Poussières d'étoiles », une exploration du cadre spatial du cosmos et l'histoire de l'univers racontée à tous.

Enfin, avant de quitter cette belle ville, arrêtez-vous au :

Parc de l'Orangerie

En face du Conseil de l'Europe - Tél. : 88 61 62 88

 Ouvert toute l'année.

Un joli parc avec un lac et la possibilité de canoter, et un petit zoo où l'on peut voir entre autres des cigognes.

Puis allez vous baigner à l'Aquadrome.

Océade

Parc du Rhin - Tél. : 88 61 49 42

 Ouvert hors vacances scolaires les mardis de 14 h à 21 h, les mercredis, dimanches et jours fériés de 10 h à 19 h 30, les jeudis de 14 h à 19 h 30, les vendredis de 14 h à 22 h 30 et les samedis de 10 h à 22 h 30 ; pendant les vacances scolaires du lundi au jeudi de 10 h à 20 h, les vendredis et samedis de 10 h à 23 h et les dimanches et jours fériés de 10 h à 20 h.

Des toboggans, une rivière rapide, une piscine à vagues, etc., et des animations permanentes pendant les vacances scolaires.

Vous quittez Strasbourg pour prendre la direction de Colmar (A 35, puis N 83 et à nouveau A 35). Vous sortez à Sélestat et prenez la direction du Haut-Kœnigsbourg ; le long de la route (la D 159), à droite, est installé un petit parc de loisirs.

Parc des Cigognes et de Loisirs

67600 Kintzheim - Tél. : 88 92 05 94

 Ouvert tous les jours du 1er avril au 30 septembre de 10 h à 19 h.
En octobre et novembre, les mercredis, samedis et dimanches, de 10 h à 19 h.

Les enfants feront des petites promenades sur des poneys ou en charrettes, du golf miniature, du petit train, de la voiture électrique ou de la balançoire...

Ils verront des cigognes (malheureusement dans des enclos), et quelques chèvres naines du Sénégal, des émeus d'Australie, des lamas...

Ne tardez pas trop ! Si le soleil n'est pas encore au zénith, rendez-vous à la montagne des singes ; si l'après-midi s'annonce, allez à la volerie des aigles.

Vous n'aurez aucun mal à trouver l'un et l'autre car de nombreux panneaux vous les indiquent. Tous les deux se trouvent en direction du **Haut-Kœnigsbourg**.

Montagne des Singes

67600 Kintzheim - Tél. : 88 92 11 09

 Ouvert du 1er avril au 30 octobre, tous les jours de 10 h à 12 h et de 14 h à 18 h ou 19 h dimanches et jours fériés ; du 1er novembre au 11 novembre, les mercredis, samedis et dimanches.

Dans une belle forêt vosgienne d'une vingtaine d'hectares vivent environ 150 magots en totale liberté. Les visiteurs suivent un petit chemin, et les singes familiers n'hésitent pas à les approcher pour quémander inlassablement des pop-corns. Enfants et parents sont ravis de voir les petites mains s'avancer vers eux et les singes les regardent avec curiosité en grignotant leurs friandises. Certaines mamans guenons plus farouches portant leur petit sur le ventre s'avancent aussi, mais il vaut mieux ne pas trop les approcher car, jalouses, elles risqueraient d'être méchantes.

Ces singes sont des macaques de Barbarie ou magots. Hauts d'environ 60 cm, ils mangent des fruits, des feuilles et des tubercules ; leurs deux bajoues leur permettent d'emmagasiner une grande quantité d'aliments qu'ils pourront déguster un peu plus tard tranquillement... Une grande partie de leur journée se passe à la recherche de cette nourriture ; le reste du temps ils jouent ou s'épouillent (ce n'est qu'un signe de bonnes relations). La nuit ils se réfugient sur des arbres dortoirs, se groupant entre eux afin de se protéger des prédateurs. Curieusement, le magot, pourtant originaire du Maroc ou d'Algérie, supporte très bien le froid, et en hiver on le voit courir dans la neige vosgienne.

Vous pouvez maintenant soit continuer à monter et vous rendre au Haut-Kœnigsbourg, soit redescendre et vous arrêter à la volerie.

Château du Haut-Kœnigsbourg

67600 Orschwiller - Tél. : 88 92 11 46 et 88 82 50 60

 Ouvert du 1er juin au 30 septembre de 9 h à 18 h ; du 1er avril au 31 mai de 9 h à 12 h et de 13 h à 18 h (en mars et octobre fermeture à 17 h et 16 h de novembre au 28 février). Fermé du 5 janvier au 5 février.

La forteresse primitive construite au XIIe siècle fut détruite au XVe siècle, reconstruite peu après, puis incendiée pendant la guerre de Trente Ans, en 1618. À la fin du XIXe, l'empereur d'Allemagne, Guillaume II, décida de reconstruire le château.

Aujourd'hui les enfants auront plaisir à monter et à descendre les escaliers des tours et du donjon, à se promener sur les remparts, à s'imaginer preux chevaliers... Des ateliers sur la vie quotidienne au Moyen Âge ou sur l'architecture sont organisés pour les moins de 9 ans.

Volerie des Aigles

Château de Kintzheim 67600 Kintzheim
Tél. : 88 92 84 33

 Ouvert du 1er avril au 30 septembre tous les jours à partir de 14 h (deux ou trois démonstrations de vol, sauf par mauvais temps) ; du 1er octobre au 11 novembre, les mercredis, samedis et dimanches. Téléphoner pour avoir les horaires de la saison.

Installée autour des ruines du château médiéval de Kintzheim, la volerie abrite une grande variété de rapaces : vautours, serpentaires, aigles, faucons, condors, milans.

Les spectateurs fascinés regardent un grand aigle s'envoler, planer au-dessus de la campagne, se poser, repartir tel un grand voilier et, sans le moindre problème, reconnaître du haut du ciel son dresseur au milieu des spectateurs et descendre vers lui ; des vautours familiers marchent sur les jambes étendues des enfants du premier rang ; les faucons s'envolent à leur tour et attrapent à grande vitesse le leurre que leur lance le dresseur ; un petit vautour égyptien ou percnoptère fait preuve d'une astuce étonnante : mis en présence d'un œuf d'autruche (en plâtre ici mais réel au Kenya d'où il vient), il tente d'en casser la coquille extrêmement dure ; comme son bec n'est pas assez puissant, il cherche autour de lui une pierre et, la tenant comme il peut dans son bec, recule pour prendre un peu d'élan et heurte le plus violemment possible la coquille. Inlassablement, il recommence son geste, jusqu'à ce que la coquille cède.

Enfin un aigle vocifer, oiseau des fleuves et des lacs africains, repère de son perchoir un poisson nageant dans un petit bassin ; il descend d'un coup d'aile, attrape sa proie d'une patte et remonte déguster tranquillement le produit de sa pêche.

Un spectacle à la fois beau et étonnant. Un vrai plaisir pour tous.

La volerie est aussi un centre de reproduction et de recherche où quarante-cinq faucons et hybrides ont vu le jour, deux couples d'aigles royaux se sont reproduits, et trois jeunes aiglons volent maintenant en liberté ; un jeune condor est né, il vit à présent en totale liberté sur une des tours du château.

En redescendant à Kintzheim, prenez la D 35 vers **Ribeauvillé** et, tout de suite après ce délicieux village où vous pourrez voir sur une tour un nid de cigogne et peut-être la cigogne elle-même, vous arriverez à **Hunawihr** où de grandes réjouissances vous attendent.

Centre de Réintroduction des Cigognes

68150 Hunawihr - Tél. : 89 73 72 62

 Ouvert du 1er avril au 30 octobre de 10 h à 12 h et de 13 h 30 à 18 h (19 h en juillet et août).

 le matin

Une centaine de cigognes vivent et se reproduisent dans ce parc sauvage. Elles volent en toute liberté, se posent près des pièces d'eau où nagent des canards. Les petits cigogneaux sont chouchoutés, gardés au chaud dans des couveuses conçues exprès pour eux. Quel plaisir au printemps de voir tous les petits commencer leur vie dans le parc !

La cigogne est un grand échassier au bec et aux pattes rouges et aux ailes blanches bordées de noir ; en vol, celles-ci peuvent atteindre deux mètres d'envergure. La cigogne produit avec son bec un bruit de crécelle, on dit qu'elle claquette, craquette ou glotore. La cigogne est un oiseau migrateur, elle avait coutume de partir passer l'hiver en Afrique, au Mali par exemple et, fidèle, elle revenait au printemps en Alsace.

Mais l'espèce s'est raréfiée, victime des fils à haute tension, des chasseurs et des insecticides puissants : des 145 couples recensés en 1960, il n'en restait plus que deux en 1982.

Le symbole de l'Alsace avait disparu. Pour empêcher que les cigognes ne partent il a fallu annihiler leur instinct migratoire. Le manque de nourriture en hiver les contraignant à partir, une nourriture très riche en calories est désormais à leur disposition dans le parc et des enclos chauffés ont été aménagés. Elles semblent s'acclimater sans problème et, à l'âge de trois ans, ont définitivement perdu leur instinct migratoire. La difficulté est de les empêcher de s'envoler lorsque vient l'hiver ; trois moyens sont utilisés : la mise en cage, l'immobilisation d'une aile par une bague ou la coupe des plumes d'une aile ; à Hunawihr, on a opté pour la coupe des plumes d'une aile, mais cette technique n'étant pas satisfaisante, on a décidé de construire une immense volière : un hectare de terrain sera isolé par un vaste filet passant au-dessus des arbres.

Aujourd'hui déjà, la plupart des cigognes que l'on voit en Alsace proviennent de ce parc.

L'après-midi, vous aurez la bonne surprise de pouvoir assister à un spectacle d'animaux pêcheurs.

230

Spectacle d'Animaux Pêcheurs

68150 Hunawihr - Tél. : 89 73 72 62

 Spectacles plusieurs fois par jour, téléphoner pour avoir les horaires de la saison.

 entrée du parc
+ spectacle d'animaux pêcheurs

Les gradins entourent un aquarium géant de 250 000 litres, où se déroule un spectacle original : quelques poissons sont lâchés dans l'eau ; un cormoran apparaît, plonge et, telle une fusée, pêche et avale son poisson en quelques secondes. Cet oiseau plonge couramment jusqu'à 7 mètres de profondeur, et exceptionnellement jusqu'à 20 mètres, il peut rester immergé environ une minute mais doit sortir assez souvent pour sécher ses plumes. Un peu plus tard, ce même cormoran pêche une anguille et il a beaucoup de mal à la porter à son bec car l'animal se débat. Une fois qu'il a totalement introduit l'anguille dans son gosier, il doit à nouveau dépenser beaucoup d'énergie pour l'avaler, car il suffit d'un rien pour que l'anguille ressorte en pleine forme.

Une loutre, se dirigeant avec sa queue, attrape aussi les poissons et, en quelques instants, elle déchiquette sa proie avec ses dents puissantes. La loutre est devenue un animal rare. Son emploi du temps se déroule suivant un rythme très précis : elle joue la nuit, dort le matin et pêche l'après-midi. Pour communiquer, elle émet des miaulements. Très agile, elle se déplace moitié en marchant, moitié en rampant à une vitesse étonnante : elle sait aussi se dresser très droite sur ses petites pattes et prendre ainsi des postures presque humaines. Vous les verrez entre elles dans l'élevage tout récemment créé.

S'il vous reste du temps, sur le même terre-plein que le parking du parc se trouve une serre à papillons.

Serre à Papillons Exotiques Vivants

68150 Hunawihr - Tél. : 89 73 69 58

 Ouvert du 1er avril au 31 octobre de 10 h à 12 h et de 13 h 30 à 18 h ou 19 h en été.

S'il existe 140 000 espèces différentes de papillons dans le monde, vous verrez déjà ici un grand nombre de papillons de toutes les tailles et de toutes les couleurs, en provenance d'Amérique, d'Afrique et d'Asie ; ils volettent parmi une flore luxuriante pour le plus grand plaisir des yeux.

L'enfant découvre le cycle complet de la vie d'un papillon et assiste à la naissance de dizaines d'entre eux. Il apprend qu'un papillon vit en moyenne dix à quinze jours dans une serre et beaucoup moins dans la nature, où il est détruit par les prédateurs.

D'Hunawihr vous ne ferez qu'un saut de puce pour vous retrouver à **Riquewihr**. Tel un décor de théâtre avec ses enseignes et ses maisons de toutes les couleurs, le village vaut un arrêt et une visite au musée de la Poste.

Musée d'Histoire des P.T.T. d'Alsace

Château des Princes de Wurtemberg-Montbéliard,
68340 Riquewihr - Tél. : 89 47 93 80

 Ouvert du 4 avril au 11 novembre de 10 h à 12 h et de 14 h à 18 h sauf le mardi ; en juillet et août tous les jours de 10 h à 18 h.

Les souvenirs de la poste et des télécommunications en Alsace ; manuscrits, mannequins, maquettes, objets divers, photos retracent l'histoire de la poste. On peut y voir les premiers téléphones, une partie d'un central téléphonique, d'anciens appareils de TSF.

À côté du musée de la Poste a été récemment aménagé un **Musée de la Diligence** 6, rue des Écuries Seigneuriales - Tél. : 89 47 93 80. Mêmes horaires que le musée de la Poste. Vous y verrez une collection de véhicules hippomobiles utilisés pour le transport de la Poste et des Messageries depuis le XVIIIe siècle jusqu'au XXe siècle.

Pour se faire peur on peut vite aller au **Musée de la Tour des voleurs**, rue des Juifs 68340 Riquewihr - Tél. : 89 47 92 15 ou 89 47 80 80 (O.T.). Ouvert tous les jours de Pâques au 1er novembre de 9 h à 12 h et de 13 h 30 à 18 h. Une vraie chambre de torture, avec un appareil à « estrapade » et l'oubliette où l'on « oubliait » les prisonniers.

Attention ! Les gravures représentant les différentes tortures sont assez impressionnantes.

La ravissante ville de **Colmar** mérite une promenade sur la place du Marché-aux-Fruits, dans le quartier des tanneurs ou dans la Petite Venise où se trouve le muséum d'Histoire naturelle.

Muséum d'Histoire Naturelle

11, rue de Turenne 68000 Colmar - Tél. : 89 23 84 15

 Ouvert du 1er mars au 31 décembre, tous les jours sauf mardi de 10 h à 12 h et de 14 h à 17 h ; le dimanche de 14 h à 18 h.

La faune d'Alsace est présentée dans des dioramas très joliment décorés. La salle égyptienne, avec ses momies, les collections ethnographiques, les costumes, les sagaies et le grand Tiki, captivera les jeunes.

Un tout nouveau musée réjouira les enfants.

Musée Animé du Jouet
et des Petits Trains

40, rue Vauban 68000 Colmar - Tél. : 89 41 93 10

 Ouvert tous les jours (sauf mardi) de 10 h à 12 h et de 14 h à 18 h.

Aménagé sur plusieurs niveaux dans un ancien cinéma, le musée rassemble la collection de Georges Trincot. Vous verrez des poupées, des autos, des avions..., des automates comme le « Petit théâtre », un spectacle de marionnettes animées, et des petits trains circulant simultanément sur une dizaine de voies.

 Fugue au pied du Mont-Sainte-Odile à Ottrott.

Les Naïades

Route de Klingenthal 67530 Ottrott - Tél. : 88 95 90 32

 Ouvert tous les jours de 9 h 30 à 18 h 30.

Un musée vivant qui présente faune et flore aquatiques en fonction du cycle de l'eau. Trois mille poissons exotiques, des tortues, des crocodiles, des cascades de plantes... Une promenade dans le monde du silence.

De Colmar par la N 83 partez en direction de Mulhouse. Au bout d'une trentaine de kilomètres, vous prendrez sur votre gauche la D 430 vers **Bollwiller** où se trouve le musée alsacien de plein air.

Écomusée d'Alsace

68190 Ungersheim - Tél. : 89 74 44 74
(attention l'adresse ne correspond pas à la situation – nombreux panneaux indicateurs)

 Ouvert tous les jours en novembre, décembre, janvier, février, mars de 11 h à 17 h ; en avril, mai, octobre de 10 h à 18 h ; et en juin, juillet, août et septembre de 9 h à 19 h.

Un musée vivant où il fait bon se promener : un véritable village alsacien a été reconstitué, les vieilles maisons typiques condamnées à la démolition ont été transportées pierre par pierre et remontées ici. L'écurie a son vrai cheval, le sabotier fait ses sabots avec amour et passion, une boulangerie artisanale fournit kouglof et pain cuit au feu de bois, le moulin à huile fonctionne pour de vrai.

On peut aussi embarquer sur la barque du pêcheur pour découvrir le milieu sauvage dans lequel les pêcheurs professionnels prélevaient poissons et écrevisses.

Aux animations quotidiennes se rajoutent les journées à thèmes, épousant le cycle des saisons.

Un théâtre permet de retrouver les formes traditionnelles de spectacle, les marionnettes foraines par exemple. Et un manège fera tourner les nostalgiques des carrousels anciens.

L'Écomusée est à la fois une promenade dans la belle Alsace et une exceptionnelle balade dans le temps.

Reprenez maintenant votre chemin pour **Mulhouse**.

MULHOUSE

Mulhouse est une ville importante, dynamique, très tournée vers l'Europe. Le nombre de ses musées est impressionnant et leur originalité est frappante : vous trouverez un musée de l'Impression sur étoffes, un musée du Chemin de fer et des Sapeurs-Pompiers, un musée sur l'Électricité, un musée de l'Automobile.

Vous emmènerez tout de suite les grands et les passionnés de trains électriques au musée français du Chemin de fer.

 # Musée Français du Chemin de Fer

2, rue Glehn 68100 Mulhouse - Tél. : 89 42 25 67

 (Attention ! Ce musée est à l'une des extrémités de la ville ; quoique fort bien indiqué, il faut prévoir du temps pour le trouver.)
Ouvert d'avril à fin septembre de 9 h à 18 h et d'octobre à fin mars de 9 h à 17 h. Fermé les lundis du 1er novembre à la fin février.

Un musée surprenant : dans un immense hall et sur 1 350 m de rails sont rassemblés locomotives à vapeur ou électriques, voitures historiques ou de prestige, wagons divers...

Un « musée-express » vient d'être créé. Cet espace d'exploration est composé de jeux, de maquettes, de panneaux et de manipulations. Trente et un thèmes autour de l'univers du chemin de fer sont développés dans l'exposition.

Juste à côté :

Musée des Sapeurs-Pompiers

Même adresse que le musée des Chemins de fer

 Mêmes horaires et billet couplé avec le musée des Chemins de fer.

Quel enfant n'a pas rêvé au moins une fois dans sa vie d'être pompier ? Ce musée devrait plaire aux jeunes visiteurs, avec ses vieilles voitures bien rouges et bien briquées, ses lances d'incendie et ses casques... On regrette de ne pas trouver un de ces nouveaux monstres d'aujourd'hui dont on pourrait escalader la grande échelle.

Juste en face, le musée de l'énergie électrique attend les plus grands.

Electropolis

55, rue du Pâturage 68000 Mulhouse - Tél. : 89 32 48 60

 Ouvert du mardi au dimanche de 10 h à 18 h.

Détrompez-vous, l'énergie électrique n'est pas un sujet trop difficile pour vous. Grâce à des musées comme celui-là, vous allez comprendre beaucoup de choses.

En vous amusant, vous aurez la possibilité de vous familiariser avec votre environnement. Une maquette animée, longue de 80 mètres, vous expliquera l'utilisation et la production de l'électricité. Vous expérimenterez vous-même la magie de l'électricité. Vous laisserez les images et les sons se bousculer pour retracer la grande fresque historique de l'électricité. Et vous verrez toujours en fonctionnement une machine centenaire, toujours « branchée ».

Pas vraiment loin de là mais assez difficile à atteindre, un musée de l'Automobile.

Musée National de l'Automobile

192, avenue de Colmar 68100 Mulhouse - Tél. : 89 42 29 17

 Ouvert de 10 h à 18 h tous les jours sauf le mardi du 1er octobre au 30 avril ; fermé le 25 décembre et le 1er janvier.

Les garçons vont être comblés, il faut leur prévoir du temps ; sur 20 000 mètres, près de 2 km de larges avenues bordées de lampadaires dignes du pont Alexandre-III de Paris, 464 voitures de 98 marques différentes : Bugatti, Rolls-Royce, Mercedes, Hispano-Suiza, Matra, etc. Vous admirerez la voiture la plus prestigieuse du monde : la Royale personnelle d'Ettore Bugatti, vous verrez des voitures de Charlie Chaplin, de Poincaré, de l'empereur Bao Dai, de Fangio, les fameux taxis de la Marne et aussi la dernière Ferrari de formule 1.

Espace Découverte

Sur près de 1 000 m², enfants et adultes peuvent découvrir les secrets du fonctionnement d'une automobile. Vous actionnez à volonté une large palette d'éléments animés produisant images, sons, mouvements, effets spectaculaires.

Après tous ces trains et ces voitures une promenade dans le parc zoologique serait agréable, malheureusement il est à l'opposé de la ville.

 ## Parc Zoologique et Botanique

51, rue du Jardin-Zoologique 68100 Mulhouse
Tél. : 89 44 17 44

 Ouvert en janvier, février, et décembre de 10 h à 16 h ; en mars, octobre, novembre de 9 h à 17 h ; en avril et septembre de 9 h à 18 h et mai, juin, juillet et août de 8 h à 19 h.

Ne ratez pas le repas des animaux : les otaries sont servis à 11 h et 15 h 30, les pélicans à 11 h 15 et 15 h 45, les ours blancs et les loutres à 15 h et les manchots à 16 h.

Dans un magnifique parc paysagé agrémenté d'expositions florales dif-férentes selon les saisons vit une grande variété d'animaux. Certains sont en voie de disparition comme le tigre de Sibérie, la panthère de l'amour, le tapir à dos blanc, l'antilope addax, etc. Les fauves sont bien logés et nous les regardons vivre séparés d'eux par de hautes plaques de verre ; un zoo pour les petits vient d'être achevé, permettant aux enfants de venir, en toute sécurité, voir de plus près les lamas, chèvres naines... ; les chiens de forêt ont un nouvel enclos et les manchots inaugurent leur espace flambant neuf.

Nous avons particulièrement remarqué les otaries dans leur bassin, les ânes du Poitou, les chameaux, d'adorables marcassins qui s'amusaient follement à une partie de chat... et surtout des tapirs à dos blanc, de Malaisie ou de Sumatra, apparaissant, du fait de leur rareté, comme des survivants d'une autre époque.

Votre promenade en Alsace s'achève ici, vous pouvez maintenant rejoindre Belfort et rester dans le domaine de la voiture en allant à Sochaux pour commencer le **circuit en Franche-Comté**.

Qu'évoque la Lorraine pour les enfants ?
La célèbre chanson « En passant par la Lorraine avec mes sabots... » ?
La quiche ?
Penseront-ils aux champs de bataille ?
Au rude travail dans les aciéries ?
Ou seront-ils fiers d'évoquer leurs connaissances toutes fraîches de géographie en voyant de leurs propres yeux les fameux ballons des Vosges ?
La Lorraine deviendra surtout pour eux la région du parc des Schtroumpfs où ils auront tant d'occasions de se divertir.

Walibi Schtroumpf _____

Aquadrome _____

Musée de l'Art Forain et _____
de la Musique Mécanique

Parc Zoologique du bois de Coulanges _____

Le Lac de Madine _____

Musée de Zoologie et Aquarium Tropical _____

Musée de l'auto en Lorraine _____

Musée de la moto et du vélo _____

Fraispertuis- City _____

L'Imagerie d'Épinal _____

Jardin d'altitude et _____
Descente en Luges

LA LORRAINE

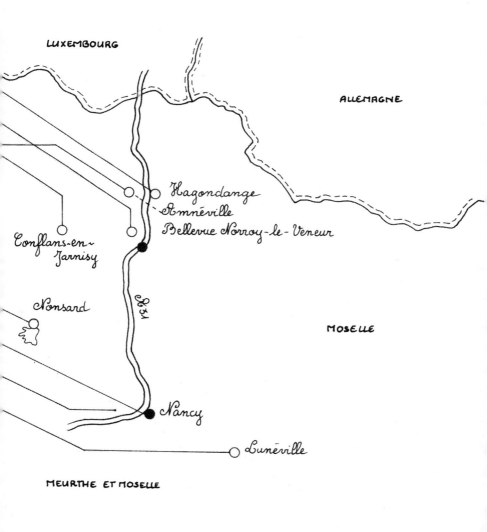

LUXEMBOURG

ALLEMAGNE

Hagondange
Amnéville
Bellevue Norroy-le-Veneur

Conflans-en-
Jarnisy

Nonsard

A31

MOSELLE

Nancy

Lunéville

MEURTHE ET MOSELLE

Jeanménil

VOSGES

Épinal

Col de la Schlucht

LA LORRAINE

Vous commencerez le circuit à Metz, gagnerez Nancy, Lunéville, Saint-Dié et les Vosges.

Metz est bien desservi par plusieurs autoroutes, en provenance de Paris, Luxembourg, Strasbourg et Nancy.
Vous emprunterez pour quelques kilomètres l'A 4 en direction de Paris ; vous sortirez à Sémecourt et suivrez les nombreuses indications du **Walibi Schtroumpf**, l'un des deux derniers-nés des grands parcs d'attractions de France.

Walibi Schtroumpf

Voie Romaine 57300 Hagondange - Tél. : 87 51 90 52 Minitel : 3615 Walibi

 Ouvert tous les jours du 15 avril au 26 septembre (les mercredis, samedis et dimanches de mai et septembre) de 10 h à 18 h (19 h en juillet et août).

Dans un joli décor de fleurs, vous découvrirez des dizaines d'attractions qui vous entraînent d'aventure en aventure. Risquez-vous dans les descentes vertigineuses de l'Anaconda et du Comet Space. Dévalez en bateau la pente de l'Aquachute... Sensations garanties.
Les petits hommes bleus accompagnent les enfants dans un monde magique de fêtes et d'émotions : piscine à balles, maquillage, jeux, etc.
Des spectacles vous attendent aussi : sur la patinoire, une troupe de patineurs américains et des ours polaires russes se relaient pour une « Fantasia on Ice » ; au cinéma Showscan, des images sensationnelles attendent les amateurs de grand spectacle.
Chacun trouvera son bonheur.

N'oubliez pas de vous rendre de l'autre côté de l'autoroute, à l'Aquadrome.

 Aquadrome

57140 Bellevue Norroy-Le-Veneur - Tél. : 87 32 62 20

 Ouvert en dehors des vacances scolaires : le mercredi de 14 h à 22 h, le jeudi de 17 h à 22 h, le vendredi de 17 h à 24 h, le samedi de 14 h à 24 h et le dimanche de 10 h à 19 h ; et durant les vacances scolaires du mardi au jeudi de 10 h à 22 h, vendredi et week-end de 10 h à 24 h.

On nage dans la piscine, on saute les vagues, on se détend dans les bains bouillonnants, on glisse sur les deux toboggans couverts, on fonce à 60 à l'heure dans l'« hudrowhip » et on se relaxe en mangeant une glace sous les palmiers.
En un mot : un bel après-midi sous les tropiques de Metz !

Le lendemain ou la veille, en poursuivant sur une vingtaine de kilomètres l'autoroute A 4 vers Paris et en sortant à Jarny-Conflans, vous vous rendrez à **Conflans-en-Jarnisy**, au musée de la Musique mécanique.

 **Musée de l'Art Forain
et de la Musique Mécanique**

Place de l'Hôtel de Ville 54800 Conflans-en-Jarnisy
Tél. : 82 33 57 30 ou 82 33 27 67

 Ouvert du mercredi au dimanche et jours fériés de 14 h à 18 h.

La visite des quatre salles permet de découvrir la musique d'une autre époque.
Vous verrez : un orgue de salon installé dans un secrétaire, des boîtes à musique appelées « serinette », « merlinette », « perroquette » — leur musique était censée attirer les petits oiseaux du nom correspondant ! –, un tout petit phonographe : le Mignonphone, datant de 1910, un phonographe de café ancêtre du juke-box, un piano mécanique grec, que l'on portait sur le dos, etc. Sans oublier les premiers cinémas ambulants : une manivelle entraînait le film et une dynamo donnait de la lumière.
La pièce la plus spectaculaire du musée est certainement cet orgue mécanique belge datant de 1925. De véritables instruments de musique :

243

saxo, accordéon, tambourins, batterie, etc., se mettent en action au fur et à mesure de leur intervention dans la partition de la musique.

Bon nombre des instruments sont en état de marche et le guide prend un véritable plaisir à les faire fonctionner pour vous.

Les grands-parents seront ravis de retrouver les instruments ou les airs de leur jeunesse, et de les faire découvrir aux petits.

Reprenez l'autoroute vers Metz puis Thionville, et sortez à Mondelange. Tout de suite à gauche, à Amnéville, sont indiqués le zoo et le centre de loisirs.

 Parc Zoologique du Bois de Coulange

Centre Thermal et Touristique 57360 Amnéville - Tél. : 87 70 25 60

 Ouvert tous les jours de l'année de 10 h à 19 h 30 d'avril à septembre (20 h le dimanche) et de 10 h à la tombée de la nuit d'octobre à mars.

Un zoo sympathique ! Dans une nature boisée vivent des animaux épanouis : d'impressionnants loups blancs aux yeux bleu clair, des élans, des alpagas, des mouflons très familiers, de superbes jaguars... La hyène elle-même a presque l'air aimable ! Vous frémirez devant les redoutables lycaons, les terribles prédateurs des savanes africaines ; vous admirerez les très rares tigres de Sibérie. Peut-être verrez-vous pour la première fois des « fossiles vivants » : les aurochs, ces taureaux sauvages répandus en Europe centrale durant l'ère quaternaire. L'espèce a disparu voici plusieurs siècles, elle a été reconstituée scientifiquement au zoo de Munich grâce à des croisements entre différentes espèces de bovidés.

Les soigneurs sont souriants. Est-ce à cause de la bonne humeur des animaux ? Ou l'inverse ?

Juste en face, un parc de jeux pour les petits enfants.

Parc pour enfants

57630 Amnéville - Tél. : 87 71 54 11

 Ouvert en avril et mai, septembre et octobre, les mercredis, samedis et dimanches de 10 h à 18 h 30 et de juin à septembre tous les jours de 10 h à la nuit.

 pour le petit train

Vous reprenez l'A 31 dans l'autre sens en direction de Nancy. Soit directement par cette autoroute, soit en la quittant à Pont-à-Mousson et en prenant la D 958 et la D 904 vers le lac de Madine.

À **Nonsard**, vous pourrez vous baigner ou profiter de la **plage** au bord du lac.

Et à proximité d'Heudicourt, vous vous promènerez dans le **parc ornithologique de Madine**.

Tél. : 29 89 34 55.

NANCY

Ancienne capitale des ducs de Lorraine, rivalise aujourd'hui avec Metz pour maintenir sa première place dans la région.

Aussi belle soit la place Stanislas, les enfants préféreront se rendre vite au jardin botanique qui abrite un musée de Zoologie et un aquarium.

Musée de Zoologie et Aquarium Tropical

34, rue Sainte-Catherine 54000 Nancy - Tél. : 83 32 99 97

 Ouvert tous les jours sauf le mardi, de 10 h à 12 h et de 14 h à 18 h.

  pour les – de 7 ans

Le musée comprend 10 000 spécimens d'animaux naturalisés et rassemblés depuis plus de 200 ans. Certaines des espèces présentées sont devenues très rares, comme le loup marsupial de Tasmanie disparu depuis près de soixante ans, la rougette, cette grande chauve-souris de l'île Maurice, ou le perroquet-hibou de Nouvelle-Zélande.

Un musée intéressant pour ceux qui aiment les animaux naturalisés !

L'aquarium voisin, seul aquarium de Lorraine, présente dans soixante-dix bassins plus de trois cents poissons.

Ceux qui préfèrent les animaux vivants se rendront à quelques kilomètres du centre ville (sur l'A 31) au **parc de Loisirs de la forêt de Haye**. Ils pourront visiter le zoo et la ferme pour enfants. Ils auront aussi la possibilité de faire du mini-golf, du tennis ou du poney ou encore de visiter un musée de l'Automobile.

Zoo de Haye

54840 Velaine-en-Haye - Tél. : 83 23 26 16

 Ouvert tous les jours sauf lundis de 9 h 30 à 12 h 30 et de 13 h 30 à 17 h 30 en hiver ; de 8 h 30 à 12 h 30 et de 13 h 30 à 18 h 30 en été.

Ce zoo a la particularité de n'avoir que des pensionnaires recueillis blessés, ou en difficulté, dans la nature. Ils sont soignés et remis en liberté si cela est possible.

Les autres animaux sont d'espèces courantes ou sont nés en captivité.

D'autres habitants de ce zoo appartiennent à des espèces en régression : poules coucou de Rennes, lapins angoras, moutons d'Ouessant, et tarpan-konik, un cheval sauvage qui était très fréquent au Moyen Âge.

Une mini-ferme a été aménagée pour accueillir les enfants.

Changez d'atmosphère et allez voir à côté le musée de l'Automobile.

Musée de l'Auto en Lorraine

54840 Velaine-en-Haye - Tél. : 83 23 28 38

 Ouvert tous les jours en juillet et août de 14 h à 18 h 30 ; et de septembre à juin, les mercredis, samedis et dimanches de 14 h à 18 h.

Plusieurs fanatiques de l'automobile se sont groupés pour communiquer leur passion en faisant admirer leur collection de soixante-cinq véhicules. Certains sont uniques comme l'« Aster » construite en un seul exemplaire pour l'exposition de 1900 à Paris ou la « Lorraine Dietrich Le Mans de 1925 » qui roulait à 100 km à l'heure.

Des audiovisuels expliquent la mécanique et l'histoire de l'automobile.

Vous retournez à Nancy et, via le centre ville, vous prenez la route de Lunéville en passant par Jarville-la-Malgrange où se tient un musée de l'Histoire du fer.

Musée de l'Histoire du Fer

Avenue du Général-de-Gaulle 54140 Jarville-la-Malgrange - Tél. : 83 15 27 70

 Ouvert tous les jours, sauf le mardi, de 10 h à 18 h, et les week-ends et jours fériés de 14 h à 18 h ; tous les jours en juillet, août et septembre de 10 h à 12 h et de 14 h à 18 h.

Nous connaissons mal l'histoire du fer, et pourtant l'utilisation de ce métal par l'homme, il y a un peu plus de 3 000 ans, joua un rôle déterminant dans l'évolution de l'humanité.

Ce musée raconte l'histoire de la métallurgie, montre des outils, différents objets dont une épée mérovingienne, une cuirasse gauloise, un kriss balinais, et explique à l'aide de maquettes les différentes techniques de production du fer, de la fonte et de l'acier.

Vous verrez aussi dans le parc des forges et des fonderies grandeur nature.

Vous prendrez ensuite la N 4 pour **Lunéville** et, si vous arrivez un vendredi, un samedi ou un dimanche, entre le début juillet et le 15 décembre, vous assisterez à un spectacle de **son et lumière** au château que Voltaire appelait le Versailles lorrain.

Dans la journée, les amateurs de deux-roues iront voir le musée de la Moto et du Vélo.

Musée de la Moto et du Vélo

Place de la 2ᵉ D.C. Lunéville - Tél. : 83 74 10 56
54300 Lunéville

 Ouvert tous les jours sauf le lundi de 9 h à 12 h et de 14 h à 18 h. Fermé du 15 novembre au 28 février.

Un petit musée privé original contenant 150 motos dont 60 d'avant 1914, des vélos, des bicycles, des tricycles, etc. Les amoureux de la « petite reine » seront comblés.

247

Avant de reprendre la route, vous pourrez vous régaler des délicieuses pâtisseries locales : le « baba Stanislas », le « lunévillois », le « saint-Jacques ».

Bon appétit !

Puis la N 59 vous conduira à Baccarat : là, les grands trouveront un intérêt à visiter le musée de la Cristallerie où l'on explique les procédés de fabrication.

Musée du Cristal

54120 Baccarat - Tél. : 83 75 10 01

 Ouvert du 1er octobre au 30 avril, les samedis, dimanches et jours fériés et tous les jours pendant les vacances scolaires de 10 h à 12 h et de 14 h à 18 h ; et du 1er mai au 30 septembre, tous les jours de 10 h à 12 h et de 14 h à 18 h 30. Fermé le 25 décembre et le 1er janvier.

« Jamais je n'ai vu quelque chose d'aussi beau ! » s'écriait le roi Charles X devant l'exposition de Baccarat en 1827.

En 1764 fut créée à Baccarat la Verrerie Sainte-Anne, transformée en 1816 en Cristallerie sous le règne de Louis XVIII.

Depuis, tous les grands de ce monde ont choisi « Baccarat » et en ont fait le symbole du cristal.

Le musée Baccarat vous fait découvrir plus de 1 100 réalisations faites depuis 1817 : un candélabre de 2,15 m vendu au Shah de Perse, des verres réalisés pour le Tsar Nicolas de Russie, le service de l'Empereur du Japon, etc.

Puis, vous découvrirez les techniques de fabrication : travail à chaud, taille, gravure, dorure, etc., grâce à une vidéo.

Sur la D 32 en direction de Rambervillers, les enfants seront contents de faire une halte d'une heure ou deux au parc d'attractions de Fraispertuis-City.

Fraispertuis-City

88700 Jeanménil - Tél. : 29 65 04 07 ou 29 65 27 06

 Ouvert en avril, mai et septembre de 10 h à 18 h les dimanches, jours fériés et vacances scolaires et en juin, juillet, août de 10 h à 18 h 30 tous les jours.

Ce petit parc, aménagé dans le style western, distraira les plus jeunes avec son petit train, ses pédalos, sa piscine à boules, son bateau à roue, ses vélos humoristiques à une ou deux places, son manège avec de véritables poneys et surtout le Super TGV, un petit « grand huit », pas trop rapide mais quand même amusant, et une rivière canadienne.

De Rambervillers, par la D 50 vers Bruyère puis la D 423, vous gagnerez Gérardmer.

S'il fait beau, la plage et les activités nautiques vous attendent sur le joli lac. Si le temps est plus frais, vous ferez une **promenade en bateau**. Renseignements au 29 63 08 74.

Et si par hasard vous vous trouvez dans la région au mois d'avril, ne manquez surtout pas la superbe **fête des jonquilles** avec ses chars entièrement décorés de jolies clochettes jaunes.

Tout à côté, à Xonrupt-Longemer, passez quelques instants à l'exposition sur la faune et les poissons de Lorraine.

Expo Faune Lorraine

88400 Xonrupt-Longemer - Tél. : 29 63 39 50

 Ouvert pendant les vacances, tous les jours de 10 h à 12 h et de 14 h à 18 h 30 et en dehors des vacances l'après-midi de 14 h à 18 h.

Au sous-sol, quelques petits aquariums dans lesquels évoluent les poissons de la région ; au premier étage de la maison, sept dioramas présentent dans leur atmosphère les animaux des Vosges : la biche et son faon, une laie et ses petits marcassins, une famille de renards, des rongeurs et des insectes.

Un petit musée sans prétention mais aménagé avec soin et avec goût.

Fugue à Épinal

Les D 417 et N 57 vous conduiront à Épinal.
Et vous visiterez dans cette ville la célèbre **« Imagerie »**.

L'Imagerie d'Épinal

42 bis, quai de Dogneville 88000 Épinal - Tél. : 29 31 28 88

 Ouverte tous les jours de 8 h 30 à 12 h et de 14 h à 18 h 30 (le dimanche de 14 h à 18 h 30).
Visites commentées de l'atelier artisanal de 10 h à 11 h et de 15 h à 16 h 30.

En 1796, Jean-Charles Pellerin crée l'Imagerie. L'image est gravée dans une planche de bois. L'impression de la feuille s'effectue à l'aide d'une presse à bras, dite Gutemberg. Puis intervient le coloriste, au moyen de pochoirs. Sous le Premier Empire, l'Imagerie célèbre l'Empereur, sa famille, ses maréchaux et son armée. À l'aube de la « Belle Époque », elle fait appel à des dessinateurs de renom, comme Benjamin Rabier ou Job. Aujourd'hui, l'Imagerie d'Épinal continue à fabriquer des images et c'est ce que vous découvrirez en visitant ses ateliers.

De Gérardmer, vous monterez au **col de la Schlucht**, où une **piste de luge** fonctionne tout l'été.

À 2 km du col se trouve le **Jardin d'Altitude du Haut-Chichelet.**

Des plantes et fleurs de montagne devenues rares sont cultivées ici dans des rocailles et le long des sentiers ; on a enfin la satisfaction de voir pousser, en vrai, ces fameux edelweiss.

Le jardin n'est ouvert que du 1er juin au 1er septembre de 10 h à 12 h et de 14 h à 18 h.

Pour voir ce jardin insolite, il faut se donner un peu de mal car il n'est pas très facile à trouver. (Au carrefour de la route des crêtes et de celle de Gérardmer, prendre la D 430.)

De là, vous pouvez regagner rapidement **Colmar** (D 417), ou, si les enfants aiment les paysages de montagne et les lacs, vous emprunterez la route de Crêtes passant par le lac Vert, le lac Blanc et le lac Noir (il est amusant de constater que les lacs portent bien leur nom).

En cours de route, goûtez aux fameux bonbons des Vosges : vous garderez les bourgeons de sapin pour adoucir les maux de gorge de l'hiver, mais vous sucerez tout de suite les bonbons au miel de sapin, les myrtilles, les framboises, les glaçons des hautes Vosges, les croquantes, les violettes et les coquelicots.

S i une couleur devait symboliser chacune des régions de France le vert serait assurément celle de la Franche-Comté et du Jura, qu'il s'agisse du vert pâle des pâturages, du vert sombre des forêts de sapins ou de toutes les nuances de verts des rivières, cascades et lacs. S'il fait beau, le bleu peut aussi merveilleusement jouer avec les verts et apporter une touche de paix au paysage par ailleurs assez rude.

Les enfants feront des excursions en bateau, descendront dans les gouffres profonds, découvriront les rouages de l'horlogerie, assisteront à la fabrication de ce fameux gruyère de Comté et rêveront des vastes étendues du Grand Nord en se promenant dans la Vallée des Rennes.

LA FRANCHE-COMTÉ ET LE JURA

Club Belfortain d'Aquariophilie _____

Musée de la mine _____

Parc animalier de Fougerolles _____

Usines Peugeot et Musée des voitures de Sochaux _____

Parc Zoologique de la Citadelle _____
Horloge Astronomique
Bateaux-Mouches

Grotte d'Oselle _____

Grotte de la Glacière _____

Gouffre de Poudrey _____

Saut du Doubs _____

Lac de St Point _____

Cascades du Hérisson _____

Grotte de Baume-les-Messieurs _____

Maison du Jouet _____

Musée du Coulou _____

Maison Canadienne _____
Musée de l'Exploration Polaire
Vallée des Rennes

LA FRANCHE-COMTÉ ET LE JURA

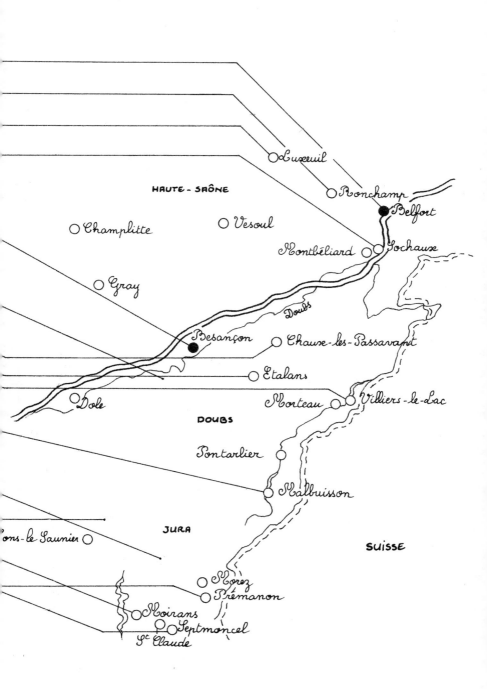

LA FRANCHE-COMTÉ ET LE JURA

Votre randonnée débute à Belfort et vous fait passer par Besançon, Pontarlier, Saint-Claude et Morez.

BELFORT

La ville s'est installée sur les rives de la Savoureuse et se laisse protéger par son célèbre lion de pierre haut de 22 m et long de 11 m. Appuyé contre la paroi de la citadelle, le lion du sculpteur Bartholdi représente la force et symbolise la résistance de la ville en 1870.

Les enfants auront sûrement envie de faire un petit tour dans le monde étrange et merveilleux des poissons de tous les océans.

Aquarium Tropical
Club belfortain d'aquariophilie

Cité des Associations, avenue de La Laurencie 90000 Belfort
Tél. : 84 28 88 14

  Ouvert du mardi au samedi de 15 h à 19 h.

Puis, ils se laisseront entraîner au Planétarium à la découverte des étoiles et des planètes de notre galaxie.

Planétarium de Belfort

Cité des Associations, avenue de La Laurencie 90000 Belfort - Tél. : 84 28 10 32

  Ouvert le vendredi de 20 h 30 et le samedi à 15 h.

Vous quitterez Belfort par la N 19 et vous vous rendez à **Ronchamp**.

Le nom de Ronchamp est lié à celui de **Le Corbusier** et de sa chapelle évoquant une nef aux lignes très pures.

Vous, vous visiterez, en bas dans le village, le musée de la Mine.

Musée de la Mine

33, place de la Mairie 70250 Ronchamp - Tél. : 84 20 70 50

 Ouvert de Pâques à la fin mai et de septembre à la Toussaint, tous les jours, sauf mardi, de 10 h à 12 h et de 14 h à 18 h.

Les enfants découvriront avec émotion la vie très dure que les mineurs menaient au fond de leurs puits noirs. Des tableaux retracent le métier de ces hommes ; des vêtements et divers objets symbolisent leurs habitudes, leurs fêtes, leur folklore.

 ## *Fugue au Parc de Fougerolles*

Pour vous détendre vous pouvez faire un crochet au parc animalier de Fougerolles (la N 19 pour Lure, puis la D 64 pour Luxeuil-les-Bains ; le parc est à quelques kilomètres de là à Saint-Valbert sur la N 57).

Parc Animalier de Fougerolles

70300 Saint-Valbert - Tél. : 84 49 54 97

 Ouvert de juin à septembre sur demande.

Un chemin piétonnier contourne le parc de l'ermitage de Saint-Valbert et, au hasard de la promenade, nos jeunes marcheurs silencieux rencontreront cerfs, chevreuils ou chamois...

Repartez de Belfort pour prendre l'autoroute A 36 vers **Montbéliard**.

Le pays de Montbéliard fut longtemps célèbre pour sa situation indépendante au sein du territoire français, plusieurs seigneuries étaient réunies entre elles.

Aujourd'hui, le nom de Montbéliard évoque avant tout « **Peugeot** » et ses usines de Sochaux. Il y eut pourtant aussi une famille Japy, qui se rendit célèbre au début du siècle en fabriquant des machines à écrire.

C'est en 1810 que les frères Peugeot, dont la famille comprenait des meuniers, des teinturiers et des tisserands, héritèrent du moulin de Sous-Cratet et transformèrent celui-ci en une petite fonderie d'acier, premier berceau des industries Peugeot.

Musée de l'Aventure Peugeot

Carrefour de l'Europe 25600 Sochaux - Tél. : 81 94 48 21

 Ouvert tous les jours de l'année de 10 h à 18 h.

Installé à proximité des usines Peugeot, le musée regroupe les véhicules, les cycles et autres produits de la marque.

Soixante-dix véhicules Peugeot de 1889 à nos jours sont présentés dans le décor et sur le sol correspondant à leur époque : pavés en bois, pavés « soixante-huitards », revêtement d'autoroute...

En route maintenant pour **Besançon** par l'autoroute A 36.

BESANÇON

Joliment construite à l'intérieur de l'harmonieuse boucle du Doubs, Besançon ne manque ni de charme ni d'intérêt. Vous vous rendrez tout de suite au point culminant de la ville (118 m) : la citadelle.

La Citadelle

25000 Besançon - Tél. : 81 82 16 22

 Ouverte de la fin mars au 30 septembre de 9 h à 18 h ; du 1er octobre au 30 mars de 9 h 45 à 16 h 45. Citadelle fermée le 1er janvier et le 25 décembre. Les musées sont fermés le mardi.

 pour les musées et le zoo

Site naturel, le mont était déjà à l'époque gallo-romaine entouré d'une muraille et renfermait un temple. En 1668, les Espagnols commencèrent à élever la citadelle et en 1674, Vauban poursuivit et améliora les travaux.

La citadelle aujourd'hui abrite **trois musées**, un **aquarium** et un **parc zoologique.**

Vous épargnerez à nos jeunes visiteurs le musée de la Résistance et de la Déportation.

Ils ne resteront guère plus longtemps dans le **musée populaire comtois** ; ils aimeront seulement découvrir les légendes attachées aux marionnettes et aux santons présentés dans les vitrines : celles notamment de la tante Arié, « Mère Noël » locale qui, le soir du 24 décembre, quitte sa grotte et, accompagnée de son âne à grelot, dépose devant les maisons jouets, confiseries ou fouets ou ces histoires de loups-garous que les Comtois se racontaient à la veillée. S'ils n'ont jamais vu de « fruitière », ils regarderont avec curiosité cette fromagerie de montagne, entièrement remontée dans une salle de rez-de-chaussée.

Le **musée d'Histoire naturelle** aura plus de succès avec ses animaux naturalisés, insectes et papillons et ses masques de danse de tribus de Côte-d'Ivoire. Et surtout son **aquarium**, petit mais remarquablement aménagé : les décors et la végétation aquatique rendent la vision des brèmes, carassins, ablettes, perches, poissons-chats, carpes et jolis goujons particulièrement agréable. Les iguanes, monstres préhistoriques, impressionnent toujours un peu les plus jeunes.

Mais c'est le **parc zoologique** dont la présence dans cette citadelle peut paraître surprenante, qui est l'attrait principal de la visite. Les animaux semblent tout à fait satisfaits de leur installation dans les fossés ou sur les remparts de la citadelle.

On monte, on descend, on regarde avec curiosité le lion ou le lama, les ouistitis à pinceau qui se déplacent comme des écureuils, et on admire au passage la vue exceptionnelle sur le paysage alentour, les petites montagnes, la bouche du Doubs, la campagne, la ville.

Après ces visites, vous pourrez pique-niquer juste à l'entrée de la citadelle, et vos plus proches voisins seront les cerfs et les biches. D'importants travaux sont en cours : réaménagement du parc zoologique, création d'aquariums panoramiques, d'une mini-ferme, d'un atelier « Cité des enfants », etc.

En sortant, vous pourrez faire le tour de la ville à bord du :

Petit Train

Tél. : 81 81 45 05

Départ de la Citadelle, du parking Rivotte ou de la place Saint-Pierre. Circule tous les jours en avril, mai, et septembre de 11 h à 18 h ; en juin, juillet et août de 10 h à 18 h. Durée de la promenade : 40 minutes.

  pour le 3e enfant

En redescendant de la Citadelle arrêtez-vous à l'horloge astronomique de la cathédrale Saint-Jean.

Horloge Astronomique

25000 Besançon - Renseignements au 81 81 12 76

 Visites tous les jours sauf mardi et mercredi du 1er octobre au 1er avril à 9 h 50, 10 h 50, 14 h 50, 15 h 50, 16 h 50 et 17 h 50 ; fermé en janvier et les 1er mai, 1er novembre, 11 novembre et 25 décembre.

L'horloge astronomique de Besançon est une curieuse machine. Commandée par le cardinal Mathieu au milieu du siècle dernier, elle donne non seulement l'heure, mais aussi le quatrième des mois, les jours de la semaine, les saisons, les signes du zodiaque, la longueur des jours et des nuits, les phases de la Lune, l'heure des marées dans huit ports différents (représentés par des paysages animés), les mois de l'année, le mouvement des planètes autour du Soleil, le nombre d'éclipses du Soleil et de la Lune, les heures pour 16 points du globe, etc., soit 57 cadrans ! En outre, 21 automates passent aux quarts et aux heures et le Christ ressuscité se dresse de son tombeau !

S'assurer au préalable que les automates fonctionneront bien. La visite sera sinon un peu fastidieuse pour des enfants.

Avant de quitter Besançon, s'il fait beau, il sera bien agréable de faire une dernière visite de la ville, mais cette fois-ci en bateau-mouche.

Vedettes Bisontines

25000 Besançon - Tél. : 81 68 13 25

 Départ pont de la République.
De début juillet à mi-septembre : en semaine à 10 h 30, 14 h 30 et 16 h 30 ; les samedis, dimanches, et jours fériés à 10 h 30, 14 h, 16 h et 18 h ; de mi-avril à fin juin et les quinze derniers jours de septembre : en semaine à 15 h 30 et les samedis, dimanches et fêtes à 14 h 30 et 16 h 30.
Durée 1 h 30.

Dans une belle vedette panoramique, vous parcourez la boucle du Doubs qui enserre la ville, vous passez une écluse et traversez l'impressionnant tunnel creusé sous la montagne de la citadelle.

À proximité de Besançon vous avez le choix entre **trois grottes**, chacune dans une direction différente : au sud-ouest la **grotte d'Osselle**, à l'est **la grotte de la Glacière** et au sud-est le **gouffre de Poudrey**.

En route pour la grotte d'Osselle

Prenez la N 73 en direction de Dole (environ 15 km) et à Saint-Vit, la route de Roset (la grotte est alors indiquée).

Grotte d'Osselle

25410 Saint-Vit - Tél. : 81 63 62 09

 Ouverte tous les jours du 1er avril au 1er novembre : en avril, mai et septembre de 9 h à 12 h et de 14 h à 18 h ; en juin, juillet et août de 8 h à 19 h sans interruption, et en octobre de 9 h à 11 h 30 et de 14 h 30 à 17 h. Durée de la visite : 1 h 10.

Les 1 300 mètres de galeries ne paraîtront pas longs même aux plus petits, tant ils seront émerveillés par les concrétions joliment colorées : stalactites, stalagmites, coulées de calcite, colonnes et draperies.

L'ours des cavernes ne fera pas peur. Il ne reste que son squelette reconstitué !

En route pour la grotte de la Glacière

Prenez la D 464 en direction de Baume-les-Dames ; au bout d'une trentaine de kilomètres la D 120 vous y conduira.

Grotte de la Glacière

25530 Chaux-les-Passavant - Tél. : 81 60 44 26

 Ouverte en mars, avril et mai de 9 h à 12 h et de 14 h à 18 h ; en juin, juillet et août de 8 h à 19 h ; en septembre, octobre et novembre de 9 h à 12 h et de 14 h à 17 h. (Durée de la visite : 30 minutes.)

En pleine forêt, cette grotte éclairée par la lumière tamisée du jour tire son originalité de ses concrétions de glace – quelle que soit la température extérieure, l'absence de courants d'air empêche la fonte.

259

Cette particularité permit aux habitants du village voisin de s'accorder quelques petits profits en vendant des glaçons au temps où les réfrigérateurs n'existaient pas !

Imaginons maintenant que de Besançon vous souhaiteriez rattraper notre **circuit en Champagne** (voir p. 35). Vous prenez alors la D 67 vers Langres et vous vous arrêtez à **Gray**, pour faire une **promenade en bateau sur la Saône** ; le parcours d'une à trois heures est pittoresque. Réservation : Loisirs-Accueil - Tél. : 84 75 43 66. Puis, toujours sur la D 67, à **Champlitte**, vous trouvez les musées d'Histoire et de Folklore Albert-Demard.

 # Musées Départementaux d'Histoire et de Folklore Albert-Demard

Château de Champlitte 70600 Champlitte - Tél. : 84 67 82 00

 Ouvert tous les jours de juin à septembre de 9 h à 12 h et de 14 h à 18 h ; fermé le mardi et à 17 h le reste de l'année.

Ici, vous n'aurez que l'embarras du choix des musées : un **musée des Arts et Traditions populaires** aménagé à l'intérieur du château où, pendant 1 heure et demie, vous revivrez la vie quotidienne d'un bourg au XIXᵉ siècle ; un **musée de la Vigne et des Pressoirs** ; et un **musée 1900 - Arts et Techniques**, dans lequel deux rues évoquent les commerçants, les artisans, les métiers liés au transport... dans les années 1920.

Des musées exceptionnels dus à l'imagination et aux travaux de recherche de la famille Demard.

De Gray, vous pouvez aussi faire un détour par Combeaufontaine afin de vous rendre à Morey.
Prenez la D 70 et la N 19 (Vesoul-Langres) jusqu'à Cintrey, puis tournez à gauche pour **Morey** (D 1) où se trouve le Point de vue.

Le Point de vue

70120 La Roche-Morey - Tél. : 84 91 02 14 et 84 91 03 33

 Ouvert les dimanches et jours fériés en avril, mai, septembre, octobre et tous les jours en juin, juillet et août.
Entrée gratuite - activités payantes.

Un petit parc de loisirs familial. Les petits emprunteront le train western, les mini-karts ou les bateaux, les plus grands joueront au minigolf en attendant.

Revenons à Besançon et partons pour **le Jura** par la N 57 vers Nods. À 20 km environ, vous trouverez le gouffre de Poudrey.

Gouffre de Poudrey

N 57 25580 Étalans - Tél. : 81 59 22 57

 Ouvert du 1er mars au 11 novembre : les horaires d'ouverture variant selon les mois, il est préférable de téléphoner avant de se déplacer.

Descendus au fond du gouffre, vous perdez un peu la notion des réalités : cette immense salle ne vous semble pas si grande et cependant la chaise placée à l'autre extrémité semble minuscule ! La voûte du plafond fait votre admiration et, ô surprise ! vous apprenez que le toit de cette grotte est parfaitement plat. N'attendez pas de voir grossir la perle des cavernes, il vous faudrait des siècles !

Tout près du Gouffre, à Charbonnières-les-Sapins vous attendent des animaux d'un autre temps.

Dinozoo

25620 Charbonnières-les-Sapins - Tél. : 81 59 22 57 et 81 59 27 05

 Ouvert du 1er mars au 11 novembre : tous les jours de 10 h à 18 h de mai à septembre et de 14 h à 18 h en mars, avril, octobre, novembre. Fermé le mercredi, sauf pendant les vacances scolaires.

Dans un parc de 10 hectares, ce zoo retrace l'évolution de la vie animale au cours de 500 millions d'années. Vous allez découvrir des scènes mettant en valeur des fac-similés grandeur nature de brontosaures, stégosaures et autres dinosaures.

Les vrais amateurs de fromage reviendront d'un kilomètre sur leurs pas et tourneront à gauche vers Trepot où ils visiteront la Fromagerie.

Fromagerie-Musée

25620 Trepot - Tél. : 81 86 71 06

 Ouvert chaque dimanche de juin et tous les jours du 1er juillet au 15 septembre de 14 h à 18 h.

En Franche-Comté, une fromagerie est communément appelée *fruitière* : les paysans qui isolément ne produisaient pas une quantité de lait suffisante pour permettre la fabrication d'une meule de comté s'associaient et formaient cette maison commune.

La présentation du matériel permet de suivre la fabrication du fromage et la projection d'un montage audiovisuel complète la visite.

Le comté est un fromage qui a 1 000 ans ! Et pour faire du bon comté, il y a quelques règles impératives :
— Il faut : du lait cru des vaches de race Montbéliard et des vaches nourries seulement d'herbe et de foin ; un fromager qui ne compte pas son temps et trois mois minimum d'affinage.

Les enfants apprendront qu'en Franche-Comté une « pie rouge » n'est pas un oiseau mais une vache. Et, aux mois de septembre et d'octobre, ils en verront des quantités dans les foires.

En reprenant la N 57 puis la D 461 vers Morteau, on peut s'arrêter un court instant au hameau de **Grandfontaine** (Orchamps-Vennes) à la ferme du Montagnon.

Ferme du Montagnon

Grandfontaine 25390 Orchamps-Vennes
Tél. : 81 43 54 24

 Ouverte tous les jours d'avril à mi-novembre ; tous les week-ends de Pâques à la Toussaint de 9 h à 12 h et de 14 h à 18 h 30.

Les pièces d'habitation de la ferme sont telles qu'elles étaient autrefois et surtout on découvre un *tuyé*, cette grande cheminée pyramidale en bois dans laquelle les jambons et salaisons sont fumés et conservés.

Vous pourrez acheter votre pique-nique à la ferme et entre autres ce fameux jambon que l'on appelle « jésus », spécialité de Morteau, la ville voisine.

Les « gastronomes » en culotte courte se régaleront de *rostis*, ces pommes de terre au lard gratiné, et ils goûteront à la *cancoillotte*, au moins pour le plaisir de prononcer ce drôle de nom.

« C'est la can-la cancoillotte
Le mets de notre pays
Son odeur nous ravigote
Son aspect ragaillardit
Ça vous colle les quenottes
Chaque Comtois vous dira
Rien au monde ne décol'ra
La Can-coi-lo-te »

Chanson populaire de Jean Javey.

À **Morteau**, si vous tombez à la bonne heure, allez assister à la coulée d'une cloche.

Fonderie Obertino

44, rue de la Louhière 25500 Morteau - Tél. : 81 67 04 08

 Ouvert du lundi au vendredi de 8 h à 11 h 30 et de 13 h 30 à 16 h 30 (sauf vendredi après-midi).
Les heures de coulées sont variables.

Et puisque nous parlons d'heure, signalons à la sortie de Morteau, sur la route de Pontarlier le musée d'Horlogerie.

Musée d'Horlogerie du Haut-Doubs

Château Pertusier 25500 Morteau - Tél. : 81 67 16 22

 Ouvert tous les jours du 1er juillet au 30 septembre de 10 h à 12 h et de 14 h à 18 h.

   pour les enfants +8ans

Vous y retrouverez un siècle de traditions horlogères et la reconstitution d'un atelier d'horlogerie.

De Morteau, vous gagnerez **Villers-le-Lac** d'où vous pourrez embarquer pour le Saut du Doubs.

Vedettes du Saut du Doubs

25130 Villers-le-Lac - Renseignements au 81 68 00 98 (S.I.) ou 81 68 13 25

 Les embarcadères se suivent et se ressemblent. Ce sont sensiblement les mêmes horaires, le même circuit et les mêmes prix.

Attention ! Les horaires ne veulent pas forcément dire grand-chose, les bateaux ne partent en fait que s'il y a assez de monde et vous pourrez très bien attendre un départ qui finalement sera remis à plus tard ou au lendemain. Si vous avez réussi à partir vous ferez une belle excursion sur le lac de Chaillexon et son impressionnant rocher d'Hercule. C'est de ce rocher que fut accompli en 87, par Olivier Favre, le record du monde de plongeon sur tremplin (54 m).

Vous naviguerez dans les gorges profondes du Doubs et après avoir débarqué vous emprunterez un sentier qui vous conduira aux deux belvédères qui dominent le Saut du Doubs – une chute impressionnante de 27 m.

En quittant Villers-le-Lac, vous reprendrez la route de Morteau puis la D 437 vers Pontarlier. À 2 km à peine de Morteau vous verrez indiqué sur la gauche : Grand'Combe-Châteleu et à l'entrée du village à droite la Ferme-Atelier.

Ferme-Atelier du Beugnon

25570 Grand'Combe-Châteleu - Tél. : 81 68 80 03

 Ouvert tous les après-midi de 14 h à 18 h de juillet à septembre.

Cette ferme à tuyé a été construite vers l'an 1650, elle abrite une forge de maréchalerie et de charronnage. En bon état de fonctionnement, la forge s'anime encore de temps en temps. Dans la grange on peut voir une exposition d'outils artisanaux et agricoles ainsi que des objets de la vie domestique évoquant le travail et la vie quotidienne des grands et arrière-grands-parents des enfants de la région.

Traversez Pontarlier puis au bout d'un kilomètre sur la N 57 vers Lausanne, prenez à droite la D 437 pour Malbuisson où s'étend le **lac de Saint-Point**, **troisième lac naturel de France**.

Il étale ses 400 hectares au milieu des forêts et des pâturages à 900 m d'altitude, en hiver il devient une gigantesque patinoire et en été il est un lieu idéal pour la baignade, la planche à voile, les promenades en barque et les tours en pédalo (renseignements au 81 69 31 21 S.I.).

À 2 km de cette station estivale, à Largement-Sainte-Marie, vous assistez en été à des montages audiovisuels sur la région du Doubs, et vous verrez un mini-aquarium et des animaux naturalisés.

Maison de la Réserve

28 rue de la Gare 25160 Larbergement-Sainte-Marie
Tél. : 81 69 35 99

Ouvert en été tous les jours, de 14 h à 18 h.

5 km plus loin, par la D 49, allez à Métabief, une station équipée pour faire de la luge l'été.

Luge d'été

25370 Métabief - Renseignements au 81 49 13 81 (S.I. des Hôpitaux-Neufs)

 Ouverte tous les jours du 14 juillet au 15 août et tous les après-midi du 26 juin au 3 septembre.

Quelle joie de descendre ces longues pistes, sortes de toboggans géants aux sensations fortes assurées.
Les jeunes enfants doivent être accompagnés.

Retournez sur la D 437 et par la D 16 et la D 74 allez jusqu'aux **cascades du Hérisson**, où se trouve un élevage d'aurochs.

Ferme de l'Aurochs

Vallée du Hérisson 39130 Menétrux-en-Joux - Tél. : 84 25 72 95

 Ouverte tous les jours de 9 h 30 à 19 h 30 du 1er juin au 15 septembre et les mercredis, week-ends et jours fériés de 14 h à 19 h 30 en avril, mai et octobre.

Vous vous promenez le long d'un sentier, grimpant sur les tours d'observation pour observer en toute sécurité les aurochs, les bisons, les bœufs d'Écosse, etc.

Fugue à Lons-le-Saunier et aux grottes de Baume-les-Messieurs

Lorsque la D 39 rejoint la D 471, vous prenez à droite et, après avoir admiré le panorama sur le cirque de Baume, à gauche.

À Baume, dans l'abbaye, deux salles abritent un musée de l'Artisanat jurassien (tél. : 84 47 26 93). Un spectacle audiovisuel anime deux ateliers reconstitués : une forge et une tonnellerie. Ouvert du 1er juillet au 15 septembre, tous les jours de 10 h 30 à 12 h 30 et de 15 h à 18 h.

Grotte de Baume-les-Messieurs

39210 Voiteur - Tél. : 84 44 61 58

 Ouverte tous les jours du 15 mars au 15 octobre.

Visite commentée de 40 minutes. Température : 13 °C.

Accompagnés par Beethoven et Vivaldi, à 120 mètres sous terre, vous longez une rivière souterraine et les bords d'un lac magnifiquement mis en valeur par des jeux de lumière.

À côté de Baume-les-Messieurs, au **château d'Arlay**, vous pourrez assister à une présentation de rapaces.

Jurafaune

Château d'Arlay 39140 - Tél. : 84 85 04 22

 Ouvert les mercredi, samedi et jours fériés de 14 h à 18 h de Pâques au 15 juin et du 15 septembre à la Toussaint ; dimanche et jours fériés de 14 h à 18 h et les autres jours de 11 h à 18 h du 15 juin au 15 septembre.

Dans le parc romantique du château, vous découvrirez la biologie de ces oiseaux mythiques que sont les rapaces. Un sentier illustré de panneaux explicatifs conduit à la forteresse médiévale des princes d'Orange, comtes de Chalon-Arlay où logent une quarantaine d'oiseaux de proie. Un spectacle de rapaces en vol a lieu de juin à septembre à 16 et 17 h.

À Lons-le-Saunier existe un intéressant musée d'archéologie.

Musée d'Archéologie

25, rue Richebourg 39000 Lons-le-Saunier - Tél. : 84 47 12 13

 Ouvert du lundi au vendredi de 10 h à 12 h et de 14 h à 18 h et les week-ends et jours fériés de 14 h à 17 h. Fermé le mardi.

Vous verrez dans ce musée une pirogue datée de l'âge de bronze (vers 959 av. J.-C.) replacée dans un décor paysagé, la sculpture à grandeur réelle du plus ancien dinosaure actuellement connu en France, les riches tombes sous tumulus de l'Âge du Fer, de remarquables collections gallo-romaines provenant d'habitats... Un musée sérieux mais qui ne manque pas d'intérêt.

Si vous remontez de Lons-le-Saunier à Dole par la N 83 et la D 475, vous passerez par **Le Deschaux** où se trouve le **château des automates**.

Fabulys

39120 Le Deschaux - Tél. : 84 72 32 34

 Ouvert tous les jours de 10 h à 17 h.

Dans une harmonieuse bâtisse de Franche-Comté, cent personnages ou animaux, grandeur nature, se mettent en mouvement, plongeant le château dans l'atmosphère d'antan. Et dans la ferme trois cents automates s'animent dans l'obscurité d'un labyrinthe magique.

Si, au contraire, vous descendez vers Saint-Claude, vous passerez aux abords du **lac de Vouglans**, un des plus grands de France, et vous ferez une promenade en bateau. L'embarcadère est au **Pont-de-la Pyle** (sur la D 470, route d'Orgelet à Moirans). Renseignements au 84 25 46 78.

Les excursions, plus ou moins longues, ont lieu d'avril à octobre sur deux bateaux différents.

De Pont-de-la-Pyle, vous gagnerez **Moirans-en-Montagne** (D 470) où se visite une maison du Jouet :

Maison du Jouet

39260 Moirans-en-Montagne - Tél. : 84 42 38 64

Ouverte tous les jours de juillet à octobre de 10 h à 12 h et de 14 h 30 à 19 h.

La vocation de la Maison du Jouet est avant tout de faire découvrir, grâce à la présentation des machines, des outils et des montages audio-visuels, comment le tourneur sur bois fabriquait autrefois les jouets.

Des jouets contemporains et anciens sont exposés et, fait rare, les enfants peuvent toucher certains jouets, les jeux de quilles, le baby-foot...

(La Maison du Jouet est en pleine évolution, un grand projet est en cours de réalisation).

De Moirans allez vers Saint-Claude (toujours la D 470).

SAINT-CLAUDE

Saint-Claude évoquera infailliblement la pipe et, si grand-père est avec vous, vous risquez de devoir vous arrêter voir l'exposition de pipes, juste le temps de constater qu'il existe vraiment des collections insolites !

Exposition Pipes et Diamants

1, place Jacques-Faizant - Tél. : 84 45 17 00
39200 Saint-Claude

Ouvert en mai tous les jours de 14 h à 18 h ; du 1er juin à mi-septembre, tous les jours de 9 h 30 à 11 h 30 et de 14 h à 18 h 30.

Ce n'est pas simple de faire une pipe, il y a soixante opérations différentes ! Ne croyez pas que rien ne ressemble autant à une pipe qu'une autre pipe : la *pocker* et la *boule* ne sont ni la *bull dog*, ni l'*apple* ; il y a des pipes sport et d'autres aristocratiques comme la *prince of Wales*, il y a des pipes exotiques, il y a même le calumet !

De Saint-Claude, prenez la D 436 en direction du col de la Faucille et arrêtez-vous 10 km plus loin à **Septmoncel** au **musée du Coulou**.

Musée du Coulou

39310 Septmoncel - Tél. : 84 41 64 39

 Ouvert tous les jours de 10 h à 12 h et de 14 h à 19 h.

Dans une ferme du XVIIIᵉ, les parents retrouvent avec nostalgie les jouets de leur enfance et les grands-parents les vieux skis sur lesquels ils ont fait leurs débuts. Les enfants sont plus intéressés par les tours à quilles ou par cette archaïque machine à pédale qui, en tournant, enduisait la quille de peinture.

Au carrefour suivant, la D 25 conduit aux Rousses, et 1 km avant la station, vous prenez une petite route sur la gauche vers **Prémanon**.
À gauche, tout de suite, **la Maison de la Faune** est indiquée.

Maison de la Faune

39220 Les Jouvencelles - Tél. : 84 60 78 50

 Ouverte toute l'année de 9 h à 12 h et de 13 h 30 à 19 h.

Les animaux et les oiseaux du Jura sont réunis dans cette ferme, certains sont replacés dans leur milieu naturel comme l'écureuil qui se régale d'un cône d'épicéa, l'hermine qui trottine dans les brindilles ou le chevreuil qui surveille les premiers pas des petits faons... 150 oiseaux constituent le fonds de la collection : oiseaux des bois et des montagnes, des marais, des prés et même oiseaux de mer...
   En sortant vous pourrez boire un bon chocolat mousseux dans le café attenant.

Dans le village de Prémanon, au centre, à gauche, se trouve :

Musée de l'Exploration Polaire

Centre Paul-Émile Victor 39220 Prémanon - Tél. : 84 60 77 54

Ouvert de la mi-décembre à la fin mars de 14 h 30 à 19 h (fermé du 3 au 10 janvier) ; en mai les jeudis et week-ends et tous les jours en juillet et août.

Un musée sur l'histoire fantastique de la conquête des pôles, un musée où l'on évoque le commandant Charcot et le naufrage du *Pourquoi-Pas*, et Paul-Émile Victor, enfant du Jura et fondateur des Expéditions polaires françaises. Et surtout un musée sur les Eskimos que Paul-Émile Victor connaît si bien et avec lesquels il a vécu.

Des séances vidéo permanentes permettent de poursuivre la découverte du monde polaire et de mieux connaître la vie du plus célèbre explorateur français contemporain.

Une bonne chose que le grand ours blanc de 3,10 m de haut soit naturalisé !

Un peu plus loin à la sortie du village la Vallée des Rennes.

Vallée des Rennes

39220 Prémanon - Tél. : 84 60 70 41

En été :
Visite du parc d'été de la mi-juillet au 31 août (sauf le lundi), en fin d'après-midi afin de ne pas déranger les animaux aux heures chaudes de la journée.
Rendez-vous à la Vallée des Rennes entre 16 h 30 et 17 h pour assister à une projection vidéo d'information de 20 minutes.
Puis au volant de votre propre voiture vous vous rendrez au parc d'estivage où a lieu la visite commentée par Pierre Marc, propriétaire du troupeau, ou l'un de ses fils. Retour vers 18 h 30.

Les visites peuvent être annulées en cas de forte chaleur.
En hiver :

Ouvert de la mi-décembre au 29 mars (sauf lundi), visite du parc des rennes et séance vidéo de 20 minutes.

Promenades en traîneaux lapons tirés par des scooters des neiges (tous les jours, plusieurs départs entre 10 h 30 et 12 h puis entre 14 h et 17 h, sauf le lundi matin). Promenades en trottinettes des neiges.

 avec l'entrée du parc et la séance vidéo

Présentation de rennes attelés, tous les dimanches (sauf météo défavorable).

Les promenades en traîneau peuvent être interrompues en cas de conditions météo défavorables.

Si vous êtes là-bas le dimanche qui précède Noël ou le jour de Noël, ne ratez pas, à 15 h 30, l'arrivée du Père Noël dans son traîneau tiré par des rennes.

Fermé du 4 au 9 janvier.

Pendant plus d'une année, Pierre Marc a partagé la vie des Lapons nomades de Norvège puis, fort de cette expérience, il a décidé de devenir éleveur de rennes dans notre pays.

En 1972, ses amis lapons acceptèrent de venir l'aider et il fit venir en avion-cargo une quinzaine de rennes. Si le haut Jura en hiver est assez froid pour ces animaux du Grand Nord, les rennes supportent mal les températures supérieures à 20 °C, et pendant près de dix ans Pierre Marc fut contraint, pour garder ses protégés en bonne santé, de les emmener l'été dans le massif de la Vanoise.

En bétaillère ou en hélicoptère, les rennes partaient en vacances estivales au-dessus de Méribel, où ils disposaient de vastes territoires un peu comme en Norvège, et là ils pouvaient se rafraîchir si bon leur semblait, sur les névés. Aujourd'hui les rennes se sont habitués à ces nouvelles conditions climatiques et restent tranquillement dans le Jura les mois d'été.

Trois générations sont maintenant nées en France et une trentaine de bêtes vivent aujourd'hui à Prémanon. Ils sont nourris en hiver avec un aliment spécial qui remplace les lichens des toundras, en été les plantes sauvages des montagnes du Jura leur conviennent parfaitement.

Curieusement, les mâles et les femelles portent des bois. Ils les perdent une fois par an et les bois mettent quatre mois à repousser.

Avant de quitter la région, nous vous suggérons la visite du **musée de la Boissellerie** à Bois-d'Amont (10 km des Rousses – D 2912).

Musée de la Boissellerie

39220 Bois-d'Amont - Tél. : 84 60 95 22

Ouvert de Noël à Pâques, les mercredis, samedis et dimanches de 15 h à 18 h et en juin, juillet et août, tous les jours sauf mardi de 15 h à 18 h.

Installé dans une ancienne scierie, voici une bonne occasion de découvrir l'ingéniosité des artisans du bois. Un guide vous présente les outils et le savoir-faire des paysans boisseliers, dont il reproduit les gestes. Vous suivrez le cheminement de l'épicéa depuis sa croissance dans la forêt du Risoux jusqu'à sa transformation en boîtes à fromage, par exemple. Vous découvrirez aussi l'histoire de la fabrication des skis.

Décidément, le Jura est vraiment la région des musées originaux ! La prime ira-t-elle à cette maison de la Boissellerie, au musée de la Pipe ou à celui de la Lunetterie à Morez (11 km des Rousses, sur la N 5) ?

Au revoir, le Jura ! De Saint-Claude vous pouvez partir sur **Oyonnax** (D 436) et **Nantua**, et de là poursuivre **vers la Bresse** ou **vers la Haute-Savoie**.

De la Puisaye au Mâconnais, de la vallée de l'Yonne au Dijonnais, il n'y a pas une Bourgogne mais plusieurs : la Bourgogne vallonnée et riante de la région de Joigny et d'Auxerre, la Bourgogne sérieuse et sombre du Morvan, la Bourgogne des prés « d'embouche » du Charolais, la Bourgogne des coteaux et vignobles du Beaujolais.

Tout au long de ce voyage, les enfants feront des visites instructives et pas pour autant ennuyeuses, et ils seront récompensés par de belles heures passées au Touroparc.

273

La Fabuloserie

Parc Naturel de Boutissaint

Musée Rural des Arts Populaires

Cardo-Land

Musée du Septennat

Forest - Hill - Cap Vert

Archéodrome

Ecomusée du Château de Pierre

Musée Bourguignon Perrin de Puycousin

Le Temple aux mille Bouddhas

Musée de l'Automobile

Musée de la Préhistoire

Euro-Parc

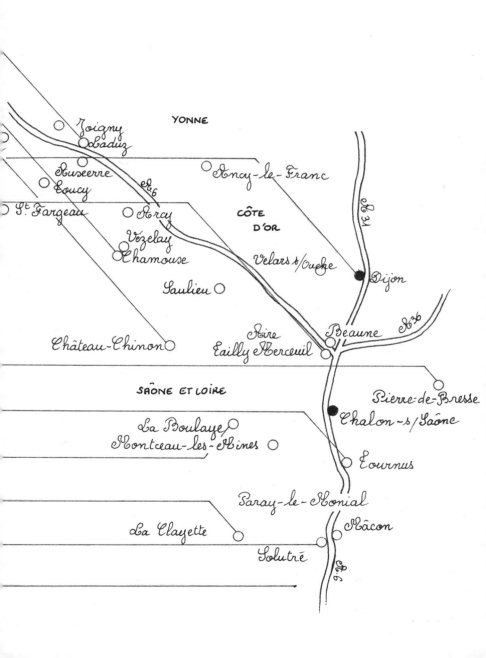

YONNE

Joigny
Laduz

Auxerre
Coucy

St. Fargeau

N6

Arcy

Vézelay
Chamouse

Saulieu

Ancy-le-Franc

CÔTE
D'OR

Velars s/Ouche

Dijon

N31

Château-Chinon

Aire
Bailly Merceuil

Beaune

N36

SAÔNE ET LOIRE

Pierre-de-Bresse

La Boulaye
Montceau-les-Mines

Chalon-s/Saône

Tournus

Paray-le-Monial

La Clayette

Solutré

Mâcon

N6

LA BOURGOGNE

Le circuit en Bourgogne se déroule de part et d'autre de l'autoroute A 6, zigzaguant de Joigny à Mâcon.

Première sortie : Joigny

Sortis de l'autoroute, vous partez d'abord à droite, puis à gauche.
À droite de l'A 6.
Prenez la D 943 en direction de Montargis. Vous traversez le petit village de **Dicy** où vous irez sans faute visiter un musée vraiment fou.

La Fabuloserie
Musée de l'Art Hors-les-normes
89120 Dicy - Tél. : 86 63 64 21

 Ouvert de Pâques à la Toussaint, les samedis, dimanches et fêtes et tous les jours en juillet et août de 14 h à 18 h ; tous les après-midi de juillet et août.

La Fabuloserie de M. Bourbonnais est un labyrinthe fabuleux plein d'objets extravagants. Ce sont des œuvres que vous ne verrez jamais dans les musées dignes de ce nom, ni dans les galeries d'art. Les artistes sont des facteurs, des marins, des retraités, des esseulés, des illuminés... Ils ont la plupart du temps travaillé avec des matériaux de récupération : boîtes de conserve, morceaux de bois, bouts de métal, vieux chiffons, etc. Leur imagination est leur seul guide. Paul Verbena, facteur, passe ses loisirs à faire des boîtes : des boîtes magiques à gags et à trésors ; un ingénieur a construit un petit robot dont les yeux s'allument au son de la voix ; un agriculteur aveugle fabrique des jouets en bois, tournez une manivelle, et ils se mettent à s'animer ; le maître des lieux a inventé, lui, les « turbulents », des personnages gigantesques en bois et en papier mâché armé, dans lesquels on peut entrer et actionner plein de manettes... Art naïf, art brut, œuvres de fous ou de génies, tous ces objets sont fascinants à regarder ; certains font sourire, d'autres font un peu peur, tous intriguent.

Un peu plus loin, tournez à gauche sur la D 950 et suivez les panneaux vous indiquant Saint-Fargeau.

Vous ne resterez à **Saint-Fargeau** que si vous projetez d'assister au son et lumière, car, aussi célèbre soit le château, sa visite ne passionnera pas les enfants.

Château de Saint-Fargeau

89170 Saint-Fargeau - Tél. : 86 74 05 67

Spectacle historique.
Représentation tous les vendredis et samedis de juillet et août, à 22 h.

Une grande fresque historique avec 600 acteurs, 3 000 costumes, 50 cavaliers, fait revivre les grandes heures de Saint-Fargeau. Un spectacle superbe !

Ferme au Château

Ouvert tous les jours d'avril à octobre de 10 h à 19 h.

À 300 mètres du château, découvrez l'atmosphère d'une ferme à l'ancienne ressuscitée comme au début du siècle, avec ses animaux, son matériel agricole ancien et les vieux métiers reconstitués.
Un char à banc attelé relie le château à la ferme.

À 7 km de là, le parc de **Boutissaint** sera un agréable but de promenade.

Parc Naturel de Boutissaint

89520 Boutissaint - Tél. : 86 74 07 08

Ouvert du 1er mai au 15 octobre de 7 h 30 à 19 h et du 15 octobre au 30 avril du lever au coucher du soleil.

Les animaux que vous verrez à Boutissaint sont ceux de nos régions ; ils vivent à l'état sauvage. Il faudra donc du temps, de la patience et du silence pour les apercevoir, mais il y a, en outre, des enclos de quelques hectares où vous serez sûrs de voir des sangliers et leurs marcassins, des cerfs et des biches et même des bisons d'Europe.

De Saint-Fargeau, soit vous gagnerez par le plus court chemin la N 7 et descendrez sur Nevers rejoindre le **circuit du Bourbonnais**, soit par la D 965 vous retournez par Auxerre rejoindre l'autoroute. Dans ce dernier cas, vous passerez par **Toucy**, où s'arrête en été un train touristique.

Chemin de fer touristique de Puisaye

Tél. : 86 44 05 58 et 86 80 34 73

 Fonctionne les dimanches et fêtes de début juin au 25 septembre, se renseigner sur les horaires précis.

 selon la longueur du trajet

Un autorail touristique vous fait visiter, au rythme des trains d'autrefois, la verte région de la Puisaye.

Le train parcourt 81 km de Montargis à Moutiers, s'arrêtant dans de nombreuses gares le long de son trajet.

À gauche de l'A 6.

Prenez toujours la D 943, mais cette fois en direction de Joigny, puis tout de suite à droite la D 89 pour Senan et la D 19 pour **Laduz** et son musée d'Art populaire.

Musée Rural des Arts populaires

89110 Laduz - Tél. : 86 73 70 08

 Ouvert de Pâques au 31 mai et du 1er octobre au 2 novembre, les samedis, dimanches et jours fériés de 14 h à 19 h ; et du 1er juin au 30 septembre, tous les jours de 11 h à 19 h.

Dans des bâtiments anciens, cinquante-trois métiers artisanaux ruraux sont présentés à travers les outils et les œuvres réalisées. Vous verrez peut-être là plus d'outils alignés que vous n'en verrez dans toute votre vie !

L'exposition de jouets populaires sera le motif principal de votre visite : plusieurs milliers de jouets anciens : animaux familiers, poupards, soldats, marionnettes, jeux d'adresse et de hasard, jouets musicaux, chevaux à bascule, etc.

L'antre d'un Père Noël d'un autre siècle.

Deuxième sortie : Auxerre sud

À droite de l'A 6.

La N 65 pour Auxerre vous emmène rejoindre la N 6 que vous emprunterez jusqu'à **Arcy-sur-Cure**, où vous visiterez les grottes.

278

Grottes d'Arcy

Arcy-sur-Cure - Tél. : 86 40 90 63

 Ouvertes de mars à novembre de 9 h à 12 h et de 14 h à 18 h.

Une promenade souterraine dans un monde de stalagmites, de stalactites et de concrétions aux formes étranges.

Poursuivez votre route jusqu'à Vézelay, passez la Colline éternelle et prenez la direction de Clamecy pour vous rendre à **Chamoux**, au Cardoland.

Cardoland

Parc Préhistorique Imaginaire
89660 Chamoux-Vézelay - Tél. : 86 33 28 33

 Ouvert d'avril au 11 novembre : tous les jours en avril, mai, septembre, octobre, novembre de 13 h 30 à 17 h 30 et le dimanche de 10 h à 18 h ; et en juin, juillet et août de 10 h à 19 h. Fermé le samedi matin.
Son et lumière les vendredis et samedis en juillet et août.

Ce parc a été conçu par un artiste nommé Cardo. Il a sculpté un univers préhistorique imaginaire : une lagune et sa faune, de nombreux dinosaures, des rhinocéros, un mammouth, des tigres, des ours des cavernes... et l'homme de Cro-Magnon, tous grandeur nature. Un musée de Paléontologie et de Préhistoire s'y adjoint, et une grotte ornée complète la visite. En été, vous pouvez assister à un spectacle « son et lumière ».

À gauche de l'A 6.
La D 965 vous conduit à Tonnerre et la D 905 à **Ancy-le-Franc**.

Château d'Ancy-le-Franc

86160 Ancy-le-Franc - Tél. : 86 75 14 63

 Ouvert tous les jours de fin mars au 11 novembre de 10 h à 12 h et de 14 h à 18 h 30.

À l'intérieur des communs de ce palais de la Renaissance italienne a été installé un musée de l'Automobile présentant 60 attelages environ et une vingtaine de voitures datant de 1878 à 1947.

Troisième sortie : Pouilly-en-Auxois

 Fugue à Château-Chinon

La N 81 vous conduit à Autun, d'où vous poursuivrez par la D 978 pour Château-Chinon.

Cette ville morvandelle doit ces dernières années sa célébrité à son hôte illustre : François Mitterrand. Le président de la République a fait don au département de la Nièvre des collections reçues pendant son premier septennat et un musée les abrite.

 # Musée du Septennat

6, rue du Château 58120 Château-Chinon - Tél. : 86 85 19 23

Ouvert tous les jours du 1er mai au 31 octobre et les samedis, dimanches, jours fériés et vacances le reste de l'année de 10 h à 18 h.

Dans cette caverne d'Ali-Baba bien ordonnée, vous verrez un ensemble hétéroclite d'objets offerts par les représentants de la plupart des pays du monde, les collectivités ou institutions publiques françaises et de simples particuliers.

Vous admirerez la maquette d'un boutre offerte par l'émir du Qatar, un éléphant miniature en bois incrusté de nacre, cadeau d'un ministre indien, une statue de dieu guerrier provenant du Cameroun, des défenses d'éléphant sculptées remises par le président du Togo, des lions naturalisés... Vous passerez aussi devant des centaines de médailles et des portraits dédicacés et vous serez attendris par certains cadeaux naïfs et dessins d'enfants.

Un audiovisuel rappelle les voyages du Président et relate les circonstances durant lesquelles certaines donations furent faites.

Juste à côté, un autre musée vient de rouvrir ses portes, celui consacré aux costumes anciens et aux coutumes du Morvan, le **Musée du Costume et du Folklore**. Tél. : 86 85 18 55.

À Château-Chinon vous êtes dans la Nièvre, et vous pourrez rattraper à Decize le **circuit des pays du Centre**.

Quatrième sortie : Dijon

En fait, vous ne sortirez pas de l'autoroute, mais prendrez la bretelle de **Dijon**.

DIJON

Dijon était déjà considérée comme une belle ville par François Ier. Certes, les siècles ont passé mais la ville a gardé sa splendeur de capitale du duché de Bourgogne.

La moutarde, le pain d'épice, le cassis et les escargots... ont aussi beaucoup fait pour sa réputation.

Son musée des Beaux-Arts est l'un des plus riches musées de France. Mais, aussi intéressant soit-il, il n'est pas particulièrement conçu pour les enfants.

Le musée d'Histoire naturelle et le musée Grévin vaudront une visite.

Musée d'Histoire Naturelle

Jardin d'Arquebuse, avenue Albert-Ier 21000 Dijon - Tél. : 80 76 82 76

 Ouvert tous les jours, sauf mardi, de 9 h à 12 h et de 14 h à 18 h.

 pour les enfants et pour tous le dimanche

Quatre grands dioramas sont consacrés à la faune régionale et d'autres à l'Afrique.

Un vivarium présente des animaux vivants tant régionaux qu'exotiques (boas, caïmans, vipères, couleuvres, piranhas) et une ruche en activité.

En sortant, les enfants pourront s'adonner un petit moment aux divers jeux de plein air installés dans le jardin d'Arquebuse.

Musée Grévin de Bourgogne

13, avenue Albert-Ier 21000 Dijon - Tél. : 80 42 03 03

 Ouvert tous les jours de 9 h 30 à 12 h et de 14 h à 19 h.

Sous de magnifiques caves voûtées, remontez le fil du temps, du VIe siècle jusqu'à nos jours. À travers 25 tableaux et 50 personnages en cire, vous découvrirez les grandes heures de la Bourgogne. Visite sonorisée.

Et maintenant, les enfants vont être contents, le parc de la Toison d'Or les attend au nord de Dijon (route de Langres).

Parc de la Toison d'Or

Rue de Colchide 21000 Dijon - Tél. : 80 74 16 16

 Ouvert de la mi-avril à fin septembre : de 10 h à 18 h (19 h en été), les mercredis, samedis, dimanches et jours fériés en mai, juin et septembre et tous les jours en juillet et août.

Le décor très soigné du parc vous séduira dès l'entrée. La légende de la Toison d'Or sert de fil conducteur à la plupart des animations. Les attractions sont nombreuses et pour tous les âges : rivière sauvage, mini-grand-huit, manège montgolfière, pédalos, mini-golf... ; et les spectacles bien que traditionnels sont bien montés : plongeurs de la mort, spectacle de magie, cinéma en trois dimensions, etc.

S'il fait chaud, vous pourrez, après avoir traversé le centre commercial, aller vous baigner dans le parc aquatique.

Les Cyclades Centre Commercial - Tél. : 80 74 16 16

 Ouvert tous les jours de 10 h à 22 h.

Avant de repartir, vous pourrez aller encore vous baigner dans le **lac Kir**, situé aux portes de la ville en direction de Beaune. Ou mieux encore à **Quétigny** dans la banlieue est de Dijon où a ouvert un parc aquatique.

Cap Vert

Route du Cap-Vert 21800 Quétigny-Dijon - Tél. : 80 46 14 44

 Ouvert de 12 h à 22 h du lundi au vendredi (de 10 h à 22 h pendant les vacances scolaires et tous les mercredis), de 10 h à 24 h les samedis et de 9 h à 19 h les dimanches.

Dans un joli décor tropical deux piscines à vagues (une couverte, l'autre extérieure) et des toboggans géants, des cascades et des fontaines...

282

Si vous reprenez l'autoroute pour Beaune, sachez qu'en sortant à Velars-sur-Ouche vous pourrez prendre le **Petit Train de la Côte-d'Or**. Renseignements au 80 45 88 51. Fonctionne les week-ends et jours fériés d'avril à fin octobre et tous les jours pendant les vacances scolaires.

 aller et retour

Ce train des pêcheurs d'autrefois vous invite à une promenade le long de la rivière Ouche et du canal de Bourgogne.

De retour sur l'A 6 vous avez deux possibilités : soit continuer à descendre vers Chalon-sur-Saône, et dans ce cas, vous verrez indiqué le long de l'auto-route (juste après le panneau « Beaune sud ») l'**Archéodrome**, soit vous quittez l'autoroute à la sortie **Beaune sud.**

Archéodrome

Aire Beaune Tailly-Mercueil - Tél. : 80 26 87 00

Ouvert du 1ᵉʳ mai au 30 septembre de 10 h à 19 h, et en juillet et août 20 h ; et du 1ᵉʳ octobre au 30 avril de 10 h à 17 h ou 18 h.

Voici l'occasion de faire un voyage dans le temps de la préhistoire à l'an 1000.

Le chronoscope : un festival d'images, de sons et d'effets spéciaux vous fera vivre la création de l'univers et les premiers âges de l'humanité.

Un espace muséographique vous emmènera sur les traces de nos ancêtres.

Un parc de reconstitutions grandeur nature présente une hutte néolithique, une ferme gauloise, les fortifications d'Alésia et un fanum gallo-romain.

Cinquième sortie : Beaune sud

La D 970 vous conduit à **Verdun-sur-le-Doubs** où se trouve le premier éco-musée de la Bresse bourguignonne, que vous visiterez.

Avant de prendre la route, vous céderez peut-être aux supplications des garçons voulant aller visiter le musée de la Moto et de la Voiture de Course au château de **Savigny-les-Beaune** (4 km au nord de Beaune sur la D 18).

Musée de la Moto, de la Voiture de course et de l'Aéronautique

21420 Savigny-les-Beaune - Tél. : 80 21 55 03

Ouvert tous les jours de 9 h à 12 h et de 14 h à 18 h 30 (17 h en hiver). Fermé en janvier.

Dans ce joli château, les fous de vitesse seront comblés ; ils verront plus de cent cinquante motos datant de 1903 à 1960, cent cinquante modèles différents de prototypes Abarth et treize avions de chasse à réaction.

Vous voici maintenant à Verdun-sur-le-Doubs.

Maison du Blé et du Pain

Rue du Pont 71350 Verdun-sur-le-Doubs – Renseignements au 85 91 57 09

Ouverte tous les jours, sauf le mardi, de mai à septembre de 15 h à 19 h.

Dans une ancienne maison du XVIe siècle, une exposition permanente sur le blé, le pain et les hommes, et toutes les activités liées au cycle blé-farine-pain des origines à nos jours.

Un peu plus loin à **Saint-Martin-en-Bresse**, l'écomusée est consacré à **la forêt bressane**.

Maison de la Forêt et du Bois

71620 Saint-Martin-en-Bresse - Renseignements : 85 76 27 16

Ouvert tous les jours (sauf mardi) de mai à septembre de 15 h à 19 h.

Une exposition évolutive sur la forêt bressane et les métiers du bois : bûcheron, charpentier, charron et, à 5 minutes de là, une promenade sur des sentiers « découvertes » permet d'acquérir quelques notions élémentaires sur la sylviculture.

En remontant quelques kilomètres sur la N 73, puis sur la D 73, vous atteignez **Pierre-de-Bresse.**

Écomusée de la Bresse Bourguignonne

71270 Pierre-de-Bresse - Tél. : 85 76 27 16

 Ouvert tous les jours de toute l'année de 14 h à 18 h.

 pour le château de Pierre

 pour les enfants de − 7 ans

Le château est le siège de l'écomusée de la Bresse bourguignonne. On peut y voir des expositions permanentes sur le milieu naturel, l'histoire et les traditions populaires, et des reconstitutions de scènes de la vie locale.

De Pierre-de-Bresse à Louhans, vous passez près de **Bouhans**. Dans ce village a lieu, le dernier week-end d'août, la **foire de la Balme**, foire séculaire de vente de chevaux et de bovins. Les attractions, les unes foraines, les autres typiquement bressanes, font de cette foire une fête haute en couleurs.

À Louhans, l'écomusée est l'atelier d'un journal.

Atelier d'un Journal

29, rue des Dodânes 71500 Louhans – Renseignements : 85 76 27 16

 Ouvert de mai à fin septembre tous les jours (sauf mardi) de 15 h à 19 h ; et de juin à septembre de 10 h à 12 h et de 13 h à 19 h.

Toutes les machines d'un ancien atelier du journal *l'Indépendant* ont été conservées : linotypes, presses, rotative... La visite est commentée.

Tous les lundis, dans ce bourg, vous pouvez assister au spectaculaire **marché aux volailles**. Des centaines de coqs et de poules sortent leurs têtes des caisses à claire-voie. Ils sont tâtés et soupesés par les *coquetiers* qui les embarqueront en fin de matinée.

Le long de la route de Louhans à Tournus, à **Rancy**, se trouve **l'exposition permanente sur les métiers des chaisiers et pailleuses** (de juin à fin septembre, les dimanches de 15 h à 19 h).

Enfin, vous arrivez à Tournus. Dans cette ville vous pouvez visiter le musée sur l'habitat et les traditions locales.

Musée Bourguignon Perrin de Puycousin

8, place de l'Abbaye 71700 Tournus
Tél. : 85 51 29 68

 Ouvert du 1er avril au 1er novembre, tous les jours sauf mardis de 9 h à 12 h et de 14 h à 18 h.

Des intérieurs ruraux et artisanaux sont exactement reconstitués avec objets, outils et personnages en costume.

Sixième sortie : Chalon-sur-Saône sud

Vous prenez la N 80 en direction de Montceau-les-Mines. En traversant Blanzy, arrêtez-vous à l'ancien puits Saint-Claude.

Musée de la Mine

Rue du Bois-Clair 71450 Blanzy - Tél. : 85 68 22 85

 Ouvert de mars à novembre les samedis et dimanches et fêtes ; en juillet et août tous les jours de 14 h 30 à 18 h.

 pour les – 10 ans

Des machines, des galeries reconstituées, un chevalement redressé racontent le travail et la vie des mineurs depuis les débuts de la mine.

À Montceau-les-Mines se trouve le musée de l'école primaire.

Maison de l'École

37, rue Jean-Jaurès 71300 Montceau-les-Mines - Tél. : 85 55 01 11

 Ouvert le dernier dimanche du mois de 14 h 30 à 18 h.

Deux classes, reconstituées dans leur état d'origine, 1881 à 1925, 1925 à 1960, racontent l'évolution de l'école de Jules Ferry à nos jours.

 ## *Fugue à La Boulaye*

De Montceau-les-Mines, prenez la D 57 et tournez à droite sur la D 994 pour aller voir, juste après le village de La Boulaye, un véritable monastère tibétain.

 # Kagyu Ling
Le Temple aux Mille Bouddhas, Château de Plaige 71320 La Boulaye
Tél. : 85 79 43 41

 Visite du temple en été de 15 h à 19 h et, en hiver, les mercredis, samedis, dimanches et fêtes de 14 h 30 à 18 h.

 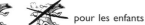 pour les enfants

Ce collège monastique bouddhiste, fondé en 1974 par un très vénéré lama, donne l'occasion aux enfants de voir un véritable temple de style himalayen avec ses gigantesques statues et ses peintures murales.

Un diaporama permet un premier contact avec la religion bouddhiste.

De Montceau-les-Mines, la N 70 vous conduit à **Paray-le-Monial**.

Derrière l'ancienne abbatiale Notre-Dame, dans le parc, vous verrez le diorama de l'Abbatiale.

Diorama de l'Abbatiale
71600 Paray-le-Monial - Tél. : 85 88 85 80

 Ouvert de Pâques au 20 octobre, tous les jours de 9 h à 12 h et de 13 h 30 à 18 h 30 (l'après-midi seulement en mai, septembre et octobre).

Ce diorama raconte, en vingt et une scènes de statues peintes, la vie de sainte Marguerite-Marie et l'histoire de Paray.

Vous passerez ensuite par **Charolles (foire aux bovins** le deuxième mercredi de chaque mois) pour vous rendre à **La Clayette** (N 79 et D 985).

Musée de l'Automobile

71800 La Clayette - Tél. : 85 28 22 07

 Ouvert tous les jours sauf le mardi de 9 h (10 h le dimanche) à 12 h et de 14 h à 18 h.

Un Musée de l'Automobile est installé dans les dépendances du château de La Clayette (prononcez la Clette).

Vous y verrez des automobiles, voitures hippomobiles, motos et cycles de la fin du XIXe siècle à nos jours.

Puis la D 989 traverse Saint-Christophe-en-Brionnais avant de vous conduire à Marcigny.

Saint-Christophe accueille les jeudis d'hiver un gigantesque **marché aux bestiaux**, et **Marcigny** organise, le second lundi de décembre, une **foire aux dindes**.

De Marcigny, la D 982 rejoint, à Roanne, le **circuit dans le Lyonnais**.
Vous vous serez arrêtés en cours de route au musée des Attelages à **Saint-Martin-du-Lac**.

Musée des Attelages de la Belle Époque

Château de la Garde 71110 St-Martin-du-Lac - Tél. : 85 25 03 72

 Ouvert de 14 h à 19 h, tous les jours du 15 juin au 15 septembre et les dimanches de Pâques à la Toussaint.

Calèches d'apparat, omnibus, voitures anglaises, cabriolets, voitures à poneys, etc.

Septième sortie : Tournus

Prenez la D 56 en direction de Cluny ; à Lugny, tournez à droite pour vous rendre aux **grottes-gouffre de Blanot**.

Grottes-Gouffre de Blanot

71250 Blanot - Tél. : 85 50 03 59

 Ouvert des Rameaux à la fin septembre, tous les jours de 10 h à 12 h et de 14 h à 18 h.

Les vingt et une salles s'enfonçant à plus de 80 m offrent de spectaculaires démonstrations du prodigieux travail de la nature durant des millénaires : stalactites, stalagmites, coulées de calcite...

Un peu plus loin, en continuant toujours vers Cluny, vous visiterez les grottes d'Azé.

Grottes d'Azé

71260 Azé - Tél. : 85 33 32 23 ou 85 50 04 07

 Ouvertes du 1er avril au 30 septembre, tous les jours de 10 h à 12 h et de 14 h à 19 h ; du 1er au 31 octobre le dimanche seulement aux mêmes heures.

Deux grottes : l'une préhistorique, avec un gisement exceptionnel de squelettes d'ours et de félins. L'autre active, traversée par une rivière souterraine.

Un musée archéologique réunit un éventail impressionnant de silex, d'ossements, d'armes, d'outils et de poteries.

Vous pouvez maintenant vous rendre à **Cluny** puis regagner l'autoroute.

Huitième sortie : Mâcon sud

Prendre la direction de Solutré.

Solutré

Au pied de la célèbre roche de Solutré, les hommes du paléolithique supérieur sont venus pendant 20 000 ans installer leurs campements de chasse. Les vestiges que ces chasseurs ont laissés, ossements d'animaux, aires de travail ou d'occupation, se sont accumulés dans le cône d'éboulis qui s'étale en contrebas de la roche, sur plus de trois mètres de hauteur par endroits.

Musée de la Préhistoire

71960 Solutré - Tél. : 85 35 85 24

Ouvert du 1ᵉʳ mai au 30 septembre, tous les jours sauf le mardi de 10 h à 13 h et de 14 h à 19 h ; du 1ᵉʳ octobre au 30 avril, tous les jours sauf mardi de 10 h à 12 h et de 14 h à 17 h.

Le musée, d'une architecture très contemporaine, est aménagé sous terre au pied de la roche. Les collections présentées, issues des fouilles du site, sont remarquablement mises en valeur. Des saynètes évoquant la vie quotidienne pendant la préhistoire animent plaisamment l'exposition.

De cette même sortie Mâcon sud, mais cette fois en prenant la N 6 jusqu'à **Maison-Blanche**, allez au Touro-Parc.

Les enfants méritent bien cette récompense, après tant de visites sérieuses !

Touro-Parc

Maison-Blanche 71570 Romaneche-Thorins - Tél. : 85 35 51 53

Ouvert d'avril à octobre de 9 h à 19 h ; d'octobre à mars de 9 h à 12 h et de 13 h 30 à 17 h 30 (le parc zoologique seulement). Animations les week-ends du 1ᵉʳ avril au 30 mai et tous les jours en juin, juillet et août.

Derrière l'enceinte fortifiée qui entoure le parc, un zoo et un parc de jeux attendent toute la famille. Le zoo est superbe, les animaux évoluent souvent dans un décor évoquant leur pays d'origine, et les attractions, fort sympathiques, se multiplient chaque année. Après la descente du torrent des grottes, ne ratez pas celle des Tours plongeantes.

Sachez qu'un questionnaire-jeu sur le zoo est disponible à l'entrée et qu'il est très bien fait.

Vous reprendrez l'**autoroute** pour vous rendre à **Lyon** ou, de retour à Mâcon, vous partirez pour le **circuit dans la Bresse**.

Le vaste plateau de pâturages animé par les troupeaux de vaches et les élevages de volaille de la Bresse, et les paisibles étangs au charme nostalgique des Dombes constituent presque essentiellement la Bresse.

Cette région juste aux confins du royaume de France et du duché de Savoie fut le théâtre et l'enjeu de nombreuses guerres et fut en partie rattachée à la France par Henri IV en 1601. Espérons que les enfants auront la chance d'assister à une fête des jonquilles ou du « roi de l'oiseau ». Si ce n'est pas le cas ils se consoleront au merveilleux parc des oiseaux des Dombes.

Musée du Peigne et des Matières Plastiques ────────

~ Base de Plein Air et de Loisirs ────────────

~ Les Attelages de Malafretaz

Eurofarm ────────────────

Musée de Brou ───────────

Parc de Loisirs de Bouvent ──────────

Base de Plein Air de
l'Étang du Moulin ──

Le Parc des Oiseaux ────────

Grottes ────────────────────

Fête de l'Oiseau ─────────────

Courses de Lévriers ─────

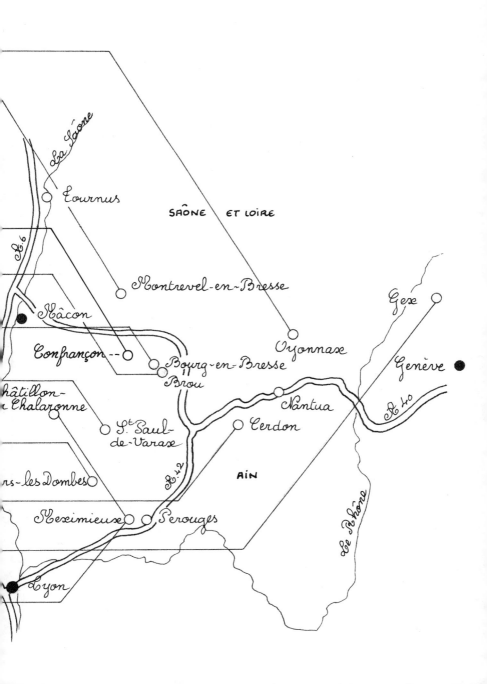

LA BRESSE ET LES DOMBES

Vous arrivez de Saint-Claude où le circuit dans le Jura vous a amené, ou de Tournus où s'est achevé le circuit en Bourgogne.

Venant de l'une ou de l'autre ville, vous vous retrouverez à Bourg-en-Bresse. Puis de Bourg, vous gagnerez Lyon où vous rattraperez le circuit du Dauphiné.

D'Oyonnax à Bourg-en-Bresse

Vous êtes encore dans l'atmosphère jurassienne en arrivant à Oyonnax, cette cité industrielle, ville du... peigne et de la matière plastique, où déjà au XIVᵉ siècle des artisans fabriquaient des peignes dans le bois de buis. Au milieu du XIVᵉ siècle, le celluloïd est mis au point et cette nouvelle matière plastique change l'économie d'Oyonnax, permettant de nouveaux développements dont la fabrication de poupées, les fameux bébés en celluloïd qui ont fait la joie des enfants dans les années 40-50.

Musée du Peigne et des Matières Plastiques

Centre culturel Aragon, place Georges-Pompidou 01100 Oyonnax
Tél. : 74 81 96 82

 Ouvert du 1ᵉʳ septembre au 30 juin les mardis, mercredis, jeudis, samedis de 14 h à 18 h ; du 1ᵉʳ juillet au 31 août, tous les après-midi de 14 h 30 à 18 h 30 sauf dimanche et jours fériés.

Vous verrez dans ce musée toutes les machines qui servirent à fabriquer les peignes et la reconstitution d'un atelier de ponceurs et de canneleurs ; vous y verrez aussi plus de peignes que vous n'en avez jamais vu : des démêloirs, des peignes de nuque, des peignes-chignons, des peignes sophistiqués en bois, en corne, incrustés de pierres semi-précieuses, etc.

Même si vous ne visitez pas ce musée, il est amusant de savoir qu'il existe !

Prenez la D 984 et la D 979, et vous arrivez à Bourg-en-Bresse. Vous pouvez, à l'intersection de ces deux routes, tourner à gauche vers **Nantua** et aller faire une agréable promenade sur le lac, à bord du « Mississippi » (45 mn). Renseignements : Hôtel du Lac - Tél. : 74 75 00 12.

À Nantua le **circuit dans les Alpes du Nord** vous attend.

De Tournus à Bourg-en-Bresse

À Tournus, prenez la D 975 en direction de Bourg, puis à Saint-Trivier-de-Courtes la D 2 vers Durciat-Dongalon, et à 3 km à droite arrêtez-vous à la **Ferme de la Forêt** à la magnifique cheminée sarrasine.

La visite de la ferme et de son petit musée rural plongera les enfants dans une ambiance d'un autre temps.

Les cheminées sarrasines

Les cheminées sarrasines ornaient les fermes des riches propriétaires ou des seigneurs. Elles étaient un signe de richesse.

Elles sont constituées à l'extérieur d'un clocheton ajouré et, à l'intérieur, d'une énorme hotte recueillant la fumée d'un grand foyer en général ouvert sur trois côtés.

La raison pour laquelle ces cheminées se sont appelées « sarrasines » reste un mystère.

Déjà au XVIIIe siècle le seigneur de Montrevel parle de cheminées sarrasines pour nommer les fermes bressanes.

Est-ce un apport des envahisseurs arabes au VIIIe siècle ? Ou le nom vient-il simplement du mot « sarrasin » qui voulait dire étranger en vieux français ?

Vous reprendrez la D 975 et vous vous arrêterez à Montrevel-en-Bresse où chacun se détendra **à la base de plein air et de loisirs de Montrevel-Malafretaz.**

Base de Loisirs de Montrevel-Malafretaz

Renseignements au Syndicat d'Initiative de Montrevel - Tél. : 74 30 81 03

Bronzing et pâtés de sable sur la plage, pédalos et baignade dans le lac, et en été un éventail d'activités pour tous les âges.

Tout à côté, à **Malafretaz**, les chevaux des **Attelages de Malafretaz** piaffent d'impatience d'être attelés pour vous emmener en promenade. Renseignements au 74 30 81 19.

Vous vous arrêterez à **Saint-Étienne-du-Bois** pour visiter la Ferme des Mangettes - Tél. : 74 30 52 45. **Bonne occasion d'évoquer la vie paysanne dans cette belle ferme du XVIIᵉ siècle toute meublée.** Ouverte de Pâques à la Toussaint tous les après-midi, sauf mercredi.

Après Saint-Étienne, vous gagnerez **Confrançon** où se sont installés en bordure de l'autoroute A 40, une ferme et un parc de loisirs.

Eurofarm

01310 Confrançon - Tél. : 74 25 26 15

 Ouvert tous les jours d'avril à novembre de 9 h 30 à 18 h.

Voici l'endroit idéal (mais cher) pour faire connaissance avec les 60 races bovines européennes. C'est en pédalos ou en barques ou par des sentiers que vous ferez ce tour de l'Europe à travers la découverte de l'espèce de chaque pays.

Vous verrez aussi des animaux nains et des animaux domestiques, des oiseaux... Et, les petits pourront s'amuser dans une aire de jeux qui s'agrandira bientôt, espérons-le !

L'arrêt suivant sera **Bourg-en-Bresse**.

BOURG-EN-BRESSE

Ville principale de la Bresse dont le nom évoque avant tout, avouons-le, les poulets !

Même si la fameuse foire des chapons et des poulardes du troisième samedi de décembre vaut sûrement le déplacement, vous viendrez surtout voir l'église de Brou que même des enfants apprécieront, ne serait-ce que pour son histoire. Cette chapelle fut bâtie par Maguerite d'Autriche pour abriter le tombeau de son mari tant aimé et trop vite disparu : Philibert le Beau.

Musée de Brou

Prieuré de Brou 01000 Brou - Tél. : 74 45 39 00

Ouvert tous les jours : du 1er octobre au 31 mars de 9 h à 12 h et de 14 h à 18 h 30 ; du 1er octobre au 31 mars de 9 h à 12 h et de 14 h à 17 h.

   pour les enfants

Installé dans les bâtiments du monastère, autour des trois cloîtres, le Musée de Brou ne présente a priori pas d'intérêt particulier pour les jeunes visiteurs.

Ancien monastère attenant à la célèbre église, il est surtout consacré aux Beaux-Arts, du XVIe au XXe siècle, mais le conservateur et les animateurs du musée ont conçu, avec l'aide des enfants des écoles, un petit guide instructif et amusant. Il faut par exemple, en regardant les tableaux, retrouver des détails, les noter, les compter, les comparer ou les dessiner. Par l'intermédiaire du jeu, l'enfant prend parfois plaisir à découvrir un musée.

Aux portes de la ville la belle plage du **parc de Bouvent** vous attend. Tél. : 74 45 18 30 ou 74 22 82 05 (service des sports de la mairie de Bourges). Ouvert toute l'année de 8 h à 20 h.

Après une bonne baignade vous pourrez pique-niquer et les enfants s'en donneront à cœur joie dans la plaine de jeux.

De Bourg-en-Bresse à Lyon

Prenez la N 83 et, si vous ne venez pas de faire une pause plage au parc de Bouvent, arrêtez-vous à la base de plein air de l'Étang du Moulin.

Base de Plein Air de l'Étang du Moulin

01240 Saint-Paul-de-Varax - Tél. : 74 42 53 30 (du 1/5 au 15/9)
et 74 42 50 13 (16/9 au 30/4)

Vous pourrez non seulement vous baigner, mais aussi vous laisser glisser sur le toboggan aquatique et les enfants joueront sur l'aire de jeux.

Si vous avez envie de friandises, à 5 km de là vous tournerez à gauche pour aller au Plantay déguster de délicieuses pâtes de fruits.

Juste après Villars-les-Dombes s'étend le magnifique parc ornithologique des Dombes.

Parc des Oiseaux

01330 Villars-les-Dombes (le long de la N 83) - Tél : 74 98 05 54

 Ouvert tous les jours de l'année à partir de 8 h 30 jusqu'à la tombée de la nuit.

À l'entrée du parc : le départ de la jolie route des étangs des Dombes et une Maison de l'Artisanat avec des expositions et vente de produits régionaux.

La beauté du paysage et la sérénité des étangs ne sont troublées que par l'envol des colverts ou le passage des oies sauvages, par le chant des oiseaux ou le craquètement des cigognes. Les oiseaux du monde entier se laissent admirer et, perchés sur une branche ou en équilibre sur une patte, ils vous regardent passer en petit train ou à pied.

La promenade à pied dure à peu près deux heures, celle en train est commentée ; vous passez devant les grues couronnées ou celles de paradis, les pélicans, les cormorans et les marabouts, les aigles et les vautours, les oiseaux de nuit, etc.

Vous verrez même des manchots sur leur banquise.

Beaucoup de petits naissent dans le parc, et une couveuse est installée dans une des grandes volières pour les accueillir.

Bienvenus aussi sont les oiseaux migrateurs lorsqu'ils reviennent aux Dombes après leurs longs voyages.

Lorsque la nuit est sur le point de tomber, des centaines d'oiseaux du parc et des alentours se rassemblent aux abords du lac et le spectacle, autant visuel que sonore, est féerique.

Non loin de Villars-les-Dombes, à **Ars-sur-Formans** se trouve un petit musée de cire consacré au célèbre prêtre.
Historial du Saint Curé d'Ars 01480 Ars-sur-Formans - Tél. : 74 00 70 22. Ouvert tous les jours de 10 h à 12 h 30 et de 13 h 30 à 19 h du 1er avril au 31 octobre. **Vous découvrirez la vie de ce berger devenu un saint homme.**

Nous vous conseillons vivement maintenant de faire un détour par **Pérouges, la cité du Moyen Âge** (D 904 et D 22).

Pérouges est restée presque telle qu'elle devait être au Moyen Âge avec ses rues tortueuses grossièrement pavées, ses vieilles maisons et ses artisans, un parfait décor pour le cinéma.

Fugue sur la route du Dauphiné

Si, de Bourg, vous allez rejoindre le **circuit du Dauphiné** à Les Avenières, vous prendrez la N 75 et, après Pont-d'Ain la N 84 pour **Cerdon**.

La ville de Cerdon offre un éventail de possibilités : visiter ses grottes, sa cuivrerie, faire des promenades à dos d'âne, voir une exposition sur la faune et la flore du Retord.

Les Grottes

6 km au-dessus du village
01450 Cerdon - Tél. : 74 39 97 36

 Ouvert du 1er mai au 28 septembre de 10 h à 18 h.
Visite accompagnée d'une heure.

Un petit train conduit du parc d'accueil à l'entrée de la grotte. À pied, vous suivez le lit de l'ancienne rivière souterraine et contemplez les formes insolites. Puis vous parvenez à la salle de la fromagère, cette salle qui pendant des années servit au mûrissage des fromages.

La Cuivrerie

01450 Cerdon - Tél. : 74 39 96 44

 Visite 7 jours sur 7 de l'atelier de repoussage, de l'ancienne forge et des nouveaux ateliers.

Le département de l'Ain a le sens de la fête.

 ## *Zoom sur les fêtes*

À **Coligny** fin mars, c'est la **Fête des Jonquilles** : non seulement vous cueillez des brassées de clochettes jaunes dans la campagne, mais le dimanche après-midi vous mangez des crêpes à satiété.

Ailleurs, vous dégustez des **gaufres** – à l'ancienne, à Cormoz, ou au sarrasin à **Etrez** et à **Foissiat** ; à moins que vous ne préfériez attendre le premier dimanche d'avril pour vous rendre à **Chezery-Forens** et vous régaler de **tartes**.

Le 1ᵉʳ mai la **Fête du Muguet** anime les rues de **Chalamont** avec ses chars fleuris.

Les **narcisses** sont la fierté d'**Aranc**, à la mi-mai.

Ce même week-end, le **Château de Loriol** à Confrancon donne une **grande fête médiévale**.

Le dimanche de la Trinité, à **Gex**, a lieu la fête la plus spectaculaire de la région, la **Fête de l'Oiseau** avec son concours de tir à l'oiseau et le défilé des villageois en costume d'époque accompagnant le char du « grand tétras » (un coq de bruyère).

Cette fête commémore le mariage de Léonette, dame de Jex, avec le prince de Joinville.

Au cours des festivités, un concours de tir peu banal avait été improvisé.

Les victuailles et les volailles étaient si nombreuses et si tentantes sur la table du festin que la douce Léonette décida d'en faire profiter les pauvres villageois. Les oiseaux ruisselant de sauce furent plantés au bout de piques et chacun exerça ses talents de tireur sur ces appétissantes cibles. Les gagnants recevaient comme récompense le droit de les déguster.

Aujourd'hui, sur la place, des tireurs tentent d'abattre avec leurs fusils un oiseau de bois, placé en haut d'un mât ; le vainqueur est couronné « roi de l'oiseau » et choisit sa reine parmi les jeunes filles de l'assistance.

En été aussi des **lévriers** courent sur les **cynodromes** de **Châtillon-sur-Chalaronne** ou de Maximieux.

Les lévriers étaient autrefois des chiens de chasse.

Aujourd'hui ils doivent se contenter de courir derrière un leurre électrique. D'origine très ancienne, venus d'Asie ou d'Afrique, les lévriers étaient déjà très appréciés des Égyptiens ; en Europe au retour des croisades, les nobles possédaient fréquemment plusieurs de ces élégants chiens qu'ils utilisaient à la chasse et comme compagnie. Si le lévrier est d'un aspect gracile, il est en fait un chien très rapide, il peut courir jusqu'à 70 km à l'heure et les plus rapides sont les « greyhounds ». Les courses de lévriers donnent lieu à des paris.

Le dernier dimanche de juillet, à **Mijoux**, les bûcherons célèbrent la **Fête de la Montagne**, élisent la reine de l'alpage et les plus performants d'entre eux.

La fin de l'été donne prétexte aux **Fêtes des battages** à **Saint-Denis-les-Bourg**, à **Pirajoux**, à **Saint-Étienne-du-Bois** ou à **Chezery-Forens** avec la « **revole des foins** ».

Les **champignons** sont fêtés en octobre à **Hauteville-Lompnes** et à **Villars-les-Dombes**, les **courges** à **Boissey** avec dégustation de tartes sucrées au gros potiron rouge, et les **chèvres** à **Pont-de-Vaux**.

Décembre honore les **poulets** : concours de volailles à **Bourg-en-Bresse**, à **Pont-de-Vaux**, à **Montrevel-en-Bresse**.

300

L e *Lyonnais est une région un peu disparate commandée par la deuxième ville de France, Lyon. Il est en partie couvert par les merveilleuses vignes du Beaujolais et les bois de pins du mont Pilat.*

Deux départements se partagent la région, le Rhône et la Loire.

Dommage que Guignol ne puisse servir de guide aux enfants, ils riraient alors de bon cœur en visitant les musées folkloriques ou les zoos de la région.

La Volerie du Forez ——

Musée de la Poupée ——

~ Musée International de la Marionnette ————

~ Palais de la miniature

~ Parc de la Tête d'Or

Musée Français de l'Automobile ————

Espace Zoologique ————

Parc Animalier ————

Musée du Chapeau ——

Musée de la Mine ——

Parc Naturel Régional ——
                du Pilat

Moulins

La Loire

ALLIER

Ambierle

Roanne

Villerest ---

Amplepuis

RHÔNE

A 72

Château
de Rochetaillée

Bessenay

Lyon

Marcilly-Le-Chatel

Montbrison

Chazelles

A 47

St Martin-La-Plaine

LOIRE

St Étienne

A 6

LE LYONNAIS

Vous aborderez le Lyonnais, soit en venant de Nevers, soit en venant de Mâcon, soit en venant de Bourg-en-Bresse. Vous vous retrouverez tous à Lyon que vous quitterez soit pour Saint-Étienne, soit pour prendre l'autoroute du Soleil vers l'Ardèche et la Provence, soit pour partir en direction de Grenoble.

Venant de Nevers par la N 7, votre premier arrêt dans le Loire sera à **Ambierle** au musée Alice Taverne.

Musée Alice Taverne
Arts et traditions de Forez
42820 Ambierle - Tél. : 77 65 60 99

 Ouvert du 1er février au 30 novembre de 10 h à 12 h et de 14 h à 18 h (17 h en novembre et février).

  pour les – de 10 ans

Un musée sur la vie paysanne et artisanale du Forez.

Dans un bâtiment du XVIIIe siècle, Alice Taverne (1904-1969) s'est attachée à rendre l'atmosphère des intérieurs d'autrefois avec le souci du détail et de la note pittoresque. Vous apprécierez les reconstitutions : la salle d'auberge, la chambre d'un maître chirurgien, l'atelier de couture ; vous verrez aussi l'école, les jouets des enfants et les costumes régionaux.

Vous traversez ensuite Roanne, ancien port fluvial sur la Loire. Depuis longtemps ni les *cabanes** ni les *saint-rambertes** ne transportent plus les voyageurs, mais vous pourrez faire une promenade en bateau sur le canal de Roanne à Digoin.

Renseignements et réservations : Marin d'Eau Douce à Briennon, tél : 77 69 92 92.

---

* Chalands assurant le trafic sur la Loire ou le canal de Briare aux XVIIe et XVIIIe siècles.

Fugue au lac de Villerest

À quelques kilomètres par la D 56, vous atteindrez le lac de Villerest. Vous ne regretterez pas ce détour, car le bourg médiéval de Villerest est très pittoresque. Vous pourrez visiter un musée « brûlant » :

Musée de l'Heure et du Feu

Place Jean-Baudinat 42300 Villerest - Rens. tél. : 77 69 66 66 (mairie)

 Ouvert le samedi et le dimanche de 15 h à 19 h du week-end de Pâques au 30 juin et du 1er septembre à la fin octobre ; et tous les jours, sauf lundi, en juillet et en août, de 15 h à 19 h.

  pour les enfants

L'histoire de l'heure et du feu, des origines à l'époque contemporaine à travers plus de 1 500 objets : briquets, montres, pendules et cadrans solaires.

Les enfants pour qui l'heure n'est pas l'heure pourront aller pendant ce temps-là faire du bi-cross, du mini-golf, du vélo ou du poney. Tous ensemble, vous pourrez ensuite aller vous baigner dans le lac.

Vous pourrez voir aussi le **barrage** et la **centrale hydro-électrique**. (Tél. : 77 70 02 27. Visite gratuite de 90 mn).

Enfin, à 1 km de là vous ferez une promenade le long du lac à bord d'un petit train (tél. : 77 65 60 99).

À la fourche Lyon - Saint-Étienne (N 7 et N 82), le circuit se divisera en deux, l'un partant par la N 82 vers Saint-Étienne et l'autre par la N 7 vers Lyon.

Vers Saint-Étienne

Vous voici donc partis sur la N 82. À Bussières se trouve un :

Musée du Tissage

42510 Balbigny - Tél. : 77 27 32 33

 Ouvert de mars à octobre : le deuxième dimanche du mois de 15 h à 19 h.

Depuis l'an mille, on tissait à Bussières, et aujourd'hui encore les « compagnons » font pour vous des démonstrations sur des métiers à main.

À Feurs, prenez la N 89 pour Boën puis la D 8 en direction de Montbrison. Traversez Marcilly-le-Chatel et rendez-vous à la :

Volerie du Forez

Château Saint-Anne 42130 Marcilly-le-Chatel - Tél. : 77 97 59 14

 Ouvert de Pâques au 1er novembre. Se renseigner par téléphone sur les heures et les jours de démonstration.

Dans un château féodal situé au pied des monts du Forez d'où s'étend une vue exceptionnelle sur les monts du Lyonnais et du Pilat, logent des oiseaux de proie. Vautours, aigles, faucons, et même un hibou grand-duc volent autour de vous, n'hésitant pas à vous étonner par leur dextérité.

À Montbrison, où vous arriverez peu après, vous visiterez le :

Musée de la Poupée
Musée d'Allard

Boulevard de la Préfecture
42600 Montbrison - Tél. : 77 58 33 07

 Ouvert tous les jours sauf le mardi de 14 h 30 à 18 h.

Un petit musée sympathique : beaucoup de poupées folkloriques du monde entier, des terres cuites précolombiennes, des poupées africaines et de mystérieuses figurines.
Les poupées aussi ont leur histoire, une vidéo vous la raconte.

De Montbrison, vous gagnerez Saint-Étienne où nous nous retrouverons tout à l'heure.

Vers Lyon

À la fourche Saint-Étienne - Lyon, prenez cette fois la N 7 en direction de Lyon.
Un petit crochet par Amplepuis (à mi-chemin de Tarare, une petite route sur la gauche, la D 10), où est installé un musée original, celui de la Machine à coudre et du Cycle.

Musée Barthélemy Thimonnier

69550 Amplepuis - Tél. : 74 89 08 90

 Ouvert : mercredi, vendredi, samedi, dimanche et jours fériés de 14 h 30 à 18 h 30, et tous les jours du 15 juin au 15 septembre. Fermé du 23 au 31 décembre.

Plus de 100 machines à coudre dont une très belle collection de machines-jouets et une collection de fers à repasser.
La couturière est installée dans son atelier comme au début du siècle, une blanchisseuse admire un beau linge brodé, une mère de famille est assise devant sa machine à coudre dans un salon bourgeois de 1865.
Une admirable collection de vélocipèdes, depuis la machine à courir du baron Drais jusqu'à la bicyclette moderne, en passant par le premier vélo pliant, prolonge le musée.

À l'Albresle, deux choix s'offrent à nouveau à vous : poursuivre la N 7 jusqu'à Lyon ou descendre à Saint-Étienne par la N 89.

Lyon par la N 7

Sur la route, arrêtez-vous au grand parc du domaine de Lacroix-Laval (ouvert tous les jours de 6 h à 22 h en été et de 7 h à 20 h en hiver - entrée gratuite). Les petits apprécieront la Fermette des Enfants (Tél. : 78 44 26 02) et les petites filles iront découvrir le merveilleux Château de la Poupée.

Château de la Poupée

Parc de Lacroix-Laval 69280 Marcy-l'Étoile - Tél. : 78 87 87 00

 Ouvert de la mi-février à la mi-novembre, du mardi au dimanche, et de la mi-novembre à la mi-février, du mercredi au dimanche inclus de 10 h à 17 h.

Ce château est habité par plus de 1 000 poupées. Elles sont merveilleusement installées, et des décors font revivre la boutique de la modiste, les bancs de l'école, la chambre de bébé... Une représentation en miniature de la vie au XIXe siècle.

LYON

Lyon, **deuxième ville de France**, est construite au confluent de la Saône et du Rhône. Ancienne *Lugdunum*, son histoire remonte au commencement de notre ère. Agrippa en fit la capitale des Gaules, et au Moyen Âge on y faisait la foire (aujourd'hui on y organise toujours des foires...).

Ville du tissage : Joseph Jacquard – comme le pull – inventa un métier à tisser particulièrement performant.

Capitale de la soie : jusqu'au début de ce siècle, les « canuts », les tisserands, tissaient sur 60 000 métiers des étoffes pour habiller les belles dames du monde entier.

Ville de Guignol : le sympathique bouffon né de l'imagination de Laurent Mourguet.

Laurent Mourguet est né en 1768 dans une famille de canuts. Il aimait le théâtre et, très jeune, il s'initia à l'art de la marionnette en utilisant le polichinelle venu d'Italie.

Après la Révolution française, Laurent Mourguet devient marchand forain et surtout... arracheur de dents. La légende veut qu'il ait intimement mêlé son métier d'arracheur de dents à sa passion du théâtre afin d'aider ses patients à mieux supporter la douleur...

En 1808, Laurent invente « Gnafron », le savetier, grand amateur de beaujolais, puis « Guignol », sorte de justicier, redresseur de torts, vif, spirituel, plein de bon sens et de gentillesse. Il crée aussi « Madelon », sa femme, pas toujours de bonne humeur, « La Toinon », la servante, et le « Père Canezou », le propriétaire, etc.

Pour voir le premier Guignol, vous emmènerez sûrement vos gones* voir :

 ## Musée International de la Marionnette

Hôtel de Gadagne, place du Petit Collège (5ᵉ) - Tél. : 78 42 03 61

 Ouvert tous les jours sauf mardi de 10 h 45 à 18 h et les vendredis jusqu'à 20 h 30. Situé au premier étage du Musée Historique de Lyon.

  pour les − 18 ans

Ils sont là, les premiers personnages sculptés en 1808 et 1820 par Mourguet. En regardant les poupées, œuvres d'autres marionnettistes, on constatera l'évolution du guignol lyonnais, depuis 150 ans, depuis le premier Guignol, ouvrier en soie à l'air grave et un peu naïf, jusqu'au personnage plus souriant et moins expressif d'aujourd'hui. Gnafron, lui qui était intelligent, s'est transformé en ivrogne invétéré.

Une collection exceptionnelle de marionnettes italiennes, turques et javanaises complète ce musée.

Et, mieux encore, allez assister à une représentation au :

Guignol de Lyon

2, rue Louis-Carrand - Tél. : 78 28 92 57 de 14 h à 18 h

 Se renseigner par téléphone sur programme, les jours et les heures de représentation.

Des spectacles différents chaque année.

Lyon possède vingt-quatre musées. Rassurez les enfants, nous ne citerons que ceux qui, d'une façon ou d'une autre, présentent une originalité ou répondent à nos critères d'intérêt pour les enfants.

* Gone : gamin en lyonnais.

309

Musée Guimet d'Histoire Naturelle

28, boulevard des Belges 69006 Lyon - Tél. : 78 93 22 33

 Ouvert du mercredi au dimanche de 13 h à 18 h.

Une collection de grands animaux disparus ou actuels, des oiseaux mouches et des oiseaux de paradis en veux-tu en voilà, une galerie « Région lyonnaise » où des diaporamas présentent la faune et la flore de la région, et des aquariums.

La plus extraordinaire des visites n'est pas un musée mais un palais...

Palais de la Miniature

2, rue de la Juiverie 69005 Lyon - Tél. : 72 00 24 77

 Ouvert du lundi au dimanche inclus de 10 h à 12 h et de 14 h à 19 h.

Des hommes et des femmes aux doigts de fée ont créé des objets miniatures : des pièces d'orfèvrerie, des bibelots, des tapisseries..., ils ont construit de tout petits meubles avec la précision des plus grands ébénistes. La réalisation du « bouchon » de Lyon est une pure merveille. Vous verrez là l'exceptionnelle collection de Dan Ohlmann dont l'atelier se trouvait avant à Montélimar, et les surprenantes poupées hyperréalistes d'Anne Mitrani.

Les autres musées que vous visiterez seront plus traditionnels.

Musée de l'Imprimerie et de la Banque

13, rue de la Poulaillerie 69002 Lyon - Tél. : 78 37 65 98

 Ouvert du mercredi au dimanche de 9 h 30 à 12 h et de 14 h à 18 h ; le vendredi de 9 h 30 à 18 h.

Des panneaux très lisibles expliquent l'histoire de l'imprimerie, les différents procédés d'impression, et montrent l'intérêt des objets exposés.

Maison des Canuts

10-12, rue d'Ivry 69004 Lyon - Tél. : 78 28 62 04

 Ouvert tous les jours sauf le dimanche et les jours fériés de 8 h 30 à 12 h et de 14 h à 18 h 30 (le samedi à partir de 9 h seulement).

Le vieux métier à la main dit « à la Jacquard » fonctionne encore, un métier mécanique exécute un tableau en soie façonnée, et une série de tableaux et de photos expliquent le cycle du ver à soie : du cocon à la soie.

Tant pis si vous n'avez pas trouvé de musées au goût des chères têtes blondes, vous les emmènerez prendre la *ficelle*, l'ancien nom du funiculaire qui monte au sommet de **la colline de Fourvière** voir *l'éléphant renversé* ou autrement dit la **basilique**...

En redescendant, on pourra jouer à se perdre dans les **traboules**, les petits passages qui relient certaines rues à d'autres en traversant des maisons par des couloirs et des cours. *Traboulez donc du 3, place Saint-Paul au 5, rue Juivrerie, du 2, place du Gouvernement au 10, quai Romain-Rolland, du 24, rue Saint-Jean au 1, rue du Bœuf, du 40, rue Saint-Jean au 5, place Neuve-Saint-Jean etc., et bonne chance pour vous retrouver !*

Si vous passez **place Rouville**, sur le versant ouest de la Croix Rousse face à Fourvière, ne manquez pas de regarder la **Maison Brunet**, la maison aux 365 fenêtres. Elle fut construite au siècle dernier par un Savoyard. Cet énorme parallélépipède rectangle comporte toutes les divisions de l'année : 365 fenêtres, une pour chaque jour de l'année ; 4 portes rappellent les saisons, et les deux semestres de l'année sont représentés par deux fois six étages. La maison abrite 52 appartements (un pour chaque semaine) et les deux escaliers de 164 marches évoquent le parcours du Soleil à la Lune.

Allez maintenant respirer dans la verdure et vous promener dans le magnifique parc à l'anglaise de la Tête d'Or.

On raconte qu'un trésor est caché dans ce parc. À vos pelles et vos seaux !

Parc de la Tête d'Or

Situé sur les bords du Rhône dans le quartier des Brotteaux 69002 Lyon
Tél. : 78 89 02 03

 Ouvert de 6 h à 20 h du 1ᵉʳ octobre au 31 mars et de 6 h à 23 h du 1ᵉʳ avril au 30 septembre.

Pour ne pas trop vous fatiguer les *fumerons** vous prendrez le petit train (situé sur l'île du *Vélodrome*). Renseignements : M. Didier au 74 90 21 51.

Les enfants seront ravis de faire des tours de bateau sur le lac (10 F) ou du mini-karting (5 F), du manège ou des promenades à poney ; à moins qu'ils ne préfèrent assister à une représentation de Guignol ou aller au jardin zoologique.

 ## Jardin Zoologique

Tél. : 78 89 16 02

 La fauverie est ouverte en hiver de 9 h à 11 h et de 13 h 30 à 16 h 30 ; en été de 9 h à 11 h et de 14 h à 17 h.

Des daims mouchetés en semi-liberté, des oiseaux exotiques sur des îles rocailleuses, des éléphants, des girafes, des dromadaires dans des enclos, des lions, des tigres, des panthères dans la fauverie, des singes dans la rotonde et des poissons et des reptiles dans l'aquarium et le vivarium.

Si vos enfants préfèrent être menés en bateau, des promenades les attendent sur le Rhône et la Saône.

Navig'Inter

13 bis, quai Rambaud 69000 Lyon - Tél. : 78 42 96 81

 Départs tous les jours du 1ᵉʳ avril au 30 novembre du quai des Célestins à 14 h et 17 h pour l'île Barbe, et à 15 h et 18 h pour le tour de Lyon. Durée : 1 h 15.

Une promenade jusqu'au confluent du Rhône et de la Saône ou en direction de l'île Barbe.

* Fumerons : jambes en lyonnais.

Si par hasard vous passiez par Lyon début juin, ne manquez pas les Pennons de Lyon ou Fêtes de la Renaissance : 3 jours pour 100 ans d'histoire. Renseignements au 78 37 68 34.

À partir du XIIIᵉ siècle, Lyon se divise en quartiers appelés « personnages » du nom de « pennon » : étendard et emblème de chacune des troupes de citoyens lyonnais chargés de protéger la ville.

Les jours de liesse, les pennons étaient en tête des cortèges.

Renouant avec les heures fastes du passé, se déroule chaque année la grande fête historique des Pennons de Lyon, où les couleurs et l'honneur de chaque « personnage » ou quartier sont défendus par un cavalier et son cheval, dans une course montée à cru.

Les environs de Lyon

Sans *gongonner** vous irez tous à Rochetaillée (11 km au nord de Lyon sur la D 433) visiter le musée français de l'Automobile.

Musée Henri Malartre
Automobiles - Cycles - Motos

Château de Rochetaillée 69270 Rochetaillée-sur-Saône - Tél. : 78 22 18 80

 Ouvert tous les jours de 9 h à 18 h.
Fermé le 25 décembre et le Jour de l'An.

Ce château-musée entouré d'un beau parc surplombe la vallée de la Saône. Il abrite des voitures ayant appartenu à des gens bien célèbres : la Mercedes d'Hitler, la Packard d'Édith Piaf, le monoplace Gordini de Fangio, la Renault-Espace de Jean-Paul II. Toutes les automobiles, motos, motocyclettes ou autobus que vous verrez sont en état de marche.

* Gongonner : ronchonner.

Pas très loin, à 20 km de Lyon, à Poleymieux, vous pourrez visiter le :

Musée Ampère et de l'Électricité

69250 Poleymieux-au-Mont-d'Or - Tél. : 78 91 90 77

Ouvert tous les jours sauf le mardi de 9 h à 12 h et de 14 h à 18 h.

Dans la maison natale du célèbre physicien vous sont présentés les appareils de la découverte des lois de l'électrodynamique.

En remontant un peu plus au nord (25 km) par la N 6, vous pourrez prendre le chemin de fer touristique.

Chemin de Fer Touristique d'Anse

8, avenue de la Libération 69480 Anse - Tél. : 74 60 25 01

Fonctionne les dimanches et fêtes, de Pâques à la Toussaint, et samedis, dimanches et fêtes du 1er juin au 30 septembre de 14 h 30 à 19 h.

Une promenade touristique de 25 minutes dans un train miniature.

À 14 km de Bellecourt :

Parc de Miribel-Jonage

Chemin de la Bletta 69120 Vaux-en-Velin - Tél. : 78 80 56 20

Ouvert de 9 h à la nuit.

 pour l'entrée, activités payantes

Un parc de divertissements de « Miribeland », une base nautique, une plage et de nombreuses promenades.

Si vous quittez Lyon pour Saint-Étienne, prenez l'autoroute A 7 puis l'A 47 et, en sortant à Rive-de-Gier, vous verrez indiqué l'Espace ZOOlogique.

Espace ZOOlogique

42800 Saint-Martin-la-Plaine - Tél. : 77 83 87 87

Ouvert tous les jours de l'année de 9 h à 19 h en été, de 9 h à la nuit en hiver.

Voici un zoo dynamique où il se passe toujours quelque chose. De nouveaux espaces viennent d'ouvrir : une zone géographique africaine, royaume des mouflons à manchettes et des autruches ; un zone australienne, où se retrouvent comme chez eux des émeus et des wallabies ; une zone sud-américaine où se sont installés des lamas et des nandous.

L'Espace ZOOlogique est un bon endroit pour observer les animaux de près, pour mieux les comprendre. N'hésitez pas à lire les panneaux d'informations, vous apprendrez beaucoup sur les différentes espèces. Vous verrez des animaux superbes comme ces tigres de Sibérie ou ces panthères des neiges ; vous découvrirez ces drôles de renards à longues pattes, appelés loups à crinière, ou encore ce petit ours nain, dit « ours des cocotiers ».

Saint-Étienne par la N 89

À Saint-Bel, vous prendrez sur la gauche une toute petite route pour Saint-Pierre-la-Palud où se trouve le musée de la Mine.

Musée de la Mine

69210 Saint-Pierre-la-Palud - Tél. : 74 70 41 93 ou 74 70 48 23

Ouvert samedi, dimanche et jours fériés de 14 h à 18 h du 1er mars au 30 novembre.

Les mines de pyrite de cuivre de Saint-Pierre-la-Palud et Chevinay ont été exploitées dès le Moyen Âge, abandonnées, puis exploitées à nouveau au XVIIe siècle, elles ont fermé définitivement en 1972. Un groupe d'anciens mineurs a reconstitué l'aspect des ouvrages souterrains tels qu'ils existaient. Des salles exposent le matériel, les archives, des minéraux et fossiles.

Regagnez la N 89 et prenez à gauche la D 50 pour Courzieu.

Parc Animalier

69690 Courzieu - Tél. : 74 70 96 10

Ouvert de 10 h à 19 h tous les jours du 15 mars au 15 novembre.

Les spectacles de rapaces en vol ont lieu tous les jours du 1er avril à la fin novembre à 14 h 30 et 16 h 30.

Un espace jeux pour enfants et... adultes.

Vous marchez dans une belle forêt, vous apercevez des loups, des lynx, des chats sauvages, vous passez à côté de la maison des abeilles et des volières conçues pour la reproduction des rapaces. Sur un sentier botanique, une initiation aux plantes achève la visite.

Enfin les rapaces, faucons, milans, aigles, vautours et même des chouettes et des hiboux vous présentent leur spectacle.

Retour sur la N 89 jusqu'à ce que vous rencontriez la D 12 indiquant Chazelles sur la gauche. Encore un musée original : celui du chapeau.

Musée du Chapeau

16, route de Saint-Galmier 42140 Chazelles - Tél. : 77 94 23 29

Ouvert toute l'année, tous les jours de 14 h à 18 h (sauf mardi à l'exception de juillet et août). Visites commentées.

Bibis, capelines, canotiers, gibus... plus de 300 couvre-chefs sont exposés dans un atelier reconstitué. Des vidéos expliquant la technologie unique de fabrication du chapeau de feutre à partir de poils de lapin sont projetés. Le premier et troisième dimanches de chaque mois, des chapeliers font des démonstrations. De grandes malles remplies de chapeaux permettent aux enfants d'essayer toutes sortes de galurins.

De Chazelles, vous suivez la D 12 puis la N 82 jusqu'à Saint-Étienne.

SAINT-ÉTIENNE

Les garçons évoqueront probablement les « Verts ». Si vous n'avez pas la chance d'assister à un match de foot, cette ville, centre industriel, ne vous retiendra pas longtemps avec des enfants. Sauf si le musée de la Mine a ouvert ses portes et si les travaux de rénovation du musée d'Art et d'Industrie sont achevés.

Musée de la Mine

3, boulevard Franchet-d'Esperey 42000 Saint-Étienne - Tél. : 77 33 50 05

 Ouvert tous les jours sauf les lundis et mardis de 13 h 30 à 18 h.

Ce musée a ouvert récemment et est encore en cours d'aménagement.

Le puits Couriot, ancien siège d'extraction des houillères de la Loire, exploité de 1913 à 1973, sera aménagé et ouvert au public.

Pour atteindre la galerie souterraine, vous utiliserez, comme les mineurs, le chevalement du puits, belle construction d'acier haute de 38 m et un ascenseur habillé en cage d'extraction. Vous descendrez de 16 mètres, mais vous aurez l'impression d'effectuer un parcours vertical de 300 mètres sous terre (chute, soufflerie, défilement de parois, vibrations).

Vous visiterez la mine musée. En train, comme les ouvriers du fond, vous atteindrez la « taille » moderne, chantier électrifié et automatisé. Ensuite, à pied, vous parcourrez « la mine de transition », exploitation des années 20, puis la même d'avant 1914.

La visite sera entièrement automatisée et un système vidéo assurera l'information.

Quarante-cinq minutes d'aventure souterraine.

Il est prévu aussi un parc d'attractions techniques.

Ah ! ne partez pas sans acheter des chocolats, spécialité stéphanoise.

Et allez donc découvrir les gorges de la Loire (environ 15 km de Saint-Étienne par Roche-la-Molière, D 3^A) en faisant une **promenade** sur le **lac de Saint-Victor-sur-Loire**. Renseignements et réservations : Navig'Inter. Tél. : **77 90 32 38.**

Vous sortirez de Saint-Étienne en prenant la N 82 en direction d'Annonay ; sur la gauche de cette route s'étend le Parc naturel régional du Pilat.

PARC NATUREL RÉGIONAL DU PILAT

Informations : **Maison du Parc**, Moulin de Virieu, 2, rue Benay 42410 Pélussin - Tél. : 74 87 65 24

Vous pourrez faire de belles promenades, suivre les sentiers « fleurs » ou ornithologiques, visiter quelque écomusée, comme la Maison des Tresses et des Lacets.

Maison des Tresses et des Lacets

42320 La Terrasse-sur-Dorlay
Tél. : 74 87 65 24 (la Maison du Parc)

 Ouverte le mercredi, vendredi et dimanche, de 14 h 30 à 18 h.

  pour les enfants

Vous y verrez un atelier en activité, animé par une des dernières *roues* à *auget* en fonctionnement.

Un peu plus loin sur la droite de la N 82 (à proximité de Saint-Genest-Malifaux) à Jonzieux, se trouve la Maison de la Passementerie.

Maison de la Passementerie

42660 Jonzieux - Tél. : 77 39 91 92 ou 77 39 93 38

 Ouvert du 1er mai à fin septembre le dimanche de 14 h 30 à 18 h.

Un atelier de passementier tel qu'il en existait au siècle dernier. Vous pourrez faire tisser sous vos yeux l'écusson du parc du Pilat.

En poursuivant la N 82, vous atteignez Annonay et rattrapez le **circuit de l'Ardèche**.

L e centre de la France n'a pas d'unité géographique réelle, il est principalement couvert de prairies sillonnées de rivières et de futaies se reflétant dans des étangs.

Nous vous proposons un circuit dont le point de départ se situe peu après Montargis d'où partiront deux itinéraires, l'un dans le Bourbonnais et le Nivernais et l'autre dans le Berry et le Limousin.

Parc Naturel de St Augustin —

Musée de folklore et du vieux —
                    Moulins

Muséum d'Histoire naturelle ___

Musée d'Argentomagus ———

Parc du Pal ————————————

Parc de loisir des Gouttes ————————

Château de Meillant ————————

~ Aquarium du Limousin ——
~ Parc Bellevue

Centre National de la Bande ——
Dessinée et de l'Image

Lac de Vassivière ————————

Lac Aménagé ————————

                              O Angoulême

Le Haras ————————

Gouffre de la Fage ————

Parc Aquatique du Causse ————

LES PAYS DU CENTRE

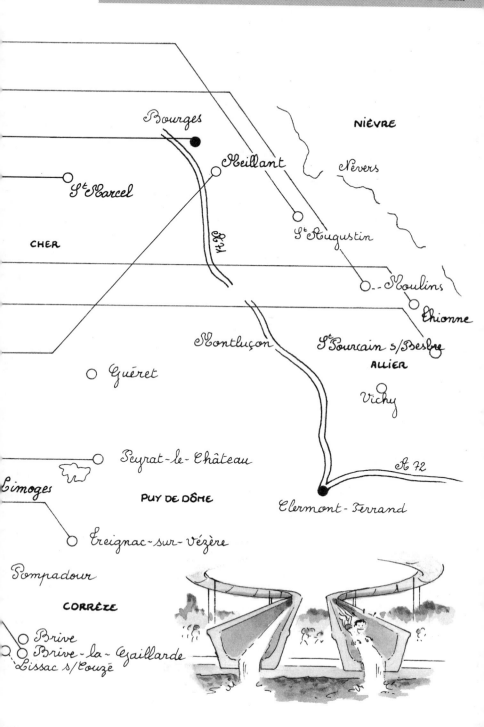

Bourges

NIÈVRE

Meillant

Nevers

St Marcel

St Augustin

CHER

Moulins

Thionne

Montluçon

St Pourçain s/Besbre

ALLIER

Guéret

Vichy

Peyrat-le-Château

A 72

Limoges

PUY DE DÔME

Clermont-Ferrand

Treignac-sur-Vézère

Pompadour

CORRÈZE

Brive
Brive-la-Gaillarde
Lissac s/Couzé

Roulant sur la N 7, passé le village des Bézards un choix s'offre à vous, soit vous continuez la N 7 et vous rendez à Nevers d'où vous irez à Moulins ; soit vous prenez la D 940 en direction de Bourges, Argenton-sur-Creuse, Limoges et Angoulême.

LE BOURBONNAIS ET LE NIVERNAIS

Moulins par Nevers

Sur la route de Nevers, vous pourrez vous arrêter à Briare au :

Musée de l'Automobile

45250 Briare - Tél. : 38 31 20 34

 Ouvert tous les jours de 12 h à 18 h ; les week-ends (seulement) en novembre, décembre, janvier et février.

Installée dans l'ancienne usine du four à chaux sur le coteau du Val-de-Loire, une collection de 150 voitures de 1895 à 1955, de motos et de cycles, et une série de 200 maquettes de véhicules.

Reprenez la N 7, et, au carrefour avec la D 976 pour Bourges, empruntez cette dernière jusqu'au Pont-Canal et vous tournez sur la D 45 pour **Apremont-sur-Allier**.

Château d'Apremont

18150 Apremont-sur-Allier - Tél. : 48 80 41 41

 Ouvert de Pâques à la mi-septembre, tous les jours sauf mardi de 10 h à 19 h et de 14 h à 19 h.

Le château d'Apremont est entouré d'un superbe parc floral dessiné à l'anglaise et un musée abrite une collection de voitures hippomobiles ayant appartenu à la famille des actuels propriétaires du château.

Vous poursuivez la D 45, croisez la N 76 et continuez jusqu'à Saint-Augustin, où vous vous promènerez dans **le parc naturel du château**.

Parc Naturel de Saint-Augustin

03320 Château-sur-Allier - Tél. : 70 66 42 01

 Ouvert tous les jours du 1ᵉʳ juin au 15 septembre de 14 h à 19 h et les mercredis, samedis et dimanches, jours fériés et vacances scolaires le reste de l'année.

Autour du château, de pur style bourbonnais, un vaste parc où vivent les animaux de nos forêts et une réserve de lions à parcourir en voiture.
Le plan du parc est un peu confus, dommage de perdre du temps à s'orienter.

Vous remontez sur Saint-Pierre-le-Moûtier et reprenez la N 7. A 17 km avant Moulins vous pourrez faire une agréable promenade dans **l'arboretum de Balaine**.

Parc de Balaine

03460 Villeneuve-sur-Allier - Tél. : 70 43 30 07

 Ouvert d'avril à novembre, tous les jours de 10 h à 12 h et de 14 h à 19 h. Fermeture en cas de mauvais temps.

L'arboretum de Balaine associe un beau jardin à l'anglaise à des plantations exceptionnelles d'essence exotique. Au printemps, lors de la floraison des rhododendrons et des azalées, le parc devient un petit coin de paradis.

MOULINS

Ce sont tous les moulins qui jalonnaient l'Allier qui ont donné leur nom à l'ancienne capitale du duché du Bourbonnais. Vous irez regarder sur le beffroi de l'hôtel de ville le père Jaquemart et sa femme sonner alternativement les heures, laissant à leurs enfants le soin de sonner les demies.
Et vous ne manquerez pas la visite du musée du Folklore.

Musée du Folklore et du Vieux Moulin

4, place de l'Ancien-Palais 03000 Moulins - Tél. : 70 44 39 03

 Ouvert tous les jours sauf les jeudis de 9 h à 12 h et de 15 h à 18 h 30.

Installé dans deux maisons anciennes reliées par une galerie, le musée est divisé en trois parties distinctes : le musée du Folklore proprement dit avec sa collection de costumes et les reconstitutions d'ateliers de sabotier et de cordier ; une importante collection de poupées, de jouets d'enfants et de fers à repasser ; et enfin le musée des Moulins.

De Moulins vous irez à Dompierre-sur-Pal, et à quelques kilomètres, en prenant la D 480, vous arriverez **au parc du Pal** (attention ! l'itinéraire n'est pas très clairement indiqué).

Le Pal

03290 Dompierre-sur-Pal - Tél. : 70 42 03 60

 Ouvert tous les jours du 25 avril au 8 septembre de 10 h à 19 h ; les mercredis, samedis et dimanches de 10 h à 18 h et les week-ends de Pâques.

Un grand parc d'attractions variées : chenille fantastique, forêt enchantée, King-Kong, traversée aquatique, grand huit, etc. En été, vous assisterez à un extraordinaire spectacle aquatique, « La Féerie des Eaux ».

Les enfants seront contents et un petit tour dans le zoo terminera agréablement la journée.

Les enfants ne seront pas en manque de parc, car une dizaine de kilomètres plus loin, en continuant la D 480, vous trouverez le parc de loisirs des Gouttes.

Les Gouttes

03220 Thionne - Tél. : 70 34 73 01

Ouvert tous les jours du 1er avril au 30 septembre, de 9 h 30 à 18 h.

Le parc est divisé en deux parties : un parc animalier et un parc de loisirs avec baignade.

Le parc animalier se visite en voiture : on y rencontre des bisons, des yacks, des sangliers, etc., et aussi, en liberté, des biches et des daims.

Le parc de loisirs consiste surtout en un étang aménagé en baignade avec un toboggan nautique.

Attention ! le lac n'est pas très profond et les grands risquent de se racler les pieds à l'arrivée du toboggan...

Votre escapade se terminera à **Lapalisse** où en été au château vous pourrez assister à **une féerie-théâtre, « Les Légendes de la Dame à la Licorne ».** Renseignements au 70 99 02 08.

LE BERRY

L'atmosphère bucolique du Berry si bien décrite par George Sand est entourée d'un halo de mystère, entretenu par les légendes et les superstitions.

Rassurez-vous, vous ne rencontrerez plus de *birettes*, ces hommes ou ces femmes vendus au diable, mais vous entendrez toujours les crapauds des étangs coasser et les chouettes ululer dans les grands bois.

Bourges par la D 940

Roulant sur la D 940, vous traverserez Gien et continuerez vers **Bourges** où tout près de la cathédrale le muséum d'Histoire naturelle a rouvert.

Muséum d'Histoire Naturelle

Parc Saint-Paul Allée René Ménard 18000 Bourges - Tél. : 48 65 37 34

 Ouvert tous les jours de 14 h à 18 h (sauf les jours de fêtes).

Si le muséum n'a été spécialement aménagé pour les enfants, ils ne pourront cependant que s'intéresser au contenu de ce musée tant il a été brillamment conçu. Ils seront tout d'abord accueillis par des animaux naturalisés : éléphant, girafe, bisons, lions... Gagnant le premier étage, ils visiteront une salle sur l'image de nature où chacun progressera suivant un parcours ponctué de jeux : flipper du Moyen Âge pour apprendre les teintes des vitraux, puzzle géant pour l'art de la tapisserie, grotte préhistorique... Ils découvriront ensuite l'image technique : le satellite et le scanner.

Puis, avant d'entreprendre un voyage dans l'espace et dans le temps, chacun se détendra en regardant les poissons dans les aquariums. Enfin, ce sera le retour dans le Berry grâce à quatre dioramas reconstituant l'espace naturel et animal de la région.

Après Bourges, vous prendrez la N 144. Un peu avant Saint-Amand-Montrond, vous ferez un crochet par le château de Meillant.

Château de Meillant

Meillant 18200 - Tél. : 48 63 30 58

 Ouvert tous les jours de 9 h à 11 h 45 et de 14 h à 18 h 45. Fermé du 15 décembre au 31 janvier.

N'hésitez pas à vous écarter de votre route pour aller admirer le monde miniature du château de Meillant. Un chef-d'œuvre !

Vous n'aurez pas à marcher beaucoup pour visiter le village médiéval, le château Renaissance, l'hôtel particulier du XVIIIe, les faubourgs d'une ville au XIXe siècle et les immeubles Art Déco, mais il vous faudra du temps pour observer les détails de ce royaume en miniature.

Regagnez la N 144 et, peu avant Montluçon, prenez l'autoroute A 71 pour Clermont-Ferrand où commence un des **circuits d'Auvergne**.

Ou bien vous prenez la N 151 passant à Châteauroux, Argenton-sur-Creuse et Limoges.

LE LIMOUSIN

L'aspect traditionnel du paysage de bocage et de rivières du Limousin s'est considérablement modifié ces dernières années avec la construction de barrages créant de vastes plans d'eau, aménagés pour la baignade et la planche à voile.
Tout à côté d'Argenton-sur-Creuse, à Saint-Marcel, se trouve un musée archéologique.

Musée d'Argentomagus

36200 Saint-Marcel - Tél. : 54 24 47 31

Ouvert tous les jours sauf le mardi de mai à octobre de 9 h 30 à 12 h et de 14 h à 18 h (17 h de septembre à avril).

Un musée tout nouveau et de conception très moderne, construit sur les vestiges de la cité gallo-romaine d'Argentomagus. Progressivement vous remontez plus d'un million d'années des gisements préhistoriques de la vallée de la Creuse à l'agglomération gallo-romaine. Vous apprendrez comment fonctionnait le chauffage par hypocauste et comment on écrivait avec des stylets sur des tablettes.

Parvenus à Limoges, sans risquer de casser de précieuses porcelaines, vous vous rendrez à l'**aquarium**.

Aquarium du Limousin

2, boulevard Gambetta 87000 Limoges - Tél. : 55 33 57 33

Ouvert tous les jours de l'année de 9 h 30 à 12 h et de 14 h à 19 h.

Les poissons des rivières et des lacs du Limousin ont donné rendez-vous à leurs lointains parents des mers chaudes.

À la sortie de la ville en direction de l'aéroport, un petit parc d'attractions donnera l'occasion aux enfants de bien s'amuser.

Parc Bellevue

87000 Limoges-Bellegarde - Tél. : 55 48 03 62

 Ouvert tous les jours d'avril à la fin septembre de 10 h à 19 h.

Si les attractions traditionnelles, telles que train miniature, voitures électriques, filets à grimper, manèges... n'intéresseront que les petits, le bassin avec toboggan géant attirera sûrement les plus grands.

De Limoges, vous vous rendrez soit à Angoulême, soit vous prendrez la direction de Brive.

 ## *Fugue à Angoulême*

Par la N 141, vous gagnerez la ville sanctuaire de la BD.

Centre national de la Bande Dessinée et de l'Image

121, route de Bordeaux 16000 Angoulême - Tél. : 45 38 65 65

 Ouvert tous les jours du mardi au vendredi de 10 h à 19 h ; les samedis et dimanches de 14 h à 19 h.

Elles sont là les planches originales des dessins des plus grands auteurs de BD français belges, américains... Des personnages en volume peuplent l'espace de ce musée original qui a pour ambition de faire découvrir et aimer la bande dessinée dans sa diversité.

 ## *Fugue à Pompadour*

4 km après Uzerche vous tournez à droite sur la D 7 et vous arrivez à Pompadour.

Pompadour est la cité du cheval, le berceau de la race anglo-arabe.

Dans ce **pays du Limousin** où, de tout temps, s'est pratiqué l'élevage du cheval, le Haras national, créé par Louis XV, continue à développer la race chevaline.

Le Haras

19230 Arnac-Pompadour - Tél. : 55 98 55 47 (O.T.)

Dépôt d'étalons : visites du 1ᵉʳ octobre à fin février de 14 h 30 à 16 h 30 ; du 1ᵉʳ juillet au 30 septembre de 10 h à 17 h 30.
Jumenterie : visites du 10 février au 31 mars de 14 h à 16 h 15 ; 17 h d'avril à juin ; 17 h 45 de juillet à septembre.

Tout au long de la saison, de mai à octobre, les manifestations hippiques abondent : critérium national, épreuves de dressage, journée de l'anglo-arabe, concours hippiques, etc. (Renseignements au Haras.)

En poursuivant la N 20, vous traverserez **Brive-la-Gaillarde** et vous vous arrêterez peu après Noailles pour aller visiter le gouffre de La Fage.

Gouffre de La Fage

19600 Noailles - Tél. : 55 85 81 14

Ouvert du 1ᵉʳ avril au 15 juin de 14 h à 18 h 30, du 16 juin au 15 septembre de 9 h à 19 h, du 16 septembre au 20 octobre de 14 h à 18 h (fermé le dimanche).

Du fond du gouffre partent deux galeries : la première, haute de plafond, est garnie de belles draperies aux couleurs variées ; la deuxième ouvre sur une vaste salle impressionnante par la multitude de stalactites, de colonnes et de figures fantastiques qu'elle renferme.
La visite dure 40 minutes.

Revenez sur vos pas jusqu'à Noailles et, s'il fait très beau, vous prenez la D 158 pour **Lissac** où est installé un parc aquatique.

Parc Aquatique du Causse

19600 Lissac-sur-Couzé - Tél. : 55 85 35 46

Ouvert du 15 mai au 15 septembre, tous les jours de 10 h à 19 h 30.

> Au bord d'un plan d'eau, vous trouverez aménagée une piscine à bains bouillonnants avec toboggans nautiques et rivière kamikaze.
> De quoi se rafraîchir et bien s'amuser.

Retour à Brive d'où vous prendrez la N 121 pour **Argentat**. Dans les environs de cette ville, vous pourrez assister à deux spectacles son et lumière : l'un à Saint-Geniez-ô-Merle et l'autre à Reygade.

La N 120 jusqu'à Sexcles et la D 136 pour **Saint-Geniez**.

Tours de Merle

19220 Saint-Geniez-ô-Merle - Tél. : 55 28 22 31

 Tous les vendredis et samedis du 14 juillet au 21 août – en juillet à 22 h 30 et en août à 22 h.

Un son et lumière précédé d'un spectacle équestre relate la vie des seigneurs des Tours de Merle au moyen âge.
Les tours se visitent toute l'année.
Et pendant la saison estivale (14 juillet - 21 août), une animation médiévale complète la visite : jongleries, animaux dressés, joutes, combats à cheval, etc.
Du 14 juillet au 21 août. L'animation dure environ trois heures, de 15 h à 19 h, et coûte 20 F.

Et par la D 33 et la D 41 vous atteindrez **Reygades**.

Mystère de Reygades

19430 Reygades

 Spectacle permanent, toute l'année de 9 h à 22 h (hors saison de 9 h à 18 h).

Dans une petite chapelle, la voix de Jean Piat raconte une histoire vieille de 2 000 ans, pendant que, devant vos yeux, défilent pas moins de deux cents séquences lumineuses.

La N 120 vous conduit à Aurillac, d'où vous poursuivrez dans **le Quercy** votre visite de la France.

B ordé à l'ouest par l'océan Atlantique, le Poitou-Charentes couvre plusieurs départements : une partie de la Vienne, les Deux-Sèvres, la Charente et la Charente-Maritime.

Il se caractérise par des paysages de plaine, de bocage et de marais. Le littoral est bordé de dunes et, à marée basse, les grèves se découvrent parfois sur plusieurs kilomètres. Les mêmes paysages se retrouvent sur les îles, petites parcelles de continent flottant à la dérive.

Les familles traverseront cette région pour se rendre sur les belles plages de sable.

Futuroscope _____

Zoorama Européen _____

Aquarium de la Venise verte _____

- Musée Grévin _____
- Aquarium
- Musée de la voile
        et de la régate
- "France 1"
- Musée des modèles réduits
- Féerie des automates

- Arche de Noé _____
- Maison des marais

Centre nature des marais d'Yves _____

Île d'Aix _____

Musée de la marine _____

- Tramway touristique de Saint-Trojan _____
- Oisellerie des Grands Ponteaux

"Captage et vie de l'huître" _____

Petit train touristique _____

Zoo _____

LE POITOU-CHARENTE

Venant de Tours, vous partirez de Poitiers pour gagner Royan en passant par La Rochelle et surtout en faisant la route buissonnière.

De Poitiers, prenez la N 10 vers Paris ; à une dizaine de kilomètres, telle une vision de l'an 2000, apparaîtra le « futuroscope », nouveau parc de loisirs.

Futuroscope
Le Parc Européen de l'Image

86130 Jaunay-Clan - Tél. : 49 49 30 10 et 49 49 30 20 (répondeur)

 Ouvert du 12 février au 1er avril de 9 h à 18 h ; du 2 avril au 1er juillet de 9 h à 19 h ; du 2 juillet au 5 septembre de 9 h à la nuit ; du 6 septembre au 4 octobre de 9 h à 18 h 30 et du 5 octobre au 1er novembre de 9 h 30 à 18 h.

Sous l'impulsion de René Monory, Thierry Breton (l'auteur du best-seller *Soft War*), chef du projet, Denis Laming, architecte, et toute une équipe ont réalisé, sur 250 hectares, un parc de loisirs entièrement orienté vers les nouvelles communications.

La première vision du parc est tout à fait extraordinaire ; l'architecture très originale des bâtiments utilisant formes inattendues et matériaux nouveaux suscite l'admiration.

Tout émerveillés, vous prenez le petit train qui vous fera faire le tour du parc et vous permettra de vous orienter, vous passerez tout près du « vaisseau spatial » dans lequel est installée la préfecture de la Vienne.

Montez dans la Gyrotour, vous aurez ainsi une vue panoramique du parc.

Il est grand temps maintenant d'aller au cinéma... et vous n'aurez que l'embarras du choix.

Le 360° : l'image globale, vous y verrez le premier film circulaire européen.

Le Cinéautomate, un cinéma interactif où vous choisissez votre scénario.

Le Kinemax, le plus grand écran plat d'Europe, il a la taille de deux courts de tennis à la verticale. Cette salle est à l'intérieur de ce bâtiment tout en miroirs, jaillissant du sol comme un gigantesque cristal de roche, et dans lequel le ciel se reflète.

Le Cinéma dynamique où vos sièges s'animeront en synchronisation avec l'image.

Le Tapis Magique qui vous immergera dans l'image : non seulement vous aurez un écran de 700 m^2 devant vous, mais vous en aurez un autre sous vos pieds !

L'Omnimax qui vous plonge totalement au cœur de scènes spectaculaires.

Le Solido où il vous faudra ajuster vos lunettes électroniques à cristaux liquides pour créer un incroyable relief.

Laissez maintenant le cinéma et allez faire une promenade en bateau à travers les paysages d'Europe.

Puis, allez retrouver Christophe Colomb dans le « Temple du Futur », bâtiment constitué de deux volumes : une sphère et un prisme, symbolisant le temps et l'espace ; la sphère semble reposer très légèrement sur le bâtiment de verre et évoque le soleil se couchant à l'horizon.

Un petit break est ensuite le bienvenu, rendez-vous au bord d'un grand bassin où il est possible soit de faire un vrai déjeuner, soit de grignoter ; l'endroit est vraiment joli.

Quelques mètres plus loin, toujours au bord de ce lac artificiel, est installé le théâtre Alpha Numérique. Des gradins en arc de cercle s'alignent le long de l'eau ; une cascade, véritable mur d'eau, constitue le fond de la scène (on peut se promener derrière).

Sur le lac, des « animations lumino cinétiques » faites de jeux de miroirs solaires, de fumées et de jets, vous émerveilleront.

Les plus jeunes préféreront sûrement passer encore quelque temps au « Monde merveilleux des enfants », petit parc d'attractions inspiré d'Alice au Pays des Merveilles où l'on peut grimper dans une tomate ou passer sous un champignon.

Si l'aménagement est vraiment séduisant, les attractions plus banales (toboggans, balançoires, voitures et bateaux téléguidés etc.) sont décevantes dans un tel lieu.

Ce parc est un peu magique, superbe à visiter, original, mais il manque quelques attractions dans d'autres domaines que le cinéma car il est difficile de voir autant de films dans une même journée.

Si vous souhaitez vous détendre physiquement après cette journée de découverte, vous pouvez à 6 km de là, en reprenant la N 10, vous rendre **au parc de loisirs de Saint-Cyr.**

Parc de Loisirs de Saint-Cyr

86130 Jaunay-Clan - Tél. : 49 62 57 22

 Ouvert toute l'année en permanence, activités en plus.

Sur un lac de 85 hectares sont praticables la plupart des activités nautiques. Les plus petits, après s'être baignés, pourront s'amuser sur la plaine des jeux.

Retour vers Poitiers, toujours par la N 10 ; en cours de route vous pouvez faire un stop **Chez « Manuel »**, en face de l'usine Coopaliment - Tél. : 49 52 70 05. Ouvert tous les jours de 9 h à 12 h et de 14 h à 18 h.

Un petit musée d'art populaire.

Depuis plus de trente ans, Manuel collectionne automobiles, motos, phonographes, vieilles machines... Il expose, dans un bric-à-brac sympathique, plus de deux mille objets usuels ou insolites.

Vous empruntez maintenant l'autoroute A 10 (indiqué par des panneaux) jusqu'à la sortie Niort sud. Après avoir rejoint la N 150 (Niort-Saintes), on roule jusqu'à Beauvoir-sur-Niort, puis on prend la D 1, vers Chizé. La route est jolie, elle traverse la forêt du même nom. À Villiers-en-Bois, on s'arrête.

Zoorama Européen de la Forêt de Chizé

79360 Villiers-en-Bois - Tél. : 49 76 79 56

 Ouvert toute l'année : du 1er avril au 30 septembre en semaine de 9 h à 19 h et les dimanches et fêtes de 9 h à 20 h ; du 1er octobre au 31 mars : en semaine de 10 h à 12 h et de 14 h à la tombée de la nuit et les dimanches et fêtes de 10 h à la tombée de la nuit ; en juillet et août de 9 h à 20 h. Fermé le mardi (sauf en mai, juin, juillet et août) et en janvier.

Très différent des zoos traditionnels, il s'agit plus d'une promenade dans les bois dans lesquels, avec un peu de patience, l'amoureux de la nature et des animaux pourra apercevoir cerfs, daims, mouflons, chamois, bisons... Il approchera un véritable baudet du Poitou, bien sale mais à la bonne tête sympathique. Dans des enclos plus petits, il verra des loups, des lynx, des chacals, des ratons laveurs, des tortues et même des lézards... Une ferme pour les enfants vient d'être aménagée.

Une bonne paire de jumelles rendra la visite plus intéressante. On peut aussi, en été, faire la visite du parc des grands mammifères en calèche, c'est moins fatigant mais on ne voit pas mieux.

De là, vous pouvez poursuivre jusqu'à Chizé et prendre à droite la D 103 pour vous rendre à Dampierre-sur-Boutonne à la maison de l'âne du Poitou.

Maison de l'Âne du Poitou

La Tillaudière 17470 Dampierre-sur-Boutonne
Tél. : 46 24 07 72

 Ouverte tous les jours de 9 h à 12 h et de 15 h à 18 h.

Cet élevage contribue à sauvegarder le baudet du Poitou et à relancer la production mulassière.

De Villiers-en-Bois reprenez la D 1 et suivez-la jusqu'à Coulon.

 ## *Zoom sur le marais poitevin*

Le marais poitevin s'étend sur 55 000 hectares divisés entre « marais mouillé » et « marais desséché ».
Une végétation abondante et très verte pousse dans les marais mouillés. Cette région très curieuse est aussi connue sous le nom de « Venise verte » à cause des rivières, conches, rigoles et fossés nombreux qui la sillonnent.
Les pièces de terre sont limitées par des saules, des peupliers, des vergnes (aulnes) et des fresnes têtards, ces derniers ayant la particularité de dégager une odeur forte peu prisée par les moustiques... Bonne chose pour les touristes !

COULON

Ce charmant petit village est situé sur la Sèvre niortaise, le long de laquelle se succèdent les embarcadères où il est possible de **louer des barques** à l'heure ou à la journée (100 à 120 F la journée) et de **se promener sur les conches** tapissées de lentilles d'eau d'un vert franc. Les barques menées à la « pigouille » ou à la « pelle » plate en bois, glissent, écartant sur leur passage ce tapis moelleux qui, miraculeusement, se reforme juste après.

Lorsque vous vous promenez en barque, demandez au batelier d'enflammer la rivière ! En effet le méthane, gaz provenant de la décomposition des feuilles mortes pourrissant au fond de l'eau, prend feu à l'approche d'une allumette et donne l'illusion de voir la rivière en feu.

Vous pouvez aussi voir les vaches passer d'un pré à l'autre en bateau !
Et, sur la place de l'église, se trouve un aquarium.

Aquarium Venise Verte

79510 Coulon - Tél. : 49 35 90 31

 Ouvert toute l'année de 9 h 30 à 12 h 30 et de 15 h à 19 h (sauf mardi) ; en saison de 9 h à 19 h.
Visite guidée.

Dans un décor de verdure, 2 000 poissons de rivière regardent, indifférents, les visiteurs curieux. Une rivière intérieure alimentée par la nappe phréatique en provenance d'un puits tombe en cascade. Carpes, perches et tonches y vivent et s'y reproduisent. Un diaporama d'une demi-heure présente la flore et la faune des marais.

Un petit train, le Pibalou, vous entraînera découvrir l'histoire, la faune, la flore du Marais secret. Fonctionne de Pâques à fin septembre, tous les jours de 9 h 30 à 18 h 30 ; rens. au 49 35 02 29.

Par la D 123 rendez-vous au Vanneau où se trouve un parc zoologique.

Parc Zoologique de la Venise Verte

Commune du Vanneau, route d'Arçais (D 101) 79270
Tél. : 49 35 44 88 et 49 32 65 35

 Ouvert du 1er mars au 30 novembre de 10 h à 20 h

Dernier-né des parcs de la région, il est situé au cœur du marais poitevin. Une ancienne falaise maritime surplombe l'ensemble du parc et la partie basse du terrain a conservé son aspect naturel de marais sauvage avec ses conches, ses îlots peuplés d'oiseaux. Mille animaux de tous les pays y ont élu domicile.

Du Vanneau par la D 180 et D 116 (en passant par Courçon) vous rejoignez la N 11 que vous suivrez jusqu'à **La Rochelle**.

LA ROCHELLE

La magnifique ville de La Rochelle est particulièrement attrayante pour les enfants ; en premier lieu, bien sûr à cause de sa situation, la proximité des plages et son port, et aussi parce qu'un grand nombre de musées les concernent au premier chef.
Deux ou trois jours sont à prévoir.
Commencez votre visite par le port, où les enfants prendront plaisir à grimper sur la tour Saint-Nicolas et à regarder la mer de là-haut, à apercevoir l'île d'Aix et à découvrir la ville de La Rochelle. Puis, en redescendant, ils pourront se rendre dans la tour de la Chaîne et contempler le plan-relief de cette même cité mais cette fois-ci sous Richelieu.

En quittant la tour de la Chaîne et en marchant le long du port, sur la gauche on arrive au musée Grévin.

Musée Grévin

38, cours des Dames 17000 La Rochelle - Tél. : 46 41 08 71

 Ouvert toute l'année de 9 h à 19 h. (Nocturnes de juin à septembre jusqu'à 23 h.)

Quinze scènes évoquent les grands moments de la vie de la cité du XIIIe siècle à nos jours.
Les tableaux sont remarquablement réalisés et les enfants manifesteront comme toujours un intérêt pour cette forme de reconstitution.

À l'entrée du jardin des Plantes de La Rochelle, se trouve le musée d'Histoire naturelle.

Muséum d'Histoire Naturelle

28, rue Albert-Ier 17000 La Rochelle - Tél. : 46 41 18 25

 Ouvert tous les jours sauf le lundi et le dimanche matin de 10 h à 12 h et de 14 h à 17 h (18 h en été).

Deux musées se font face. L'un, le muséum régional Fleuriau, présente des salles de préhistoire régionale, de paléontologie et de zoologie, il évoque l'histoire naturelle de la région avec la flore marine : les algues et les plantes des dunes. L'autre, le muséum Lafaille, est un « cabinet de curiosités » avec une collection de coquillages et de fossiles, et surtout des souvenirs des premières expéditions en Terre Adélie ou dans les îles du Pacifique, des masques et des armes africaines. Enfin, une salle est consacrée à la préhistoire avec un squelette d'ours des cavernes.

Juste en face du musée se trouve l'embarcadère **des « bus de mer »**.

Bus de Mer

Renseignements : Allo « Autoplus » au 46 34 02 22

 Départ toutes les heures de 10 h à 19 h 30 en avril, mai, juin, septembre et toutes les 30 minutes de 10 h à 23 h 30 en juillet et août. Les week-ends et vacances scolaires.

Si vous le souhaitez, ces bateaux vous conduiront en 20 minutes directement au port des Minimes, nouveau port de La Rochelle.

Là, vous n'aurez que l'embarras du choix :

Aquarium

Port des Minimes 17002 La Rochelle - Tél. : 46 45 00 00

Ouvert tous les jours de 10 h à 12 h et de 14 h à 19 h, en juin de 9 h à 19 h et en juillet et août de 9 h à 23 h.

Des milliers de poissons de toutes les mers du monde évoluent gracieusement dans 500 000 litres d'eau. Les poissons-papillons, anges, chats, etc. Le chatoiement des couleurs réjouira chacun, les formes extraordinaires ou monstrueuses de certains, comme le poisson-pierre, impressionneront les uns, intrigueront les autres.

Un tunnel aménagé à l'intérieur d'un aquarium géant permet de se promener dans les mers tropicales et d'admirer les bancs de poissons multicolores.

Un autre bassin géant abrite des requins : un requin-léopard, un troupeau de requins à ailerons noirs et un requin-nurse ; on frissonne en regardant passer au-dessus de sa tête ces énormes poissons, toutes dents découvertes.

Ne ratez pas le film vidéo relatant le voyage du requin-nurse de Pointe-à-Pitre au port des Minimes et son entrée dans le grand bassin !

À 100 m de l'Aquarium, près de la plage :

340

Musée Océanographique

Port des Minimes 17000 La Rochelle - Tél. : 46 45 17 87

 Ouvert d'octobre à mai du mardi au samedi de 10 h à 12 h et de 14 h à 17 h 30, et les dimanches et jours fériés de 14 h à 17 h 30 ; et de juin à septembre du mardi au samedi de 10 h à 18 h 30 et les dimanches et jours fériés de 14 h 30 à 18 h 30.

 pour les enfants

Une présentation du milieu marin : les grands voyages scientifiques de découverte, la pêche, la mytiliculture et l'ostréiculture, les oiseaux marins, la flore, etc.

Dans un bassin vous verrez des phoques. Ils sont là en cours de soins. Certains, venus des côtes d'Angleterre, sont soignés puis remis en liberté une fois en bonne santé.

Il est amusant d'assister à leur repas (à 11 h et 16 h 30).

Si au lieu de prendre le bateau vous vous êtes rendus au port des Minimes en voiture, juste après le passage de l'ancien pont mobile vous verrez à quai le « France 1 ».

« France 1 »
Le Musée flottant

Bassin des Chalutiers, quai Ouest 17000 La Rochelle - Tél. : 46 50 58 88

 Ouvert tous les jours de 10 h à 18 h 30.

Cette frégate-météo était affrétée par la Météorologie nationale jusqu'en 1985 pour enregistrer du milieu de l'Atlantique les conditions météo, mais aujourd'hui les satellites donnent des prévisions plus rapides, et notre frégate n'était plus bien utile. Michel Crépeau, député-maire de La Rochelle, a donc eu l'idée d'en faire un musée flottant consacré à la marine, la pêche et la météo.

En dehors de l'intérêt, un peu scientifique pour les enfants, du musée, la visite du bateau lui-même est amusante ; nous montons et descendons de la salle des machines à la passerelle du capitaine, et grands et petits, tout fiers, se prennent un instant pour le timonier.

Un peu loin (fléchage très bien fait), vous attendent **le musée des Modèles réduits et celui des Automates.**

Musée des Modèles réduits

Rue de la Désirée, port des Minimes 17000 La Rochelle
Tél. : 46 41 64 51

Ouvert tous les jours (dimanches et fêtes compris) et toute l'année de 10 h à 12 h et de 14 h à 18 h (hiver) et jusqu'à 19 h (juin et septembre). Fermé de début janvier à début février.

Un petit musée exceptionnel :

Les maquettes de tous les navires les plus célèbres de l'histoire présentées dans des tableaux paysagés joliment conçus.

Et, surtout, un spectacle original et inattendu : sur une scène transformée en bassin, des superbes maquettes se déplacent et se croisent en musique. Le *France* arrive à New York, tout illuminé... Superbe !

Dans une autre salle, tout un circuit ferroviaire est reconstitué : traversant montagnes, villages, routes et ponts, les petits trains miniatures vont et viennent, les passages à niveau se lèvent, les feux s'allument, un incendie se déclare... C'est fascinant pour tout le monde et on ne se lasse pas de regarder les trains entrer et sortir des tunnels, grimper les montagnes, etc.

Un bar, au premier étage de cette salle, domine ce paysage miniature.

Féerie des Automates

Rue de la Désirée 17000 La Rochelle - Tél. : 46 41 68 08

Ouvert tous les jours (dimanche et fêtes compris) et toute l'année (sauf janvier) de 10 h à 12 h et de 14 h à 18 h (hiver) et jusqu'à 19 h (juin à septembre).

Plus de trois cents personnages se mettent en mouvement devant le jeune visiteur émerveillé.

Coup de cœur assuré par le pierrot prestidigitateur.

Si, las des musées, vous avez envie de faire des promenades en mer, vous n'aurez que l'embarras du choix.

Vous pourrez aussi découvrir la rade en bateau :

Promenade dans la rade

Départ cours des Dames près de la tour de la Chaîne
Renseignements au 46 44 01 12 ou 46 41 64 40
Durée : 50 mn. Fonctionne du 26 mars au 16 novembre.
Départ tous les quarts d'heure en juillet et août.

Croisières marines et fluviales

Départ : Esplanade Saint-Jean-d'Acre. Renseignements au 46 50 51 88
Excursions à la journée ou à la demi-journée.

 à + de

Pour terminer votre visite de La Rochelle, faites une promenade en calèche à travers les rues et autour du Vieux-Port. Renseignements au 46 41 14 68 (O.T.).

Si tout ce qui concerne la mer passionne vos enfants, il vous faudra vous rendre à Esnandes (10 km au nord de La Rochelle) pour visiter le musée de la Mytiliculture.

Musée de la Mytiliculture

17137 Esnandes - Tél. : 46 01 34 64

 Ouvert tous les jours (sauf dimanche matin) du 15 juin au 15 septembre de 10 h à 19 h ; et tous les jours sauf dimanche matin et lundi toute la journée de 10 h à 12 h 30 et de 14 h 30 à 18 h.

La mytiliculture est le nom donné à l'art de faire croître et embellir les moules.

Sous forme de saynètes ou dans des vitrines, vous découvrirez l'histoire des techniques de la cueillette et du captage des moules.

Un petit film présente le travail des « boucholeurs ».

Un bouchot est un ensemble de pieux en bois plantés dans la vase sur lesquels se fixent les moules, d'où le nom de « boucholeur » donné à celui qui cultive les moules.

Le but de votre voyage était peut-être l'île de Ré, toute proche de La Rochelle ; à proximité du port de La Palisse vous trouverez le magnifique pont, récemment construit, qui vous conduira sur l'île.

Zoom sur l'Île de Ré

Une jolie île plate le long de laquelle s'étendent de belles plages de sable. Aussi appelée l'île blanche à cause de ses petites maisons blanches aux volets verts, elle s'étend sur 30 km.

Partons tout de suite à l'extrémité de l'île et nous reviendrons tranquillement.

À la pointe de l'île se dresse, comme un « i » final, le Phare des Baleines.

Phare des Baleines

17590 Saint-Clément-les-Baleines - Tél. : 46 29 42 01.
Visite le matin et l'après-midi

Il est haut de 55 mètres et un escalier hélicoïdal de 257 marches permet d'atteindre son sommet et, de là-haut, contempler un beau panorama sur les côtes alentour.

Au pied du phare un petit musée de la Mer.

Musée de la Mer

Mme Durant, 24, rue des Pêcheurs - 17590 Saint-Clément-des-Baleines
Tél. : 46 29 44 48

Des ossements de baleine, des tortues, des instruments de navigation, une collection de coquillages, des maquettes de bateaux : un petit musée local sympathique.

À 500 m du phare, vous pourrez visiter l'Arche de Noé.

 ## L'Arche de Noé

17590 Saint-Clément-les-Baleines -
Tél. : 46 29 23 23 et 46 29 27 27

 Ouvert tous les jours de début avril à la fin septembre de 10 h 30 à 19 h ; et pendant les vacances scolaires de février.

Il se passe beaucoup de choses à l'Arche de Noé... Vous visitez l'élevage de rongeurs : paca, porc-épic, mara, agouti ; souriez en regardant les singes : atèle, mangabey, babouin, etc.

344

Vous faites le tour du monde en 40 minutes en regardant les tableaux reconstituant des paysages des quatre continents avec les animaux qui y vivent ici naturalisés : vous allez en Afrique voir la lionne protégeant ses petits, la hyène dévorant une gazelle, en Amérique du Sud où un grand fourmilier se promène dans la forêt vierge, en Asie où le tigre se cache dans les bambous ; au Pôle, vous vous gelez sur la banquise avec l'ours blanc, les phoques et les pingouins.

Selon le même principe de dioramas, vous pourrez voir des oiseaux migrateurs naturalisés, replacés dans un paysage de landes.

Puis les papillons du monde entier font admirer leurs extraordinaires couleurs.

Vous quittez la nature pour apprendre l'histoire de la navigation à travers les âges : différentes scènes sont reconstituées dans des vitrines : vous allez en Égypte au temps des pharaons, vous retrouvez l'Empereur Néron à un combat naval, Christophe Colomb et sa *Santa-Maria*, vous vivez en le regardant le naufrage du *Titanic*.

Vous pouvez encore assister à un concert où un seul musicien remplace tout un orchestre... grâce à un ensemble d'orgues et de synthétiseurs — vous admirez la féerie aquatique, un ballet de jets d'eau et de lumière.

Enfin, vous revivrez en dix scènes présentant des personnages de cire l'histoire du bagne de l'île de Ré.

Maison des Marais

18, rue de l'École, 17590 Saint-Clément-les-Baleines - Tél. : 46 29 45 11

 Ouvert de 10 h à 12 h 30 et de 15 h à 19 h de la fin juin au début septembre. Fermé : samedis et dimanches matin.

Projection en permanence ou sur simple demande de films sur la nature et les oiseaux.

Les ornithologues en herbe pourront découvrir les oiseaux au cours d'une promenade guidée par un animateur de la Ligue pour la protection des oiseaux. Les postes d'observation sont nombreux, et des paires de jumelles sont prêtées à chaque participant. L'animateur dispose d'une longue-vue à fort grossissement.

Trois types de sorties sont prévus :

Découverte des marais : tout en restant sur les chemins sillonnant les marais, découverte des oiseaux, des marais salants et de leur végétation caractéristique.

Découverte de la dune : les dunes de l'Ile de Ré abritent des espèces parfois rares. Découverte de la faune et du rôle de la protection de la dune pour l'arrière-pays.

Découverte du littoral : les coquillages, les algues, les plantes à fleurs et les oiseaux du littoral. (Ne pas oublier ses bottes !)

Des promenades d'observation peuvent se faire aussi à bicyclette (possibilité d'en louer sur place). Ces randonnées sont plus longues, et il faut prévoir un pique-nique.

Spécial Enfants : Tous les lundis et mercredis après-midi de 15 h à 18 h, en juillet en en août, pour les enfants de 8 à 12 ans, des sorties-observation de la faune et de la flore sont organisées et sont suivies d'une activité d'éveil ayant trait au thème de la sortie. Chaque semaine un thème nouveau : oiseaux, coquillages, découverte de différents milieux.

Il faut s'inscrire à la Maison des Marais.

À présent, prenez la petite route vers Les Portes en Ré pour aller découvrir la Réserve naturelle de Lilleau des Niges.

Réserve naturelle
de Lilleau des Niges

7, place de la Guifette, 17880 Les Portes-en-Ré - Tél. : 46 29 50 74

Exposition sur les oiseaux des marais et diaporamas.

La réserve ne se visite pas, des promenades sont organisées sur d'autres lieux.

Juste avant La Couade, prenez une route à gauche vers Loix ; et là, il est possible de visiter la Maison du Marais Salant.

Maison du Marais Salant

Loix-en-Ré - Tél. : 46 29 00 37 ou 46 29 03 83

 Ouvert de juin à octobre, tous les jours de 10 h à 12 h 30 et de 15 h à 19 h.

Elle retrace l'histoire du sel et de sa récolte.
Un saunier (celui qui travaille dans un marais salant) peut vous faire visiter un marais salant en activité.

Arrivés à Saint-Martin, faites une courte visite au musée naval et musée de la Marine et d'Intérêt local. Hôtel de Clerjotte - Tél. : 46 09 21 22. Ouvert toute l'année de 10 h à 12 h et de 15 h à 18 h.

En repartant vers le pont vous aurez la possibilité, à Rivedoux, de visiter les parcs à huîtres (tél. : 46 09 86 22).

Si, las de la voiture, tout le monde préfère visiter l'île en calèche, il faut alors se rendre au Bois-Plage-en-Ré.

Calèche en Ré

Place de l'Église, Le Bois - Tél. : 46 09 15 00

 De Pâques à septembre.

Promenade de la journée vers Loix et Ars avec arrêt pique-nique, ou simplement de la matinée vers Saint-Martin ou La Flotte.
Il est aussi possible de faire des promenades à âne.

Les ânes à Ré sont très amusants ; ils portent culotte...
Autrefois, en effet, on leur enfilait aux jambes de devant des pantalons rayés ou à carreaux afin de les protéger des mouches et des moustiques.

Si l'Ile de Ré n'était pas votre destination finale, vous retraverserez le pont dans l'autre sens, pour vous retrouver sur le continent, et vous descendrez vers le sud, vers Royan, par la côte.

Premier arrêt : Châtelaillon-Plage, où un autre parc à huîtres se visite.

Parcs à Huîtres

17340 Châtelaillon – Renseignements au 46 56 26 97 (O.T.)

Grâce à cette visite des parcs en charrette, vous découvrirez, à marée basse, toute la culture des huîtres et le travail des ostréiculteurs.
Deux kilomètres de promenade, prévoir environ 1 heure.

Quelques kilomètres plus bas, ce sont les oiseaux qui vous attendent **à Yves**.

Centre Nature des Marais d'Yves

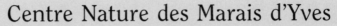

Route Nationale 137, Aire de Marouillet – Renseignements :
Ligue française pour la protection des oiseaux : Corderie royale Rochefort
Tél. : 46 82 12 44

 en moyenne par personne

Exposition sur les oiseaux et la nature.
Projection de films et observation des oiseaux de la réserve.
Deux observatoires équipés d'optiques puissantes sont à la disposition du visiteur.
Selon les saisons, canards colverts, oies cendrées, bécasseaux, hérons... fréquentent le plan d'eau et se retrouvent en compagnie de vaches et de chevaux écossais.

Puis, vous gagnerez **Rochefort**.

ROCHEFORT

Musée de la Marine

Place de la Gallisonnière 17300 Rochefort - Tél. : 46 99 86 57

 Ouvert de 10 h à 12 h et de 14 h à 18 h. Fermé le mardi et du 15 octobre au 15 novembre et les jours de fête à l'exception de Pâques et Pentecôte.

Des modèles réduits de navires, des figures de proue, des souvenirs des marins rochefortais et du bagne qui sévissait à côté, et surtout le cabestan monumental de Duguay-Trouin. Des réaménagements sont en cours.

Centre International de la Mer

La Corderie Royale 17300 Rochefort - Tél. : 46 87 01 90

 Ouvert tous les jours de l'année : de 9 h à 19 h à l'heure d'été (20 h en juillet et août) et 18 h à l'heure d'hiver.

L'arsenal de Rochefort était né au XVIIe siècle du désir du roi de créer une puissance maritime française ; ainsi la Corderie royale fabriqua à partir de 1670 tous les cordages des grands voiliers de la marine. Dans ce magnifique bâtiment est aujourd'hui installé un Centre International de la Mer où ont lieu des expositions autour de la vie maritime et où sont organisés des ateliers pour le jeune public.

Les Métiers de Mercure

12, rue Lesson 17300 Rochefort - Tél. : 46 83 91 50

 Ouvert du 1er juillet au 31 août, tous les jours de 10 h à 22 h et le reste de l'année de 10 h à 12 h et de 14 h à 19 h sauf mardi. Fermé en janvier.

Dans un immeuble d'architecture 1900, un couple a eu l'idée de reconstituer grandeur nature les commerces et ateliers d'artisans du début du siècle. C'est sympathique, dommage qu'il n'ait pas, comme en Angleterre, ajouté les odeurs et une sonorisation.

Continuons notre route et, juste avant Marennes, nous emprunterons le pont-viaduc qui conduit à l'Ile d'Oléron.

349

Zoom sur l'Île d'Oléron

Cette île est la plus grande des îles françaises après la Corse. Plus sauvage peut-être que l'**Île de Ré**, avec de belles plages de dunes s'étendant le long de ses côtes.

Vous pouvez, en arrivant, visiter le sud de l'île grâce au tramway touristique de Saint-Trojan serpentant à travers la forêt et longeant la côte des plages du sud jusqu'au Pertuis-de-Maumusson (tél. : 46 76 01 26).

Circule de Pâques à fin septembre.

Profitez de votre halte à Saint-Trojan pour visiter sur le port le musée ostréicole et les parcs à huîtres.

Une fois par semaine pendant la saison, et suivant la marée, visite à pied des parcs.

Au-dessus de Saint-Trojan, à Grand-Village-Plage, a été reconstituée une maison paysanne oléronnaise.

Maison Paysanne Oléronnaise

Boulevard de la Plage 17340 Grand-Village-Plage
Tél. : 46 47 58 00

 Ouverte du 30 mai à la mi-septembre, tous les jours de 10 h à 12 h et de 15 h à 19 h ; pendant les vacances de Pâques, week-ends fériés et tous les week-ends de septembre et octobre de 11 h à 12 h et de 14 h à 16 h 30.

Ce petit musée a été conçu et édifié par le groupe folklorique de l'Île d'Oléron les « Déjhouqués ». Il représente la petite ferme du paysan oléronnais dans les siècles passés.

À côté de cette maison paysanne, un musée hippomobile dans lequel sont conservés tous les types de véhicules utilisés autrefois sur l'île, et un petit musée de la coiffe et du costume oléronnais.

Enfin, dans un petit jardin de grand-mère, poussent des plantes médicinales servant à guérir les maux des hommes et des bêtes.

Prenez la route qui traverse l'île en son milieu.

À Dolus d'Oléron, vous pourrez découvrir « le Marais aux oiseaux ».

Le Marais aux Oiseaux

Les Grissotières 17550 Dolus d'Oléron - Tél. : 46 75 37 54

 Ouvert toute l'année.

Ce parc animalier donne prétexte à une belle balade permettant l'observation d'oiseaux marins, d'échassiers, de rapaces, de canards... et de faire connaissance avec les adorables myocastors. Les plus petits prendront plaisir à découvrir les animaux familiers de la mini-ferme.

À Saint-Pierre même, vous trouverez un Aquarium.

Aquarium

Port de la Cotinière 17310 Saint-Pierre-d'Oléron - Tél. : 46 47 31 90

 Ouvert tous les jours de l'année de 11 h à 12 h 30 et de 14 h à 19 h. (En juillet et août jusqu'à 23 h.)

Exposition vivante de la faune marine locale.
    La diversité des poissons dans les aquariums évolue au cours de l'année selon les apports des pêcheurs de la Cotinière.

Musée Oléronnais Aliénor d'Aquitaine

25, rue Pierre-Loti 17370 Saint-Pierre-d'Oléron - Tél. : 46 47 00 82 (S.I.)

 Ouvert tous les jours de 10 h à 12 h et de 15 h à 19 h à Pâques et du 15 juin au 15 septembre.

L'intérieur d'une maison paysanne avec des mannequins costumés : l'ostréiculteur, la récolte et le commerce du sel avec maquette des marais salants, l'agriculture et ses outils, etc.
    La visite est commentée par un vieil Oléronnais en costume du pays.

À la pointe de l'île, grimpez en haut du phare de Chassiron — Tél. : 46 47 86 70. Visite accompagnée, en été, le matin et l'après-midi.

351

MARENNES

Marennes est la capitale de l'huître verte.

Musée ostréicole

Route du port, La Cayenne 17320 Marennes - Tél. : 46 85 01 06

 Ouvert du 1er avril au 30 septemhre de 8 h à 22 h (possibilité de dîner).

Explication de la culture de l'huître faite par le producteur (environ 1/2 h).

À quelques kilomètres de Marennes sur la D 728, **les passionnés de petits trains regarderont avec plaisir ceux du musée de Saint-Just-Luzac.**

Atlantrain

17320 Saint-Just-Luzac - Tél. : 46 85 33 35

 Ouvert tous les jours (sauf le lundi) de 14 h 30 à 18 h de la mi-juin à la mi-septembre.

Les trains mécaniques, électriques et à vapeur fonctionnent devant vous ; vous aurez même la surprise de découvrir un train qui marche à la lumière solaire.

Après avoir roulé sur une curieuse route bordée d'eau, vous verrez, indiquée sur la gauche, La Tremblade. Un chemin de fer touristique relie La Tremblade à Saujon.

Chemin de Fer Touristique
de la Sendre

Arrêts à Chaillevette, Mornac, Fonbedeau et Saujon – Réservations et renseignements au 46 36 64 59

 Fonctionne en juillet et août : les mercredis, samedis, dimanches et fêtes, les deux derniers dimanches de juin et les deux premiers de septembre.

Une promenade à travers les paysages typiques d'anciennes salines.

Petit Musée Maritime

17, boulevard Roger-Letélié 17390 La Tremblade - Tél. : 46 36 02 35

 Ouvert du 15 juin au 15 septembre, tous les jours de 14 h 30 à 18 h 30.

+8 ans

Ce petit musée traite de façon très complète de l'histoire de l'huître et de ses producteurs. Un diaporama complète la visite.

Retournez sur la D 25 vers Royan, vous arriverez bientôt à La Palmyre. Et, à la sortie de La Palmyre (10 km de Royan), dans la forêt :

Zoo La Palmyre

17570 La Palmyre-Les Mathes - Tél. : 46 22 46 06

 Ouvert toute l'année de 9 h à 12 h et de 14 h à 18 h ; de 9 h à 19 h du 1er avril au 30 septembre.
Spectacles tous les jours du 1er juin au 15 septembre.

Un zoo merveilleux. On se promène dans une pinède vallonnée et, au hasard de la promenade, on se trouve nez à nez avec un orang-outang, un hippopotame, un tapir, avec l'impressionnant caracal, la panthère mouchetée ou les zèbres de Grévy. Il est possible de les caresser !

On rencontre d'adorables fennecs, de sympathiques manchots.

Les singes de toutes tailles ne peuvent susciter que joie et admiration : les très rares ouistitis-lions, ceux à toupet blanc, les singes saki au masque blanc, les singes capucins, les makis... tous ces animaux sautent et grimpent dans des cages très joliment paysagées dotées de petits couloirs permettant d'accéder au-dehors.

À proximité des cages, nous passons devant·les « cuisines », et il est intéressant d'y découvrir ce que mangent ces petits primates.

Dans le vivarium, les crocodiles et les serpents font semblant de dormir dans un décor de plantes exotiques.

Une petite pièce jetée dans leur bassin assure à chacun la réalisation de son vœu le plus cher !

Du 1er juin au 30 septembre, à 11 h le matin et à 14 h 30, 16 h et 17 h 30, et hors saison tous les week-ends et jours fériés à 15 h et 17 h, assis sur des gradins autour d'un joli bassin on peut assister à un spectacle d'otaries.

Et surtout, un peu plus loin, il ne faut absolument pas manquer le remarquable et très amusant spectacle de perroquets dressés. À la grande joie de tous, ces derniers font, sur un fil, de la bicyclette, de la patinette, du patin à roulettes, conduisent une voiture, comptent jusqu'à 12, etc.

Séances : tous les jours de Pâques à la Toussaint.

Derrière des vitres, on peut observer des bébés gorilles dans la nursery ou voir les petits malades de toute espèce se faire soigner.

Un zoo remarquable que l'on quitte avec regret.

Dernière nouveauté : une grotte à chauves-souris.

ROYAN

À Royan, en plus du plaisir de profiter de la magnifique plage qui s'étend presque à perte de vue, vous pourrez faire des **promenades en mer** et **pêcher le crabe** au **phare de Cordouan**. Renseignements et embarquement : Kiosque de la mer
Ponton 4
Port de Royan.
Tél. : 46 05 29 91.

Promenades commentées à la découverte de l'estuaire de la Gironde, de la côte atlantique et du phare de Cordouan du 1er avril au 30 septembre.

Un petit **train touristique** fait le tour de la station.

Départ devant les jardins du casino. Fonctionne de mai à septembre. Renseignements au 46 38 65 11 (O.T.).

Peut-être maintenant embarquerez-vous pour la pointe de La Grave et gagnerez-vous Bordeaux ?

Renseignements : Transgironde au 46 05 23 03.

Le Périgord et le Quercy sont deux des régions les plus séduisantes de France, pas étonnant que nos lointains ancêtres s'y soient installés ! Dans des centaines de grottes on trouve trace de leur passage et de l'existence de ces animaux géants aujourd'hui disparus.

Les enfants se passionneront pour la préhistoire et ses vestiges, ils descendront les rivières en canoë et se divertiront dans les nombreux parcs et musées conçus à leur intention.

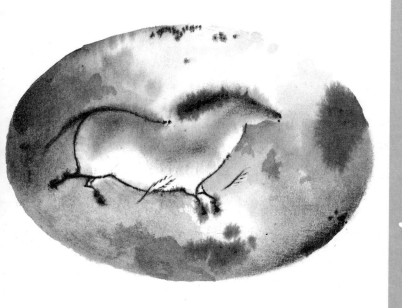

Musée des jouets ———————

– Gouffre de Proumeyssac ———————
– Grotte de Bara~Bahau ———————

Grottes Préhistoriques ———————

– Aquarium ———————

Musée d'art et de tradition ———
                populaire
Musée de l'automate ———————
Grottes de Cougnac ———————
Grottes de Lacave ———————

– Le rocher des aigles ———————
– La forêt des singes
– La féerie du rail

Le gouffre de Padirac ———————
Grottes de Presque ———————
Le Parc de vision ———————
Musée Champollion ———————

"Le Cuzals" ———————
Grotte-Musée de Pech-Merle ———
Parc de loisirs ———————
      de Bois de la Font

Château de Bonaguil ———————

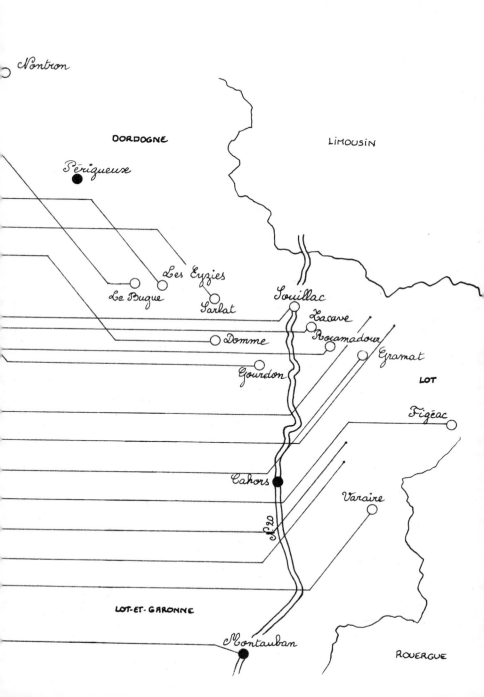

LE PÉRIGORD ET LE QUERCY

Vous atteindrez le Périgord en venant de Poitiers via Angoulême, de Limoges ou de Bordeaux ; vous parcourrez ensuite le Quercy en passant par Figeac et Cahors.

Les Eyzies en venant d'Angoulême

Arrivant d'Angoulême (D 939), vous entrez à Mareuil-sur-Belle dans le **Périgord « vert »**, qualifié ainsi par Jules Verne au cours de ses voyages.
À Mareuil, vous prenez la D 708 pour **Nontron** où la collection de poupées de Marie-Camille de Monneron, rachetée par le département de la Dordogne, est présentée au château de Nontron.

Musée des Poupées et Jouets d'Antan

24300 Nontron - Tél. : 53 56 20 80

 Ouvert tous les jours sauf mardi du 1er février au 31 mars, et de la mi-octobre à la mi-décembre de 14 h à 17 h ; tous les jours sauf mardi du 1er avril au 30 juin et du début septembre à la mi-octobre de 10 h à 12 h et de 14 h à 18 h ; et tous les jours du 1er juillet au début septembre de 10 h à 19 h.

Des petites scènes mettent en situation des poupées du siècle dernier. La maison de poupées est particulièrement charmante.

De Nontron, vous descendrez par la D 707 et Saint-Pardoux-la-Rivière jusqu'à la grotte de Villars.

Grotte de Villars

24530 Villars – Tél. : 53 54 82 36

Ouverte tous les jours des Rameaux au 15 juin et du 15 septembre au 31 octobre de 14 h à 18 h 30 ; et en juillet et août de 10 h à 18 h 30.

Des salles de cristaux légèrement ocrés et des peintures variées datant de la fin du magdalénien ancien, dont un « homme et un bison ».

Par Thiviers, vous gagnerez Périgueux (N 21).

À **Périgueux**, certains penseront aux truffes ! Les enfants espéreront s'y trouver la première quinzaine d'août au moment du **festival de Mime** où ils pourront assister à des spectacles originaux venus du monde entier. Renseignements au 53 53 10 63 (S.I.).

À Périgueux également le musée du Périgord.

Musée du Périgord

22, cours Tourny 24000 Périgueux – Tél. : 53 53 16 42

   pour les enfants – 10 ans

Ouvert tous les jours sauf mardi du 1er juillet au 30 septembre de 10 h à 12 h et de 14 h à 18 h (17 h du 1er octobre au 30 juin).

Un musée intéressant mais un peu sévère avec ses collections préhistoriques : on y voit entre autres les squelettes de l'homme de Néandertal du Régourdon (70 000 ans av. J.-C.) et de l'homme magdalénien de Chancelade (15 000 ans av. J.-C.).

De Périgueux, vous gagnerez Les Eyzies.

Les Eyzies en venant de Bordeaux

Ayant quitté Bordeaux par la N 89, à Moulin-Neuf, vous entrez dans le département de la **Dordogne** et bientôt dans le **Périgord noir**.

« Dé négré yo lus goudorels,
Los truffos et tus brades els
Modoumeysello »

« De noir il y a les champignons,
Les truffes et tes beaux yeux
Mademoiselle »
écrivit le docteur Boissel.

De Montron, vous pourrez faire une fugue par la D 708 pour Ribérac et, juste avant, prendre la D 5 pour **Saint-Privat-des-Prés** où le Centre d'Arts et Traditions Populaires des pays de Dronne et de Double présente :

Musée de l'Outil
et de la Vie au Village

24410 Saint-Privas-des-Prés – Renseignements à la mairie au 53 91 22 87
ou au 56 88 32 31

 Ouvert de juin à septembre, tous les jours de 15 h à 18 h.

Un enfant se promène dans les rues d'un village du début du siècle et va de boutiques en ateliers, observant les artisans et les commerçants, telle est l'idée directrice de ce musée.

Ne nous égarons plus... Vous êtes principalement dans cette région pour visiter des grottes (nous n'évoquerons pas les motivations gastronomiques que les « grands » peuvent avoir et qui, parfois, ne déplairont pas aux plus jeunes...).

De Montron, vous descendrez sur Sainte-Foy-la-Grande et Bergerac.
En continuant votre route par la D 660 et la D 703, vous arriverez **au Bugue** où vous pourrez passer une bonne journée. Vous visiterez à proximité un gouffre et une grotte et, à la sortie du village, vous irez rendre visite aux poissons de l'Aquarium et vous promener dans le Village du Bournat.

 # Aquarium du Périgord Noir

24260 Le Bugue – Tél. : 53 07 16 38

 Ouvert tous les jours, de 9 h à 19 h en mai, juin, juillet et août ; et de 9 h à 12 h et 14 h à 18 h en mars, avril et septembre.

Les poissons des rivières de la région circulent dans des aquariums géants avec pour toile de fond les arbres, les rochers, le soleil...

Village du Bournat

24260 Le Bugue - Tél. : 53 08 41 99

 Ouvert toute l'année (sauf en janvier) : de 10 h à 19 h de mai à septembre inclus et de 10 h à 17 h le reste de l'année.

Une occasion exceptionnelle de vivre quelques heures comme autrefois dans le Périgord.

Dans un parc de deux hectares où les bâtiments ont été reconstruits selon les techniques de l'époque, vous retrouverez comme au début du siècle les artisans à leurs échoppes. Ils forgent un fer à cheval, font du pain au feu de bois, tressent un panier, tournent la glaise, tissent la toile... Les enfants entreront dans une école comme celle où leurs arrière-grands-parents ont appris à lire. Les animaux sont là aussi : les abeilles dans la ruche, la vache dans l'étable...

Et, pour achever en s'amusant cette belle rétrospective, les jeunes visiteurs constateront que les jouets d'aujourd'hui sont peut-être moins jolis mais plus performants !

Gouffre de Proumeyssac

Audrix 24260 Le Bugue – Tél. : 53 07 27 47

 Ouvert tous les jours en février, mars, octobre, novembre et décembre de 10 h à 12 h et de 14 h à 17 h ; en avril, mai et septembre de 9 h 30 à 12 h et de 14 h à 17 h 30 ; en juin, juillet et août de 9 h à 19 h.

Un tunnel percé dans la roche permet d'atteindre le gouffre.

Véritable cathédrale de cristal avec ses orgues et ses cierges de stalagmites qui étincellent des mille feux provenant des paillettes des objets transformés en joyaux par les fontaines pétrifiantes.

Grotte de Bara-Bahau

24260 Le Bugue – Tél. : 53 07 27 47

Ouverte tous les jours des vacances de printemps au 11 novembre et pendant les vacances de février : en février, mars et novembre, le samedi et dimanche de 10 h à 11 h 30 et de 14 h à 17 h ; en avril, mai, juin, septembre, octobre de 9 h 30 à 11 h 30 et de 14 h à 17 h 30 ; et en juillet et août de 9 h à 19 h.

Les parois de cette grotte ont été gravées au silex, il y a 17 000 ans. Des calques facilitent la lecture des gravures.

Du Bugue vous gagnerez Les Eyzies.

 ## Zoom sur Les Eyzies et ses proches environs

Qui pourrait mieux vous accueillir dans ce village, capitale de la préhistoire, qu'un homme préhistorique ? Un géant de pierre à l'air « bonhomme » domine le village. Sa présence vous rappelle que la région fut choisie par l'homme depuis l'aube des temps.

Vous visiterez des grottes, des abris, des gisements préhistoriques, des musées, des parcs. Les enfants de tous âges seront fascinés par ce lointain passé.

Bien sûr, il faudra faire des choix, car il est exclu de tout voir.

Chronologie/aide-mémoire pour mieux visiter les grottes.

À l'époque paléolithique, l'homme a vécu de façon continue dans le Périgord. Cette région cumulait bien des avantages en période glaciaire : les grottes nombreuses pouvaient servir d'abris, les vallées étaient étroites, ce qui facilitait la chasse, et les rivières étaient très poissonneuses.

Le paléolithique est une des grandes divisions de la préhistoire. Le nom vient du grec « paléos » qui veut dire ancien, et de « lithos » qui signifie pierre. Il couvre la période où la taille du silex était une des spécialités de l'homme. Cette technique évolua lentement au cours de trois temps :

362

Le paléolithique inférieur *(qui débute il y a environ 2 millions d'années).*
L'homme apprend à maîtriser le feu et les premiers outils façonnés apparaissent.

Le paléolithique moyen *(qui débute, lui, il y a environ 150 000 ans).*
C'est de cette période que date l'homme de Néandertal *(le squelette de l'homme du Régourdou).* L'homme dispose d'armes plus perfectionnées pour chasser le gros gibier, il arrive notamment à fabriquer des pointes de flèches très aiguisées et se protège du froid à l'aide de peaux de bêtes.

Le paléolithique supérieur *(commençant il y a près de 35 000 ans et se terminant il y a 8 000 ans).*
L'« Homo sapiens » prend la suite de l'homme de Néandertal. Les principales activités de l'homme se résument à la recherche de la nourriture et à la fabrication des armes pour la chasse. La taille du silex s'améliore et les morts sont enterrés recouverts d'ocre et souvent parés de bijoux en os.

À l'intérieur du paléolithique supérieur se place le magdalénien, grande civilisation de la chasse *(nous en entendrons souvent parler au cours des visites).* C'est là qu'apparaît l'homme de Cro-Magnon. Le climat est très froid et les hommes commencent à débiter le silex en lames et s'expriment en peignant principalement des animaux sur les parois des grottes où ils s'abritent, et en travaillant l'os et l'ivoire.

Aux Eyzies même, allez au :

Musée de la Préhistoire

24620 Les Eyzies Tayac – Tél. : 53 06 97 03

Ouvert tous les jours sauf le mardi du 1er décembre au 30 mars de 9 h 30 à 12 h et de 14 h à 17 h ; du 1er avril au 30 novembre de 9 h 30 à 12 h et de 14 h à 18 h.

 pour les enfants

De très riches collections d'objets d'art préhistoriques sont exposées dans ce musée. Des tableaux synoptiques montrent la chronologie des différentes époques et permettent une bonne introduction aux visites qui vont suivre.

En plein centre du bourg :

L'Abri Pataud

24620 Les Eyzies Tayac – Tél. : 53 06 92 46

 Ouvert tous les jours sauf lundi du début février à la fin mars et du 15 octobre au 15 novembre de 14 h à 17 h ; du 1er avril au 30 juin et de septembre au 15 octobre de 10 h à 12 h et de 14 h à 18 h ; tous les jours du 1er juillet au 31 août de 10 h à 19 h.

Cet abri a servi d'habitat à plusieurs reprises au début du paléolithique supérieur ; dans des vitrines animées sont exposés des objets découverts au cours des fouilles ; les travaux des préhistoriens sont expliqués, permettant de mieux comprendre comment se déroulait la vie dans un tel abri.

Des Eyzies vers Périgueux par la D 47, vous visiterez un abri et trois grottes :

Grotte du Grand Roc

24620 Les Eyzies Tayac – Tél. : 53 06 92 70

 Ouverte de juin au 15 septembre de 9 h à 19 h ; le reste de l'année de 9 h 30 à 18 h.

Une grotte de concrétions avec des formations ressemblant à des coraux et défiant les lois de la pesanteur. La mise en lumière est très originale.

Gisement de Laugerie Haute

24620 Les Eyzies Tayac – Tél. : 53 06 92 90

 Ouvert tous les jours sauf mardi (hors saison) du 1er mars au 30 septembre de 9 h à 12 h et de 14 h à 18 h ; du 1er au 31 octobre de 10 h à 12 h et de 14 h 16 h 30 ; du 1er novembre au 28 février de 10 h à 12 h et de 14h à 16 h. Fermé le 1er mai.
Visite de 3/4 h.

Un gisement où ont été trouvés de nombreux objets et deux squelettes du magdalénien et du périgordien.

Grotte de Carpe-Diem

24620 Les Eyzies Tayac – Tél. : 53 06 91 07

 Ouverte en mars, avril, septembre et octobre de 9 h à 12 h et de 14 h à 18 h ; en mai, juin, juillet et août de 10 h à 19 h. Visite de 25 minutes environ.

Un couloir de 220 m de long avec des plafonds garnis de fines stalactites.

Grotte de Rouffignac

24580 Rouffignac-St-Cernin – Tél. : 53 05 41 71

 Ouverte tous les jours des vacances de Pâques au 1er juillet de 10 h à 11 h 30 et de 14 h à 17 h ; du 1er juillet au 31 août de 9 h à 11 h 30 et de 14 h à 18 h ; du 1er septembre au 31 octobre de 10 h à 11 h 30 et de 14 h à 17 h.

Durée de la visite en train : 1 h. Température : 13°.

Attention, places limitées en raison de la conservation.

Vous parcourez cette grotte aux « cent mammouths » à bord d'un petit train électrique, le « Cro ». Vous admirez sur 10 km les 270 gravures et peintures préhistoriques de la période magdalénienne : chevaux, bouquetins, bisons, rhinocéros et surtout des mammouths s'affrontant au cours d'un combat.

Des Eyzies vers Montignac (D 706), de nombreuses visites vous attendent :

Préhisto Parc

24620 Tursac – Tél. : 53 50 73 19

 Ouvert du 1er mars au 30 avril de 10 h à 18 h ; du 1er mai au 30 septembre de 9 h 30 à 19 h et du 1er octobre au 11 novembre de 10 h à 18 h.

Ce parc de la préhistoire donne une réalité à ces hommes dont on dit aux enfants qu'ils sont leurs lointains ancêtres, mais qu'ils ont peine à imaginer, tant leur histoire se perd dans la nuit des temps. Grâce à ces scènes de vie quotidienne très réalistes et très évocatrices, enfin jeunes et moins jeunes rencontrent cette famille d'un autre âge.

Village Troglodytique de la Madeleine

24620 Tursac – Tél. : 53 06 92 49

 Ouvert tous les jours sauf mardi du début février au 31 mars et du 16 octobre au 15 novembre de 14 h à 17 h ; du 1er avril au 30 juin et du début septembre au 15 octobre de 9 h à 12 h et de 14 h à 18 h ; tous les jours du 1er juillet au début septembre de 10 h à 19 h.

C'est d'ici que vient le nom de la culture « magdalénienne ». Ce site fut fréquenté de la préhistoire à nos jours. On y découvrit un gisement paléolithique et, sur la falaise, un étage troglodytique fut probablement habité du Moyen Âge au début du XXe siècle.

Roque Saint-Christophe

24620 Peyzac-le-Moustier - Tél. : 53 50 70 45

 Ouvert tous les jours, toute l'année, de 10 h à 18 h 30.

Depuis 50 000 ans des hommes ont habité là, de l'homme de Néandertal jusqu'à une époque très récente. Ils ont laissé sous ces abris des traces de leur passage.
Une vraie ville a existé dans cette falaise. Au Moyen Âge, une forteresse a servi de défense contre les Normands, au XVe siècle, les Anglais l'occupèrent, etc. Une église et un monastère y furent même aménagés...

Village Préhistorique de Castel-Merle

24290 Sergeac - Tél. : 53 50 79 70

Ouvert de 14 h à 18 h pendant les vacances de Pâques et les jours fériés des mois de mai et juin ; et de 10 h à 18 h 30 tous les jours du 15 juin au 15 septembre. Durée de la visite : 30 à 50 minutes.

Quelques rares sculptures réalisées par les artistes du magdalénien. Un atelier de silex vous montrera les différentes fabrications d'outils préhistoriques et l'usage des colorants.

Lascaux II

24290 Montignac - Tél. : 53 51 95 03

Ouvert tous les jours sauf lundi, du 1er février au 30 juin et du 1er septembre au 31 décembre, de 10 h à 12 h et de 14 h à 17 h 30, tous les jours du 1er juillet au 31 août de 9 h 30 à 19 h.

Pendant la période estivale, la vente des billets s'effectue à Montignac, aux arcades du syndicat d'initiative à partir de 9 h. Aucun billet n'est délivré sur le site.

Pour éviter toute attente, chaque billet comporte l'horaire de votre visite (groupe de 40 personnes, 40 minutes de visite ; limité à 2 000 personnes par jour).

Le billet d'entrée est valable pour Lascaux II et le parc de Thot (le billet du Thot ne sera pas daté, vous pourrez l'utiliser à votre convenance).

Lascaux II est un fac-similé de la vraie grotte de Lascaux, devenue trop vulnérable. À l'intérieur d'une coque en ferrociment restituant les reliefs, les peintures polychromes ont été dessinées comme il y a 17 000 ans, avec des colorants naturels. On admire la célèbre peinture de taureaux, les chevaux, quelques cerfs et bouquetins et de nombreux signes énigmatiques.

367

Le Thot - Espace Cro-Magnon

24290 Thonac - Tél. : 53 50 70 44

Mêmes horaires que Lascaux II. En saison, visite jumelée.

 visite Le Thot seul

Un musée et un parc.

Le musée présente un panorama de l'art de la préhistoire, sa place dans l'histoire de l'homme : fac-similés, diapositives géantes, montages audiovisuels.

Le parc donne un aperçu de la faune que les hommes de Cro-Magnon côtoyaient : des animaux vivants comme des aurochs, des chevaux tartans, des bisons... et des reproductions, grandeur réelle, d'espèces disparues.

Site de Régourdon

24290 Montignac - Tél. : 53 51 81 23

Ouvert toute l'année de 9 h à 12 h et de 14 h à 18 h en journée continue en juin, juillet et août.

  pour les enfants

Le squelette d'un homme ayant vécu il y a 70 000 ans a été découvert dans cette grotte. Dans des fossés furent retrouvés des ossements d'animaux, dont ceux de *l'Ursus Arctos*, un ours brun.

Un beau musée a été ouvert sur les lieux et des ours bruns, bien vivants, se promènent à proximité.

À Montignac se tient aussi :

Musée Eugène Le Roy*
et des Vieux Métiers

Syndicat d'initiative 24290 Montignac - Tél. : 53 51 82 60

Ouvert en juillet et août de 9 h 30 à 12 h et de 14 h à 17 h 30.

Des mannequins en costumes évoquent des scènes historiques ou d'artisanat local : une veillée de Jacquou le Croquant, un maréchal-ferrant recevant un aspirant compagnon, un scieur de long, le sabotier, un feuillardier, etc.

Sur la route de Sarlat par la D 47 découvrez les grottes :

Grotte de Font-de-Gaume

24620 Les Eyzies - Tél. : 53 06 90 80

 Ouverte tous les jours sauf mardi du 1er avril au 30 septembre de 9 h à 12 h et de 14 h à 18 h ; du 1er octobre au 31 mars de 10 h à 12 h et de 14 h à 16 h. Fermée les 1er mai, 13, 14 et 15 juin.
Visite de 3/4 d'heure.

Les impératifs de conservation de ces dessins originaux imposent une limitation du nombre de visiteurs (340 par jour et par groupes de 20) ; en juillet et août, les tickets pour la journée sont délivrés jusqu'à 10 h.
Des frises préhistoriques peintes et gravées : des bisons, des chevaux, des rennes, très faciles à discerner.

Grottes des Combarelles

24620 Les Eyzies - Tél. : 53 06 97 72

 Ouverte tous les jours sauf mercredi du 1er avril au 30 septembre de 9 h à 12 h et de 14 h à 18 h ; du 1er octobre au 31 mars de 10 h à 12 h et de 14 h à 16 h. Fermé les 1er mai, 13, 14 et 15 juin.

En été, le nombre de visiteurs est limité et la vente des billets d'entrée n'a lieu qu'à 9 h et 14 h.

Des gravures sur la pierre, malheureusement souvent superposées. Au fond de la grotte, des lions et aussi quelques représentations humaines.

* Auteur du roman *Jacquou le Croquant*, dont l'action se situe dans la forêt de Barade, autrefois repère de loups et de brigands et refuge des paysans révoltés contre l'injustice et la misère.

Grotte de Bernifal

24220 Meyrals - Tél. : 53 29 66 39

 Ouverte du 15 juin au 1er juillet et du 1er septembre au 30 septembre de 9 h à 12 h et de 14 h à 18 h ; et du 1er juillet au 31 août de 9 h 30 à 18 h.

Des bisons, des mammouths, des ours et des ânes sont répartis sur les parois depuis le sol jusqu'à la voûte. On y voit aussi des mains gravées et peintes et divers signes.

Ouverte au public en 89, la grotte est présentée en l'état où elle a été découverte, seul l'accès a été facilité.

Sculptures Préhistoriques de Cap Blanc

Marquay 24620 Les Eyzies - Tél. : 53 59 21 74 (le soir)

 Ouvert de Pâques au 30 juin et du 1er septembre au 31 octobre de 10 h à 12 h et de 14 h à 18 h ; du 1er juillet au 31 août de 9 h 30 à 19 h. Durée de la visite : 30 minutes.

Vous découvrez dans cet abri préhistorique une frise monumentale sculptée sur 14 mètres de paroi. Chevaux, bisons, cervidés sont réalisés en bas et haut-relief, parfois de plus de 20 cm d'épaisseur.

Une sépulture humaine fut également découverte dans cette grotte.

Vézères Canoës Kayaks

« Les Girouteaux » (au camping « La Rivière ») - Tél. : 53 06 93 70

 Ouvert du 1er mai au 30 septembre.

Location de canoës et parcours d'initiation à la portée de tous.

Vous quitterez Les Eyzies pour Sarlat (D 47).

Sarlat est une très jolie ville où vous pourrez faire un petit tour à pied dans la cité médiévale pendant que les enfants visiteront l'Aquarium.

Musée-Aquarium

Rue du Commandant-Maratuel 24200 Sarlat - Tél. : 53 59 44 58

 Ouvert tous les jours du 2 mai au 30 septembre de 10 h à 19 h ; le reste de l'année sur rendez-vous.

Une nouvelle vision du milieu aquatique vous permet d'observer les poissons comme si vous étiez assis au fond d'une rivière. Des poissons d'eau douce : saumons, esturgeons, lamproies, perches, brochets, ablettes, etc., évoluent et se reproduisent dans des aquariums à ciel ouvert. Vous verrez même des torrents et des petites cascades.

Un petit musée sur les techniques de la pêche et de la batellerie sur les rivières de la région.

Des fiches pédagogiques et des jeux sont à la disposition des enfants.

Allez ensuite vous instruire au musée de la Préhistoire et de la Paléontologie, puis découvrir l'exceptionnelle collection de voitures.

Musée Homo Sapiens

3, rue Montaigne 24200 Sarlat - Tél. : 53 31 29 92

 Ouvert tous les jours sauf lundi du 19 mars au 30 juin et du 1er octobre au 15 novembre de 10 h 15 à 12 h 30 et de 14 h à 19 h ; tous les jours du 1er juillet au 30 septembre de 10 h 15 à 12 h 45 et de 14 h 15 à 19 h 15.

Ce musée vous projette dans le temps, des milliers d'années en arrière ; il retrace l'évolution de l'homme et de l'outillage préhistorique des origines à l'époque gallo-romaine, du Pithécantrope à Cro-magnon. Il vous présente aussi les plus grands mammifères du Quaternaire, on peut voir des dents, des crânes de bisons, d'ours, d'aurochs, etc.

Chaque vitrine est argumentée par des panneaux et des dossiers bien documentés.

Musée Automobile

12, avenue Thiers 24200 Sarlat - Tél. : 53 31 62 81

 Ouvert toute l'année les samedis et dimanches de 10 h à 12 h et de 15 h à 18 h 30 ; tous les jours en juin de 14 h 30 à 18 h 30 et de 10 h à 12 h et 15 h à 19 h en juillet et août.

Des voitures de prestige illustrant l'histoire de l'automobile réunies grâce à la passion d'un collectionneur.

À Sarlat, vous prendrez la D 57 pour **Beynac** où vous attendent le musée Protohistorique et un parc archéologique.

Parc Archéologique

Tour du Couvent 24220 Beynac - Tél. : 53 29 51 28 ou 53 04 85 02

 Ouvert tous les jours du 15 juin au 15 septembre de 10 h à 19 h.

 pour les − de 10 ans

Le Parc Archéologique se compose d'un parc et d'un musée qui retracent la vie quotidienne des premiers paysans et métallurgistes en Périgord.

Dans le parc, vous découvrirez les différentes formes de l'habitat des premiers paysans de 5 000 à 50 av. J.-C. Vous assisterez à des démonstrations de taille du silex, de poterie, du travail du bois, des tissages, et vous ferez l'apprentissage du feu « néolithique », tir à l'arc droit et vous découvrirez les plantes cultivées et sauvages...

Pour vous détendre, vous pourrez tous embarquer pour une promenade sur la Dordogne.

Les Gabarres de Beynac

Tél. 53 28 51 15

 Départ du parking de Beynac. Fonctionnent du 15 avril au 30 septembre de 10 h à 18 h. Durée 50 minutes.

 le matin pour les enfants

Une très agréable promenade commentée sur la Dordogne. Vous partez à la découverte des châteaux et de la nature sauvage qui bordent les rives.

À 3 km de Beynac, à **Saint-Vincent-de-Cosse**, vous pourrez louer des canoës et faire des descentes sans risques.

Non loin de Beynac, à Castelnaud, un musée passionnera les garçons.

Musée de la Guerre au Moyen Âge

Château de Castelnaud 24250 Castelnaud - Tél. : 53 29 57 08

 Ouvert de mai à la fin septembre, tous les jours de 9 h à 19 h.

Il existait au Moyen Âge trois façons de faire la guerre : la guerre de siège, la bataille rangée et la chevauchée. Pour la guerre de siège, les châteaux devaient être aménagés et équipés pour se défendre. Visiter le château de Castelnaud est l'occasion de découvrir comment était agencé un château au Moyen Âge. Vous verrez une bombarde, un trébuchet, une pierrière, une bricole et encore d'autres extraordinaires machines de guerre.

Puis vous vous arrêterez longuement au château des Milandes rendu célèbre par Joséphine Baker.

Château des Milandes

24250 Castelnaud - Tél. : 53 29 50 73

 Ouvert tous les jours de 9 h à 19 h du 15 mars au 13 novembre.

Construit au XVe siècle, ce château fut habité par la danseuse Joséphine Baker, elle y fonda le « village du monde ». Vous revivrez cette époque grâce à une scène créée par le musée Grévin. Dans une autre partie du château, vous admirerez une maquette des Milandes et des reproductions des machines du génie civil. Dans une tour, les faucons ont élu domicile, vous pourrez applaudir leur talent durant les mois d'été. Et dans le pigeonnier, les pigeons se sont réinstallés comme au Moyen Âge où ils permettaient de transmettre des messages secrets entre châteaux forts.

Un peu plus loin à Domme, vous pourrez visiter une grotte (entrée sous la halle), un musée des Traditions et un historial de la Chevalerie.

Musée d'Art et de Tradition Populaire

Place de la Halle 24250 Domme - Tél. : 53 28 37 09

Ouvert tous les jours d'avril à septembre de 10 h à 12 h et de 14 h à 18 h ; et de 10 h à 19 h en juillet et en août.

Dans chacune des sept salles, des silhouettes de jadis accueillent les visiteurs, la fileuse à sa quenouille, le sabotier et le charron dans leurs ateliers, le facteur devant une collection de timbres de 1867, les enfants dans leur chambre avec leurs jouets, etc.

Historial de la Chevalerie

Rue Marguerite-Mazet (tout près du musée) 24250 Domme - Tél. : 53 28 37 09

Ouvert tous les jours sauf mercredi du 1er juin au 30 septembre de 10 h à 13 h et de 14 h 30 à 19 h.

Dix siècles de civilisation médiévale avec des armes, des casques, des cottes de mailles et des armures, tout pour se croire un vrai chevalier !

De Domme, soit vous emprunterez la D 704 pour Gourdon et Cahors, soit vous vous rendrez à Souillac en passant par Veyrignac (D 50).

Par la 704 pour Gourdon, juste avant ce bourg, vous vous arrêterez aux grottes de Cougnac.

Grottes de Cougnac

46300 Payrignac - Tél. : 65 41 22 25 ou 65 41 22 03

Ouvertes des vacances de Pâques au 30 juin, du 1er septembre à la Toussaint de 9 h à 11 h et de 14 h à 17 h ; du 1er juillet au 31 août de 9 h à 18 h. Visite d'une heure.

Sur les parois de cette grotte, intéressante par ailleurs pour ses colonnes, sont visibles de remarquables peintures préhistoriques : des bouquetins, des éléphants, des cerfs et même deux hommes dont les corps sont percés de sagaies.

Château de Veyrignac

24370 Veyrignac - Tél. : 53 28 13 56

 Ouvert du 15 juin au 15 octobre de 10 h à 12 h 30 et de 14 h à 18 h 30.

Ce château privé présente une collection d'armes et d'armures et une exposition de personnages historiques en costumes d'époque.

À **Souillac**, vous irez voir le musée de l'Automate, et vous irez vous baigner au Quercyland.

Musée de l'Automate

Place de l'Abbaye 46200 Souillac - Tél. : 65 37 07 07

 Ouvert tous les jours de 10 h à 19 h en juillet et août et de 10 h à 12 h et de 15 h à 18 h en juin et septembre ; tous les jours sauf lundi de 10 h à 12 h et de 15 h à 18 h ; tous les après-midi de 14 h à 17 h, sauf lundi et mardi en janvier, février, mars, novembre et décembre.

Un musée récent avec des automates remarquables et des scènes animées exceptionnelles. L'histoire complète du premier jouet mécanique, d'avant 1870 à la robotique d'aujourd'hui, est racontée sur des petits écrans. La présentation est esthétiquement très réussie, malheureusement les automates ne fonctionnent pas toujours comme on le souhaiterait.

Quercyland

46200 Souillac - Tél. : 65 32 72 61

 Ouvert tous les jours du 15 mai au 30 septembre de 10 h à 22 h.

Les enfants se baigneront, descendront le toboggan aquatique, feront du canoë ou de la petite moto.

De Souillac, allez à Martel, puis aux grottes de Lacave.

Reptiland

46600 Martel-en-Quercy - Tél. : 65 37 41 00

 Ouvert toute l'année de 10 h à 18 h les mois d'été et de 10 h à 12 h et de 14 h à 17 h les autres mois.

Pancho, le directeur, est un homme passionné ; il arrivera à vous faire aimer les serpents. Cette visite sera une excellente occasion de découvrir le monde mystérieux des reptiles. Pour certains, les enfants distribueront eux-mêmes de la viande ou des fruits.

Grottes de Lacave

46200 Lacave - Tél. : 65 37 87 03

 Ouvert tous les jours d'avril à la Toussaint : de 9 h à 12 h et de 14 h à 18 h d'avril au 14 juillet et en septembre ; jusqu'à 17 h d'octobre à la Toussaint ; et de 9 h à 18 h 30 du 15 juillet à la fin août.

Un train vous conduit au départ de la visite, et vous admirez les stalactites de toutes tailles et de toutes couleurs, mais surtout vous traversez une salle éclairée en lumière noire où les concrétions apparaissent comme phosphorescentes ; un peu impressionnés, vous contemplez ce paysage d'un autre monde.

À l'entrée de la grotte vous attend le « Tirelure ».

Le Tirelure

Renseignements au 65 37 86 02 et au 65 37 02 04.

 Fonctionne de Pâques au 30 septembre dimanches et jours fériés à 14 h 45, 16 h et 17 h 15 ; en juillet et août tous les jours à 10 h 30, 11 h 45, 13 h 45, 15 h, 16 h 15 et 17 h 30.

Ce petit train routier vous promène dans la vallée sauvage. Vous découvrez le moulin fortifié de Valeille, datant du XIVe siècle.

De Lacave, rendez-vous à Rocamadour.

Rocamadour est très touristique. C'est le deuxième site de France le plus visité. Les maisons accrochées au rocher sont curieuses à voir ; les enfants se promèneront un peu dans le village, prenant peut-être les ascenseurs montants et descendants, et ils visiteront, dans la rue principale, la **Galerie de Cires**, où ils verront une rétrospective en tableaux de l'histoire de Rocamadour : la fauconnerie au Moyen Âge, la bourrée au son de la cabrette, Saint Louis et Blanche de Castille, Roland à Roncevaux, etc.

À 100 mètres du panorama sur Rocamadour :

Grotte des Merveilles

46500 Rocamadour - Tél. : 65 33 67 92

 Ouverte tous les jours en avril, mai, juin, septembre et octobre de 10 h à 12 h et de 14 h à 18 h ; en juillet et août de 9 h à 19 h.

Des grottes, vous en avez vu ou vous en verrez de bien belles ; celle-ci n'est pas la plus intéressante : des concrétions cristallines se reflètent dans des petites étendues d'eau souterraines, et sur les parois avec beaucoup de difficulté on distingue des dessins datant de 20 000 ans.

Les enfants apprécieront davantage :

Rocher des Aigles

46500 Rocamadour - Tél. : 65 33 65 45

 Ouvert des Rameaux au 15 novembre de 10 h à 12 h et de 14 h à 19 h.

Le spectacle, comme celui du château de Kintzheim, en Haut-Kœnigsbourg, est de qualité exceptionnelle, les grands vautours planent au-dessus de l'esplanade et piquent sur un simple geste vers leurs dresseurs. Le chumango se pose sur la tête d'un enfant, les faucons marchent nonchalamment sur les jambes étendues des enfants. Dans les volières de ce centre d'élevage et de reproduction, vous pourrez admirer des espèces de rapaces très rares.

Forêt des Singes

À l'Hospitalet (juste avant Rocamadour)
46500 Rocamadour - Tél. : 65 33 62 72

Ouvert du 1er avril au 30 juin et du 1er septembre à la fin octobre de 10 h à 12 h et de 14 h à 18 h (17 h en octobre) ; les mercredis, week-ends et jours fériés du 1er au 11 novembre ; du 16 juin au 31 août de 9 h à 19 h.

Cent cinquante macaques de Barbarie se promènent librement et viennent, comme en Alsace à la montagne des Singes, s'emparer des pop-corns que vous leur tendez ; ces manifestations de familiarité mettent en joie parents et enfants.

Féerie du Rail

L'Hospitalet 46500 Rocamadour - Tél. : 65 33 71 06

Ouverte du 15 avril au 8 juillet et du 1er septembre au 11 novembre de 10 h à 12 h et de 14 h à 18 h ; du 9 juillet au 31 août de 9 h à 19 h. Nocturne en juillet et août de 20 h 30 à 22 h 30.

Un paysage de 24,80 m représentant l'Alsace, le Nord, la Savoie, les montagnes, la plaine, des villages, etc., s'anime devant les yeux éblouis des petits et admiratifs des grands : les trains vont et viennent, les maisons s'allument, la grande roue tourne, un incendie se déclare... Vous pourrez passer un temps fou à observer tous les détails : 300 000 pièces, 3 000 personnages, 60 trains, 450 wagons, etc., et à admirer le travail de cinq années.

378

Aquarium

L'Hospitalet 46500 Rocamadour - Tél. : 65 33 73 61

 Ouvert de Pâques à la Toussaint tous les jours de 10 h à 19 h ; les dimanches, jours fériés et vacances scolaires de 14 h à 18 h le reste de l'année.

La vie secrète des rivières présentées dans de vastes aquariums. Des journées à thème autour de l'eau et des poissons sont organisées durant l'été.

De Rocamadour, soit vous commencez par vous rendre à Padirac, aux grottes de Presque et de Saint-Céré, soit vous allez à Gramat ; et de Saint-Céré comme de Gramat vous partirez pour Figeac.

Par la D 673, arrêtez-vous au **gouffre de Padirac**, une des merveilles de la nature.

Gouffre de Padirac

46500 Padirac - Tél. : 65 33 64 56

 Ouvert en avril, mai, juin, septembre et octobre de 9 h à 12 h et de 14 h à 18 h ; en juillet de 8 h 30 à 18 h 30 ; en août de 8 h à 19 h.

Par des ascenseurs ou des escaliers on descend à 110 mètres sous terre ; là on monte sur des barques et calmement on descend la rivière jusqu'au lac de la Pluie (il pleut vraiment). La visite se poursuit à pied, on remonte jusqu'au lac Supérieur, dans cette fameuse salle du Grand Dôme, dont la voûte s'élève à 94 m au-dessus du lit de la rivière.
Personne ne sera déçu, la promenade est féerique.

Un petit **zoo** en face du gouffre distraira les enfants qui gaveront les singes de pop-corns ou de cacahuètes et ne seront pas peu fiers de porter quelques instants les perroquets multicolores sur leurs épaules.

Parc zoologique » 46500 Padirac - Tél. : 65 33 64 91

 Ouvert tous les jours du 1er mai au 30 septembre de 9 h à 20 h.

Après Padirac, en continuant la D 673, vous arrivez aux :

Grottes de Presque

46400 Saint-Céré - Tél. : 65 38 07 44

 Ouvertes tous les jours des vacances scolaires de Pâques jusqu'au mois de novembre de 9 h à 12 h et de 14 h à 18 h ; en juillet et août de 9 h à 12 h et de 14 h à 19 h.

Pour l'écrivain Pierre Benoit, elles étaient le « Palais d'Antinéa ». Vous y verrez des cascades figées, des colonnes dites « d'Hercule » et des cierges tout minces et presque fragiles de près de 9 m de haut.

À côté à **Saint-Céré**, il y a un musée de l'Automobile.

Musée de l'Automobile

Route de Monteil 46400 Saint-Céré - Tél. : 65 38 15 72

 Ouvert de Pâques au 31 mai de 10 h à 12 h et de 14 h à 18 h, sauf mardi ; du 1er juin au 30 septembre de 10 h à 12 h et de 14 h à 19 h.

Moins original que le musée de Sarlat, il présente sagement alignés des modèles des trente premières années du siècle.

De Rocamadour, la N 140 vous conduira à **Gramat**.

Parc de Vision

46500 Gramat - Tél. : 65 38 81 22

 Ouvert d'avril à novembre de 9 h à 19 h, le reste de l'année de 14 h à 18 h.

Là, ce sont les animaux qui sont à l'honneur : les animaux d'Europe dont les races sont à préserver. Ils vivent en semi-liberté dans un parc sauvage, certains sont très familiers et se régalent des branches que les enfants leur tendent.

Et aussi les chiens. Il est en effet possible de visiter le **Centre de formation des maîtres chiens de la gendarmerie** - Tél. : 65 38 71 59. Démonstration de dressage le jeudi après-midi à 15 h 30, de la mi-juin à la mi-septembre.

De Saint-Céré, par la D 940, vous rattrapez la N 140 venant de Gramat et vous arrivez à **Figeac**.

Nous avons déjà traversé Figeac au cours de notre circuit du Rouergue.

À Figeac, ville natale de Jean-François Champollion, vous pouvez visiter le petit musée installé dans sa maison.

En plein centre de la vieille ville :

Musée Champollion

46100 Figeac - Tél. : 65 34 66 18

 Ouvert tous les jours du 1er mars au 30 septembre de 10 h à 12 h et de 14 h 30 à 18 h 30, fermé lundi ; d'octobre à février tous les après-midi sauf lundi de 14 h à 18 h.

Les plus grands seront passionnés de découvrir comment ce savant a réussi à déchiffrer les hiéroglyphes.

Il existe des ateliers auxquels il est possible de s'inscrire.

Les plus petits seront sûrement beaucoup plus contents d'aller se baigner dans la piscine à vagues du **Domaine du Surgié** (tél. : 64 34 59 00).

 Ouvert tous les jours de mai à septembre de 10 h à 19 h ; en juillet et août de 9 h à 20 h.

De Figeac, vous prendrez la D 41 le long du Célé pour Cabreret et Cahors. Le premier arrêt se fera à la grotte de Bellevue.

Grotte de Bellevue

46160 Marcilhac-sur-Célé - Tél. : 65 40 63 92

 Ouverte du 1er juillet au 15 septembre de 9 h à 12 h et de 14 h à 19 h.

La grotte fut découverte grâce au pendule et à la voyance d'un radies-thésiste, Raymond Cabrignac. Elle n'est pas très grande et se visite en une demi-heure mais elle possède une belle décoration stalagmitique : draperies, gours, coulée de calcite, colonne d'Hercule, etc.

Ensuite, il faudra prévoir de passer un long moment dans le musée en plein air de Cuzals.

Le Cuzals

46330 Sauliac-sur-Cèle - Tél. : 65 22 58 63

 Ouvert en avril, mai, septembre et octobre de 14 h à 18 h ; en juin de 9 h 30 à 18 h 30 ; en juillet, août de 10 h à 19 h. Fermé le samedi.

 le billet d'entrée
est valable
plusieurs jours

L'endroit est original et l'atmosphère qui s'en dégage est difficile à imaginer tant elle est authentique.

Il s'agit d'une promenade dans le monde rural : vous entrez dans une petite ferme d'avant la Révolution avec la chaumière dans laquelle coha-bitaient gens et animaux ; les bêtes sont là, les habitants, à cette heure-là..., sont aux champs. Vous visiterez une maison d'habitation du début du siècle, les paysans qui y habitent vont bientôt revenir, ne les dérangez pas et continuez.

Dans l'étable, la vache mâchonne son foin et Manon, l'ânesse, s'apprête à aller tourner la roue du puits à manège. Le boulanger vient peut-être de passer avec ses belles miches de pain décorées.

La fête au village, telle que les grands-parents la vécurent, attend les petits avec son vieux manège, ses jeux de massacre et ses pêches à la ligne.

Dans le village, des artisans de toutes les spécialités sont présents : le garagiste répare les tacots 1925, le linotypiste imprime la *Gazette de Cuzals*, et le dentiste est prêt à vous arracher une dent ou à vous soi-gner avec sa vieille roulette du début du siècle ; et attention au feu, un musée lui est consacré.

Regardez bien, en traversant, la locomotive routière va peut-être passer, ou la charrette attelée de deux bœufs.

Des animations sont proposées, en fonction de la date : en juin, on fauche et on fane ; en juillet, on moissonne ; en août, on bat, en septembre on cueille la vigne ; et les artisans font des démonstrations de leur art, à différentes heures de la journée.

Dans ce parc, on ne sait plus très bien ce qui est vrai et ce qui est musée, si nous sommes bien aujourd'hui ou si, sous la tonnelle, nous avons bu quelque philtre nous permettant de remonter le temps. L'exposition située à l'entrée ne fait qu'entretenir cette sensation : le parc de Cuzals a imaginé un musée tel que les arrière-petits-enfants de nos petits-enfants en verront peut-être, avec des vestiges de notre civilisation présentée comme des objets ethnologiques : la télévision, l'escarpin à talon, la montre, le robot ménager, etc. Une idée bien amusante.

Il faut vraiment bien organiser son temps dans cette région, car si, comme nous l'avons dit, le musée de Cuzals mérite au moins une demi-journée, la grotte de Pech-Merle, un peu plus loin, se visite en été sur réservation.

Grotte-Musée de Pech-Merle

46330 Cabrerets - Tél. : 65 31 27 05 ou 65 31 23 33

 Ouverte de Pâques à la Toussaint de 9 h 30 à 12 h et de 13 h 30 à 17 h 30.

 pour la grotte et le musée

 pour le musée seulement

La visite de la grotte est d'1 h 15 et celle du musée (+ le film) de 30 minutes.

La visite de la grotte étant limitée pour des raisons de conservation à 700 personnes par jour et 25 personnes par groupe, il est prudent en été de téléphoner pour réserver l'heure de sa visite.

Cette contrainte de réservation mérite d'être surmontée car cette grotte est extraordinaire : vous y verrez très clairement des mammouths, des bisons, des chevaux, des figurations humaines, des traces de mains et de pas...

Le musée et le film sont complémentaires de la visite et sont passionnants.

Un peu plus loin à Bouzies, vous pourrez faire des promenades en bateau sur le Lot, avec une présentation historique de la rivière : « Safaraid » 46330 Bouzies - Tél. : 65 31 26 83.

En remontant 3,5 km sur la D 962, vous irez faire une petite promenade dans l'adorable village de **Saint-Cirq-Lapopie** cher à André Breton.

Ouvert tous les jours du 1er juillet au 31 août de 10 h à 13 h et de 14 h à 19 h 30.

Vous poursuivez votre route jusqu'à Cahors.
De là vous pourrez envisager une fugue au **château de Bonaguil.**

Château de Bonaguil

47500 Saint-Front-sur-Lémance - Tél. : 53 71 13 70 (O.T.)

 Ouvert des Rameaux au 30 septembre : en mars, avril, mai, septembre, visites à 10 h 30, 14 h 30, 15 h 30 et 16 h 30 ; en juin, juillet et août à 10 h, 11 h, 15 h, 16 h, 17 h, 18 h.

Ce château, chef-d'œuvre d'architecture militaire du début du XVe siècle, est un véritable « Disneyland du Moyen Âge », un vrai château de rêve, où des visites spéciales sont réservées aux jeunes, conduites par des spécialistes qui leur racontent une belle histoire.

Mais si vous préférez continuer votre route, nous vous retrouverons à **Montauban** où passe le circuit **Entre-deux-Mers.**

Cœur montagnard de la France, l'Auvergne est une région secrète et un peu mystérieuse avec ses « fades » (fées) et ses « dracs » (lutins). Le paysage est caractérisé par des massifs volcaniques dominés de puys et de plombs.

La région semble austère mais « fouchtra ! » même si le climat est rude, les Auvergnats savent s'amucher et ne rechignent pas à dancher la bourrée au son des cabrettes, des vielles et de l'accordéon.

Les enfants apprendront beaucoup de choses sur les coutumes et la vie locale et se distrairont surtout auprès des animaux des nombreux zoos.

La Maison des Couteliers ———

Le Moulin Richard ———

Parc Zoologique du Bouy ———

Fêtes du "Roi de l'Oiseau" ———

Musée d'Arts et traditions populaires ———

Zoo des Domes ———

"L'Historial" ———

Viaduc de Garabit ———

Musée de Cire de Haute Auvergne ———

Chateau de Murol ———

Maison de la Faune ———

Musée de Radio et du Phonographe ———

La Maison de la Gentiane ———

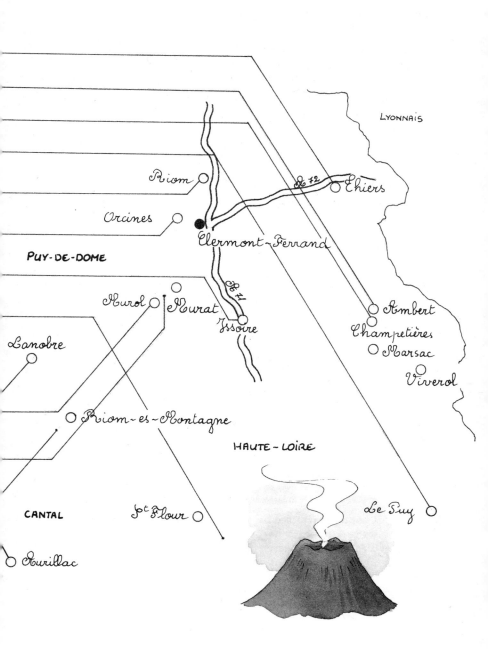

LYONNAIS

Riom

Orcines

Clermont-Ferrand

D 72 Thiers

PUY-DE-DOME

Murol Murat

Lanobre

Issoire

D 71

Ambert

Champetières

Marsac

Viverol

Riom-es-Montagne

HAUTE-LOIRE

CANTAL

St Flour

Le Puy

Aurillac

L'AUVERGNE

Voici deux possibilités pour atteindre l'Auvergne proprement dite et les départements du Puy-de-Dôme et du Cantal ; soit vous emprunterez la **N 7**, la **N 906** (par Vichy) et vous commencerez à Thiers la promenade dans le Livradois-Forez ; soit par la **N 9** vous gagnerez Clermont-Ferrand et vous partirez pour une randonnée dans la région des volcans d'Auvergne.

Le Livradois-Forez

THIERS

Thiers est une ville curieuse, étagée sur le flanc d'un ravin. On monte et on descend sans cesse, et de temps à autre, pour se reposer un peu, on contemple le panorama sur les monts Dôme.

Dans ce centre de la coutellerie, les magasins de couteaux se succèdent les uns aux autres. Et que faire dans la ville des couteaux, si ce n'est aller en voir ?

Maison des Couteliers

58, rue de la Coutellerie *(comme il se doit...)* 63300 Thiers - Tél. : 73 80 58 86

 Ouvert tous les jours de 10 h à 12 h et de 14 h à 18 h du 1er juin au 30 septembre et tous les jours, sauf lundi, de 10 h à 12 h et de 14 h à 18 h du 1er octobre au 31 mai.

On vous contera l'histoire de cinq siècles de coutellerie et vous verrez des... couteaux : l'eustache du berger, le surin du mauvais garçon, le poignard de vénerie, le canif miniature, les couteaux incrustés de nacre et d'or... ; en semaine vous pourrez aussi regarder travailler les couteliers.

Si vous « coupez » à cette visite, il vous sera difficile d'échapper à l'achat du canif ou de l'opinel souvenir.

De Thiers, empruntez la N 89 sur 5 km, puis prenez à gauche la D 906.
À Pont-de-Dore (juste à ce croisement) ou un peu plus loin sur la D 906, vous pouvez monter à bord du **Petit Train de la Découverte** qui vous emmènera jusqu'à Ambert ou Arlanc, sur 50 km de la Dore.
Renseignements : dans les gares et au musée de la Machine agricole d'Ambert (tél. : 73 82 43 88).
Envisagez entre Courpières et Olliergues à Saint-Gervais-sous-Meymont, **un crochet à Cunlhat** (par la D 225) **où se trouve une base de loisirs avec une plage aménagée.**

À Ambert, ce n'est plus le couteau qui est à l'honneur mais le papier.
Vous tournez autour de l'hôtel de ville circulaire rendu célèbre par le roman de Jules Romains *Les Copains*, puis vous allez rue de l'Industrie au :

Musée de la Machine Agricole
et à Vapeur

63600 Ambert - Tél. : 73 82 43 88

 Ouvert tous les jours de 9 h 30 à 12 h et de 14 h à 18 h 30.
1 h 15 de visite guidée.

Un panorama de l'outillage et du machinisme agricole et à vapeur du début du siècle.
Si les machines ne fonctionnent pas, ce n'est pas très drôle ; mais lorsque la machine à vapeur se met en marche, on se bouche un peu les oreilles et on regrette presque le tracteur en bois qui, lui, n'a jamais fonctionné.

D'Ambert, vous prenez à l'est la D 996 et à gauche la D 57 pour vous rendre sans faute au **Moulin de Richard-de-Bas.**

Musée historique du Papier
Moulin de Richard-de-Bas

63600 Ambert - Tél. : 73 82 03 11

Ouvert tous les jours de 9 h à 12 h et de 14 h à 18 h ; en juillet et août de 9 h à 20 h. Fermé le 25 décembre et le 1er janvier.

La fabrication d'une feuille de papier telle qu'elle se faisait autrefois est une passionnante leçon de choses.

En partant des vieux chiffons qui redeviennent lentement des fibres de cellulose végétale, il faut une trentaine d'heures pour préparer la pâte à papier. Bien lavée par l'eau des sources, elle est versée dans la cuve. Les fibres de cellulose en suspension sont puisées par l'ouvreur. Il utilise une forme, sorte de passoire. Puis le coucheur appose sur le feutre la forme recouverte de pâte à papier. Les feuilles sont pressées afin d'éliminer l'eau. Elles sont ensuite levées et séparées des feutres puis suspendues aux étendoirs sur lesquels elles sèchent. Parfois des fleurs sont incorporées à la pâte.

Un atelier chinois permettra de fabriquer réellement du papier comme au IIe siècle.

Reprenez la D 906, à 8,5 km d'Ambert ; vous tournerez à droite sur la D 56 vers Champetières et vous irez vous promener dans le beau domaine du parc zoologique du Bouy.

Parc Zoologique du Bouy

63600 Champetières - Tél. : 73 82 13 29

Ouvert tous les jours du 1er mai au 25 septembre de 10 h à la nuit, et les week-ends et jours fériés de 14 h à la nuit le reste de l'année.

Au flanc des monts du Livradois, des animaux, des herbivores surtout, paissent en semi-liberté ; quelques autres animaux, des singes, des tigres, des oryx, et beaucoup d'oiseaux, vivent dans de vastes enclos.

Après Ambert, si vous avez un peu de temps à perdre et si l'insolite réjouit votre famille, vous pourrez prendre la D 205 à gauche pour Viverols et visiter un curieux musée :

Musée Louis Terrasse

63840 Viverols - Tél. : 73 95 92 02

   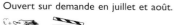

Ouvert sur demande en juillet et août.

« Facteur Cheval » de la région, il passa sa vie à réaliser d'étonnants tableaux faits de centaines de morceaux de marbre, d'os et de nacre tels que le *Passage des Alpes* ou *Napoléon à Ratisbonne* d'après des œuvres d'Horace Vernet, ou des maquettes de monuments en bois constituées de milliers de pièces : les Invalides, la cathédrale de Moulins, etc.

À Arlanc, toujours sur la D 906, il y a un **musée de la Dentelle** ! et un plan d'eau beaucoup plus amusant, avec une baignade surveillée et gratuite.

Avant de quitter la plaine d'Ambert, si nos petits touristes ont très faim, ils mangeront une « pompe », ce gros gâteau fourré aux fruits.

Bientôt vous atteindrez **Le Puy** (Haute-Loire), capitale du Velay et de la dentelle.

Elle est un peu folle, cette ville, avec cette statue de la Vierge érigée sur un rocher-pain de sucre à 757 m d'altitude, ou cette chapelle construite au sommet d'un piton volcanique de 80 m de haut !

Ce serait bien si vous passiez au Puy début septembre : une semaine durant, la ville célèbre les **Fêtes du Roi de l'Oiseau**. Des animations et des spectacles se succèdent dans les rues, concours d'archerie et couronnement du roi de l'oiseau.

Renseignements au 71 05 99 03.

Si, en revanche, le mois d'août vient de commencer, vous pourrez vous rendre non loin du Puy, en prenant la D 15, à **Saint-Julien Chapteuil** où se déroulent, au pied des ruines du château de Pons, les **« Festes médiévales »** : avec spectacle son et lumière.

Renseignements au 71 08 70 14.

Du Puy, vous pouvez continuer sur Aubenas (N 88 et N 102) et rejoignez le circuit de l'Ardèche.

La région des volcans d'Auvergne

Avant d'arriver à Clermont-Ferrand par la N 9, arrêtez-vous à Riom pour voir le :

Musée d'Arts et Traditions Populaires

10 bis, rue Delille 63200 Riom - Tél. : 73 38 18 53

 Ouvert de 9 h30 à 12 h et de 14 h à 18 h. Fermé le mardi du début avril à la fin septembre et le lundi et mardi d'octobre à fin mars et les 1er janvier, dimanche et lundi de Pâques, 1er mai, 14 juillet, 15 août, 1er et 11 novembre, 25 décembre.

  le mercredi

Des saynètes évoquent les traditions de la « France bossue », appellation satirique de l'Auvergne : l'élevage des moutons et leurs bergers roulant « carrosse » (une sorte de cabane sur deux roues tirée par des bovins) et portant la « limousine », le long manteau en poil de chèvre ; l'apiculture et ses coutumes comme celle de faire porter le deuil à la ruche en cas de mort du propriétaire ; la préparation du fromage dans les « burons » où le vacher passait l'été ; l'artisanat, avec les « carreaux », petits métiers portatifs avec lesquels on fabriquait de la dentelle au fuseau, le travail de la pierre de Volvic, la coutellerie.

Vous verrez aussi les vêtements traditionnels de l'Auvergnat, cette fameuse blouse bleue, la « biaude », le chapeau à large bord et les sabots rembourrés de foin.

Continuez la N 9 et sur la droite, vous trouverez un parc d'attractions. Que les enfants s'en donnent à cœur joie car ils n'en trouveront pas souvent en Auvergne.

Parc d'Attractions de Mirabel

RD 446 - Tél. : 73 38 65 49

 Ouvert les mercredis, samedis, dimanches et jours fériés de 10 h à 19 h de Pâques à juin ; tous les jours de 10 h à 19 h de juin à septembre ; et de 13 h à 19 h de septembre à octobre.

Une sélection d'attractions pour les enfants : piste de luge d'été, balançoire-bateau, tourniquets, manèges, petit train..., un golf miniature et surtout une piscine avec un toboggan aquatique.

Tout près de Riom, par la D 224, à Ennezat, les verriers du Marais soufflent le verre.

Verrerie du Marais

63530 Volvic - Tél. : 73 38 61 25

De 14 h à 18 h, sauf samedi ; en juin, juillet et août de 15 h à 19 h.

Le verrier « cueille » le verre fondu à l'aide d'une « canne », et après l'avoir roulé sur le « marbre », il souffle une petite « poste ». En tournant sans arrêt sa canne, il s'installe à son « banc » et façonne son verre avec une « mailloche », souvent refroidie à l'eau. En soufflant, le verrier réalise l'ébauche de sa pièce en s'aidant de « fers » et de « palettes ». La pièce est ensuite prise à l'aide d'un « pontil ». Enfin les objets réalisés sont refroidis dans un four. C'est ce qu'on appelle le « recuit ».

De l'autre côté de Riom par la D 986 se trouve Volvic, **qui a donné son nom à cette pierre noire un peu austère, tant utilisée dans les constructions d'Auvergne.**
Au pied du puy de la Nugère la Maison de la Pierre.

Maison de la Pierre

63530 Volvic - Tél. : 73 33 56 92

Ouverte tous les jours sauf mardi du 15 mars au 15 novembre de 10 h à 17 h 15 et du 1er mai au 30 septembre de 9 h 15 à 18 h.
Visite guidée de 45 minutes.

Dans une ancienne carrière souterraine, un son et lumière et un spectacle audiovisuel expliquent les origines du volcanisme auvergnat, le travail des tailleurs de pierre et les utilisations de la pierre de Volvic.

CLERMONT-FERRAND

La « ville noire » ne manque pas de charme. Blaise Pascal y est né en 1623 ; « Bibendum », le bonhomme Michelin, s'y est installé à la fin du siècle dernier, sacrant la cité capitale du pneu. À côté du jardin Lecoq, les enfants pourront visiter en 1991 le musée Lecoq entièrement rénové.

Musée d'Histoire Naturelle H. Lecoq

15, rue Bardoux 63000 Clermont-Ferrand - Tél. : 73 91 93 78

 Ouvert tous les jours, sauf dimanche matin, lundi et jours fériés de 10 h à 12 h et de 14 h à 17 h (d'octobre à avril) et 18 h de mai à septembre.

Musée d'histoire naturelle : une nouvelle présentation en diorama des animaux exotiques et régionaux est en cours de réalisation.

Tous les mercredis, « initiation aux sciences naturelles » pour les enfants de 7 à 12 ans.

En attendant, ils peuvent aller voir la fontaine pétrifiante **des grottes du Pérou de Saint-Alyre.**

Fontaine Pétrifiante

13, rue du Pérou 63000 Clermont-Ferrand - Tél. : 73 37 15 58

 Ouverte tous les jours de l'année de 9 h à 12 h et de 14 h à 18 h et de 8 h à 19 h 30 en juillet et août.

Ces sources ont de bien curieuses propriétés : elles transforment en pierre tout ce qu'elles arrosent. En quelques mois, une couche brillante de carbonate de chaux recouvre les petits objets placés sous l'eau de la fontaine.

Un lieu insolite où l'on voit des mannequins, des animaux, etc., recouverts d'une gangue de pierre, pour l'éternité...

Dans les environs de Clermont-Ferrand, à Orcines (D 68) un zoo attend toute la famille.

Zoo des Dômes

63870 Orcines - Tél. : 73 62 12 19

 Ouvert toute l'année de 9 h à la tombée de la nuit.

Les animaux du zoo de Michel Sauvadet sont tous nés en captivité, sauf les renards et les blaireaux confiés au parc et élevés au biberon, et quelques rapaces recueillis blessés ou handicapés ; la famille Sauvadet soigne ses pensionnaires avec amour et tente de communiquer sa passion à ses visiteurs.

De Clermont-Ferrand nous aurons deux départs pour Aurillac : l'un par l'A 71 par Issoire, et l'autre par la N 89 par Bort-les-Orgues.

Aurillac par l'A 7

À Issoire, il y a un musée de Cires.

Historial

63500 Issoire - Tél. : 73 89 12 58

 Ouvert de juillet au 15 septembre de 10 h à 19 h et les après-midi de juin.

Dans les caves du XVe siècle de la maison des Échevins, une reconstitution des grandes époques de l'histoire de la ville.

Reprenez l'autoroute et sortez en direction de Saint-Germain-Lembron. La D 214 vous conduira à Ardes-sur-Couze au :

Parc Animalier et de Loisirs du Cézallier

63420 Ardes-sur-Couze - Tél. : 73 71 82 86

 Ouvert tous les jours de 10 h à la nuit du 1er mai au 30 octobre et de 14 h à la nuit du 1er novembre au 30 avril.

Une visite d'une à deux heures aux fauves, chameaux, singes, kangourous, loups, bouquetins et chamois... et des jeux dans la « plaine » : balançoires géantes, tonneaux, une roue joyeuse, un pont de singes, etc.

Fugue à l'Aquarium de Brioude

Si vous passez par Brioude (à Lempdes par la N 102, et retour vers Massiac par la D 588), vous visiterez les aquariums de :

La Maison du Saumon

43100 Brioude - Tél. : 71 74 91 43

 Ouvert toute l'année sauf le lundi de 10 h à 12 h et de 14 h à 18 h (19 h 30 en été).

Musée vivant de la rivière, de grands aquariums reconstituent le milieu naturel où nagent les tacons, les truites, les carpes et les ablettes. Et surtout une rivière reconstituée de 25 m de circonférence, remplie de 30 tonnes d'eau et où l'on voit remonter les saumons.

Vous reprendrez la N 9, prolongement de l'autoroute. À la fourche de Massiac vous aurez le choix entre prendre la direction de Saint-Flour (N 9) et gagner le département de la Lozère, ou vous diriger vers Aurillac (N 122).

Sur la route de la Lozère par Saint-Flour

Après Saint-Flour, continuez la N 9 jusqu'à ce que vous trouviez, à une dizaine de kilomètres, une petite route sur la gauche, la D 4 qui conduit à Ruynes-en-Margerie. **Là, dans une tour médiévale, est présenté l'univers des plantes sauvages. À proximité, dans le hameau de Signalauze, l'école** communale vient de rouvrir, **et sa salle de classe** (1930) suscitera quelque nostalgie chez les grands-parents, mais les enfants se réjouiront de leurs installations aujourd'hui.

Revenez vers le **viaduc de Garabit**, dont la construction est due à Gustave Eiffel.

Sur le lac ou sur les **gorges de la Truyère**, vous pourrez faire des **promenades en bateau-mouche.** Renseignements au Garabit Hôtel - Tél. : 71 23 42 75. Tous les jours de début mai à fin septembre.

De là, allez à Longevialle et à Loubaresse.

À **Longevialle, dans un château du** XVIIIe **siècle en bordure de la Truyère, une exposition raconte les 100 ans d'histoire du viaduc.**

À **Loubaresse, dans la ferme de Pierre et Marguerite Allègre,** vous retrouverez l'atmosphère des fermes à l'époque de la construction du pont.

À Saint-Chély-d'Apcher, vous serez en Lozère et bientôt en Ardèche.

Sur la route d'Aurillac

Sur la N 122 à Neussarges où, tout près du lieu dit « La Brugère », un élevage de chèvres attend votre visite : « Les Caprinettes » - Tél. : 71 20 54 83.

Une ferme de montagne avec **chèvres et chevrettes, moutons et brebis,** où l'on assiste à la transformation du lait en fromage.

En traversant Murat, achetez des cornets fourrés de crème fraîche, ils sont délicieux, et allez voir la Faune dans sa maison.

Maison de la Faune

Place de l'Hôtel de Ville 15300 Murat - Tél. : 71 20 00 52

 Ouvert pendant les vacances scolaires, tous les jours de 10 h à 12 h et de 15 h à 18 h et les dimanches de 15 h à 18 h ; et en juillet et août, tous les jours de 10 h à 12 h et de 15 h à 19 h et les dimanches de 15 h à 19 h.

Du minuscule moucheron au cerf majestueux, toute la faune française dans une féerie de paysages reconstitués.

À 2 km du Lioran se visite la :

Maison du Buronnier

Fraisse-Haut 15300 Laveissière - Tél. : 71 20 19 00

 Ouvert tous les jours du 15 mai au 30 septembre de 14 h à 18 h (de 10 h à 12 h et de 14 h 30 à 19 h en juillet et août).

Dans un paysage sauvage, un ancien buron* a été restauré et se visite. Un diaporama montre la vie du vacher, de son aide le « boutiller » et du pâtre pendant l'estive, ainsi que la fabrication du cantal.

À Aurillac, les enfants ne seront pas obligés d'aller voir la maison des Volcans. Le sujet de l'exposition permanente sur le volcanisme en Auvergne et dans le reste du monde est intéressant, mais la présentation est scolaire et ennuyeuse.

Maison des Volcans

Château Saint-Étienne 15000 Aurillac - Tél. : 71 48 68 68

 Ouvert en juillet et août de 10 h à 12 h et de 14 h à 18 h sauf dimanche, et en juin et septembre de 9 h à 12 h et 14 h à 18 h.

Le musée de Cire les distraira un peu plus.

* Petite fromagerie de montagne.

Historial de Haute Auvergne

Place Gerbert 15000 Aurillac - Tél. : 71 48 64 38

Ouvert du 1ᵉʳ juin au 30 septembre de 10 h à 12 h et de 14 h à 18 h 30. Fermé le dimanche matin.

Quinze tableaux font revivre les grandes heures de la cité. Vous retrouvez : Gerbert le pape français de l'an 1000, si en avance sur son siècle, qu'on le disait « habité par le diable », Saint-Géraud le fondateur de la ville, la famille de Noailles, La Fayette, le Maréchal Ney, etc.

Une musique douce, appropriée à chaque époque accompagne la visite.

Aurillac par la N 89 et la D 922

Fugue au Château de Murol

À une vingtaine de kilomètres de Clermont-Ferrand, vous verrez indiqué sur la gauche la D 5 allant à Murol. **Ce crochet vaut le détour : dans un cadre exceptionnel, des personnages en costume du** XIIIᵉ **siècle illustrent la vie d'un château fort au Moyen Âge.**

Château de Murol

63790 Murol - Tél. : 73 88 67 11

Visites animées en juillet et août, tous les jours, sauf samedi, de 10 h à 18 h.

 et pour les spectacles nocturnes

Nous voici donc transportés en l'an de grâce 1217, dans la demeure de Raoul Chamba, seigneur de Murol.

L'univers médiéval est reconstitué dans chacune des parties du château. Dans le champ d'honneur c'est la présentation du harnois*, dans

---

* Harnois ou harnais : équipement complet d'un homme d'armes.

399

la basse-cour les artisans et les paysans s'activent, dans le grand degré le seigneur est accueilli, dans la haute cour se déroule la vie quotidienne, les gardes patrouillent sur le chemin de ronde, les serviteurs préparent le repas et dans la salle d'honneur a lieu une cérémonie d'investiture.

Chemin faisant, vous rencontrez des personnages étonnants : chevaliers et écuyers vous initient au maniement des armes ou vous content leurs exploits lors des tournois...

Un château vivant où visiteurs et acteurs se mêlent avec bonheur.

En été, spectacle le soir (les lundis, mercredis, vendredis à 21 h).

À 5 minutes du château, entre Murol et Saint-Nectaire, un élevage de myocastors.

Élevage de Myocastors

Boissière 63710 Saint-Nectaire - Tél. : 73 88 66 81

 Visite tous les jours sur rendez-vous de 10 h à 12 h et de 14 h à 19 h. Durée : 35 minutes.

 pour les enfants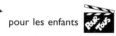

Cousin germain du castor d'Europe, le myocastor vient du Chili. C'est un petit mammifère rongeur et aquatique.

Les enfants auront grande joie à regarder ce petit rongeur se dresser sur ses pattes arrière pour attraper des petits morceaux de pain qu'il mange avec ses mains ; mais ils se sentiront bien sales en apprenant que le myocastor se lave les dents, les moustaches et les oreilles, et peigne sa fourrure une centaine de fois par jour ! Ils prendront aussi plaisir à regarder bondir les wallabies.

De là vous passez par le Mont-Dore et La Bourboule pour vous retrouver sur la D 922.

Juste avant **Bort-les-Orgues**, à Lanobre, ne manquez pas le :

Musée de la Radio et du Phonographe

Route du Château de Val 15270 Lanobre - Tél. : 71 40 32 89

Ouvert en juillet et août de 10 h à 12 h et de 14 h à 19 h, et du 1er avril au 15 octobre de 14 h à 18 h.

Une rétrospective de la TSF et du phonographe, plus de 300 appareils en état de marche. Au cours de la visite guidée d'une heure, une bonne bourrée auvergnate jouée au piano mécanique vous mettra en joie.

À **Bort-les-Orgues,** vous pourrez entrer à l'intérieur du barrage et découvrir, grâce à des montages audiovisuels et à une maquette animée, l'ensemble de l'aménagement hydroélectrique du Massif central.

Au départ du barrage, une promenade à bord de vedettes sur le lac ne sera pas désagréable. De juin à septembre, durée : 1 h. Renseignements au 55 96 71 19.

Ou, enfin, avec l'**autorail touristique** vous ferez **le tour du « triangle vert »** : les monts du Sancy, du Cantal, Murat, le Lioran, Aurillac et la vallée de la Maronne.

Départ de la gare de Bort de la mi-juin à la mi-septembre. Renseignements au 55 96 71 19.

Fugue à Riom-ès-Montagnes

Si vous passez par Riom-ès-Montagne (la D 3 après Bort-les-Orgues), vous irez voir la :

Maison de la Gentiane

1, avenue Fernand-Brun 15400 Riom-ès-Montagnes - Tél. : 71 78 10 45

Ouvert du 1er au 30 juin et du 1er au 30 septembre de 14 h à 18 h ; du 1er juillet au 31 août de 10 h à 12 h 30 et de 14 h 30 à 19 h.

Un montage audiovisuel montre la récolte et l'exploitation de la gentiane jaune aux multiples vertus, un jardin botanique rassemble les différentes plantes d'altitude.

Pas très loin en allant vers Saint-Saturnin (D 3), les abeilles vous attendent.

Le Monde des Abeilles

La Paillée 15190 Saint-Saturnin - Tél. : 71 20 71 20

Ouvert tous les jours de 14 h à 19 h.

Dans une ruche vitrée, un essaim d'abeilles et sa reine s'activent, un film vidéo de 30 minutes retrace la vie des abeilles et leur organisation sociale. Il y a aussi une miellerie avec de vrais appareils que l'on peut manipuler pour en comprendre le fonctionnement.

À **Mauriac**, deux fois par mois, l'ambiance de la foire aux bestiaux mérite le détour, et à 11 km, par la D 681, à Ally visitez le :

Château de la Vigne

15700 Ally - Tél. : 71 69 00 20

Ouvert tous les jours de 14 h à 19 h du 1er juillet au 31 août.

Un salon de l'automobile miniature plaira bien aux garçons.

Peu après Aurillac, vous quittez le Cantal, ses jolies maisons avec leurs toits-carapaces en lauze et les églises au clocher à « peignes ». Finis aussi les morceaux de « pouasse », sorte de brioche un peu bourrative et de « picoussel » le flan de farine de blé noir garni de pruneaux.

Au revoir les belles vaches acajou, Figeac passé vous serez dans le **Rouergue**.

De ses 4 810 mètres le Mont Blanc, symbole des Alpes, domine dômes, pics, glaciers et lacs. Et si les Alpes du Nord sont avant tout les pentes enneigées et pour les enfants le ski et la luge, nous n'évoquerons pas la montagne l'hiver. Nous vous proposons un circuit à faire seulement après la fonte des neiges en Haute-Savoie et en Savoie.

Grimper sur les sommets en téléphérique, se promener dans les réserves d'animaux de montagne, contempler une mer de... glace et se baigner dans les lacs, telles sont les distractions que les Alpes du Nord ·proposent, entre autres, aux enfants l'été.

LES ALPES DU NORD

403

Village Médiéval ——————————————

Musée de la musique mécanique ——————————

Réserve naturelle ——————————————

Musée Paysan ——————————

Mont-Blanc plage ——————————

Nid d'Aigle et Glacier ——————
du Bionnassay

Parc Merlet ——————————

Aiguille du Midi ——————————————

Téléphérique

La mer de glace

Réserve naturelle des aiguilles rouges ——————————

Musée de la cloche ——————————

Musée de l'Art de l'enfance ——————————

Gorges du Fier ——————————

Aquarium ——————————

Nautiparc ——————————

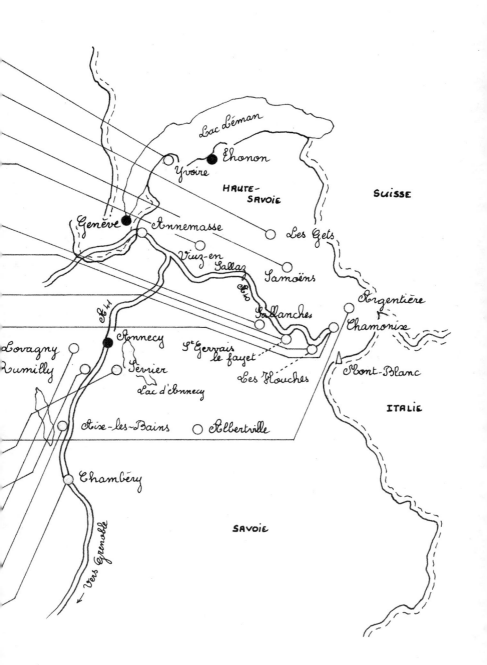

Lac Léman
Thonon
Yvoire
HAUTE-SAVOIE
SUISSE
Genève
Annemasse
Les Gets
Viuz-en-Sallaz
Samoïns
Argentière
Sallanches
Chamonix
Annecy
St Gervais le fayet
Lovagny
Rumilly
Sevrier
Les Houches
Mont-Blanc
Lac d'Annecy
ITALIE
Aix-les-Bains
Albertville
Chambéry
← Vers Grenoble
SAVOIE

LES ALPES DU NORD

De Nantua, où vous êtes arrivés en venant du circuit de la Bresse, dirigez-vous vers le lac Léman, Chamonix, Annecy, Aix-les-Bains, avant de vous retrouver dans le Dauphiné.

Suivez l'autoroute A 40 jusqu'à Annemasse, où le circuit se divise en deux ; l'un part vers le lac Léman et l'autre vers Chamonix.

Vers le lac Léman

D'Annemasse par la N 206 pour Douvaine et la D 60, vous atteignez Messery puis Yvoire. Là vous serez au bord du **lac Léman.**
Le lac a la forme d'un croissant de lune : l'une de ses rives la plus longue est suisse ; l'autre, celle où vous êtes, est française.

En longeant le lac vous trouverez un peu partout des embarcadères pour faire des **promenades en bateau.** Si vous voulez vous renseigner au préalable, appelez la **Compagnie générale de navigation, soit à Thonon-les-Bains** (Tél. : 50 71 14 71), **soit à Évian** (Tél. : 50 75 27 56).

Yvoire est un délicieux village médiéval tout fleuri. Une promenade dans ses ruelles plaira même aux jeunes touristes. Soyez vigilant quant au contenu de votre bourse, car les boutiques de souvenirs se succèdent, et les tentations sont nombreuses pour les enfants.
Un **vivarium** est ouvert toute l'année (Tél. : 50 72 80 98) et, dans le jardin du château, le **labyrinthe aux oiseaux** (Tél. : 50 72 88 80) enchantera les promeneurs.

À **Excenevex**, tout à côté, s'étend une **belle plage** avec des dunes lacustres.

À **Thonon**, vous ne ferez pas ripaille au château du même nom, mais la plage à ses pieds est bien aménagée.

Vous pourrez regagner le **port de Rives** avec le petit train. Renseignements au 50 70 51 62 ou au 50 46 84 58.

Du port, un **funiculaire** vous permet de traverser le joli **jardin Anthoinoz** et de vous retrouver au sommet de la ville, sur la place du château d'où vous aurez une vue étendue sur le lac. Le funiculaire fonctionne tous les jours et toute la journée de juin à fin septembre ; avec une interruption à l'heure du déjeuner en octobre et les lundis, jeudis, vendredis matin, mercredis et samedis matin et après-midi le reste de l'année. Tél. : 50 71 21 54.

Quittez Thonon par la D 902 pour **Morzine.**
Là continuez la D 902 et passez par **Les Gets**, ou prenez la D 354 pour **Samoëns.**

La route par Les Gets

En poursuivant la D 902, vous arrivez **aux Gets** où est aménagé un musée de musique mécanique.

Musée de la Musique Mécanique

74260 Les Gets - Tél. : 50 79 85 75

Ouvert tous les jours de 14 h 30 à 19 h 30. Fermé du 1er novembre au 20 décembre.

Installé dans l'ancienne « Maison des Sœurs », un bâtiment du XVIe siècle, le musée présente dans des décors différents — le salon de musique, la fête foraine, le bistrot 1900, la rue — tous les appareils susceptibles de faire de la musique : des boîtes à musique aux orgues de Barbarie, en passant par les pianos automatiques.

Les plus jeunes auront l'honneur de tourner sur le plus vieux manège de chevaux de bois existant en France.

À 300 mètres du musée, vous pourrez admirer 40 scènes animées par des automates.

Des Gets vous gagnez Cluses et retrouvez le circuit vers Chamonix.

La route par Samoëns

Par la D 334 vous passez par **Samoëns** et son joli jardin alpin **« Jaÿsinia »**, où poussent une grande variété de plantes de montagne.

Tout à côté, à **Sixt-Fer-à-Cheval**, se trouve une **réserve naturelle. Dans le chalet d'accueil vous verrez des expositions sur la faune et la flore ou, si vous avez le temps, vous profiterez des sorties à thème proposées.** (Tél. : 50 34 91 90 — Ouvert toute l'année, fermé à l'heure du déjeuner).

De Samoëns vous gagnez **Taninges** et **Cluses.**

 ## Fugue à Viuz-en-Sallaz

D'Annemasse ou de Taninges (D 907) rendez-vous à Viuz-en-Sallaz au musée paysan.

Musée Paysan

74250 Viuz-en-Sallaz - Tél. : 50 36 89 18

 Ouvert toute l'année sauf le lundi de 9 h à 12 h et de 14 h à 18 h (le dimanche de 14 h à 19 h).

Le musée retrace la vie rurale en montagne au début du siècle et surtout organise des animations, comme la visite d'une boulangerie, d'une fruitière ou d'une scierie, des promenades en voiture attelée ou des excursions dans un ancien chalet d'alpage.

Un petit livret-jeu très amusant et très bien fait est distribué aux enfants ; des visites animées conçues d'une manière ludique proposent un parcours de visites et des jeux.

Vers Chamonix

Votre premier arrêt sur l'A 40 ou la N 205 sera **Sallanches**.

SALLANCHES

Cette ville, construite sur le même plan que Turin en Italie, est le point de départ pour plusieurs stations de sports d'hiver, et pourtant ce sont ses plages qui vous retiendront : **Mont-Blanc-Plage** sur le lac de la Cavettaz, une belle plage aménagée (payante), et le **plan d'eau des Ilettes**, des petites criques pour se baigner (gratuit).

À côté de l'église, le Château des Rubins.

Château des Rubins

74700 Sallanches - Tél. : 50 58 32 13

 Ouvert tous les jours sauf le dimanche matin de 9 h à 12 h et de 14 h à 18 h 30.

Une exposition permanente conçue comme une promenade en montagne, de la forêt à la falaise rocheuse en passant par les alpages.

Après Sallanches, pousuivez l'autoroute jusqu'à Saint-Gervais-les-Bains.

Saint-Gervais/Le Fayet est le point de départ d'excursions en petit train et en téléphériques :

Tramway du Mont-Blanc

74190 Le Fayet - Tél. : 50 47 51 83

 Fonctionne toute l'année sauf en mai, du Fayet au col de Voza (2 h AR) et de mi-juin à mi-septembre du Fayet au Nid d'Aigle (2 h AR).

 et pour les enfants de 4 à 12 ans.

Le tramway grimpe au col de Voza puis au glacier du Bionnassay. Tout au long du trajet vous découvrez vallées et sommets célèbres, puis au sommet ce sera le merveilleux éblouissement qu'offre le massif du Mont-Blanc avec ses glaciers scintillants et ses aiguilles abruptes.

Téléphérique du Bettex

74190 Le Fayet - Tél. : 50 93 41 30

 Fonctionne de la mi-juin à septembre et de la mi-décembre à mi-avril (17 minutes).

Un téléphérique monte au Bettex, puis un autre prend le relais pour atteindre le mont d'Arbois. Du sommet vous aurez une vue magnifique sur la chaîne des Aravis et le mont Blanc.

En poursuivant votre route, vous arriverez **aux Houches** et à 6 km en direction de Coupeau vous visiterez le parc Merlet.

Parc Merlet

74310 Les Houches - Tél. : 50 53 47 89

 Ouvert du 1er mai au 30 septembre, en mai, juin, septembre de 10 h à 18 h et en juillet et août de 9 h à 20 h.

Une belle promenade dans un parc où vous pourrez approcher les animaux de la montagne : bouquetins, chamois, mouflons, marmottes... et même des lamas !
Le panorama est admirable mais malheureusement les pique-niques sont interdits.

Au lieu-dit « La Fontaine » de sympathiques **saint-bernard** seront ravis de votre visite : **Élevage de saint-bernard** (Tél. : 50 47 23 60 – ouvert l'été de 9 h à 19 h).

À **Servoz**, face au rocher d'escalade, la faune alpine naturalisée du **musée de la Faune** (Tél. : 50 47 21 10) restera, elle, indifférente à votre passage ! Ouvert tous les jours de 9 h à 12 h et de 14 h à 18 h.

Au centre du village des Houches même, le **musée Montagnard**. (Tél. : 50 54 50 62). Ouvert tous les jours sauf le lundi de 15 h à 18 h 30 de la fin juin au début septembre ; et de Noël à Pâques (vacances scolaires) les lundis, mercredis, vendredis de 15 h à 18 h 30.

Ce petit musée montagnard apporte son témoignage de la vie rude et active en Haute-Savoie au début du siècle.

Pourquoi ne pas aller maintenant faire une promenade en traîneau attelé à ces sympathiques chiens du grand Nord ou simplement faire leur connaissance. **Boréal traîneau aventure**, village du Lac 74310 Les Houches - Tél. : 50 47 25 29.

Des Houches, vous pouvez aussi prendre la télécabine.

Télécabine du Prarion

74310 Les Houches - Tél. : 50 54 42 65

 Fonctionne tous les jours en été de 9 h à 12 h 30 et de 13 h 30 à 17 h 45.

Au sommet du « Prarion » à 1 h de marche de l'arrivée de la télécabine par un sentier très facile, un panorama unique sur la chaîne du Mont-Blanc, le Beaufortin, les Aravis, les Aiguilles rouges de Chamonix.

Entre Les Houches et Chamonix, le glacier des Bossons mérite la promenade d'une petite heure que vous ferez pour l'atteindre.

CHAMONIX

Capitale de l'alpinisme grâce à sa célèbre compagnie de guides, Chamonix est devenu aujourd'hui un lieu de passage vers l'Italie depuis l'ouverture du tunnel du Mont-Blanc.

Le tunnel, d'une longueur de 11,6 km, passe sous l'aiguille du Midi.

Les excursionnistes n'auront que l'embarras du choix de téléphériques pour se retrouver sur les sommets qui entourent la station.

La plus célèbre ascension sera à coup sûr celle vers **l'Aiguille du Midi** et la **Vallée Blanche**.

Téléphérique de l'Aiguille du Midi

74401 Chamonix - Tél. : 50 53 30 80

 Fonctionne toute l'année de 8 h à 12 h et de 13 h 30 à 15 h 45 (16 h 45 en mai, juin, septembre) et de 6 h à 17 h en juillet et août. La durée minimale du voyage aller et retour avec un arrêt panoramique est de 1 h 30 et de 3 h pour la Pointe Helbronner. Possibilité de réserver par téléphone au 50 53 40 00.

 Chamonix-Plan de l'Aiguille

+ de  Chamonix-L'Aiguille du Midi

 Aiguille du Midi
Pointe Helbronner

 pour l'ascenseur

Les enfants de 4 à 12 ans paient demi-tarif.

Un téléphérique puis une télécabine vous montent à 3 800 m, puis vous accédez au piton central de l'aiguille en ascenseur (3 842 m). Le panorama circulaire sur les Alpes et le Jura est grandiose.

Complément indispensable au téléphérique de l'Aiguille du Midi, la télécabine de la Vallée Blanche permet, sur plus de 5 km, un survol du glacier du Géant. À l'arrivée, de la Pointe Helbronner, vous pourrez franchir la frontière de l'Italie.

Quelques conseils :

• Attention aux problèmes que peut poser l'altitude à certaines personnes. La dénivellation est importante et le changement d'altitude rapide.

• Penser à prendre sa carte d'identité si l'on souhaite passer la frontière italienne, un contrôle est toujours possible.

• Ne pas oublier pulls et lunettes de soleil.

• Prévoir de faire cette excursion plutôt le matin, les queues les après-midi d'été sont souvent décourageantes.

• Enfin, avant de partir se renseigner sur les conditions météorologiques au sommet, le deuxième tronçon du téléphérique ne fonctionnant pas toujours, à cause du vent.

De l'autre côté montent au Brévent une télécabine et un téléphérique.

Télécabine et Téléphérique du Brévent

74401 Chamonix - Tél. : 50 53 13 18

 Fonctionne toute l'année sauf en mai, octobre et novembre (AR 1 h 1/2).

 et demi-tarif pour les 4-12 ans

De là-haut, vous aurez la plus belle vue de tout le massif du Mont-Blanc et, cette fois, également sur l'Aiguille du Midi.

Un peu plus loin, sur la route d'Argentière :

Téléphérique de la Flégère

74401 Chamonix - Tél. : 50 53 18 58

 Fonctionne de la mi-décembre à la mi-avril et de la mi-juin à la mi-septembre (trajet 20 minutes aller et retour).

 demi-tarif pour les 4-12 ans

Un téléphérique monte à la Flégère (1 894 m) et une télécabine conduit à l'Index d'où la vue embrasse à nouveau tout le massif. Au printemps, les promenades dans les massifs fleuris de rhododendrons sont exceptionnelles. Moins amusant pour les enfants.

Enfin la mer de Glace par le chemin de fer du Montenvers.

Chemin de Fer du Montenvers

74401 Chamonix - Tél. : 50 53 12 54

 Fonctionne du 1er mai à la fin septembre. Se renseigner par téléphone sur les horaires de départ.

 demi-tarif pour les enfants de 4 à 12 ans

 pour le petit téléphérique du glacier   pour l'entrée de la mer de Glace

Le Musée de Montenvers est ouvert tous les jours en juillet et août de 10 h à 17 h.

Le petit train à crémaillère grimpe du Montenvers en 20 minutes à environ 2 000 m au pied des aiguilles du Dru et de la Verte.

De l'esplanade du Montenvers, vous dominez la mer de Glace hérissée des vagues figées qui lui ont valu son nom.

Ce glacier de 7 km, d'une largeur moyenne de 1 200 m, progresse d'environ 70 à 90 m par an, soit 1 cm à l'heure !

Vous pourrez visiter un musée alpin, ouvert de 11 h à 17 h tous les jours en juillet et août, qui présente des documents sur la mer de Glace.

Et, surtout, vous reprendrez une télécabine qui, en 2 minutes vous conduira à la grotte de glace, chaque année retaillée dans le glacier, et où un fauteuil... en glace vous tend les bras ! Et l'éclairage intérieur donne une lumière bleue extraordinaire.

À proximité du centre, le **télésiège des Planards** offre un beau panorama sur Chamonix et surtout deux pistes de luges artificielles d'été de 910 m.

Des jeux sont prévus pour les plus petits, et les plus grands pourront s'entraîner au ski sur herbe. Parc de Loisirs des Planards, tél. : 50 53 08 97.

 pour 5 parcours de luge, demi-tarif pour 25 descentes.

Dans le centre de Chamonix vous visitez le :

Musée Alpin

Immeuble de la Résidence, avenue Michel-Croz 74400 Chamonix
Tél. : 50 53 25 93

 Ouvert tous les jours du 1er juin au 30 septembre de 14 h à 19 h et de Noël à Pâques de 15 h à 19 h.

L'aventure alpine et l'histoire de la Compagnie des guides occupent une place de choix dans ce panorama de l'histoire de Chamonix et de la vie quotidienne dans la vallée au siècle passé.

Si vous êtes là le dimanche, enfants et adultes pourront assister à partir de 17 h 30 à l'**observatoire du Mont-Blanc** à des séances d'initiation à l'observation du ciel. (Renseignements au 50 53 12 24.)

Et tous les jours, dans le quartier piétonnier, des **calèches** vous attendent pour vous promener dans la ville.

De Chamonix, vous continuez la N 205 jusqu'à Argentière, la plus élevée des stations de la vallée de Chamonix. Là vous pourrez emprunter le :

Téléphérique de Lognan et des Grands-Montets

74400 Argentière - Tél. : 50 54 00 71

 Fonctionne de la mi-décembre à la mi-mai et en juillet et août.

 demi-tarif jusqu'à 12 ans

413

> Vous monterez aux pieds de l'aiguille des Grands-Montets, contrefort de l'Aiguille Verte d'où vous aurez une belle perspective sur le glacier d'Argentière.

Ou bien, vous irez vous promener au col de Balme, moitié à pied, moitié en télécabine.

Télécabine du Col de Balme (tél. : 50 54 00 58)

 Fonctionne de décembre à avril et de juillet à septembre tous les jours.

Enfin, à 3 km au nord, toujours sur la N 506, vous atteindrez la :

Réserve Naturelle des Aiguilles Rouges

Col des Montets - Tél. : 50 54 02 24 et 50 54 12 26

 Chalet d'accueil ouvert du 1er juin au 15 septembre de 10 h à 12 h 30 et de 13 h 45 à 19 h.

Un chalet d'accueil présente des expositions et des diaporamas sur la faune et la flore.
Les jeudis d'été, des promenades à thème sont organisées sur le terrain.

À présent, si vous ne vous rendez pas en Suisse, ou en Italie par le tunnel du Mont-Blanc, retournez à Saint-Gervais et montez à Megève par la D 909.

De **Megève**, cette ravissante station un peu mondaine, vous pourrez grimper au **mont d'Arbois** et à **Croix-de-Salles** en télécabine, ou à **Rochebrune** en téléphérique.

Le bourg suivant, Ugine, est une agglomération industrielle. Un **musée des Arts et Traditions populaires** du val d'Arly a été aménagé et expose entre autres des collections de costumes (Tél. : 79 37 24 86).

Puis vous prendrez la N 508 pour Annecy.

ANNECY

La ville est bien installée au bord du lac, et les plages qui l'entourent, surveillées ou gratuites, sont nombreuses ; vous pourrez louer des pédalos ou des planches à voile ou vous promener en bateau sur le lac.

Promenades sur le lac
Départ quai du Thiou 74000 Annecy

Renseignements au 50 51 08 40 ou 50 23 40 76

Fonctionne du début avril à fin septembre.

La vieille ville est agréable à visiter en **calèche** et la promenade est commentée à la demande. (Renseignements à la Maison du Tourisme. Tél. : 50 45 00 33.)

Au Palais-de-l'Isle vous visiterez le **musée de l'Histoire d'Annecy**, une belle maquette de la ville au XVIIIᵉ siècle séduira les enfants.

Et dans le château qui domine la ville, un **musée régional** offre un panorama des modes de vie, des arts et des traditions culturelles de la Savoie du nord.

Les deux musées sont ouverts tous les jours de 10 h à 12 h et de 14 h à 18 h, fermés le mardi en juin et septembre. (Renseignements au 50 45 29 66.)

Un peu plus loin, à la basilique de la Visitation, vous écouterez le **carillon**, qui peut jouer toutes les musiques, classiques ou modernes.

Horaires à 16 h le samedi du 10 juin au 12 août et du 2 septembre au 16 septembre. (Renseignements au 50 66 17 37.)

Ce concert vous donnera envie de visiter le **musée de la Cloche** installé à **Sevrier** sur le lac d'Annecy. (5 km en direction d'Albertville.)

Musée de la Cloche

74320 Sevrier - Tél. : 50 52 47 11

Ouvert en hiver en semaine (sauf le lundi) de 10 h à 12 h et de 14 h 30 à 17 h 30 et les dimanches et jours fériés de 14 h 30 à 17 h 30 ; en été en semaine de 10 h à 12 h et de 14 h 30 à 18 h 30 et les dimanches et jours fériés de 14 h 30 à 18 h 30.

La fonderie des cloches Paccard expose tous les outils et les techniques qui, depuis 1796, permettent de faire sonner cloches et carillons.

Un diaporama donne le secret de la fabrication des cloches et un film vidéo montre la coulée de très gros « bourdons ».

Si vous partez d'Annecy par la D 16 en direction de Rumilly, au village de Marcellaz est installé un musée de l'Art de l'Enfance.

Musée d'Art de l'Enfance

74150 Marcellaz-Albanais - Tél. : 50 69 73 74

 Ouvert de la fin mars à la fin octobre le lundi, mercredi, jeudi, dimanche de 14 h à 20 h.

Les Rifaux fabriquaient des jouets de père en fils ; un jour, l'un des fils décida de réunir tous ces symboles de l'enfance et d'en faire un musée. Vous y trouverez toutes sortes de jouets, de la lanterne magique aux jeux de construction, des poupées en porcelaine aux soldats de plomb. Du rêve assuré pour certains..., de la nostalgie pour d'autres !

À proximité, il faut aller voir à Lovagny :

Les Gorges du Fier

74330 Lovagny - Tél. : 50 46 23 07

 Ouvertes du 15 mars au 15 octobre.

Sur des passerelles vous vous promènerez au-dessus de ces gorges impressionnantes et, d'un belvédère, vous découvrirez une mer de rochers.

D'Annecy, regagnez Bellegarde (N 508) et Nantua (N 84), ou descendez vers le **Dauphiné** (A 41) pour **Aix-les-Bains**.

À **Aix-les-Bains** vous sont proposées de belles **excursions en bateau** sur le lac du Bourget, si cher au poète Lamartine. Départ du Grand Port, renseignement au 79 88 92 09.

Ou bien contentez-vous de flâner sur l'esplanade du bord du lac, bel espace vert aménagé où il sera agréable de pique-niquer.

Mais avant de vous rendre sur une des plages du bord du lac, allez au Petit-Port saluer les poissons d'eau douce de l'**Aquarium** (tél. : 79 61 08 22). Ouvert les samedis, dimanches et jours fériés de 14 h à 18 h du 1er février au 30 avril et du 5 septembre au 30 novembre ; et tous les jours de 14 h à 19 h du 1er mai au 4 septembre.

Ou bien juste à côté, rendez visite à la **Maison du Lac** (tél. : 79 88 83 27). Des sorties « découvertes » sur des thèmes différents sont organisées en été.

D'Aix-les-Bains, vous gagnerez **Lyon** (A 41 et A 43).

Ancienne province de France, le Dauphiné garde une unité, ne serait-ce que celle de la beauté ; heureux compromis entre les Alpes et la Provence, il est rude dans son Vercors et plus méditerranéen dans la Drôme. Fier, le Dauphiné exigea, lors de son rattachement au royaume de France en 1349 que le fils aîné du roi portât son nom.

Loyal, il fut le berceau de Bayard, le chevalier « sans peur et sans reproche ». Tenace et courageux, il abrita, on s'en souvient, dans ses massifs du Vercors, de l'Oisans et de la Chartreuse, les maquis de résistants pendant la Deuxième Guerre mondiale.

Parc animalier
Grotte de la Balme

La maison du patrimoine

Parc de Walibi
Parc Zoologique des Abrets

Musée archéologique
du lac de Paladru

- Téléphérique
- Musée Dauphinois

Musée des minéraux et de la faune des Alpes
Chemin de fer de La Mure
Cuves de Sassenage

La magie des automates
Grottes de Choranche

Jardin ferroviaire

Parc naturel de Chambaran

Musée animalier

Palais idéal
du facteur cheval

Musée de la chaussure
et de l'ethnographie régionale
Le jardin des oiseaux

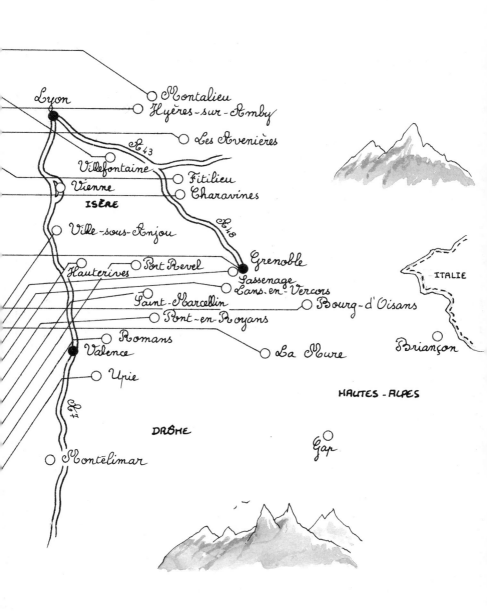

Lyon
Montalieu
Hyères-sur-Amby
Les Avenières
A 43
Villefontaine
Fitilieu
Vienne
Charavines
ISÈRE
Ville-sous-Anjou
A 48
Hauterives
Port Revel
Grenoble
Sassenage
Lans-en-Vercors
Saint-Marcellin
Bourg-d'Oisans
Pont-en-Royans
Romans
Valence
La Mure
Briançon
Upie
ITALIE
HAUTES-ALPES
A 7
DRÔME
Gap
Montélimar

LE DAUPHINÉ

Venant de Lyon, de Bourg-en-Bresse ou de Nantua, votre but sera Grenoble puis vous quitterez la capitale des Alpes françaises pour partir soit vers l'Italie (Briançon), soit vers l'autoroute du Soleil que vous pourrez rattraper au péage du Roussillon ou à Valence.

Arrivant de Lyon

Prenez l'autoroute A 43 (Lyon-Chambéry) et sortez à l'Isle-d'Abeau est, vous pourrez ainsi vous rendre au parc animalier du château de Moidière.

Parc Animalier

Château de Moidière 38090 Bonnefamille par Villefontaine - Tél. : 74 96 44 63

 Ouvert du 20 avril au 11 septembre, tous les jours sauf mardi de 14 h 30 à 18 h et du 11 septembre au 20 avril le dimanche et les jours fériés.

Le château, toujours habité, se visite, mais ce sont surtout les pensionnaires des caves et du parc qui retiendront l'attention des enfants.

Dans des caves voûtées du XVIIe siècle habitent treize espèces de batraciens, neuf familles de reptiles, des rongeurs et des insectes d'eau... Dans le parc vivent en bonne compagnie daims, cerfs, mouflons, renards, blaireaux, fouines, putois et même des loups. Et, veilleurs de nuit infatigables, hulottes et grands-ducs attendent la nuit pour faire entendre leurs ululements.

Les poissons, eux, se la coulent douce dans l'étang.

La promenade achevée vous reprenez l'autoroute et cette fois-ci, la quittez aux Abrets. Vous prenez sur votre gauche en direction de Morestel, la N 75. À environ 5 km vous voyez indiqué sur la droite « Les Avenières », où se trouve le parc d'attractions de Walibi.

Arrivant de Bourg-en-Bresse

De Bourg-en-Bresse, c'est encore plus simple : vous suivez la N 75 jusqu'à l'indication « Les Avenières », mais entre-temps vous vous serez arrêté à la grotte de la Balme et à la maison du Patrimoine d'Hières-sur-Amby.

Grotte de la Balme

38390 Montalieu Vercieu - Tél. : 74 90 63 76

 Ouverte tous les jours de 10 h à 12 h et de 14 h à 18 h d'avril à fin septembre ; les week-ends et jours fériés de 14 h à 18 h en octobre et mars ; les dimanches et jours fériés de 14 h à 17 h en novembre et février. Fermée du 15 décembre au 1er février.
Visites guidées d'une heure.
Température 13 à 15°.

En été, vous n'aurez pas de problème pour visiter la grotte ; hors saison, même si la grotte est ouverte, les visites ne sont pas forcément assurées et vous aurez parfois à attendre pour rien, si le guide considère qu'il n'y a pas assez de visiteurs pour justifier sa bonne parole !

Or, si vous avez pu entrer, une fois franchie l'entrée comparable à une nef de cathédrale, vous admirerez le gigantisme de la « grande coupole » et surtout, une fois dans la galerie du lac, vous serez impressionné par la cascade pétrifiée. Quel mystérieux enchanteur a pu d'un coup de baguette magique immobiliser pour l'éternité cette chute d'eau ? Certaines concrétions vous surprendront, celles du « moine », du « saule pleureur » ou de la « charcutière » !

À 4 km à peine de là, se trouve la maison du Patrimoine d'Hières-sur-Amby, juste à côté du site archéologique de Larina.

Maison du Patrimoine

Place de l'Église 38118 Hières-sur-Amby - Tél. : 74 95 13 90

 Ouvert tous les jours sauf le mardi de 10 h à 12 h et de 14 h à 18 h (19 h le week-end et en juillet et août).

 gratuit pour les enfants

Vous trouverez là une intéressante exposition sur le site de Larina et l'histoire du peuplement de l'Isle Crémieu. Larina est un important site archéologique sur lequel ont été découvertes des cabanes et des tombes de la préhistoire à l'époque gauloise et surtout les structures importantes d'une vaste forteresse du début du Moyen Âge.

Un remarquable et exceptionnel musée, à visiter absolument : les vidéos et les tableaux explicatifs donneront une idée de ce que fut le site.

Les enfants trouveront un grand intérêt à découvrir, grâce à des maquettes et des audiovisuels, la vie quotidienne au temps de la préhistoire et des Gaulois, et les développements techniques de la région aujourd'hui.

Des jeux informatiques agrémentent aussi la visite.

Retrouvons-nous maintenant tous au parc de Walibi.

Parc de Walibi

38630 Les Avenières - Tél. : 74 33 71 80

 ⸱Ouvert les mercredis, week-ends et jours fériés de la fin avril à la fin mai et au mois de septembre ; tous les jours de juin à fin août.

 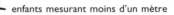 enfants mesurant moins d'un mètre

Les amateurs de sensations fortes seront comblés par le Grand Huit, le Turbo Lift ou le Boomerang : des loopings vertigineux dans un sens et surprise ! dans l'autre.

Un peu moins effrayante mais tout aussi amusante, la Radja River vous entraînera dans les embruns de la rivière.

Les plus petits ne seront pas de reste, car les attendent : le traditionnel petit train, la paisible promenade sur le bateau du Mississippi ou la balade dans les vieux tacots sans danger.

Vous assisterez aussi au saut de la mort : un plongeur saute d'une hauteur de 25 mètres.

Plus tranquillement, vous pourrez vous baigner dans une piscine avec de vraies vagues comme à la mer ou bien vous glisserez le long des toboggans du Colorado.

De là, reprenez la N 75 et retournez aux Abrets. Juste en arrivant à **Fitilieu**, visitez le zoo des Abrets.

Zoo des Abrets

Route Nationale 75
Fitilieu 38490 Les Abrets - Tél. : 76 32 14 71

 Ouvert tous les jours de l'année : du 1er mars au 31 octobre de 9 h à 19 h ; et du 1er novembre au 28 février de 13 h 30 à 17 h. Fermé le vendredi en hiver.

Dans un parc ombragé, vous pourrez rendre visite à des animaux des cinq continents. Vous verrez une collection de perroquets et d'oiseaux divers et des singes de toutes provenances.

De là, continuez toujours la N 75 jusqu'à ce que vous trouviez sur la droite un embranchement pour **Chavarines** et le **lac de Paladru** (D 50).
À Chavarines, halte agréable, ne manquez pas le musée du lac de Paladru.

Musée Archéologique du Lac de Paladru

Mairie de Charavines 38850 Charavines - Tél. : 76 55 77 47 ou 76 06 60 09

 Ouvert en mai, octobre, novembre les samedis et dimanches de 14 h à 18 h ; du 1er juin au 30 septembre tous les jours de 10 h à 12 h et de 14 h à 18 h. Visite commentée du chantier de fouilles sublacustres de Colletière du 1er juillet au 31 août de 14 h 30 à 16 h, tous les jours sauf mardi.

Au fond du lac de Paladru des archéologues ont retrouvé de nombreuses traces de l'existence de deux villages : l'un datant de 2700 av. J.-C., l'autre du Moyen Âge.

Des vestiges bien conservés par l'eau du lac montrent comment se déroulait la vie quotidienne, comment étaient construites les maisons des paysans qui habitaient là il y a des milliers d'années. Ils étaient agriculteurs et cultivaient le blé, l'orge, le pavot et les petits pois. Le lin aussi poussait, et les femmes en tissaient le fil. Les hommes chassaient avec des arcs et des flèches les cerfs et les sangliers qu'ils découpaient pour les manger avec des couteaux en silex. Dans le musée sont exposés ces grands couteaux, ressemblant à des poignards, ainsi que des cuillères en bois, des peignes à tisser, des épingles pour fermer les vêtements, des vases en terre cuite dans lesquels on stockait la nourriture et même un fond de panier en osier qui servait probablement aux enfants pour aller ramasser les baies sauvages dans la forêt.

On apprend que les maisons étaient construites avec de nombreux troncs plantés dans le sol qui soutenaient une charpente de poutres retenues entre elles par des cordes et recouvertes de roseaux.

Grâce à l'étude du bois, les chercheurs ont découvert que deux villages se sont succédé au même endroit ; le premier a été détruit par un incendie et le second a été construit cent ans plus tard, en 2690 av. J.-C.

Le site a été ensuite abandonné pendant très longtemps et, curieusement, la vie reprit vers l'an mille ; des outils en fer, des fragments d'instruments de musique, des pièces de jeux d'échecs, etc., en témoignent.

Une vidéo fort instructive montre comment se déroulent les fouilles dans un lac et les difficultés auxquelles se heurtent les plongeurs, notamment les problèmes de visibilité.

Qu'est-ce que la **dendrochronologie** *? C'est la science qui permet de connaître la date d'abattage des arbres ayant servi par exemple aux constructions, et de calculer ainsi précisément l'année de construction d'un village. Cette méthode repose sur l'observation des cernes d'accroissement annuel des arbres variant selon le climat de l'année.*

Après cette visite passionnante, si le temps le permet, vous pourrez vous baigner sur la petite plage de Chavarines.

Vous regagnez la N 75 et arrivez à Grenoble.

GRENOBLE

Le site de Grenoble est exceptionnel : les montagnes de la Chartreuse, du Vercors et la chaîne de Belledonne l'entourent chaleureusement.

Grenoble a sa place parmi les premières villes universitaires et s'enorgueillit d'une belle réussite économique.

On se fera une bonne idée de la ville et de sa situation en montant contempler le panorama du fort de la Bastille, un **téléphérique-œuf** vous y conduira en quelques minutes, à la plus grande joie des enfants. Il est vrai qu'il est amusant de passer juste au-dessus de l'Isère, de dominer l'ancien couvent de Sainte-Marie-d'en-Haut (que nous visiterons plus tard) et de voir la ville s'éloigner ou se rapprocher selon le sens du parcours.

Téléphérique

Quai Stéphane-Jay 38000 Grenoble - Tél. : 76 44 33 65

 Fonctionne tous les jours de 9 h à 24 h en été et de 10 h à 18 h les autres mois de l'année. Fermé en janvier.

 aller et retour

En haut, vous pourrez prendre un repas ou un rafraîchissement et aussi visiter le musée de la Voiture ancienne, installé dans une des salles inférieures du fort.

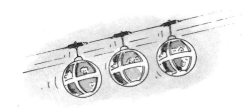

Redescendus, vous traversez l'Isère et grimpez jusqu'au **couvent de la Visitation de Sainte-Marie-d'en-Haut** où se trouve le musée Dauphinois.

Musée Dauphinois

 30, rue Maurice-Gignoux 38000 Grenoble - Tél. : 76 85 19 00

 Ouvert tous les jours de 9 h à 12 h et de 14 h à 18 h.
Fermé le mardi, le 1er janvier, le 1er mai et le 25 décembre.

  le mercredi

Ce musée, installé dans un ancien couvent du XVIIe siècle, avec son cloître et sa chapelle baroque, est un lieu exceptionnel. Il veut être le témoin de l'ancienne province du Dauphiné et le reflet de l'actuelle région de l'Isère. Les expositions sont renouvelées chaque année. Nous avons admiré la remarquable présentation des objets sélectionnés. Des ateliers et des cycles de contes traditionnels sont proposés le mercredi à 14 h.

Vous visiterez une exposition permanente consacrée à la grande histoire du ski.

De l'autre côté de la ville, le Museum d'Histoire Naturelle.

Museum d'Histoire Naturelle

1, rue Dolomieu 38000 Grenoble - Tél. : 76 44 05 35

 Ouvert tous les jours sauf mardi de 9 h 30 à 12 h et de 13 h 30 à 17 h 30 et le dimanche de 14 h à 18 h.

   pour les − de 10 ans

Vous découvrirez dans ce musée, entièrement rénové en 1991, l'histoire de la géologie des Alpes et de la « Montagne vivante » avec une présentation de la faune alpine.

Vous visitez des salles consacrées à différents thèmes : la « Cristal Symphonie », où sont présentés les plus beaux minéraux de la planète, les « Merveilleux Insectes », « Ils disparaissent de l'échiquier » ou « la Préhistoire alpine ».

Enfin, vous découvrez la salle « Eaux vives » avec ses poissons des rivières alpines et la faune des rivages méditerranéens.

Pas question de quitter Grenoble sans goûter les délicieuses noix entourées de pâtes d'amandes que vous trouverez dans toutes les confiseries. De la place Grenette, vous pourrez prendre un petit train qui serpente dans la ville. Départ du 1er mai au 30 septembre de 10 h à 18 h.

De Grenoble, vous avez un grand choix d'excursions : vous pouvez aller prendre le **funiculaire à Saint-Hilaire**, faire plusieurs visites sur **la route de l'Italie** ou un petit voyage en **train à La Mure**, descendre dans les **grottes du Vercors** en partant vers Valence, ou encore rejoindre en trois sauts **l'autoroute du Soleil**.

En route pour le funiculaire

Par la N 90 en direction de Chambéry, vous atteindrez Montfort d'où part :

Funiculaire de Saint-Hilaire-du-Touvet

38660 Saint-Hilaire-du-Touvet

 Renseignements : Gare haute : 76 08 32 31
Gare basse : 76 08 00 02
Fonctionne du début avril à la mi-décembre. Se renseigner par téléphone sur les jours et les horaires.

 aller et retour

Vieux de soixante ans, ce funiculaire grimpe encore gaillardement ses 800 mètres sur une pente raide qui atteint jusqu'à 83 %. En haut, le panorama sur le Vercors, la chaîne de Belledonne et même le Mont-Blanc est superbe. On peut se promener ou regarder les deltaplanes ou les parapentes s'élancer.

En route pour l'Italie
par la région de Briançon

Prenez la N 85 puis N 91 pour Bourg-d'Oisans.
6 km avant Bourg-d'Oisans, à gauche, la D 526 pourra vous conduire à **Alle-**mond où les plus grands pourront être intéressés par la visite de la centrale de Grand'Maison.

Centrale de Grand'Maison
Hydrelec

Vaujany 38114 Allemont - Tél. : 76 80 78 00

 Ouvert du 15 juin au 15 septembre tous les jours sauf le mardi de 10 h à 18 h, pendant les congés scolaires, tous les jours de 14 h à 18 h et le reste de l'année le samedi et le dimanche de 14 h à 18 h.

Apprenez tout sur l'eau, source d'énergie à travers les équipements hydrauliques anciens et modernes. Grâce à des maquettes et des animations, vous aurez l'impression d'être très intelligent et de tout savoir d'une centrale.

À quoi sert-elle, au fait ?

La consommation exacte de la nation est difficilement quantifiable : elle varie avec les saisons, les changements de température, un événement national, une émission de télévision à succès, etc. Les centrales thermiques classiques (charbon, fioul, gaz ou nucléaire) assurent la part la plus importante de la production, mais leurs aptitudes aux variations rapides de puissance sont réduites et c'est aux équipements hydrauliques que revient la mission de maintenir l'équilibre entre la consommation et la production. C'est précisément le rôle que joue la centrale.

Arrivé à Bourg-d'Oisans, vous aurez deux visites à faire :

Musée des Minéraux
et de la Faune des Alpes

Mairie 38520 Bourg-d'Oisans - Tél. : 76 80 27 54

Ouvert les samedis, dimanches et jours fériés de 14 h à 18 h, tous les jours pendant les vacances scolaires de 14 h à 18 h et en été sauf le mardi de 11 h à 19 h. Fermé du 15 novembre au 15 décembre.

Les animaux de la région naturalisés semblent reprendre la vie dans les tableaux-paysages superbes dans lesquels ils sont installés : le loup et le chat sauvage se promènent dans la neige ; à l'automne, la laie surveille ses petits marcassins, l'aigle plane sur les cimes des montagnes où vivent isards, chamois et marmottes ; le hibou et la chouette, gardiens de la nuit, surveillent tranquillement la forêt, etc. Et pour rendre cette promenade encore plus réelle, des chants d'oiseaux vous accompagnent.

La marmotte est un charmant petit rongeur que l'on peut voir au-dessus de 1 500 mètres dans la montagne. Bien sûr, il faut choisir de grimper là-haut pour tenter de la rencontrer les six bons mois où la marmotte ne dort pas, car dès le mois de septembre tous les membres d'une même famille creusent ou aménagent leur terrier pour y dormir automne et hiver. Lorsqu'elle est réveillée, elle est toujours vigilante et fait le guet de longs moments, debout dans la position dite « en chandelle ». Elle est attentive au moindre bruit et préviendra son petit monde de tout danger en émettant un sifflement strident. La plupart du temps elle vous aura repéré non pas au bruit mais à l'odeur, car son odorat est très développé. Curieusement, la marmotte ne boit pas et se contente des petites gouttes de rosée qui perlent sur les tiges ou les feuilles des plantes qui composent son alimentation. Les petits marmottons naissent au printemps et vivent deux, trois ans avec leurs parents et leurs nouveaux frères et sœurs. Tous ensemble, ils se roulent en boule et s'endorment pour six mois, le battement de leur cœur et leur respiration se ralentissent, la température de leur corps s'abaisse ; ils ne se nourrissent plus. Toutes les trois ou quatre semaines seulement ils se réveillent brièvement pour aller aux toilettes... eh oui !

Si les marmottes sont bien mignonnes, les myocastors ne sont pas mal non plus, et vous pouvez en sortant du musée vous rendre à la sortie de la ville à l'**élevage de myocastors** (de nombreux panneaux indiquent la direction).

428

Élevage de Myocastors

Le Plan 38520 Le Bourg-d'Oisans - Tél. : 76 80 26 73

Ouvert tous les jours de 8 h à 12 h et de 14 h à 18 h.

Ces castors viennent du Chili, ils se différencient des autres par leur queue fine comme celle de nos rats et non plates et touffues comme des autres castors. Ces castors-là sont noirs avec une pigmentation jaune orangée, ou blancs ; ils ont vingt dents dont quatre incisives orange longues de ... 5 à 6 cm et ces dents ont une force considérable.

Les castors sont élevés principalement pour la fourrure mais saviez-vous que leur chair se mange et est, paraît-il, délicieuse ?

Si vous comptez vous rendre à **L'Alpe-d'Huez**, située juste au-dessus de Bourg-d'Oisans, ne manquez pas d'aller voir quelles expositions ont été montées à la **Maison du Patrimoine** (tél. : 76 80 32 97), musée dynamique cherchant à mettre en valeur différents aspects de la région.

Nous avons pu y voir des **expositions** sur les enfants des montagnes, **sur la faune et la flore** de l'Oisans et sur les sports d'hiver dans les années 30.

Ouverte tous les jours de 10 h à 12 h et de 15 h à 19 h.

Tout au long de votre trajet jusqu'à Briançon vous traverserez ou verrez indiquées de nombreuses stations de sports d'hiver aux noms familiers : **Les Deux-Alpes, Serre-Chevalier, Montgenèvre,** etc.

En route pour le chemin de fer de La Mure

De Grenoble reprenez la même N 85 dont vous aviez emprunté une portion en partant pour Bourg-d'Oisans mais continuez-la cette fois jusqu'à La Mure où vous monterez à bord d'un train pour faire une merveilleuse promenade ferroviaire.

Vous pouvez aussi laisser votre voiture à la gare de Grenoble et prendre **l'autorail Grenoble-Veynes** desservant la gare de Saint-Georges-de-Commiers (correspondances assurées dans la plupart des cas). Renseignements au 76 54 10 55 et 76 54 34 36.

429

Chemin de Fer de La Mure

Gare de La Mure (arrêt aussi à La Motte-d'Aveillens, le long de la D 529)
et Saint-Georges-de-Commiers (le long de cette même D 529)
Renseignements au 76 72 57 11

De mi-avril à mi-octobre, le petit train part plusieurs fois par jour, se renseigner
sur les horaires précis, susceptibles de changer d'une saison sur l'autre.

 aller et retour

30 km de circuit dans un paysage exceptionnel de gorges, de lacs et de
sommets, les enfants passeront un bon bout de temps à compter les
133 courbes, les 18 tunnels et les 12 viaducs et ponts, ou bien ils
regarderont le spectacle commenté des montagnes.

En route pour Valence

Vous quittez cette fois la ville par la N 532 en direction de Valence. Avant de
prendre à gauche la D 531 vers Villars-de-Lans, à **Sassenage** (6 km de Grenoble), vous vous arrêterez aux Cuves.

Cuves de Sassenage

38360 Sassenage - Tél. : 76 27 55 37

Visites du 1er mai au 30 octobre tous les jours sauf mardi de 9 h à 12 h et de
14 h à 18 h ; juillet et août tous les jours de 9 h à 18 h.

 (grand circuit) et (petit circuit
en cas de mauvais temps)

Ce sont deux grottes superposées reliées entre elles par des souterrains
où grondent les cascades du Germe. Au cours de la promenade guidée,
on aura plaisir à écouter parler de la fée Mélusine et peut-être
l'entendra-t-on gémir en visitant son antre...

*La célèbre fée serait née là et y aurait vécu. On raconte qu'elle épousa le
seigneur de Sassenage dont elle était éperdument amoureuse, mais elle avait
mis une condition à cette union, celle de pouvoir disparaître le samedi sans
que jamais son époux ne cherche à savoir le motif, ni le lieu de son escapade.
Or un jour, trop curieux, il découvrit que Mélusine était en fait moitié femme,
moitié poisson. Cette révélation lui fit perdre son épouse, qui retourna vivre
à jamais dans les grottes où l'on peut peut-être encore la rencontrer...*

Vous quittez ensuite les gorges du Furon pour Villars-de-Lans mais vous vous arrêtez en cours de route à **Lans-en-Vercors** pour passer un moment un peu fantastique au musée des automates.

La Magie des Automates

Route de Villars-de-Lans 38250 Lans-en-Vercors - Tél. : 76 95 40 14

 Ouvert tous les jours de 10 h à 18 h.

Alain Bardo fabrique et collectionne des automates. Il a ainsi réuni dans son musée plus de trois cents automates qu'il présente dans des décors avec des jeux de lumières et de sons.

Vous verrez le tramway des animaux, le merveilleux château du Père Noël, où le Père Noël lui-même vous racontera son histoire ; vous assisterez au spectacle de cirque. Et dehors, vous irez découvrir le village des ours automatisés ; ils vous mimeront des scènes de la vie dauphinoise.

Si les routes de montagnes ne vous font pas peur, prenez la jolie D 531 qui longe les gorges de la Bourne et arrêtez-vous à la grotte de Choranche.

Grotte de Choranche

38680 Pont-en-Royans - Tél. : 76 36 09 88

 Ouvert toute l'année, visite guidée de novembre à mars toutes les heures de 10 h à 17 h ; en avril, mai, juin, septembre et octobre de 9 h 30 à 18 h ; et en juillet et août de 9 h à 18 h 30.

Une merveilleuse grande salle haute de 16 m et large de 70 dans laquelle des milliers de stalactites très pures, magnifiquement éclairées, descendent du plafond et se reflètent dans l'eau d'un lac souterrain.

Une exposition permanente évoque 70 000 ans d'aventure humaine à travers les vestiges archéologiques découverts dans la région. Dans des aquariums, vous découvrirez des animaux très rares, les protés, des batraciens témoins de l'époque des dinosaures.

De Choranche, gagnez Saint-Nazaire-en-Royans. Au cœur même du village, au pied de l'aqueduc, se trouve la grotte de Thais.

431

Grotte de Thais

26190 Saint-Nazaire-en-Royans - Tél. : 75 48 45 76 (en saison)
et 75 02 16 90 (hors saison)

 Ouvert du 1er juin au 30 septembre, tous les jours et en avril, mai et octobre les dimanches et jours fériés de 10 h à 12 h et de 14 h à 17 h 30.

   Visite guidée de 45 minutes

Très différente des autres, c'est une grotte labyrinthe où l'on découvre le travail phénoménal de l'eau ; la roche y est déchiquetée et les coulées stalagmitiques sont d'un rouge sang étonnant.

Que penser de cette faune étrange et mystérieuse que l'on peut voir dans des aquariums et vivariums au cours de la visite ? Rencontrerez-vous la *meta*, la très grosse araignée brune de plusieurs centimètres ? Ou bien le *dolichopoda palpata*, cette grande sauterelle aux antennes démesurées ?

Des fouilles importantes ont permis d'exhumer des silex taillés, des os gravés, etc. La reconstitution d'un abri magdalénien permet d'imaginer la vie des hommes il y a sept cent cinquante générations...

Non loin de là, à la Sône, vous pourrez faire une mini-croisière sur le bateau à roue *Royans-Vercors*.

Bateau à roue « Royans-Vercors »

Site des Tufières 38840 La Sône - Tél. : 76 64 43 42

 Fonctionne en avril, mai, 2e quinzaine de septembre et octobre : uniquement dimanches et fêtes ; et tous les jours du 1er juin au 15 septembre.
Plusieurs circuits par jour. Durée de la croisière : 1 h 30.

 en moyenne

Pendant 1 heure et demie, revivez le charme de la navigation d'antan. Au passage, vous admirerez le village de Sône auréolé de son château médiéval et, traversant la roselière du Creux, vous observerez les nombreux oiseaux.

Avant ou après cette paisible promenade, promenez-vous dans le Jardin des Fontaines Pétrifiantes.

Certains soirs d'été, vous applaudirez une grande fresque historique au pied du château.

De Saint-Nazaire, nous vous suggérons vivement de faire un petit crochet par **Chatte à proximité de Saint-Marcellin**, avant de joindre Romans-sur-Isère et de continuer le circuit, cette fois dans la Drôme.

Jardin Ferroviaire

Route de Lyon 38160 Chatte par Saint-Marcellin - Tél. : 76 38 54 55

 Ouvert du 1er février au 15 novembre de 9 h à 18 h 30. Durée de la visite : environ 1 heure, entrée toutes les 45 minutes.

La plus petite région de France !
Une ville, des villages, un lac et des montagnes en miniature, parcourus par des trains, des tramways et des voitures ! Même un téléphérique se hisse au sommet de la montagne.
Une promenade en France peu fatigante !

Tout à côté, une forêt bien extraordinaire vous attend.

Forêt des Insectes Géants

Site du lac Frizon 38160 St-Antoine-l'Abbaye - Tél. : 76 38 54 55

 Ouvert tous les jours de 10 h à 19 h du 15 mars à la fin octobre.

Une promenade à la découverte du bizarre et de l'étonnant, grossi de 20 à 1 000 fois. Vous verrez une libellule de deux mètres, une mouche d'un mètre, une puce de 30 cm...
Vous découvrirez aussi que chaque métier a son insecte au cours de votre visite du nouveau musée miniature des vieux métiers.

En route vers Montélimar

De Grenoble, vous partez cette fois vers Vienne par la N 75 et la N 85, puis la D 519 vers Beaurepaire. Sur cette route, à l'intersection avec la D 71, prendre à gauche vers Roybon et, à l'indication « Les Croisettes », à nouveau à gauche vers **Port-Revel** où se trouve le parc naturel de Chambaran.

Parc Naturel de Chambaran

38590 Port-Revel par Brion - Tél. : 74 20 14 93

 Ouvert les mercredis et les week-ends de toute l'année et tous les jours de juillet à septembre de 9 h du matin au crépuscule.

Cerfs, daims, chevreuils, mouflons, martres, renards, oiseaux de toutes espèces vivent en totale liberté. Silencieusement on se promène, attentif à la présence des animaux.

De retour sur la D 519, vous continuez jusqu'à Bourgé-Chambalud d'où la D 131 vous mènera à Anjou et à **Ville-sur-Anjou.**

Musée Animalier

La Grange Neuve 38150 Ville-sous-Anjou - Tél. : 74 84 49 39 et 74 84 43 41

 Ouvert du 1er avril au 30 septembre, tous les jours de 9 h à 19 h et du 1er octobre au 31 mars de 10 h à 18 h les dimanches et jours fériés et pendant les vacances scolaires.

Bien tranquillement, vous voyagerez des tropiques aux pôles. De la souris à l'éléphant, du colibri à l'autruche, plus de cinq cents animaux naturalisés présentés dans leur paysage familier.

Si vous voulez montrer à vos enfants le Palais idéal du Facteur Cheval, il vous faudra retourner à Beaurepaire et prendre la D 538 jusqu'à **Hauterives.**

Palais Idéal du Facteur Cheval

26390 Hauterives - Tél. : 75 68 81 19

 Ouvert tous les jours, dimanches et jours fériés de juin à septembre de 9 h à 19 h ; les autres mois de 9 h 30 à 12 h et de 14 h à 18 h.
Fermé en janvier et le 25 décembre.

Un palais extraordinaire, extravagant, unique, défiant l'imagination, construit par un petit homme maigre et infatigable, facteur de son métier. Pendant vingt ans, sans la moindre notion d'architecture ou de maçonnerie, pierre par pierre, il a bâti la façade de ce fabuleux monument ressemblant un peu à un temple hindou, un peu à un château médiéval, où autruches, oies, flamants montent la garde au côté de Jules César et d'Archimède ! Le jardin va être bientôt rouvert.

Si notre facteur avait pu se douter que son œuvre serait classée monument historique et qu'il serait célèbre dans toute la France !

D'Hauterives, vous poursuivez la D 538 jusqu'à Romans, où un petit arrêt au musée de la Chaussure vaut la peine.

Musée de la Chaussure et de l'Ethnographie régionale

2, rue Sainte-Marie 26100 Romans - Tél. : 75 02 44 85

 Ouvert tous les jours, sauf mardi et lundi matin, de 9 h à 11 h 45 et de 14 h à 17 h 45 ; les dimanches et jours fériés de 14 h 30 à 18 h.
Fermé le 1er janvier, le 1er mai et 25 décembre.

  le mercredi pour les enfants

5 continents, 4 millénaires : 2 000 chaussures...
Quelques scènes aussi de la vie dauphinoise : l'échoppe du cordonnier, un jour de marché, la pièce du berger, etc.

De Romans, continuez à descendre vers le sud en suivant toujours la D 538 ; à 6 km avant Crest, prenez à droite la D 142 pour Upie et, faute de pouvoir vous percher vous aussi sur les branches du Jardin des Oiseaux, allez tout de même regarder les mille oiseaux du parc.

Jardin des Oiseaux

26120 Upie - Tél. : 75 84 45 90

 Ouvert tous les jours de l'année en été de 10 h à 19 h et en hiver de 10 h à la tombée de la nuit.

Un millier d'oiseaux de toutes les couleurs dans des volières ou en liberté. Vos préférences iront-elles vers le généreux pélican, le calao éclatant, l'impressionnant vautour himalayen ou les délicieux irenas bleus ? Chacun choisira son favori.

Après Montélimar, à **Montboucher-sur-Jabron**, sur la route de Dieulefit, un musée de la soie.

Musée de la Soie

26740 Montboucher-sur-Jabron - Tél. : 75 01 47 40

 Ouvert du 1er avril au 30 septembre de 9 h 30 à 11 h et de 14 h 30 à 19 h 30. Fermé le samedi, sauf en juillet et août.

Une visite, commentée à l'aide d'appareils portatifs laser, d'un ancien moulinage. Étape par étape la surprenante évolution du ver à soie, depuis la simple « graine » jusqu'à l'étoffe de soie.

Vous saurez que la sériciculture est l'éducation méthodique du ver à soie, que la filature est l'extraction de la soie du cocon et la mise en écheveaux, que le moulinage est l'opération de torsion du fil et que le tissage est la fabrication de l'étoffe.

Si vous passez à **Dieulefit**, allez voir M. Morin, **le souffleur de verre** (Tél. : 75 46 45 48) ; si vous allez à **Nyons**, rendez-vous au **moulin à huile** de Mme Audrans à La Digue.

Son moulin fabrique de l'huile depuis 1750, en janvier-février à l'époque où les olives sont mûres, il presse toujours les fruits et, en dehors de la saison, on peut le visiter ; une vidéocassette explique la fabrication de l'huile.

Mais peut-être de **Montélimar** irez-vous **en Ardèche** visiter les nombreuses grottes ou bien descendrez-vous plutôt en **Provence** ?

Prenons rendez-vous à **Bourg-Saint-Andéol** ou à **Avignon**.

C e pays de montagnes est constitué de deux départements : l'Ardèche et le Gard. Le climat y est rude : très chaud en été et très froid en hiver. Les paysages sont superbes, les sites souvent uniques – les gorges de l'Ardèche par exemple – et les traditions bien conservées.

Les enfants y rencontreront nombre d'étapes à leur goût allant du parc animalier au musée ethnologique, en passant par les sites naturels comme les grottes.

Safari parc de Peaugres

petit train du Vivara

Gorges de l'Ardèche

Grotte de Cocalièr

Parc Ornithologique des Isles

Mine témoin d'Alès

Grottes de Trabuc

- Petit train des Cévennes
- Musée des vallées Cévenoles

Bambouseraie

Grotte des Dem

Ecomusée de la soie
Musée de l'agriculture et de la locomotion

Château d'Uzès

L'ARDÈCHE ET LES CÉVENNES

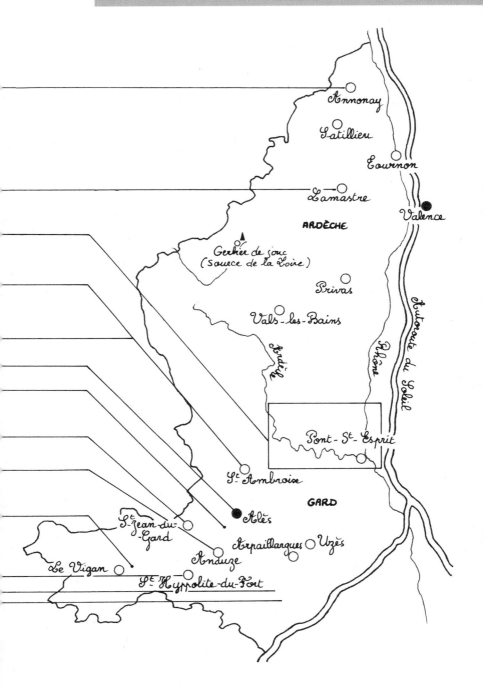

L'ARDÈCHE ET LES CÉVENNES

Vous atteindrez l'Ardèche en venant soit du nord, de Lyon ou de Saint-Étienne, soit de l'ouest en arrivant du Gévaudan.

Venant de Lyon, vous quitterez l'autoroute du Soleil au Péage du Roussillon et prendrez la direction d'Annonay ; venant de Saint-Étienne vous prendrez la N 82, pour Annonay ; 6 km avant cette ville, sur la N 82, vous visiterez :

Safari Parc de Peaugres

07340 Peaugres - Tél. : 75 33 00 32

 Ouvert tous les jours, l'été de 9 h 30 à 19 h et l'hiver de 11 h à 17 h.

Un zoo safari superbe où les animaux sont nombreux et en bonne santé.

Le parc borde la nationale : d'un côté s'étend le territoire sauvage où les animaux vivent en totale liberté et que l'on parcourt en voiture (toutes vitres fermées !).

Les hamadryas sautent sans vergogne sur la carrosserie et le conducteur a toutes les peines du monde à faire partir ces petits singes.

Plus loin, lions et lionnes se promènent ou se reposent. Les ours noirs, bien sympathiques, ne font pas peur du tout. Ils viennent gentiment lécher les vitres et regarder les enfants de leurs bons yeux. Et pourtant, il ne faut pas s'y fier. Enfin, pour le bonheur de tous, des hardes de daims familiers vont et viennent autour des véhicules.

De l'autre côté de la route se trouve le zoo à parcourir à pied : les autruches se promènent nonchalamment, les girafes observent les visiteurs de leurs petits yeux haut perchés, les adorables kinkajous sautent de branche en branche dans leur singerie, enfin, d'une passerelle bien protégée, chacun se fait peur en regardant les loups, pas faméliques du tout, et les tigres puissants et majestueux.

Prévoir du temps pour l'aire de jeux. Ne ratez pas non plus l'heure du repas : les loups à 16 h 30 et les ours et hippopotames à 17 h 15.

Bientôt, vous pourrez vous promener dans les bois au milieu des maki-catta de Madagascar.

Si vous n'avez pas le courage de conduire sur les ravissantes petites routes de l'Ardèche, prenez à Annonay la D 82, rejoignez la N 86 qui longe le Rhône et roulez jusqu'à Tournon où le **chemin de fer** du Vivarais vous attend. Rens. au 78 28 83 34.

440

À 3 km d'Annonay, à Vidalon, la visite du musée des **Papeteries Canson et Montgolfier** (Tél. : 75 69 88 00), **sera très intéressante.** Ouvert toute l'année le mercredi et le dimanche de 14 h 30 à 18 h ; et tous les après-midi à partir de 15 h 15 du 15 juillet au 31 août. Installé dans la maison des frères Montgolfier, ce musée raconte l'histoire de la papeterie et explique, démonstration à l'appui, la fabrication du papier.

Retour en voiture et, par la N 86, vous descendrez à **Aubenas** ; en chemin, arrêtez-vous pour découvrir l'Ardèche en un seul coup d'œil.

Ardèche Miniatures

RN 86 07130 Soyons - Tél. : 75 60 96 58

 Ouvert tous les après-midi de 14 h à 18 h et les dimanches et fêtes de 10 h à 18 h en mars, avril, mai, octobre et novembre ; tous les jours de 10 h à 19 h en juin, juillet et août.

Dans un décor naturel, vous découvrirez, à l'échelle 1/25ᵉ, l'Ardèche du Mont-Gerbier-de-Jonc aux berges du Rhône. Des petits trains parcourent le paysage miniature.

Juste à côté d'Aubenas, attention, vous allez décoller...

Aérocity

Route de l'aérodrome 07200 Lanas par Aubenas - Tél. : 75 35 00 00

 Ouvert tous les jours en juin, juillet et août de 10 h à 19 h 30 et les dimanches de 10 h 30 à 19 h en avril, mai et septembre.

Un nouveau parc aux attractions originales : vous faites – en toute sécurité – un saut de 20 mètres dans des nacelles-parachutes ; vous glissez sur un toboggan vraiment géant ; vous montez dans une maquette d'avion ; et à l'intérieur d'une grande bulle, vous vivez une projection en trois dimensions. Ici, personne n'est oublié, les petits adoreront le mini-galaxy et les adultes s'enivreront sur le turbojet, un manège élévateur.

D'Aubenas, vous vous rendez à Bourg-Saint-Andréol.

Zoom sur les Gorges de l'Ardèche

À droite et à gauche de la route se visitent grottes et musées préhistoriques.

Grotte de la Madeleine

07700 Saint-Remèze - Tél. : 75 04 22 20

 Visites : du 1er avril au 1er octobre de 9 h 30 à 12 h et de 14 h à 18 h 30.
Durée de la visite 1 heure.

Une des grottes les plus surprenantes, tant par ses concrétions que par ses couleurs qui varient à l'infini. Un son et lumière met en valeur la richesse de ses concrétions. La grotte de la Madeleine renferme des vestiges de la faune glaciaire : ours, rennes, cerfs...

Aven Grotte de Marzal

07700 Saint-Remèze - Tél. : 75 04 12 45

 Ouvert de novembre à mars le dimanche de 9 h à 12 h et de 14 h 30 à 18 h, et d'avril à octobre de 10 h à 18 h.
Température constante à l'intérieur de 14°.

Grâce à un escalier facile, une descente saisissante dans les profondeurs de la grotte. Une animation audio-visuelle permet d'admirer les étonnantes formations.

À proximité de l'entrée de la grotte un musée présente le monde souterrain : matériel de spéléologie, paléontologie et préhistoire.

Zoo Préhistorique

 Mêmes horaires d'ouverture que la grotte.

Dans un parc, le promeneur rencontre au gré de sa marche des animaux préhistoriques grandeur nature : mammouth, tyrannosaure, stégosaure, etc. Il croise aussi ses lointains ancêtres ayant vécu il y a 180 millions d'années ! Chaque scène est sonorisée.

442

Aven Grotte d'Orgnac

07150 Orgnac-l'Aven - Tél. : 75 38 62 51

Ouvert en mars, octobre et novembre de 9 h 30 à 12 h et de 14 h à 17 h ; en avril, mai, juin et septembre ferme à 18 h ; en juillet et août de 9 h 30 à 18 h. Le musée n'ouvre qu'à 10 h et ferme à 19 h en juillet et août.
Durée de la visite : 1 heure.
Température : 13°.

Une grotte géante aménagée sur plus de 30 hectares permet au visiteur de se promener dans une forêt de concrétions aux couleurs féeriques.

Musée régional de la Préhistoire – Tél. : 75 38 65 10

Des expositions chronologiques et thématiques, des films et des reconstitutions retracent la vie des hommes de 350 000 à 750 ans avant notre ère.

Aven Grotte de La Forestière

07150 Vallon-Pont-d'Arc - Tél. : 75 38 63 08 ou 75 04 08 79

Ouvert tous les jours des Rameaux au 20 septembre de 10 h à 19 h.

Très différente de ses voisines, la grotte de La Forestière se pare de concrétions d'une extrême finesse.
Dans la grotte, visitez absolument le **laboratoire d'acclimatation pour animaux et insectes cavernicoles**.

Vous avez pu contempler les gorges du haut des falaises ou du fond de leurs entrailles, mais vous pouvez les découvrir encore sous un autre aspect.

En plusieurs points de la rivière, des possibilités se présentent pour louer des barques à fond plat et pour descendre ainsi la rivière en toute sécurité.
Une barque pour quatre à six personnes conduite par deux bateliers : 300 F environ la journée pour un adulte et 150 F pour un enfant.
Vous pouvez si vous voulez acheter sur place un repas froid.

En juillet et août, gavez-vous d'abricots, délicieux et pas chers.

De Saint-Remèze, pourquoi ne pas faire une fugue à **Gras** (5 km par la D 362) pour aller voir les insectes et rongeurs du musée de la faune.

Fauniscope

07700 Gras - Tél. : 75 04 22 64

 Ouvert tous les jours de 10 h à 19 h du 1er avril au 30 septembre et les dimanches d'octobre.

Dans un décor reconstitué de mer, marais, garrigue, bois et montagne, vous retrouverez des oiseaux et des mammifères de notre pays. Vous pouvez ensuite découvrir des insectes vivants dans des terrariums et des rongeurs à qui, à la plus grande joie des enfants, vous pourrez donner à manger.

Après Vallon-Pont-d'Arc, vous faites un petit crochet par Ruoms et à 3 km au nord vous irez vous baigner au :

Parc Aquatique de Chauzon

Le Pont 07120 Ruoms - Tél. : 75 39 69 78

 Ouvert de juin à septembre de 10 h à 20 h.

Du toboggan nautique, de belles glissades en perspective dans l'Archèche.

Par la D 111, rattrapez la D 104 ; **les paysages deviennent plus arides annonçant la Provence.**
Juste avant Saint-Ambroix est indiquée :

Grotte de la Cocalière

30500 Saint-Ambroix - Tél. : 66 24 01 57

 Ouverte des Rameaux au 30 juin et du 1er au 30 septembre de 10 h à 12 h et de 14 h à 17 h ; en juillet et août de 10 h à 12 h et de 13 h 30 à 18 h ; en octobre de 14 h 30 à 16 h 30.
Durée de la visite 1 heure. 14° à l'intérieur.

Cette grotte horizontale est spectaculaire et très sympathique. Le visiteur longe sur un kilomètre une rivière souterraine et contemple des décors naturels étonnants ; il découvre entre autres un phénomène fascinant : les perles des cavernes en formation. Il est aussi très amusant de découvrir le campement reconstitué des spéléologues, cela donne une dimension humaine contrastant agréablement avec la froideur des grottes.

En sortant, on se repose les pieds en refaisant le même parcours en surface, mais cette fois dans un petit train qui cahote gentiment à travers la garrigue.

Il faut essayer d'être en tête de groupe, car il est très amusant de voir la grotte s'éclairer au fur et à mesure de la progression de la marche et, de temps en temps, le noir mystérieux fait un peu peur.

Grâce au dynamisme d'André Marti et de sa famille, de nombreuses animations sont régulièrement organisées dans la grotte et notamment une course cycliste !

Dépassez Saint-Ambroix de 5 kilomètres environ sur la N 904 en direction d'Alès ; vous trouverez indiqué sur la gauche : Saint-Julien-de-Cassagnas ; là, avec un peu de persévérance, vous découvrirez un parc ornithologique.

Parc Ornithologique des Îles

30500 Saint-Julien-de-Cassagnas - Tél. : 66 25 66 13

 Ouvert tous les jours de l'année de 9 h à 19 h en été et de 8 h à 12 h et de 13 h à 17 h le reste de l'année.

Peu sophistiquées, visiblement installées avec les moyens du bord mais aussi un grand amour des oiseaux, les volières abritent des oiseaux superbes venus du monde entier : des bulbuls, des martins de Malabar, de splendides merles métalliques, des faucons, des sarcelles, des autruches (pas pelées du tout), des perruches, etc., et un oiseau particulièrement spectaculaire, le touraco, qui semble changer de couleur en vol car l'intérieur de ses ailes est d'un rouge violent.

Ce parc de dimension moyenne est sympathique ; on peut voir des jeunes gens aller et venir dans les volières pour apporter de la nourriture ou changer l'eau des petits bacs.

Pas très loin de là, la ville d'Alès, célèbre dans l'histoire minière.

Mine Témoin d'Alès

Chemin de la Cité Sainte-Marie 30100 Alès - Tél. : 66 30 45 15

Ouvert du 1er avril au 30 novembre de 9 h à 12 h 30 et de 14 h à 17 h 30 et en juin, juillet et août de 9 h 30 à 19 h.
Visitée guidée d'1 heure.

Sur 600 m de galeries, les visiteurs découvrent la dure réalité du métier de mineur, qui impressionne petits et grands. Les différentes techniques de soutènement, d'abattage, d'évacuation, de sécurité sont présentées en situation. Cinq « tailles », représentatives des cinq époques comprises entre 1880 et 1960 montrent comment les procédés d'abattage du charbon se sont progressivement améliorés.

Un film vidéo projeté avant la visite explique l'origine du charbon et les méthodes employées par les hommes pour l'exploiter.

Les grands seront intéressés et apprendront beaucoup ; pour les plus petits, la rencontre avec Bayard, le cheval de mine, peut à elle seule justifier la visite...

En quittant Alès, on prend pendant quelques kilomètres la N 110 puis, sur la droite, la D 910 en direction d'Anduze.

Train à Vapeur des Cévennes

d'Anduze à Saint-Jean-du-Gard et inversement – Renseignements au 66 85 13 17

Circule en avril et octobre les dimanches et fêtes ; en mai les mardis, jeudis, vendredis, dimanches et fêtes ; en juin tous les jours sauf lundis ; du 1er juillet au 6 septembre tous les jours ; et en septembre les dimanches, mardis et jeudis.

Soit dans de vieux wagons en bois tirés par une locomotive à vapeur, soit dans un autorail panoramique, les passagers parcourent les 14 kilomètres qui séparent les deux villes et regardent pendant une demi-heure environ le paysage qui borde la voie de chemin de fer.

Avant ou après votre merveilleuse promenade dans le site exceptionnel de la Bambouseraie (Anduze par la D 50), allez visiter le musée des Santons de Générargues – Tél. : 66 61 66 74. Une mise en scène avec sons et lumières fait revivre les métiers d'autrefois dans les Cévennes. Ouvert tous les jours de juin à septembre de 10 h à 12 h et de 15 h à 19 h ; les après-midi pendant les vacances scolaires et les mercredis et week-ends le reste de l'année. Fermé du 15 janvier au 15 février.

  ## Bambouseraie de Prafrance

30140 Générargues - Tél. : 66 61 70 47

 Ouvert du 1er mars au 31 décembre, tous les jours (fermé les lundis et mardis en novembre et décembre) de 9 h 30 à 18 h (19 h d'avril à septembre).

Un coin d'Extrême-Orient dans les Cévennes.
Une centaine de variétés de bambou croissent sur 10 hectares. Petits et grands se promènent avec bonheur dans cette forêt insolite et très belle, ils découvrent s'ils le veulent les caractéristiques de cette plante-arbre pouvant atteindre jusqu'à 30 mètres de hauteur. Les jeunes pousses âgées de quelques jours sont souvent plus grandes que les enfants. La solidité des tiges est étonnante, en effet, quatre d'entre elles peuvent soutenir une pierre colossale.
En été, les fleurs de lotus s'épanouissent dans le jardin aquatique.
La reconstitution d'un village thaï accentue la sensation d'éloignement.

Si vous avez atteint ce petit paradis exotique en voiture, continuez en direction de Saint-Jean-du-Gard et arrêtez-vous aux grottes de Trabuc.

 ## Grottes de Trabuc

30140 Mialet par Anduze - Tél. : 66 85 03 28

 Ouvertes du 15 juin au 10 septembre de 9 h 30 à 18 h 30 ; du 15 mars au 14 juin et du 11 septembre au 15 octobre, fermées entre 12 h et 14 h ; du 16 octobre au 30 novembre, ouvert le dimanche après-midi.
Visite d'1 heure.

Les grottes de Trabuc, connues depuis la plus haute Antiquité, présentent quelques salles assez extraordinaires comme celle du « Lac de Minuit », où un lac profond de 25 mètres s'étend mystérieusement, ou encore la salle des « Cent Mille Soldats » où un nombre extravagant de concrétions semble former comme une armée du silence.

Reprenez la D 50 jusqu'à Saint-Jean-du-Gard. Là, allez visiter le tout nouvel aquarium et un petit musée sympathique.

Atlantide Parc

Av. de la Résistance 30270 Saint-Jean-du-Gard - Tél. : 66 85 32 32

 Ouvert 7 jours sur 7, de 9 h 30 à 12 h et de 14 h à 19 h (jusqu'à 22 h en juillet et août).

Sur 3 hectares de verdure et dans un décor étonnant, le parc propose 48 aquariums de poissons tropicaux.

Musée des Vallées Cévenoles

95, Grande-Rue 30270 Saint-Jean-du-Gard - Tél. : 66 85 10 48

 Ouvert en juillet et août de 10 h 30 à 19 h. Du 1er octobre au 30 avril : tous les dimanches de 14 h à 18 h. Du 1er mai au 30 juin et en septembre : tous les jours de 10 h 30 à 12 h 30 et de 14 h à 19 h, sauf le lundi et le dimanche matin.

Une évocation de la vie d'autrefois dans les Cévennes grâce à une collection d'outils, de meubles et d'objets divers.

Les enfants sont intéressés par les chaussures à semelles cloutées des ramasseurs de châtaignes ou par l'énorme nid de frelons.

D'Anduze vous pourrez prendre la D 133 et vous rendre à Saint-Hippolyte-du-Fort.

Écomusée de la Soie

Cour d'Honneur des Casernes 30170 Saint-Hippolyte-du-Fort - Tél. : 66 77 66 47

 Ouvert du 1er avril au 30 novembre tous les jours de 10 h à 12 h et de 15 h à 19 h (journée continue en juillet et août).

Le mûrier est, avec le châtaignier, l'arbre symbole des Cévennes.

À l'Écomusée de la soie, de mai à octobre, des jeunes femmes très motivées expliquent l'éducation du ver à soie et sa transformation du cocon au tissu, et font apprécier l'évolution des techniques des « soyeux ».

En quittant Saint-Hippolyte, vous prenez la D 999 jusqu'au croisement vers Saint-Bauzille-de-Putois (D 108). **Le long de cette petite route charmante,** vous pourrez agréablement déjeuner « à la ferme ». À Saint-Bauzille, vous grimperez en voiture aux grottes des Demoiselles.

Grottes des Demoiselles

34190 Saint-Bauzille-de-Putois - Tél. : 67 73 70 02

 Ouvert du 1er octobre au 31 mars de 9 h 30 à 12 h et de 14 h à 17 h et du 1er avril au 30 septembre de 9 h à 12 h et de 14 h à 19 h.

Cette fois, curieusement, les visiteurs ne descendent pas dans les profondeurs des grottes mais embarquent, au grand plaisir des enfants, dans un funiculaire intérieur qui les monte presque au sommet de la montagne. Là, ils découvrent une cathédrale souterraine très spectaculaire et des statues de roche aux ressemblances troublantes.

Demandez au guide de vous jouer de la musique sur les pierres ; en frappant certaines d'entre elles, on obtient des sons musicaux tout à fait harmonieux.

En été, il est très agréable de se baigner dans les nombreuses rivières ; les plages sont partiellement aménagées, l'eau est fraîche et les sites fort beaux. Les grands peuvent louer des canoës.

Si vous restez dans les Cévennes, vous pouvez reprendre la D 986 puis la D 999 et aller visiter le Musée Cévenol au Vigan.

Musée Cévenol

1, rue des Calquières Le Vigan - Tél. : 67 81 06 86

 Ouvert du 1er avril au 31 octobre tous les jours sauf le mardi de 10 h à 12 h et de 14 h à 18 h et du 1er novembre au 31 mars seulement le mercredi.

Presque essentiellement consacré à la soie (élevage de vers à soie et tissage), le Musée Cévenol complète l'évocation de cette activité du pays viganais par une belle collection de vêtements anciens.

Si, au contraire, après avoir visité la grotte des Demoiselles, vous comptez regagner Nîmes, pourquoi ne pas faire un crochet par Uzès ? Vous reprenez la route d'Anduze, puis la D 982, un petit bout de la N 106 (Alès-Nîmes) vers Nîmes, puis sur la gauche à nouveau, la D 982 vers Uzès.

Juste avant Uzès et son château, ne privez pas les garçons de la visite du musée du train d'Arpaillargues.

Musée du Train et du Jouet Moulin Chalier

30700 Arpaillargues - Tél. : 66 22 58 64. Ouvert toute l'année.

Des locomotives tractent de multiples wagons sur des centaines de mètres de voies à travers un immense décor à l'image de la région. Une collection de jouets anciens et des centaines de papillons complètent la visite.

Le Château

30700 Uzès - Tél. : 66 22 43 56 ou 66 22 18 96

 Ouvert tous les jours de 9 h 30 à12 h et de 14 h 30 à 18 h en été et 17 h en hiver.

Résidence des ducs d'Uzès, dont les caves et les oubliettes ont été aménagées pour une évocation historique. Les personnages et les costumes, créés à Londres, sont superbes.

Une ascension du donjon peut clore sportivement la visite.

Sur la D 979 d'Uzès à Nîmes, à mi-chemin environ vous trouverez sur la gauche la D 135 qui vous conduira à Poulx.

Il serait dommage d'être si près du **Pont du Gard** sans le montrer aux enfants.

De Poulx, vous pourrez suivre la D 427 puis, à gauche à Cabrières, vous prendrez la D 3, **adorable petite route qui vous conduira vers cette « merveille du monde »**.

Une fois à Nîmes à la grande joie des enfants, vous irez vous baigner au parc nautique de Forest Hill.

À 5 minutes du centre ville, à la sortie de l'autoroute A 9.

Aquatropic

Chemin de l'Hostellerie 30900 Nîmes - Tél. : 66 38 31 00

 Ouvert du 1ᵉʳ octobre au 31 mai de 9 h à 21 h 30 en semaine (11 h 30 à 21 h 30 le mardi) et de 10 h à 19 h le week-end ; et du 1ᵉʳ juin au 31 septembre de 9 h à 22 h en semaine, de 10 h à 20 h le samedi et de 10 h à 19 h le dimanche.

Peu après Nîmes, vous serez en Provence et vous rattraperez le circuit Provence-Côte d'Azur soit à Tarascon, soit à Arles.

450

Les granits des hauts plateaux dénudés du massif du mont Lozère franchis, les montagnes disparaissent peu à peu en entrant dans la région des Causses, domaine des moutons. Ces plateaux de pierre grise sont entrecoupés de canyons, au fond desquels coulent des rivières.

Puis, dans l'ancienne province du Rouergue, la nature verdit et s'adoucit et laisse bientôt la place à l'aridité ensoleillée et riante de l'Albigeois.

Les enfants seront bien un peu impressionnés par les loups du Gévaudan, mais ils se rassureront en croquant des « soleils » (gâteaux à la forme de l'astre et parfumés à la fleur d'oranger).

Réserve de Bisons _____

Les Loups du Gévaudan _____

Domaine Médiéval des Champs _____

Parc National des Cévennes _____

Empruntes de Dinosaures _____

L'Aven Armand _____

La Grotte Rose de Dargilan _____

Chaos de Montpellier-le-Vieux _____

Parc Animalier _____

Grotte de Clamouse _____

Grotte Préhistorique de Foissac _____

Musée de la Mine _____

Musée d'Automates _____

Musée du Scaphandre _____

Musée de Cire _____

GUICHET

LE GÉVAUDAN, LE ROUERGUE,
L'ALBIGEOIS

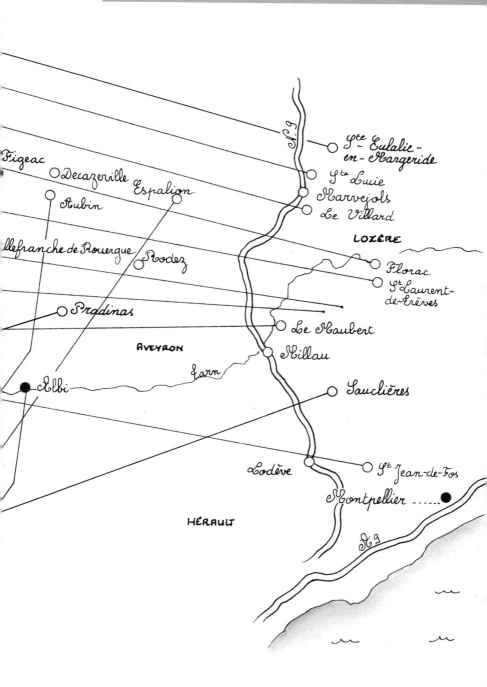

LE GÉVAUDAN, LE ROUERGUE, L'ALBIGEOIS

Vous aviez arrêté le circuit auvergnat d'un côté à Saint-Chély-d'Apcher, et de l'autre à Aurillac.
De Saint-Chély vous débuterez le circuit qui nous mènera du Gévaudan (la Lozère) à la vallée de l'Hérault en passant par les gorges du Tarn.
D'Aurillac vous partirez pour l'ouest du Rouergue (l'Aveyron) et le Haut-Languedoc.

Départ de Saint-Chély-d'Apcher

Après Saint-Chély-d'Apcher, vous prendrez la N 106 puis la D 987 pour Saint-Alban-sur-Limagnole ; un peu plus loin vous quitterez la D 587 pour aller rencontrer les bisons à **Sainte-Eulalie.**

Réserve Naturelle de Bisons d'Europe

48120 Sainte-Eulalie-en-Margeride - Tél. : 66 31 40 40

 Ouvert tous les jours de 10 h à 19 h en juillet et août et de 10 h à 12 h et de 14 h à 17 h le reste de l'année.

 à

Sur plus de 170 hectares vivent en semi-liberté les bisons d'Europe récemment réintroduits en Margeride. À pied, vous pourrez parcourir une boucle d'un kilomètre environ. Des postes d'observation permettent de surveiller à loisir les animaux. Vous aurez aussi la possibilité de visiter le parc en traîneau ou en calèche suivant la saison (réservation nécessaire).

De Saint-Chély, descendez maintenant par la N 9. Avant Marvejols vous tournez à gauche pour Sainte-Lucie et vous allez voir les loups.

Loups du Gévaudan

Sainte-Lucie 48100 Marvejols - Tél. : 66 32 09 22

Ouvert du 4 juin au 11 septembre de 10 h à 18 h ; le reste de l'année de 10 h à 16 h 30.

Une cinquantaine de loups originaires d'Europe et du Canada vivent dans ce parc à 1 100 m d'altitude.

Le loup est très célèbre dans la région car une certaine « bête du Gévaudan » a fait beaucoup parler d'elle.

Au XVIIIe siècle, une sorte d'énorme loup dévorait femmes et enfants. La terreur régnait dans la région et de nombreuses battues furent organisées en vain. L'animal devenait de plus en plus effrayant et de plus en plus mythique ; enfin, le 19 juin 1767, le « monstre » fut tué par Jean Chastel. Une statue de la « bête » trône à Marvejols.

Aujourd'hui, les éleveurs de loups expliquent combien cet animal est intelligent, fidèle et peu agressif, et ne tue en fait que pour se nourrir.

Une exposition évoque le Petit Chaperon Rouge et la vilaine bête du Gévaudan. Un diaporama permet de voir les loups vivre entre eux.

À **Marvejols**, continuez la N 9 jusqu'à ce que, sur la gauche, la N 88 soit indiquée (Mende). **Au Villard,** avant Chanac, s'étend le Domaine des Champs, une ferme médiévale.

Domaine Médiéval des Champs

Le Villard 48230 Chanac - Tél. : 66 48 25 00

Ouvert tous les jours en juillet et août, sauf le lundi, de 11 h à 19 h. Fermé pendant la semaine du festival de Mende.

Dans plusieurs bâtiments d'une grande ferme, une équipe de bénévoles lozériens a recréé l'ambiance d'un grand domaine fermier, proche du château seigneurial.

La vaste cour intérieure, aire de battage des céréales, est devenue une scène de spectacle. Les différents corps de la ferme sont habités, des ateliers fonctionnent, les jardins sont cultivés et le bétail est soigné.

Les enfants peuvent apprendre à tisser. Ils admirent le travail du copiste et de l'enlumineur qui calligraphient à la plume d'oie, sous leurs yeux. Le soir, en été, des spectacles sont fréquemment montés.

À quelques kilomètres de Mende par la N 88 (direction Langogne) et la D 901, vous arriverez à Bagnols-les-Bains où chacun prendra plaisir à se détendre dans le **Parc de Découvertes du Vallon du Villaret** (Tél. : 66 47 63 76). **Des jeux très variés conçus par des artistes attendent petits et grands.**

De Mende, vous empruntez la N 88 vers le sud et, à l'embranchement avec la N 106 et la D 986, vous prenez soit la N 106 en direction du **Parc national des Cévennes,** soit la D 986 pour les **gorges du Tarn**.

LE PARC NATIONAL DES CÉVENNES

La N 106 vous conduit dans un premier temps à **Florac** où se trouve le siège du parc : **Château de Florac** (Tél. : 66 45 01 75).

Le Parc national des Cévennes est une zone protégée qui englobe le plateau calcaire du causse Méjean, le mont Lozère, la montagne du Bougès, les vallées des Gardons et le mont Aigoual.
Pour mieux découvrir le parc, visitez l'**écomusée du mont Lozère**.

Écomusée du mont Lozère

48220 Le Pont-de-Monvert - Tél. : 66 45 80 73

 Ouvert du 15 avril au 30 septembre et durant les vacances scolaires tous les jours de 10 h 30 à 12 h 30 et de 14 h 30 à 18 h 30.

  pour les enfants

Une exposition permanente relate l'histoire naturelle et humaine du mont Lozère.
À quelques kilomètres de là, la ferme de Troubat conserve sa grande étable, son four à pain, le moulin et l'aire à battre le grain.
À partir d'une autre ferme, le **mas Camargues**, un sentier d'observation permet de découvrir les milieux caractéristiques du mont Lozère : bâtiments, pâturages, landes et bois. Un petit ouvrage raconte aux enfants, de façon très vivante et amusante, anecdotes à l'appui, les découvertes que l'on fait le long de ce sentier.
À noter aussi la publication d'un petit livre en bandes dessinées à l'intention des enfants pour les sensibiliser à la protection des rapaces et principalement des vautours.

Dix km après Florac (D 907), **le petit village de Saint-Laurent-de-Trèves** abrite un site exceptionnel : le promontoire calcaire qui domine le village conserve à sa surface de nombreuses **empreintes de dinosaures** laissées là voici 190 millions d'années.

De Florac, par la N 106, vous pourrez aussi rejoindre à Alès et poursuivrez votre route guidée par le circuit « **Ardèche-Cévennes** » (voir p. 446).

LES GORGES DU TARN

La D 986 vous conduit à Sainte-Énimie, où commencent les gorges du Tarn.

Le canyon des gorges du Tarn est splendide, la meilleure façon de découvrir le site — et la plus attrayante pour les enfants — consiste à descendre la rivière en barque. **Les Bateliers de la Malène** (Tél. : 66 48 51 10).

De La Malène, vous prenez la D 16 puis la D 986 pour Meyrueis. Quelques kilomètres avant cette ville, à droite, est indiqué l'aven Armand.

Aven Armand

48150 Meyrueis - Tél. : 66 45 61 31

 Ouvert en avril et mai de 9 h à 12 h et de 13 h 30 à 18 h ; en juin, juillet et août de 9 h à 19 h ; en septembre, octobre de 9 h à 12 h et de 13 h 30 à 17 h 30 et en hiver de 14 h à 16 h.

Un funiculaire sur pneus vous transporte à 50 m sous terre dans une vaste salle où Notre-Dame-de-Paris entrerait sans peine... Les stalagmites savamment éclairées se dressent jusqu'à 30 m pour l'une d'elles. Et le « Second Puits », au-dessus duquel vous vous penchez, vous donne un peu le vertige avec ses 90 mètres de profondeur.
Un montage audiovisuel raconte l'histoire de la grotte.

Non loin de cette grotte, en tournant sur la D 39 à Meyrueis, se trouve la grotte rose de Dargilan.

Grotte de Dargilan

48150 Meyrueis - Tél. : 66 45 60 20

 Ouverte de Pâques à la Toussaint de 9 h à 12 h et de 14 h à 18 h (octobre de 14 h à 17 h).

Première découverte du fondateur de la spéléologie E.A. Martel, les salles sont ornées de cristallisations très colorées.

Le parcours est aujourd'hui de 1 km, mais 700 m de nouvelles galeries sont en cours d'aménagement.

L'Est du Rouergue

De Meyrueis, vous longerez les gorges de la Jonte (D 996), passerez le Rozier et gagnerez **Millau** (Aveyron).

Si Le Puy est la ville de la dentelle et Saint-Étienne celle du pneu, Millau est la cité du gant. Les nombreux agneaux des Causses donnent leur peau pour ganter des mains du monde entier.

On peut visiter par curiosité le **Musée de Millau**, Hôtel de Pégayrolles - Tél. : 65 59 01 08. Ouvert tous les jours du 1er avril au 30 septembre de 10 h à 12 h et de 14 h à 18 h ; fermé les dimanches et jours fériés du 1er octobre au 31 mars. **Outre des collections de minéraux et de fossiles, vous découvrirez les secrets du travail du mégissier.**

De Millau vous pourrez faire une excursion à Montpellier-le-Vieux.

Vers Montpellier-le-Vieux, en sortant de Millau par la D 991, **vous jetterez un coup d'œil aux fouilles de la Gaufesenque, où les fondations d'un village de potiers datant du 1er siècle de notre ère sont en train d'être mises au jour.**

Visite accompagnée d'une heure du mercredi au dimanche.

Et, en poursuivant cette même départementale D 991, vous arriverez aux :

 ## Chaos de Montpellier-le-Vieux

Le Maubert 12160 Montpellier-le-Vieux - Renseignements au 65 60 66 30

 Ouvert de mars à novembre de 9 h à 19 h.

 le mercredi

Une promenade dans cette « cité du diable » plaira à tous. Ces rochers aux formes extraordinaires sont gardés par un grand sphinx de pierre. Vous marcherez au milieu des chênes, des pins et des arbousiers, passant à côté du « Lapin », du « Navire », du « Juge », de la « Tête de chien », etc. Un petit train touristique facilite la visite.

Suivez le canyon de la Dombie (D 991) jusqu'à **Saint-Jean-du-Bruel** ; un peu plus bas à Sauclières, un adorable musée d'automates mérite le détour.

Musée d'Automates

12230 Sauclières - Tél. : 65 62 11 81

 Ouvert toute l'année du lundi au vendredi de 9 h à 12 h et de 14 h à 19 h et les samedi et dimanche de 10 h à 12 h et de 14 h à 19 h.

Vous admirerez la reconstitution animée de la vie d'un village d'autrefois avec ses vieux métiers, son église, son école, sa gare, son train à vapeur...

Vous quittez maintenant Millau par la N 9 en direction de Montpellier (voir p. 525).

À Gignac, vous prenez la D 32 vers Anjane et la D 27 en direction de Saint-Guilhem-le-Désert pour aller visiter, à **Saint-Jean-de-Fos**, la grotte de Clamouse.

Grotte de Clamouse

34150 Saint-Jean-de-Fos - Tél. : 67 57 71 05

 Ouverte tous les jours de l'année de 9 h (ou 10 h) à 17 h (ou 19 h selon la saison).

Les bouquets de cristaux du couloir Blanc et de la Grande Salle sont d'une finesse et d'une pureté exceptionnelles.

Deux plaquettes destinées aux enfants permettent de visiter la grotte en s'amusant.

Départ d'Aurillac

L'OUEST DU ROUERGUE

D'Aurillac, vous prendrez la N 122 pour **Figeac** que vous visiterez au cours du circuit Périgord-Quercy.
De Figeac, prenez la D 922 et, 5 km plus bas, tournez à droite pour la grotte de Foissac.

Grotte Préhistorique de Foissac
12260 Foissac - Tél. : 65 64 77 04 – 65 64 60 52 (en été seulement)

 Ouverte de Pâques à la fin mai et du 1er au 31 octobre les dimanches et jours de fêtes l'après-midi de 14 h à 18 h et du 1er juin au 30 septembre tous les jours de 10 h à 11 h 30 et de 14 h à 18 h ; en juillet et en août de 10 h à 18 h 30.

Une grotte impressionnante, car il y a 4 000 ans nos ancêtres y ont sûrement vécu. Empreintes et objets témoignent de leur passage. On sait aussi qu'ils y ont été enterrés car des squelettes ont été retrouvés.
   Les sculptures que l'eau a ciselées pendant des millénaires sont aussi impressionnantes à voir.

Remontez à Figeac et prenez la N 140 pour Decazeville et **Aubin** (D 221) où il existe un musée de la Mine.

Musée de la Mine
12110 Aubin - Tél. : 65 63 19 16 (S.I.)

 Ouvert tous les jours du 1er juin au 15 septembre de 10 h à 12 h et de 15 h à 18 h et hors saison les samedis et dimanches de 15 h à 18 h.
Visites guidées.

Le musée est installé sur les lieux de l'exploitation minière en plein cœur du « pays noir ». L'entrée se fait par une ancienne galerie de mine reconstituée. Un texte sonore, des documents, du matériel expliquent le travail dans les mines. À l'extrémité d'une galerie constituée de diverses sortes de boisages, est simulé un coup de grisou – cette explosion de gaz qui a provoqué tant de drames.

Avec émotion, les enfants apprennent que jusqu'en 1813 les petits de moins de dix ans étaient employés dans la mine. Il fallut attendre 1874 pour qu'une loi soit promulguée, interdisant le travail souterrain aux moins de treize ans !

Reprenez la N 140 jusqu'à Rodez, où, en juillet et août, il ne faudra pas manquer le **grand spectacle** sur la vie quotidienne au XVIe siècle donné devant la **cathédrale** avec jeux de lumière, laser, et effets pyrotechniques spectaculaires comme l'incendie du clocher.

Renseignements sur les dates à l'office de tourisme au 65 68 00 13 ou au 65 68 02 27.

Les musées d'Arts et Traditions populaires autour de Rodez :

À Salles-la-Source au nord par la D 901 (14 km) :

Musée des Arts et Métiers

13330 Salles-la-Source - Tél. : 65 67 28 96

 Ouvert du 1er mai au 30 septembre de 14 h à 18 h (de 10 h à 12 h 30 et de 14 h à 19 h sauf samedi matin en juillet et août).

Consacré aux techniques traditionnelles du Rouergue, on y découvre les machines d'autrefois : pressoirs à huile, moulins à farine, matériel agricole, etc. ; un atelier de sabotier, de tonnelier, de charron, etc.

À Espalion, au nord-est par la D 988 :

Musée Joseph-Vaylet

Rue droite 12500 Espalion - Tél. : 65 44 09 91

 Ouvert du 15 juin au 15 septembre de 14 h à 18 h (de 10 h à 12 h 30 et de 14 h à 19 h sauf jeudi en juillet et août).

Une évocation de la vie quotidienne dans le Rouergue. Et une rétrospective de scaphandriers du 18e à nos jours.

De Rodez, vous descendrez à Albi par la N 88.

 De Baraqueville, vous pourrez faire une fugue pour aller découvrir le parc animalier de Pradinas (D 911 en direction de Rieupeyroux et D 85 pour Pradinas).

Parc Animalier

12240 Pradinas - Tél. : 65 69 96 41

 Ouvert tous les jours de 10 h à 20 h en juillet et août et de 14 h à 19 h en avril, mai, juin, septembre et octobre ; les mercredi et dimanche de 14 h à 18 h de novembre à avril.

Une balade dans un parc vallonné qui permet de voir des animaux dans leur cadre naturel.

Un audio-visuel présente les animaux du parc, expliquant les caractéristiques principales et les particularités de chacune des espèces de cerfs, mouflons, bisons...

À 5 minutes du parc, dans un petit musée sur les traditions agricoles, vous apprendrez entre autres que la région du Ségala où vous vous trouvez tient son nom du seigle.

À Albi, la ville rouge, le midi est vraiment derrière la porte. Vous ferez une halte au :

Musée de Cire

Maison La Pérouse, 2, rue Toulouse-Lautrec 81000 Albi - Tél. : 63 54 87 55

 Ouvert tous les jours de 14 h à 18 h et en juillet et août de 10 h à 19 h.

L'histoire du vieil Albi vous est contée en saynètes : Simon de Montfort, chef de la croisade contre les Albigeois, Louis d'Amboise, évêque et mécène, La Pérouse le navigateur, Jean Jaurès, le professeur et l'homme politique.

Enfin, vous parviendrez à Béziers, ville que nous visiterons au cours du circuit de la **côte du Languedoc-Roussillon**.

S i vous suivez la Garonne en remontant son cours et en prenant son relais, le canal du Midi, vous irez de la Côte d'Argent (via l'estuaire de la Gironde), à la Côte Vermeille.

Le long du fleuve et du canal se succèdent nombre de « capitales » : Bordeaux, capitale du vin... de Bordeaux, Marmande, capitale de la « pomme d'amour » (la tomate), Villeneuve-sur-Lot, la reine des melons, Agen, la capitale du pruneau, Moissac, celle des raisins, Moncrabeau, la capitale des « Menteurs », Toulouse, celle des violettes, Castelnaudary, ville du cassoulet, et Narbonne, capitale du vin du Roussillon.

ENTRE LES DEUX MERS

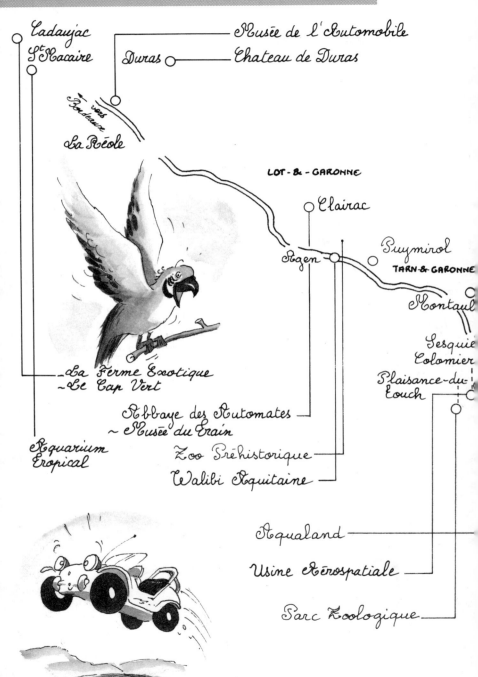

Cadaujac
St Macaire

Duras

Musée de l'Automobile
Château de Duras

vers
Bordeaux

La Réole

LOT - & - GARONNE

Clairac

Agen

Puymirol

TARN-&-GARONNE

Montaul

Sesquie
Colomier

Plaisance-du-
Touch

~ La Ferme Exotique
~ Le Cap Vert

Abbaye des Automates
~ Musée du Train

Aquarium
Tropical

Zoo Préhistorique

Walibi Aquitaine

Aqualand

Usine Aérospatiale

Parc Zoologique

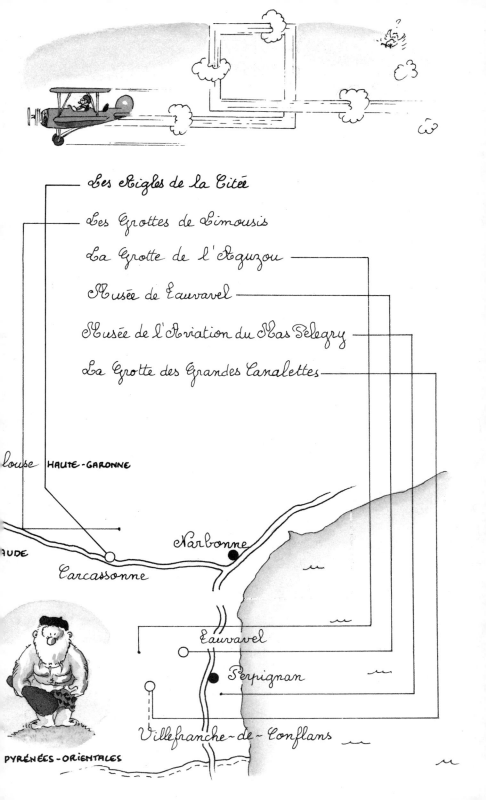

Les Aigles de la Cité

Les Grottes de Limousis

La Grotte de l'Aguzou

Musée de Tauvavel

Musée de l'Aviation du Mas Pelegry

La Grotte des Grandes Canalettes

louse | HAUTE-GARONNE

AUDE

Narbonne

Carcassonne

Tauvavel

Perpignan

Villefranche-de-Conflans

PYRÉNÉES-ORIENTALES

ENTRE LES DEUX MERS

De Bordeaux à Narbonne

Vous visiterez Bordeaux au cours du circuit dans le Bordelais, vous quitterez donc la ville par la N 113 pour aller admirer la végétation tropicale au Cap Vert à Cadaujac, puis vous irez rendre visite aux animaux de la ferme.

Le Cap Vert

Avenue de Toulouse 33140 Cadaujac - Tél. : 56 30 95 47

 Ouvert tous les jours du 1er mars au 30 avril et du 1er mai au 30 septembre de 14 h à 18 h, du 1er mai au 30 septembre de 10 h à 12 h et de 14 h à 18 h ; uniquement le dimanche, les jours fériés et durant les vacances scolaires de 14 h à 18 h.

Un voyage sans passeport parmi les fleurs du monde entier. Ne ratez pas le repas des plantes carnivores.

La Ferme Exotique

Domaine de la Roussi, avenue du Port de l'Esquillot 33140 Cadaujac - Tél. : 56 30 94 80

 Ouvert tous les jours de l'année de 10 h à la tombée de la nuit.

Lions, ânes, zèbres, lamas, yacks... se sont donné rendez-vous au cœur du bocage de la Garonne. Sympathique ! Possibilité de faire des promenades à cheval.

Prenez maintenant l'autoroute A 62 dite « Entre deux mers ».

Si vous sortez à Langon, les plus jeunes pourront aller à Saint-Macaire voir les poissons de l'aquarium et les grands iront au musée de la poste.

Aquarium Tropical

Place de l'Horloge 33490 Saint-Macaire - Tél. : 56 63 05 62

 Ouvert tous les jours de toute l'année de 9 h à 19 h.

En bordure de l'enceinte fortifiée entourant la cité médiévale de Saint-Macaire, nagent les plus beaux et les plus étranges poissons des mers du sud.

Musée Régional des P.T.T. d'Aquitaine

Relais de Poste, place du Mercadiou 33490 Saint-Macaire - Tél. : 56 63 08 81

 Ouvert du 1er avril au 15 octobre, tous les jours sauf le mardi de 10 h à 12 h et de 14 h à 18 h 30 et du 15 octobre au 1er décembre samedi, dimanche et jours fériés de 14 h à 18 h 30.

Une rétrospective de la distribution des lettres à travers les âges et des scènes de la vie privée du roi Henri de Navarre.

Votre prochaine sortie sera en direction de La Réole où se trouve un spectaculaire musée de l'automobile.

Musée de l'Automobile

Rue des Moulins 33190 La Réole - Tél. : 56 61 26 66

 Ouvert tous les jours du 1er juin à la Toussaint et tous les dimanches et jours fériés de novembre à mai de 14 h à 19 h.

De nombreuses voitures françaises, anglaises et américaines des années 1900 à 1960, des voitures de course mais aussi des machines à vapeur et des tracteurs des années 20.

En sortant à Marmande, vous pourrez monter par la D 708 à Duras où se dresse un étonnant château.

Château de Duras

47120 Duras - Tél. : 53 83 77 32

 Ouvert en saison de 10 h à 12 h 30 et de 14 h 30 à 20 h (un nocturne par semaine jusqu'à 22 h).

La visite du château et du musée des Arts et Traditions Populaires aménagé dans les sous-sols est complétée par un parcours audio-visuel qui présente l'histoire du site sous forme d'un spectacle en trois dimensions.

Sous aucun prétexte ne ratez la sortie d'Aiguillon afin de vous rendre à **Clairac** où vous attendent deux visites bien distrayantes.

Abbaye des Automates

47320 Clairac - Tél. : 53 79 34 81

 Ouvert tous les jours de 10 h à 18 h du 1er avril au 1er novembre.

Cette abbaye entièrement restaurée est animée par 250 automates qui retracent la vie monastique au Moyen Âge, des récits historiques et des scènes de la vie régionale. Le premier étage est plus particulièrement réservé aux enfants qui découvriront avec joie les contes qu'ils aiment.

À 100 mètres à côté s'est ouvert un musée du Train.

Musée du Train

47320 Clairac - Tél. : 53 88 04 30

 Ouvert tous les jours du 1er avril au 1er novembre de 10 h à 18 h.

Au son des machines à vapeur, vous découvrez plus de 100 ans d'histoire du rail : du train mécanique au T.G.V.

Par très loin de Clairac, par de charmantes petites routes, vous pourrez vous rendre à la ferme d'élevage de chèvres et de lapins angora de Brugnac. **Le Chaudron Magique** 47260 Brugnac - Tél. : 53 88 80 77 (Ouverte tous les jours les mois d'été, pendant les vacances scolaires, les week-ends et les jours fériés). **La visite guidée de l'élevage et de la fabrique de fromages est intéressante.**

Sortant à Agen, à 18 km au nord de la ville par la N 21, se trouve les **grottes de Fontirou** ; et au sud à Roquefort, le parc d'attraction de **Walibi.**

Grottes de Fontirou

Castella 47340 Laroque Timbaut - Tél. : 53 40 15 29 et 53 40 15 52

 Ouvertes tous les jours en avril, mai et du 1er au 15 septembre de 15 h à 17 h 30 ; en juin de 10 h à 12 h 30 et de 14 h 30 à 18 h 30 ; en juillet et août de 10 h à 12 h 30 et de 14 h à 19 h 30 ; en dehors de ces mois-là, les dimanches et jours fériés de 15 h à 17 h 30.

Grâce à la découverte fortuite de ces grottes par un cultivateur, on peut aujourd'hui admirer les merveilles naturelles et millénaires d'un monde souterrain.

À côté, vous vous promènerez sur le sentier boisé du zoo préhistorique. Ce ne sont plus les lions, les tigres ou les zèbres que vous rencontrerez, mais de gigantesques dinosaures – certains ont plus de 10 m de haut – et autres animaux préhistoriques ayant vécu il y a 260 millions d'années.

Les petits s'initieront aux joies du pilotage sur le baby-kart électrique.

Walibi Aquitaine

47310 Roquefort - Tél. : 53 96 58 32 Minitel 3615 Walibi

 Ouvert du 25 avril au dernier dimanche de septembre tous les jours (sauf les lundis de mai) de 10 h à 18 h ; les week-ends et le mercredi seulement à partir de la mi-septembre.

Affrontez les grandes sensations de la Radja River, dévalez en bateau la pente de l'Aquachute, tournez dans les tasses à café... Plus calmement promenez-vous dans de vieux tacots ou en radeaux. Allez applaudir les otaries savantes et la féerie des eaux. Des attractions pour chaque âge. La joie garantie des enfants.

Toulouse sera votre prochaine sortie.

TOULOUSE

Ville animée, pleine de charme, Toulouse mérite que vous vous y attardiez. On l'appelle « la ville rose » à cause de ses constructions en brique.

Prévoyez une longue promenade au Jardin des Plantes, au Jardin Royal et au Grand-Rond. Ces trois jardins sont reliés entre eux par des passerelles. Les enfants apprécieront plus particulièrement le **Jardin des Plantes** qui offre diverses attractions : petit train, manèges, promenades à poneys, etc. ; les plus grands pendant ce temps visiteront le muséum d'Histoire naturelle.

Boulevard Lascrosse, à côté du palais des sports, se trouve le **jardin Compans Cafarelli**, un jardin japonais pittoresque avec ses pagodes, ses pièces d'eau recouvertes de nénuphars et ses petits ponts. Les petits pourront faire du toboggan.

Aux portes de la ville, dans la direction de Tournefeuille, le complexe de **La Ramée** est un **parc d'attractions** où les enfants peuvent se divertir pendant que les grands font du sport : de la planche à voile, par exemple.

En direction de Bordeaux par la rocade nord-ouest de l'autoroute, sortie Sesquières, existe depuis peu d'années un Aqualand.

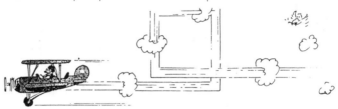

Aqualand

Parc de Sesquières 31200 Toulouse - Tél. : 61 37 14 14

Ouvert tous les jours du 27 avril au 31 mai de 10 h à 18 h (19 h les week-ends et jours fériés) ; du 1ᵉʳ juin au 8 septembre de 10 h à 19 h (20 h les week-ends et jours fériés) ; et les mercredis, samedis et dimanches de 10 h à 19 h en septembre.

Un parc aquatique dans une ambiance tropicale, avec toboggans vertigineux, piscines à vagues, kamikase, etc.

En direction de Auch, vous avez la chance de pouvoir visiter l'usine aérospatiale.

Usine Aérospatiale Clément Ader

Toulouse Colomiers - Tél. : 61 18 08 46

Se renseigner sur les heures de visites.

Le plus grand site aéronautique d'Europe vient d'ouvrir ses portes au public. Vous ne regretterez vraiment pas cette visite de l'usine où sont assemblés les Airbus A 330 et A 340.

Non loin de là, en bifurquant à gauche, à Plaisance-du-Touch (12 km de Toulouse), visitez plutôt le zoo.

Parc Zoologique

31830 Plaisance-du-Touch - Tél. : 61 86 45 03

Ouvert tous les jours du 16 octobre au 31 mars de 10 h à 18 h et du 1ᵉʳ avril au 15 octobre de 9 h 30 à 20 h.

Une réserve africaine vous attend : sur 15 hectares vivent des antilopes, zèbres, gnous, autruches, rhinocéros, lions, dromadaires... La visite se fait en voiture. À pied vous pourrez toujours voir le parc zoologique.

De Toulouse, par l'A 61, vous irez à **Carcassonne**.

CARCASSONNE

La vieille ville, bâtie sous le règne de Saint Louis, est la plus grande ville fortifiée d'Europe ; elle compte 52 tours sur 3 km de remparts. Si les enfants n'ont pas trop envie de marcher, ils pourront emprunter le petit train qui part de la porte Narbonnaise et suit le fossé extérieur. Le circuit est de 17 mn. Le petit train circule du 1er mai au 30 septembre.

Le nom de Carcassonne vient d'une femme, dame Carcass, épouse du roi sarrasin Balak. Lors du long siège de la cité par Charlemagne, cette femme se retrouva seule avec très peu d'hommes, pour défendre la ville. Alors, se sentant perdue, elle eut l'idée d'une ruse. Elle sacrifia la dernière mesure de blé en la donnant à manger à un petit cochon. Puis elle précipita l'animal du haut d'une tour. Le goret s'écrasa aux pieds de Charlemagne, laissant voir ses entrailles pleines de bon blé. Constatant la riche alimentation du pourceau, Charlemagne en déduisit que les habitants de la cité ne manquaient de rien et n'étaient de ce fait pas près de se rendre. Il ordonna la levée du siège.
Et c'est ainsi que l'imagination de dame Carcass eut raison de la force d'une armée. Dame Carcass fit alors sonner les trompettes : « Carcass sonne ».

Si vous êtes à Carcassonne en juillet, vous trouverez la ville en liesse avec le **Festival de la Cité, et le 14 juillet vous pourrez assister à un spectacle inoubliable : l'embrasement de la cité.**
 Au mois d'août, les remparts servent de décor à une fête médiévale.

Un Carcassonnais surnommé Fabre d'Églantine composa la chanson que tous les parents et les enfants ont fredonnée : « Il pleut, il pleut, bergère... ». Sa célébrité lui vient cependant plus du calendrier révolutionnaire, dont il est l'auteur, que de cette fameuse rengaine.

Depuis cette année, vous pouvez assister à des démonstrations spectaculaires de rapaces en vol.
Les Aigles de la Cité Colline de Pech Mary 11000 Carcassonne - Tél. : 68 25 07 04. Spectacles plusieurs fois par jour de Pâques à la Toussaint. Durée 45 minutes.

Au nord de Carcassonne

En prenant la D 118 sur 1,5 km puis la D 201, rendez-vous à la :

Grotte de Limousis

11600 Conques-sur-Orbiel - Tél. : 68 77 50 26

 Ouverte tous les jours de Pâques au 30 septembre de 9 h à 12 h et de 14 h à 17 ou 18 h ; et les après-midi des vacances scolaires.
Durée de la visite : 45 minutes.

Aucun risque que le remarquable « lustre » de 10 m de circonférence, composé de fleurs de calcite, ne vous tombe sur la tête !

Allez aussi traverser les « balcons du diable » du **gouffre de Cabrespine**, tout près à vol d'oiseau, un peu plus loin par la route (la D 712 et la D 112).

Au sud de Carcassonne

Par la D 118, vous descendrez à Quillan et à 15 km d'Axat sur la D 118 se trouve la **grotte d'Aguzou**.

Grotte de l'Aguzou

11500 Quillan – Renseignements au 68 20 07 78

Si les enfants ont plus de dix ans et si un adulte veut bien les accompagner, ils pourront jouer au spéléologue toute une journée.
Le rendez-vous est fixé à 9 h du matin ; avant le départ, un équipement est fourni : combinaison, casque, éclairage électrique.
Jusqu'à midi, avec un brin d'appréhension, vous escaladerez et visiterez des grandes salles, admirant à la lueur des torches les stalagmites et les draperies. À 600 m sous terre, vous dégusterez à la lueur des chandelles le pique-nique que vous aurez apporté.
L'après-midi sera plus tranquille : vous marcherez à proximité de concrétions extraordinaires.
Le retour est fixé vers 17 h.
Huit heures passées sous terre, de quoi épater les copains au retour !

En passant non loin de **Cucugnan**, vous aurez une pensée pour le curé si cher à Alphonse Daudet, qui n'est, hélas, plus là pour dire sa messe.

Un peu avant Estagel (D 117), prenez à gauche la 611 en direction de Tuchan ; à droite sera indiqué Tautavel.

Musée Centre Européen de Préhistoire

66720 Tautavel - Tél. : 68 29 07 76

Ouvert tous les jours de 10 h à 12 h et de 14 h à 18 h et, du 11 juillet au 30 août, de 10 h à 22 h.

C'est là, ou plus exactement à proximité, à la « Caune d'Arago », que fut trouvé le crâne d'un homme ayant vécu il y a... 455 000 ans. Il mesurait 1,65 m et mourut à 20 ans. Malgré son apparence très primitive, l'homme de Tautavel est l'ancêtre de l'homme de Néanderthal et de l'homme moderne.

L'importance de cette découverte a justifié sur le lieu l'ouverture d'un musée passionnant sur 450 000 ans de vie au soleil.

En continuant la D 117, vous atteindrez Perpignan.

PERPIGNAN

Perpignan est une ville de jardins et de verdure.

Sur la plage de la Loge, en juillet et août, on danse la **sardane** deux fois par semaine. Deux musées valent une petite visite :

Casa Pairal

Le Castillet, place de la Victoire 66000 Perpignan - Tél. : 68 35 66 30

 Ouvert tous les jours sauf mardi de 9 h à 12 h et de 14 h à 18 h du 16 septembre au 14 juin ; et de 9 h à 12 h et de 15 h à 19 h du 15 juin au 15 septembre.

Dans ce charmant château de brique qui fut d'abord porte de ville puis prison, est installé un **musée d'Arts et Traditions populaires du Roussillon**. Des objets divers évoquent la vie quotidienne en Catalogne française. Vous passerez devant la reconstitution d'un habitat paysan des Hautes-Aspres et le cachot où plane la mystérieuse énigme du dauphin Louis XVII !

Muséum d'Histoire Naturelle

12, rue Fontaine-Neuve 66000 Perpignan - Tél. : 68 35 50 87

 Ouvert tous les jours sauf mardi et jours fériés en hiver de 9 h à 12 h et de 14 h à 18 h et en été de 10 h à 13 h et de 15 h à 19 h.

Des collections minéralogiques et zoologiques : des reptiles, des animaux exotiques, des espèces locales, comme les derniers loups de la région, et des vertébrés marins.
La momie dans son beau sarcophage intrigue toujours les enfants.

En sortant de la ville au sud, à 12 km par la N 114, en plein milieu des vignobles, un autre musée vaut un petit détour : celui de l'aviation.

Musée de l'Aviation du Mas Palegry

Route d'Elne 66000 Perpignan - Tél. : 68 54 08 79

 Ouvert tous les jours du 15 juin au 15 septembre, de 10 h à 12 h et de 15 h à 19 h sauf le dimanche et le lundi matin et hors saison le mercredi, samedi et dimanche de 14 h à 18 h.

Cinq avions relativement rares sont exposés en plein air, et dans un hangar on peut voir une maquette grandeur réelle du Mirage F-1. Des modèles réduits et des maquettes retracent l'histoire de l'aviation.

En ville, à Noël, les pâtissiers vous vendent des « tourons » au miel et aux amandes, mais à Pâques, ils sont remplacés par des « bugnettes », des beignets très fins et croustillants saupoudrés de sucre glace.
Le troisième dimanche de juillet, en l'honneur de leur fête, vous ferez une orgie de pêches et de nectarines.
À la gare de **Perpignan, centre du monde à en croire Salvador Dali, vous prendrez le petit train jaune de Cerdagne.** Il parcourt 63 km jusqu'à la gare de Latour-de-Carol, en passant par **Font-Romeu.** C'est une ligne de montagne, sans crémaillère, qui a nécessité la construction de ponts, de tunnels et de très hauts viaducs.
L'été, des wagons découverts permettent aux voyageurs d'admirer plus agréablement le paysage. (Renseignements au 68 56 76 16.)

475

En passant à Villefranche-de-Conflent (avec le train ou par la N 116, juste après Prades), vous pourrez visiter la **grotte des grandes Canalettes**.

Grotte des Grandes Canalettes

2, rue St-Jacques 66500 Villefranche-de-Conflent - Tél. : 68 96 23 11

 Ouverte tous les jours du 1ᵉʳ mai au 31 octobre, de 10 h à 12 h et de 14 h à 18 h ; et le reste de l'année le dimanche et pendant les vacances scolaires de 14 h à 17 h.

De belles concrétions, une « table » et un « gour » que la calcite a peu à peu rempli. Juste en face, une « Baby Ferme » enchantera les plus jeunes (tél. : 68 96 28 41).

Au-delà de Perpignan, vous rejoignez le circuit du Languedoc-Roussillon.

L e Bordelais se caractérise par les « châteaux » et les vignobles qui les entourent. Les Landes, ce sont ces immenses forêts d'arbres d'or, pins maritimes sagement alignés comme les pieds de vigne de la région voisine. Dans cette région de traditions et de fêtes, les enfants s'amuseront.

Ils s'initieront au surf sur les lames de l'océan, ou plus tranquillement se baigneront dans les lacs qui longent la côte. Ils n'auront que l'embarras du choix des distractions sur le bassin d'Arcachon. Et ils raffoleront des courses landaises.

477

~ Conservatoire International
  de la Plaisance
~ Croiseur Colbert
  ~ Le Musée d'Aquitaine _____
  ~ Le Capc-Musée d'Art Contemporain
  ~ Zoo de Pessac
  ~ Etablissement Monétaire

La Serre aux Papillons _____

Train touristique Guitres ~ Marcenais _____

Parc Ornithologique du Teich _____

Musée de la Maquette _____
       Marine

Zoo _____

~ L'Aquacity _____

~ "La Coccinelle"

~ Le Village Médiéval d'Artisans d'Art

Dunes du Pilat _____

Ecomusée de la grande Landes _____

Base Nautique de Mexico _____

Centre Jean Rostand _____

Course Landaise _____

La Pinède des singes _____

Lac de Léon _____

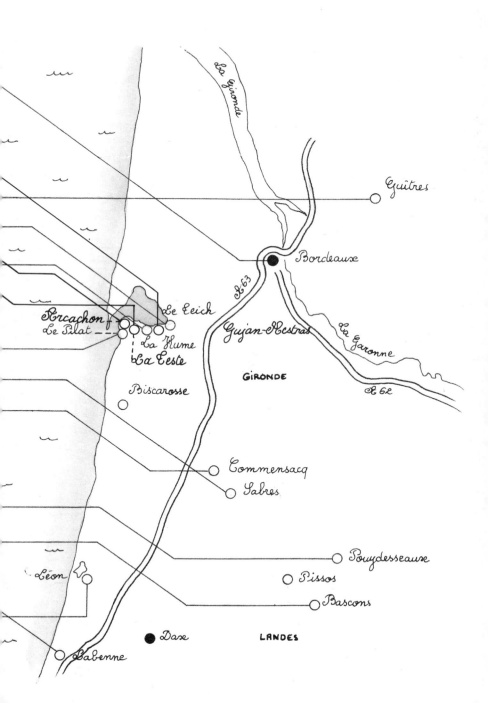

LE BORDELAIS ET LES LANDES

Vos excursions dans le Bordelais commencent à Bordeaux, celles des Landes au sud d'Arcachon.

BORDEAUX

Bordeaux est souvent appelé le port de la Lune ! Ce sont ses quais dessinant le long du port comme un immense croissant qui lui ont donné ce surnom.

Vous pourrez visiter le port en vedettes - Embarcadère des Quinconces (Tél. : 56 52 88 88 ou à bord de l'Alienor - Tél. : 56 51 27 90).
Et surtout, sur le quai des Chartrons, vous monterez, les garçons en tête, à bord du **croiseur Colbert**.

Croiseur Colbert

Quai des Chartrons 33000 Bordeaux - Tél. : 56 44 96 11

 Visites tous les jours à partir de 10 h, dernière entrée à 17 h 15. Ferme à 16 h 15 les mois d'hiver et les lundi et mardi.

Monter à bord du dernier des grands croiseurs, celui sur lequel le général de Gaulle se rendit au Canada, est une expérience passionnante pour les garçons. Vous allez des machines à la passerelle en passant par les postes d'équipage et le carré des officiers. Prévoir du temps, la visite est longue et fatigante pour les petites jambes.

Non loin de là, aménagé autour de l'ancienne base de sous-marin, vous irez visiter l'exceptionnel Conservatoire de la Plaisance.

Conservatoire International de la Plaisance

Boulevard Alfred Daney 33000 Bordeaux - Tél. : 56 11 11 50

 Ouvert du mercredi au vendredi de 13 h à 19 h et le samedi et dimanche de 10 h à 19 h. Fermé de la mi-novembre à la mi-mars.

 le mercredi

La visite commence par l'évocation des aventures stupéfiantes de ces hommes qui ont osé défier l'Atlantique ; elle se poursuit par l'histoire des hors-bords et des multicoques et par l'exposition de bateaux comme ceux de l'America's cup ou le *Vendredi 13*...

Une remarquable mise en scène pour découvrir l'histoire de la navigation de plaisance.

Dans un espace d'animation, les passionnés de navigation pourront s'initier à l'art des nœuds et se familiariser avec l'accastillage utilisé sur le pont d'un bateau.

Les autres musées de Bordeaux ne concernent pas particulièrement les enfants, mais ont tous des ateliers ou des animations spécialement conçues pour les petits Bordelais.

Musée d'Aquitaine

20, cours Pasteur 33000 Bordeaux - Tél. : 56 01 51 00

 Ouvert tous les jours sauf lundi de 10 h à 18 h. Fermé les jours fériés.

  le mercredi

C'est un musée tout beau, tout rénové, qui parle de l'histoire de Bordeaux et de sa région. Le mercredi, les jeunes disposent de livrets : cahier-exploration, questionnaires sur les bateaux, jeux de piste, les aidant à tirer le meilleur parti de la visite. S'ils ont entre 7 et 12 ans, des ateliers sont proposés le mercredi.

À la bibliothèque des enfants, des coloriages ou des maquettes à réaliser sont à leur disposition.

Musée des Arts Décoratifs

Hôtel de Lalande, 36, rue Bouffard 33000 Bordeaux - Tél. : 56 10 15 62

 Ouvert tous les jours sauf le mardi et les jours fériés de 14 h à 18 h.

 le mercredi et le dimanche

Des visites animées, enquêtes, safari sont organisés pour faire apprécier les collections du musée aux petits écoliers bordelais. Inscription au 56 10 16 04. Des jeux sont à leur disposition à la billetterie.

CAPC-Musée d'Art contemporain

Entrepôt Lainé, rue Foy 33000 Bordeaux - Tél. : 56 44 16 35

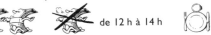 Ouvert tous les jours sauf lundi et jours fériés de 11 h à 19 h.

 de 12 h à 14 h

L'entrepôt des denrées coloniales a été transformé selon des plans très originaux en centre d'art contemporain.

Les enfants sont bien accueillis et des visites-initiation à l'art contemporain sont organisées.

Les organisateurs du musée ont même eu l'idée d'aménager un « artbus » qui circule dans les écoles.

Dans le jardin public, planté de très beaux arbres et bien fleuri, se trouve le musée d'Histoire naturelle.

Musée d'Histoire Naturelle

Hôtel de Lisleferme, 5, place Bardineau 33000 Bordeaux - Tél. : 56 48 26 37

 Ouvert tous les jours sauf le mardi, de 14 h à 17 h 30 du 16 septembre au 15 juin et de 14 h à 18 h du 16 juin au 15 septembre.

  pour les enfants, et demi-tarif pour les jeunes

Dans ce musée, vous verrez beaucoup de squelettes, de la gigantesque baleine bleue à la minuscule grenouille, et des animaux naturalisés de la région et du monde entier. Ce musée organise un grand jeu fondé sur le principe du jeu de l'oie.

Un club des « jeunes naturalistes » a été créé pour « s'amuser au musée ».

Enfin, des jeux-enquêtes sur les expositions temporaires et sur la salle de la préhistoire sont proposés aux jeunes visiteurs.

En sortant de ce musée, les enfants auront grande envie d'aller voir des animaux bien vivants, et vous les emmènerez au zoo de Pessac.

Zoo de Pessac

Chemin du Transvaal, rocade de Bordeaux, sortie n° 12 ou n° 13, 33600 Pessac - Tél. : 56 36 46 28

 Ouvert tous les jours de 8 h à la nuit.

Le zoo de Pessac vient d'être entièrement restructuré, vous allez découvrir un zoo entièrement nouveau : les installations ont été modernisées et redécorées et des nouveaux animaux s'y sont installés. Et surtout un parc d'attractions avec une rivière enchantée, un manège nautique et un téléphérique vient d'ouvrir ses portes.

À Pessac vous pourrez aussi visiter l'Établissement Monétaire.

Établissement Monétaire

Parc Industriel de Pessac, chemin de la Voix-Romaine 33600 Pessac
Tél. : 56 36 44 01

 Visite accompagnée à 14 h les lundis et mercredis ; à 9 h le jeudi. Fermé de la fin juillet au début septembre.

Ici les enfants verront passer des « flans ». Rien à voir avec les gâteaux du même nom, il s'agit là de pièces de monnaie jaunes et blanches, celles que vous utilisez quotidiennement. Vous vous trouvez à l'intérieur de l'atelier de fabrication monétaire de l'administration des Monnaies de Paris. Une galerie surplombante permet d'assister aux diverses opérations : l'arrivée des lingots, la fonte, le laminage, le découpage, les finitions. Chaque jour, environ 4 millions de pièces sont frappées à destination de la Banque de France, mais aussi de plusieurs pays étrangers.

Prenez maintenant l'autoroute A 63 pour Arcachon.

À l'extrémité du bassin, à Facture, vous ne paierez rien pour aller soit d'un côté vers **Cap-Ferret**, soit de l'autre vers le **Pyla**.

À droite donc, par la D 3, vous traverserez Andernos-les-Bains, célèbre port ostréicole, vous visiterez un **parc à huîtres ou vous assisterez à leurs fêtes : en juin à Cap-Ferret, fin juillet à Andernos ou au Teich, en août à Arès ou à Gujan-Mestras.**

Tout au bout de Cap-Ferret, vous grimperez en haut du phare ou plus placidement vous prendrez le petit train pour aller à la plage au bord de l'océan.

Le Phare Tél. : 56 60 62 76

Visite du début mai à la fin septembre le matin et l'après-midi.

Le Petit Train Tél. : 56 60 60 20

 Fonctionne de juin à septembre : le matin du bassin à 11 h 15 et 12 h 10 et de l'océan à 11 h 30 et 12 h 25 ; l'après-midi du bassin à 14 h 10 et 18 h 30, et de l'océan à 14 h 28 et à 18 h 35.

En abordant le bassin d'Arcachon par la gauche vers Arcachon, votre premier arrêt sera au :

Parc Ornithologique du Teich

33470 Gujan-Mestras - Tél. : 56 22 80 93

 Ouvert tous les jours du 1er mars au 1er octobre de 10 h à 18 h ; les samedis, dimanches et jours fériés du 1er octobre à fin février ; et tous les jours de 13 h à 18 h pendant les vacances scolaires de la Toussaint, de Noël et de février.

Le parc est situé sur l'une des plus importantes voies migratoires d'Europe, ce qui permet d'observer un grand nombre d'oiseaux de passage. Certaines espèces nichent sur place, c'est le cas des cigognes, des oies, des cygnes et de nombreux passereaux aquatiques. D'autres, en hiver, font des haltes comme les canards, les foulques, les hérons et les cormorans. Enfin, en été, les petits échassiers se reposent en cours de migration.

484

Silencieusement vous marchez le long des sentiers balisés du parc en observant les oiseaux de passage. Vous compatirez devant les oiseaux blessés en convalescence et vous admirerez les canards exotiques originaires du monde entier.

Tout à côté volettent des papillons.

La Serre aux Papillons

Rue du Port 33470 Gujan-Mestras - Tél. : 56 22 62 70

 Ouvert tous les jours du 2 avril au 2 juillet de 10 h 30 à 18 h, du 3 juillet au 25 septembre de 10 h à 19 h, et du 26 septembre au 13 novembre de 14 h à 18 h.

Des centaines de papillons volent et se posent dans une forêt tropicale où fleurissent des orchidées.

Juste après, à **Gujan-Mestras,** vous n'aurez que l'embarras du choix pour les visites ou les distractions : un **parc aquatique,** un **parc animalier** et un **village médiéval d'artisans d'art.**

Aquacity

 Parc de loisirs de la Hume 33470 Gujan-Mestras - Tél. : 56 66 15 60

 Ouvert de début juin à la mi-septembre de 10 h à 19 h.

Une journée de plaisir dans la piscine à vagues, la pataugeoire, la rivière rapide, l'aqua-piste, les toboggans anaconda, barracuda ou niagara, sur les bassins d'aventure ou dans les bateaux tamponneurs.

La Coccinelle

Parc de loisirs de la Hume 33470 Gujan-Mestras - Tél. : 56 66 30 41

Ouvert de la fin mai au début septembre, tous les jours de 10 h à 19 h 30.

Un parc d'animaux domestiques, sorte de grande ferme sympathique. Si les petits le désirent, ils pourront donner le biberon aux agneaux et aux chevreaux. Des jeux, des promenades à dos de poney, un mini-golf complètent les plaisirs qu'offre ce gentil parc.

Village médiéval d'Artisans d'art de la Hume

Parc de loisirs de la Hume 33470 Gujan-Mestras - Tél. : 56 66 16 76

Ouvert tous les jours de la mi-juin au début septembre de 10 h à 19 h 30.

Dans le cadre reconstitué d'un village landais médiéval, des artisans en costume d'époque pratiquent sous vos yeux quelque cinquante métiers d'art : vannier, sabotier, sculpteur, bijoutier, ferronnier, potier, tourneur sur bois, etc. Des bateleurs venus tout droit du Moyen Âge créent une animation dans les rues.

Juste avant Arcachon, vous prendrez au rond-point La Teste, la D 112 qui vous conduira au **zoo de La Teste**.

Zoo La Teste

33120 La Teste - Tél. : 56 54 71 44

 Ouvert tous les jours sans interruption d'avril à octobre de 10 h à 19 h et de novembre à mars de 14 h à 19 h.

Dans la forêt des landes, c'est l'Afrique comme si vous y étiez avec ses fauves, ses zèbres, ses chimpanzés... Ce sont aussi les ours du Canada et les gentilles biquettes de nos contrées. Ne ratez pas la tétée des bébés fauves et la collation des plantigrades.

À **Arcachon**, vous pourrez rendre visite aux poissons de l'Aquarium.

Aquarium

Près du casino de la plage 33120 Arcachon - Tél. : 56 83 33 32

 Ouvert de fin mars à fin octobre : en mars, avril, mai et septembre de 10 h à 12 h 30 et de 14 h à 19 h ; en juin, juillet et août de 10 h à 12 h 30 et de 14 h à 23 h.

Des poissons du bassin, des oiseaux, et une section réservée aux reines de la région : les huîtres. À noter : un nouvel aquarium extérieur.

Allez ensuite admirer les maquettes.

Musée de la Maquette Marine

19, boulevard du général Leclerc 33120 Arcachon - Tél. : 56 83 01 69

 Ouvert tous les jours du 1er juillet au 31 octobre et pendant les vacances scolaires de 10 h à 13 h et de 15 h à 19 h. En juillet et août nocturnes les mercredis et vendredis de 20 h à 22 h.

Des maquettes de navire du monde entier : paquebots à voile, sous-marins nucléaires, car-ferries... sont à quai d'un port imaginaire.

Enfin, dernière étape à la sortie du bassin d'Arcachon : la **dune du Pilat** juste après le Pyla-sur-Mer et Pilat-Plage.

Cette dune est la plus haute d'Europe ; comme toutes les dunes elle bouge. Chaque année le vent la remodèle un peu. Mais c'est surtout vous qui bougerez, en grimpant dans le sable ou en montant au sommet par les 190 marches, en dévalant, en courant ou en glissant, la pente vers la mer.

Après la dune du Pilat, vous roulerez dans la **forêt de Biscarosse** (D 218) jusqu'au bourg du même nom où est aménagé un musée historique de l'Hydra-viation (Tél. : 58 78 00 65). Ouvert du 1er juillet au 30 août tous les jours sauf le mardi de 15 h à 19 h et du 1er septembre au 1er juillet les samedis et dimanches de 14 h à 18 h.

Des documents et des montages vidéo retracent les grandes étapes de l'hydraviation, notamment l'épopée de l'aérospatiale. Seuls papa et ses grands fils seront vraiment intéressés par ce musée assez spécialisé.

À deux pas du **lac Latecoère**, un **musée de la Nature** :

Le Naturama

40120 Biscarosse - Tél. : 58 78 72 01

 Ouvert de Pâques au 15 septembre, tous les jours de 10 h à 21 h.

Des dioramas sur les animaux de la faune européenne et exotique, des insectes et papillons du monde entier, un vivarium et un insectarium.

De Biscarosse, rejoignez la N 10 et commencez votre visite des Landes.

À Lispothey prenez la D 43 en direction de Pissos et entrez dans le **Parc naturel régional des Landes de Gascogne**, presque en totalité couvertes de pins maritimes.

La bonne odeur bien chaude des « arbres d'or » est toujours envoûtante, bien que la résine coule moins des blessures des pins. Et les bergers, hélas, sont depuis longtemps redescendus de leurs échasses.

Naguère, sur les étendues marécageuses qui bordaient l'océan avant que Napoléon III ne fasse pousser les grands pins maritimes que l'on voit aujourd'hui, paissaient des troupeaux de moutons. Et les bergers, pour pouvoir se tenir debout sur l'eau et mieux surveiller les alentours, se hissaient sur des échasses. Juchés sur ces hautes perches de bois, ils se déplaçaient à grandes enjambées.

À Pissos, route de Sore vous attend :

La Maison des Artisans

40410 Pissos - Tél. : 58 08 90 66

 Ouverte du 1er mai au 15 septembre, tous les jours de 10 h à 20 h sans interruption.

Une ancienne auberge typique a été remontée le long de la D 43 et présente, en été, un éventail de produits d'artisanat local : sabots, paniers, etc., et miel.

Puis la N 134 vous conduit à **Sabres**, d'où vous partez pour l'écomusée de la Grande Lande.

Écomusée de la Grande Lande

Marquèze (proximité de Sabres) 40630 Sabres - Tél. : 58 07 52 70

 Ouvert tous les jours du 1er juin au 30 septembre de 10 h 15 à 19 h.
L'accès de l'écomusée se fait uniquement par le train de Sabres : les trains partent en été environ tous les 3/4 d'heures (sauf à l'heure du déjeuner).

 transport et visite

Le trajet dans le vieux train à vapeur est pittoresque et conduit dans le quartier de Marquèze, tel qu'il était au XIXe siècle. Vous visiterez la maison du maître, les métairies, la bergerie, le moulin, etc. Les poulaillers sont haut perchés afin de protéger la volaille des prédateurs. Les moutons broutent tranquillement. Deux granges sont consacrées à l'évocation de la lande d'hier et d'aujourd'hui.

Les enfants pourront caresser les agneaux, Noirot le cochon, Max l'âne ainsi que les vaches et Pilon le veau.

Ils pourront observer le travail des abeilles en regardant une ruche vitrée et visiter un élevage de poulets jaunes des Landes.

Vous compléterez bien votre connaissance de la Grande Lande en vous **rendant en voiture** par la D 315 à 22 km de là, à Luxey, **à** :

L'Atelier de produits résineux

40430 Luxey - Tél. : 58 08 01 39

 Ouvert tous les jours du 1er juin au 30 septembre, de 10 h à 18 h.
La visite commentée dure 1 heure.

Situé derrière l'église de Luxey, cet atelier de distillation de la gemme fonctionna de 1859 à 1954. La gemme ou résine était épurée dans des chaudières, puis distillée dans un alambic en cuivre d'où s'écoulaient deux produits : l'essence de térébenthine et la colophane*. Dans une grande auge ou « taus », on obtenait la résine jaune servant à la fabrication des chandelles de résine.

Si vous avez atteint Sabres en venant de Labouheyre en voiture (D 626), vous avez pu vous arrêter à Commensacq, en bordure de la rivière Leyre où se trouve la **base nautique de Mexico** (Tél. : 58 07 05 15 et 58 07 05 04). Ouverte de juin à septembre. Les jeunes pourront descendre la rivière en canoë ou en kayak.

De Sabres, prenez la direction de Roquefort (D 626) et à Roquefort, la D 934 pour Pouydesseaux où se trouve le Centre Jean-Rostand.

Centre Jean-Rostand

40120 Pouydesseaux - Tél. : 58 93 92 43

 Ouvert tous les jours de Pâques à fin octobre de 10 h à 12 h et de 14 h à 18 h 30. Fermé le samedi sauf en juillet et août.

  pour les enfants

Ce centre fut créé par Jean Rostand pour mener à bien ses recherches de biologie dans le milieu naturel. Un sentier longeant les sept étangs permet aux visiteurs de découvrir une flore de milieu humide particulièrement riche, et surtout d'observer une population de batraciens et un élevage d'écrevisses.

« Je vous rappelle que ce centre aura pour but principal de donner aux jeunes le goût des sciences naturelles et d'éveiller en eux la "conscience écologique" qui fera d'eux des protecteurs éclairés de la nature. »

Jean Rostand à son collaborateur Pierre Darré en 1972.

De Pouydesseaux, vous prendrez la N 933 pour Saint-Justin et en passant par le délicieux village de **La Bastide-d'Armagnac** (D 626), vous vous rendrez à **Barbotan-les-Thermes**.
Juste après La Bastide, vous verrez sur la gauche de la route, une petite chapelle :

---

* La colophane sert pour les vernis, le rouge à lèvres, le chewing-gum, la colle à papier, etc.

Notre-Dame des cyclistes

Renseignements au 58 44 80 52

Visite tous les après-midi de 14 h à 18 h, sauf le lundi.

Cette chapelle est dédiée aux coureurs cyclistes, vous y verrez des trophées, des maillots, des photos de coureurs renommés.

À Barbotan, le **lac de l'Uby** est aménagé avec une **plage** de sable fin, des locations de pédalos et de planches à voile et une aire de jeux. Renseignements au 62 69 52 13 (O.T.).

De Barbotan par Cazaubon et la D 32 pour Aire-sur-l'Adour, puis par la N 124 pour Grenade-sur-l'Adour et enfin la D 406, vous arriverez à Bascons où il y a aussi une chapelle dédiée cette fois-là à la course landaise.

Notre-Dame de la course landaise

40090 Bascons - Tél. : 58 52 93 05

Ouverte du 15 mai au 15 octobre, les dimanches et jours fériés de 14 h 30 à 18 h.

Une statue moderne représente la Vierge compatissant à l'épuisement d'un « écarteur », et l'autel est orné de chandeliers en forme de cornes de taureau. Tout à côté, dans un petit musée, sont présentés des trophées, costumes et documents sur la course.

La course landaise

Entre le jeu et le sport, la course landaise consiste à provoquer une vache et à l'esquiver adroitement. Ceux qui la pratiquent s'appellent des « écarteurs », car ils doivent au dernier moment « s'écarter » de l'animal. Les bêtes sont les sœurs des taureaux combattus en corrida, elles appartiennent à des éleveurs appelés « ganaderos ».

La saison des courses commence fin mars et se termine fin octobre. Vous pouvez demander le programme des courses au Comité départemental du tourisme des Landes, 22, rue Victor Hugo 40000 Mont-de-Marsan. Tél. : 58 46 40 40.

D'Aire-sur-l'Adour vous pourrez faire une fugue à Riscle par la D 935, au :

Musée du Panache Gascon

Tour de Termes-d'Armagnac 32400 Riscle - Tél. : 62 69 25 12

Ouvert tous les jours de 9 h 30 à 12 h et de 14 h à 18 h (12 h 30 à 19 h en été).

Dans le château de Thibault d'Armagnac, compagnon de Jeanne-d'Arc, des reconstitutions historiques différentes chaque année.

Gagnez Mont-de-Marsan et par la D 933 en direction d'Orthez, vous arrivez à **Saint-Sever**, où un spectacle **son et lumière** est donné en août. Rens. : 58 76 00 10.

Le parvis de l'abbatiale du XIᵉ siècle sert de décor à une reconstitution historique du Cap de Gascogne, animée par 300 acteurs en costumes d'époque.

Après une courte visite au parc de Nahuques à Mont-de-Marsan, vous vous rendrez à **Dax**.

Parc de Nahuques, avenue de Villeneuve 40000 Mont-de-Marsan - Tél. : 58 75 94 38. Ouvert tous les jours de 9 h à 12 h et de 14 h à 19 h (18 h en hiver). Des animaux surprenants comme l'émeu, amusants comme les wallabies, grincheux comme le lama... évoluent dans ce petit parc en semi-liberté.

À côté de Dax, un petit parc animalier réjouira les plus jeunes : **Oizooland**, route de Magescq 40990 Saint-Paul-les-Dax - Tél. : 58 91 85 11. Ouvert tous les jours de 9 h à 19 h.

De Dax, par la N 114, la N 10 et la D 28, **vous vous rendrez à Capbreton**, vieux port de pêche et agréable plage de sable blanc.

À Capbreton, il existe un musée retraçant l'histoire de la pêche et des aquariums d'eau de mer : **Écomusée de la Pêche et de la Mer**, casino municipal 40130 Capbreton - Tél. : 58 72 40 50. Ouvert toute l'année.

Un peu plus bas, par la D 652 à **Labenne**, ce ne sont plus les moutons de Chalosse ou des Landes que vous rencontrerez dans la pinède, mais des singes.

Pinède des Singes

Route de Saint-Martin de Seignanx
40530 Labenne - Tél. : 59 45 43 66

 Ouvert tous les jours de Pâques à fin novembre de 9 h à 19 h.

Les macaques de Java, en liberté dans la forêt landaise, vous surprennent par leurs jeux et leurs mimiques.

Retrouvons-nous maintenant à Bayonne pour entreprendre le **circuit des Pyrénées**.

À l'extrême sud-ouest, la chaîne des Pyrénées se partage entre la France et l'Espagne. Plus d'un demi-millier de kilomètres séparent la côte atlantique de la mer Méditerranée, et des régions bien différentes se succèdent : le Pays Basque, avec ses maisons blanches rayées de poutres, ses fandangos colorés et ses parties de pelote ; le Béarn, contrefort des hautes montagnes où l'on entend encore les chevauchées des mousquetaires ; les hautes cimes, avec leurs pentes enneigées ; l'Ariège, plus austère encore sous l'ombre des Cathares ; enfin la montagne catalane, toute vibrante du soleil et de l'écho des sardanes.

493

LES PYRÉNÉES

La Cité des Abeilles

La Falaise aux Vautours

Les Grottes de Betharram

Musée Grévin

Le Donjon des Aigles

Cirque de Gavarnie

Biarritz

Bayonne

Bidache

St Jean-de-Luz

Itxassou

N. 64

Biron-en-Béarn

Pau

St Faust

Tarbes

Lannem

PYRÉNÉES-ATLANTIQUES

St Pé-de-Bigorré

Lourdes

La Saligue aux Oiseaux

Aste-Béon

HAUTES-PYRÉ

Chemin de Roland

Beaucens

"Toro de Fuego"

Gavarnie

Musée de la Mer

Musée Grévin

Fêtes traditionnelles

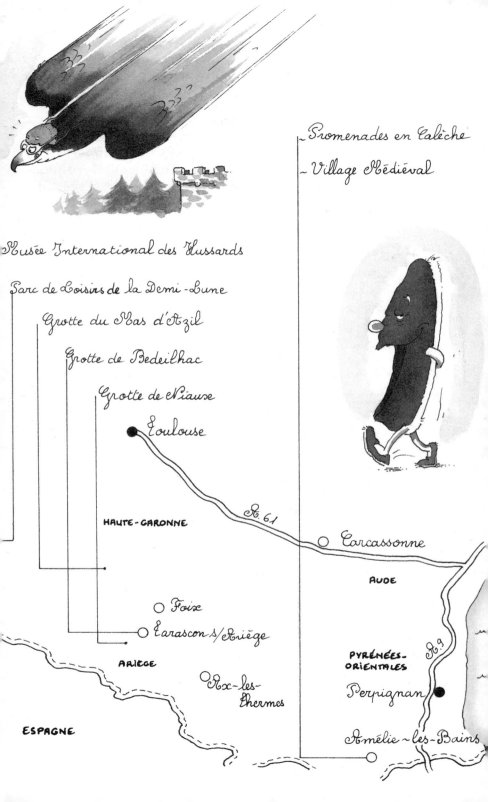

Promenades en Calèche

Village Médiéval

Musée International des Hussards

Parc de Loisirs de la Demi-Lune

Grotte du Mas d'Azil

Grotte de Bedeilhac

Grotte de Niause

Toulouse

R. 61

Carcassonne

HAUTE-GARONNE

AUDE

Foix

Tarascon s/Ariège

PYRÉNÉES-
ORIENTALES

R. 9

ARIEGE

Ax-les-
Thermes

Perpignan

ESPAGNE

Amélie-les-Bains

LES PYRÉNÉES

Partis de Bayonne, vous vous retrouverez, après avoir grimpé bien haut dans la montagne, à Perpignan.
Nous traverserons les départements des Pyrénées-Atlantiques, des Hautes-Pyrénées, de l'Ariège, de l'Aude et des Pyrénées-Orientales.

BAYONNE

Bayonne est la ville principale du Pays Basque, elle a donné son nom à la baïonnette et à une variété de jambon cru. Les enfants se régaleront surtout de tourons, pâte d'amandes nature ou parfumée aux pistaches ou aux pignons, et de chocolats.

Au **Petit-Bayonne**, un quartier animé entre l'Adour et la Nive, se trouvent deux musées qui captiveront les enfants pour des raisons différentes : le **musée Bonnat** et le **musée Basque**.

Musée Bonnat

5, rue Jacques-Laffitte 64100 Bayonne - Tél. : 59 59 08 52

 Ouvert tous les jours, sauf mardi, de 10 h à 12 h et de 14 h 30 à 18 h 30 (15 h à 19 h en été). Nocturne le vendredi à 21 h. Fermé les jours fériés.

Léon Bonnat était un collectionneur prestigieux de tableaux, de sculptures et de dessins. Il donna à sa mort toutes ses richesses à la ville. Dans ce musée, les enfants sont gâtés : des ateliers et des visites découvertes sont organisés pour eux.

Début août se déroulent pendant cinq jours et cinq nuits les **fêtes traditionnelles de Bayonne** avec la cérémonie de la remise des clefs. Défilent la « cavalcade » des géants accompagnant le roi Léon, la parade des enfants, le corso lumineux de chars et, de temps à autre, des vachettes en liberté...
Soyez prudent, les « festayres » (ceux qui profitent au maximum de la fête) sont souvent très excités ; les vaches sont toutes affolées et les « tracas », sortes de gros pétards, éclatent un peu partout.
Des croisières d'une demi-journée sur **l'Adour** sont organisées. Se

renseigner, pour le bateau-mouche *Bienvenue*, au 59 59 21 93 et, pour la vedette *Domino*, au 59 59 33 60.

La voisine, **Biarritz**, a gardé un petit côté Second Empire.
Les planches de surf glissant sur les crêtes des vagues rappellent que le temps de l'impératrice Eugénie est bien révolu.
Adossé à la falaise de l'éperon rocheux du rocher de la Vierge, le musée de la Mer sera une halte intéressante.

Musée de la Mer

Esplanade du Rocher de la Vierge 64200 Biarritz
Tél. : 59 24 02 59

 Ouvert tous les jours, de 9 h 30 à 12 h 30 et de 14 h à 18 h. En juillet, août et septembre, de 9 h 30 à 19 h, avec nocturnes jusqu'à minuit du 14 juillet au 15 août.

Le musée de la Mer vient d'être entièrement rénové. En sous-sol, dans 24 aquariums, évoluent poissons et invertébrés du golfe de Gascogne. Aux 2 étages, collections, maquettes, jeux audiovisuels, squelettes gigantesques de cétacés. Galerie consacrée aux oiseaux naturalisés, avec chant d'une quarantaine d'espèces et séquences filmées sur les rapaces. Deux grands bassins accueillent requins et phoques que l'on voit nager sous l'eau. Ne manquez pas le repas des phoques à 10 h 30 et 17 h. Possibilité de goûter au bar panoramique.

Juste à côté, un musée ravira les garçons.

Musée de l'Automobile miniature

Plateau de l'Atalaye 64200 Biarritz - Tél. : 59 24 56 88

 Ouvert tous les jours du 16 juin au 15 septembre de 10 h à 19 h ; du lundi au vendredi de 14 h à 18 h du 16 septembre au 15 juin ; et les week-ends et jours fériés de 10 h à 12 h et de 14 h à 18 h.

Voici un musée entièrement consacré aux voitures modèle réduit ; vous y verrez **3 000** modèles de voitures de tourisme anciennes et modernes, des voitures de pompiers aux voitures de sport en passant par les véhicules militaires.

Le phare de Biarritz se visite aussi ; en haut des 248 marches, on admire la vue exceptionnelle et on découvre le fonctionnement de la grande lampe qui balise la mer...

Visite à partir de Pâques, tous les jours de 14 h à 18 h et en hiver le week-end de 14 h à 17 h.

À **Saint-Jean-de-Luz** on parle encore du mariage de Louis XIV avec Marie-Thérèse d'Espagne. La fête est finie depuis longtemps, mais heureusement tous les mardis, en été, les enfants auront un **taureau de fuego** rien que pour eux. Sur la place Louis XIV (bien sûr), des farandoles se forment et serpentent autour de l'orchestre basque ; attention aux yeux ! Les confettis pétaradant de toute part, foncent sur les enfants réjouis pour finalement exploser en un feu d'artifice.

Musée Grévin

Pavillon de l'Infante 7, rue Mazarin 64500 Saint-Jean-de-Luz - Tél. : 59 51 24 88

 Ouvert toute l'année ; en été de 10 h 30 à 23 h.

Soixante personnages en cire, grandeur nature, retracent les événements historiques de Saint-Jean-de-Luz au XVIIe siècle dont bien sûr le mariage de Louis XIV, le 9 juin 1660.

En juillet, **Saint-Jean fête aussi les thons**.

De Saint-Jean, vous monterez à **Ascains** par la D 918, puis au **col de Saint-Ignace**. Là, vous attend un chemin de fer à crémaillère qui monte à **La Rhune**, la montagne symbole du Pays Basque.

 # Chemin de Fer de La Rhune

Col de Saint-Ignace – Tél. : 59 54 20 26

 Fonctionne pendant les vacances de Pâques et du 1er mai au 30 septembre. En été, départ toutes les demi-heures.

La vue est belle de là-haut, et de nombreuses *bantas* (petites échoppes) vendent tout et rien à la grande joie de chacun, sauf des porte-monnaie !

Un peu plus loin, toujours par la D 918, vous irez à **Espelette**, le village du piment rouge et des tout petits chevaux sauvages de montagne, les pottoks. **La foire aux *Pottoks*** est un spectacle à ne pas manquer.

À 3,5 km de là, à **Itxassou**, ce sont les cerises qui sont à l'honneur. Quel régal, si vous passez à la bonne saison !

De ce village part le **chemin de Roland**, celui-là même qu'emprunta le valeureux compagnon de Charlemagne, le jour où il fendit la roche avec son épée Durandal pour ouvrir le passage.

De **Cambo-les-Bains**, tout proche, vour irez à **Hasparren**, haut lieu des traditions basques et surtout de la pelote.

La pelote basque se pratique soit à la main, soit avec une sorte de battoir en bois, la « pala », soit avec la « chistera », ce gant prolongé d'une gouttière en osier. La balle, plus grosse qu'une balle de tennis, s'appelle la pelote ; on la lance contre un mur, le « fronton », et elle doit être rattrapée soit au premier bond, soit à la volée. Les pelotaris (les joueurs) sont habillés de blanc et les équipes se distinguent à la couleur de leur ceinture et de leur béret.

Avec un peu de chance vous assisterez à un match ou à quelque manifestation folklorique.

De là par la D 14, allez aux :

Grottes d'Isturitz et d'Oxocelhaya

64640 Saint-Martin-d'Arberoue – Tél. : 59 29 64 72

 Ouvert tous les jours de la mi-mars à la mi-novembre, de 10 h à 12 h et de 14 h à 18 h, et de 10 h à 18 h en juillet et août. Fermé le lundi et mardi matin. Durée de la visite : 40 mn.

Des hommes du paléolithique ont habité dans la grotte d'Isturitz et dans la grotte d'Oxocelhaya où vous admirerez des salles ornées de colonnes de calcite et une splendide cascade pétrifiée.

Rejoignez l'autoroute A 64 (Bayonne-Pau), sortez à Orthez pour vous rendre à **la Saligue aux Oiseaux**.

La Saligue aux Oiseaux

64300 Biron-en-Béarn - Tél. : 59 67 14 22

 Ouvert les mois d'été tous les jours de 10 h à 20 h et le reste de l'année du mercredi au dimanche de 10 h à 18 h.

Le long d'un sentier de découverte, vous pourrez observer les oiseaux de trois façons, soit à l'aide de jumelles depuis un mirador, soit à partir de postes d'observation placés à proximité des plans d'eau, soit grâce à une caméra placée sur le marais et dont les images sont retransmises en direct sur grand écran. Après la visite d'une palombière, terminez votre initiation au musée de la Chasse.

D'Orthez, vous pourrez descendre par une jolie route jusqu'au **gave d'Oloron** et aller visiter un musée original, le **musée du Maïs** (Tél. : 59 38 91 53).

Ouvert tous les jours le matin et l'après-midi de début juillet à fin septembre ; les dimanches et jours fériés de début mars à la fin juin.

Si les enfants ne se passionnent pas vraiment pour les outils ou les machines, pourtant très rares, qui retracent l'évolution de la culture, ils pourront se vanter d'avoir vu un musée unique en Europe.

Fugue au Château de Mongaston

À 10 km de Navarrenx par la D 115, à Charre vous vous arrêterez au :

Château de Mongaston

64190 Charre – Tél. : 59 38 65 92

Ouvert tous les jours, sauf mardi du 1er juillet au 30 septembre de 15 h à 19 h.

Un château, place forte médiévale, construit par Gaston VII de Moncade au XIIIe siècle et restauré au XVIe se visite mais c'est surtout la collection de figurines historiques qui retiendra l'attention des jeunes visiteurs. Les poupées sont confectionnées et habillées à la main et chaque année une présentation différente met en scène les personnages. Pour les 7-12 ans, les mercredis ou les jeudis d'été, une journée à thème « À la rencontre de l'histoire », est proposée.

Après la visite du château, un grand pique-nique est organisé et l'après-midi tout le monde s'adonne au « jeu de l'histoire ».

La participation à ces journées est gratuite, il faut seulement s'inscrire à temps et apporter son déjeuner.

Fugue dans le Parc national des Pyrénées

Le parc est adossé à la frontière espagnole et s'étend sur 100 km. Il englobe l'extrémité des vallées d'Aspe, d'Ossau, d'Azun, de Cauterets, de Luz-Gavarnie et d'Aure. Territoire protégé, lieu de promenades et d'observation, il permet bien sûr les promenades individuelles, mais aussi les randonnées guidées à la découverte des isards, des marmottes, etc. Renseignez-vous dans chaque maison de parc, une pour chaque vallée.

En outre, les maisons offrent souvent des expositions permanentes ou temporaires sur la faune, la flore ou les coutumes des Hautes-Pyrénées.

Vallée d'Aspe, à Etsaut – Tél. : 59 34 88 30. Vallée d'Ossau, à Gabas – Tél. : 59 05 32 13. Vallée d'Azun, à Arens-Marsous – Tél. : 62 97 02 66. Vallée de Cauterets, Cauterets – Tél. : 62 92 52 56. Vallée de Luz, à Luz-Saint-Sauveur – Tél. : 62 92 87 05. Vallée d'Aure, à Saint-Lary – Tél. : 62 39 40 91.

Dans la vallée d'Ossau se trouve un site étonnant.

La Falaise aux Vautours

Aste-Béon 64260 - Tél. : 59 82 65 49

Ouvert tous les jours de début avril au début octobre de 10 h à 13 h et de 14 h à 19 h.

Ne ratez pas l'occasion unique d'observer, sans les déranger, les vautours fauves et leur progéniture dans leur vie quotidienne. Une caméra, installée à proximité des nids, retransmet les images inédites des vautours sur un écran géant. Ainsi, en février, vous découvrez en direct la couvaison, en avril l'éclosion des poussins, en juin les premiers battements d'ailes et en août leurs envols...

Des bornes vidéo présentant les petits vautours posent des questions aux enfants et des jeux inattendus évoquent les rapaces en vol.

501

À Saint-Lary-Soulan, allez rendre visite aux ours.

Maison de l'Ours

65170 Saint-Lary-Soulan – Tél. : 62 39 50 83

Ouverte tous les jours pendant les vacances scolaires de 10 h à 12 h et de 13 h 30 à 18 h 30. Fermé le lundi hors vacances scolaires.

Il était une fois, Charlotte, Bingo et Apollon... découvrez leur espace de vie, et apprenez tout sur la longue histoire des ours des Pyrénées.

D'Oloron vous rattrapez la N 134 en direction de Pau, à Gan, et vous allez soit à gauche **vers Saint-Faust**, soit à droite **vers Notre-Dame-de-Piétat**, soit tout droit **vers Pau.**

À Saint-Faust sur la D 502 des abeilles bourdonnent.

La Cité des Abeilles

Chemin des Crêtes 64110 Saint-Faust – Tél. : 59 83 10 31

Ouverte tous les jours sauf le lundi, de Pâques au 15 octobre de 14 h à 18 h.

À la fois musée vivant et parc de promenade consacré à l'abeille et à son environnement écologique.

Une exposition évoque la vie des abeilles. Vous observez celles-ci au travail dans un diaporama, sur un écran vidéo et derrière la vitre de la grande ruche : l'essaim s'affaire et les ouvrières bourdonnent autour de la reine.

Dehors, dans le parc, vous reconnaissez les plantes que les abeilles butinent et vous examinerez plusieurs ruchers traditionnels.

Toutes les précautions ont été prises pour que les visiteurs ne soient pas importunés par les abeilles.

PAU

La ville du « bon roi Henri », celui dont le chapeau avait un si joli panache et dont tant d'enfants ont dû deviner la couleur de son cheval blanc !

Il a aussi laissé son nom à la « poule au pot », et des médailles en chocolat sont marquées à son effigie.

On visite son château.

Château

64000 Pau – Tél. : 59 82 38 00

 Ouvert tous les jours de 9 h 30 à 12 h et de 14 h à 17 h 30. Fermé le 25 décembre, le 1er janvier et le 1er mai.
Visite accompagnée d'1 heure.

  pour les – 18 ans

La très grande table de 18 m de long sur laquelle cent personnes pouvaient dîner étonnera les enfants. Un mini-guide conçu pour les jeunes est à leur disposition.

Musée Béarnais Aile sud du château 64000 Pau - Tél. : 59 27 07 36

 Ouvert tous les jours de 9 h 30 à 12 h 30 et de 14 h 30 à 17 h 30 en hiver et 18 h 30 en été.

  le mercredi

Une évocation des traditions de la région ; si les meubles laissent quelque peu indifférents nos jeunes visiteurs, ils s'intéresseront davantage à la fabrication des bérets et aux vitrines de costumes ou à la faune béarnaise.

 ## *Fugue en direction du petit train d'Artouste*

Au départ de Pau, vous prenez la D 934 pour Artouste. Sur la rive droite du lac de Fabrèges, vous montez à bord de la télécabine de la Sagette qui vous monte de 1 240 m à 2 000 m. À cette gare supérieure, le train vous attend.

Petit train d'Artouste

64440 Artouste par Gabas – Tél. : 59 05 34 00

La télécabine et le petit train fonctionnent tous les jours à partir de la mi-juin à la mi-septembre.

Pendant près d'une heure, vous parcourez un paysage de haute montagne. Au printemps les rhododendrons en fleur rendent le spectacle encore plus extraordinaire.

À l'extrémité du parcours vous marchez jusqu'au lac d'Artouste (une vingtaine de minutes).

Le train repart 1 h 20 après son arrivée.

Quittez Pau pour Lourdes par la D 937 et arrêtez-vous en cours de route, à proximité de Saint-Pé-de-Bigorre, aux grottes de Bétharram.

Grottes de Bétharram

65270 Saint-Pé-de-Bigorre – Tél. : 62 41 80 04

Ouvert des vacances de Pâques à la deuxième quinzaine d'octobre de 8 h 30 à 12 h et de 13 h 30 à 17 h 30.
En juillet et août, il est préférable de visiter le matin.

Une grotte de cinq étages comblera les enfants.

On accède à l'étage supérieur par une navette de cars : la grande salle est impressionnante avec ses grands lustres et ses colonnades ; la grotte inférieure évoque un cloître gothique et la rivière souterraine semble bien mystérieuse lors de la traversée en bateau. Vous sortez sain et sauf de la salle de « l'enfer » et c'est à bord d'un petit train que vous effectuez la dernière partie de la visite.

LOURDES

Lourdes est avant tout cette ville de pèlerinage où Bernadette Soubirous eut ses apparitions de la Vierge.

Nous vous laissons vous rendre à la grotte ou vous joindre aux pèlerins, malades et touristes venus se recueillir ou simplement visiter le sanctuaire, et nous vous retrouverons au musée Grévin.

Musée Grévin

87, rue de la Grotte 65100 Lourdes – Tél. : 62 94 38 26

 Ouvert tous les jours du 1er avril au 30 octobre de 9 h à 11 h 30 et de 13 h 30 à 18 h 30.

Plus de cent personnages en cire grandeur nature font revivre en dix-huit scènes l'histoire du Christ et la vie de Bernadette.

À la sortie de la ville, au bord du gave, vous verrez le musée du Petit Lourdes.

Musée du Petit Lourdes

68, avenue Peyramale 65100 Lourdes – Tél. : 62 94 24 36

 Ouvert tous les jours de 9 h à 12 h et de 14 h à 19 h et le dimanche de 10 h à 12 h et de 14 h à 19 h.

Une reconstitution en miniature de Lourdes au temps de Bernadette : maisons, monuments, cours d'eau, arbres et fleurs, hauts de quelques centimètres.

Et pour faire connaissance avec les Pyrénées, un autre musée pourra en intéresser un certain nombre.

Musée Pyrénéen

Château fort 65100 Lourdes – Tél. : 62 94 02 04

 Ouvert tous les jours de 9 h à 12 h et de 14 h à 18 h du 1er avril au 30 septembre (fermé à 17 h et le mardi de la mi-octobre au 31 mars).

Installé dans un ancien château féodal qui domine la ville, ce musée est consacré aux arts et traditions de la chaîne des Pyrénées. La salle sur le mobilier et les costumes a été récemment réaménagée, elle présente des mannequins grandeur nature en costume folklorique local.

Un peu plus loin, sur la route d'Argelès, la N 21, vous pourrez prendre cette fois le funiculaire du Pic du Jer.

Funiculaire du Pic du Jer Tél. : 62 94 00 41

  Fonctionne toute l'année toutes les demi-heures et tous les quarts d'heure en été.

En 6 minutes, vous serez en haut du pic et observerez les Pyrénées, les plaines de Tarbes et de Pau.

Sur la route d'Argelès, à **Agos Vidalos**, sur la place de l'église, **travaille tous les jours un souffleur de verre**. Tél. : 62 90 37 72. Et plus loin, à **Pierrefitte-Nestalas**, vous visiterez le :

 # Musée Marinarium du Haut Lavedan

65260 Pierrefitte-Nestalas – Tél. : 62 92 79 56

 Ouvert toute l'année de 9 h 30 à 12 h 30 et de 13 h 30 à 19 h.

Insolites au milieu des montagnes pyrénéennes, les minuscules « demoiselles » et le dangereux barracuda ne sont pas dépaysés dans les récifs coralliens de leur aquarium.

De l'autre côté de la Luz, à **Beaucens** se dresse le château de Beaucens.

 # Donjon des Aigles

65400 Beaucens – Tél. : 62 97 19 59

 Ouvert des vacances de Pâques à septembre de 10 h à 12 h et de 14 h 30 à 18 h 30.
Démonstration à 15 h 30 et 17 h.

Une rencontre avec les rapaces.
   Des panneaux explicatifs vous guident dans la découverte de ces magnifiques oiseaux.
   Au cours d'un spectacle, des grands vautours en totale liberté survolent les spectateurs, un aigle chasseur de serpents capture une proie et le faucon se cabre en plein ciel après un piqué formidable pour saisir le leurre au vol.

Tout au bout de la D 921, vous atteindrez Gavarnie, point de départ de l'excursion au **cirque de Gavarnie.**

LE CIRQUE DE GAVARNIE

Haut lieu du tourisme au début du siècle, cette promenade a un petit côté suranné. Sorte de gigantesque amphithéâtre de 10 km de pourtour, couronné de glaciers d'où s'écoulent de nombreuses cascades, le site est grandiose ; on le parcourt à pied (trop fatigant pour les enfants), à cheval ou à dos d'âne (plus amusant). Renseignements au 62 92 49 10.

La deuxième quinzaine de juillet, au cours du **festival des Pyrénées,** un **son et lumière** a lieu sur le cirque de Gavarnie.

De Lourdes, vous gagnerez Tarbes par la N 21.

Pour beaucoup, Tarbes évoquera les chevaux, et vous en verrez au :

Haras National

65000 Tarbes – Tél. : 62 34 44 59

 Visite du parc et des écuries (accompagné) du 15 juin au 15 septembre de 14 h à 16 h 15.

Huit hectares sont réservés aux étalons, poulinières, pouliches et chevaux de selle.

Les cavaliers de ces chevaux tarbais furent eux aussi bien célèbres : les fameux hussards. Un musée leur est consacré.

Musée International des Hussards

Musée Massey 65000 Tarbes – Tél. : 62 36 31 49

 Ouvert tous les jours sauf lundi et mardi, de 10 h à 12 h et de 14 h à 18 h ; et tous les jours en juillet et août et jusqu'à 18 h 30.

Une centaine de mannequins en uniforme font revivre cinq siècles de l'histoire militaire de ce corps de cavalerie légère.

Les garçons rêveront peut-être devant la belle collection d'armes, et les filles auront peut-être la nostalgie de ces beaux hussards que l'on ne voit plus aujourd'hui qu'au cinéma.

Le **jardin Massey** est magnifique avec un grand nombre d'essences rares ou exotiques : des micocouliers, des plaqueminiers de Virginie, des savonniers, des févriers épineux, des tulipiers...

Ce parc est aussi un refuge pour les oiseaux ; canards et paons y évoluent librement.

En été, un petit train circule dans les allées du parc. Et les enfants pourront s'amuser sur l'aire de jeux.

De Tarbes, vous partez par la D 935 pour Bagnères-de-Bigorre et, 2 km plus loin, visitez les grottes de Medous.

Grottes de Medous

65200 Bagnères-de-Bigorre – Tél. : 62 91 78 46 ou 62 95 02 03

 Visite : tous les jours du 1er avril au 15 octobre, de 8 h 30 à 11 h 30 et de 14 h à 17 h 30 et du 1er juillet au 31 août de 9 h à 11 h 30 et de 14 h à 18 h.

La visite se fait à pied et en bateau sur l'Adour souterraine. On admire les draperies, les grandes orgues, les concrétions de couleurs différentes...

De Tarbes vous vous rendez à **Lannemezan** par la N 117. Vous vous arrêterez en cours de route à **Tournay** au musée de l'Arctique.

Musée de l'Arctique

Moulin de Tournay 65190 Tournay – Tél. : 62 35 24 24

 Ouvert tous les jours de 14 h à 18 h.

Une évocation de la vie des Esquimaux à l'aide d'objets, d'outils, de jeux, etc., et de la faune et la flore du grand Nord.

À Lannemezan, les enfants iront s'amuser dans le parc de loisirs de la Demi-Lune.

Parc de Loisirs de la Demi-Lune

65300 Lannemezan – Tél. : 62 98 07 07

 Ouvert tous les jours de 8 h à 20 h du 1er juillet au 10 septembre et les week-ends et fêtes le reste de l'année.

  Entrée gratuite. Activités payantes.

Ce parc est géré par un Centre d'Aide par le Travail accueillant quarante personnes handicapées mentales ou physiques.

Au gré de leur promenade, les enfants découvrent les *Contes* de Perrault grandeur nature. Et, dans le parc animalier, ils rencontrent des lamas, des chèvres naines, des daims, des sangliers...

Sur le lac, pédalos et bateaux tamponneurs attendent les hardis navigateurs pendant que les plus petits se laissent ballotter sur les dos des poneys.

De Lannemezan, vous gagnerez **Saint-Gaudens** par la N 117, puis Saint-Girons par la D 117 et la D 119 pour la grotte du Mas-d'Azil.

Grotte du Mas-d'Azil

09290 Le Mas-d'Azil – Tél. : 61 69 97 71

 Ouvert tous les jours du 1er avril au 1er juillet de 14 h à 18 h, les dimanches et jours fériés de 10 h à 12 h et de 14 h à 18 h ; du 1er juillet au 1er octobre, tous les jours de 10 h à 12 h et de 14 h à 18 h.

Traversée par la rivière de l'Arize, la grotte est célèbre par ses cavités et galeries occupées par l'homme de 100 000 à 80 000 ans avant notre ère. Des sculptures et des dessins témoignent de son passage.

Retour sur la D 117 en direction de **Foix**, et juste avant la ville arrêtez-vous à la :

Rivière souterraine de Labouiche

Tél. : 61 65 50 42

 Ouvert des vacances de Pâques à la Pentecôte, en semaine de 14 h à 18 h et les dimanches et jours fériés de 10 h à 12 h et de 14 h à 18 h ; de la Pentecôte au 30 septembre tous les jours de 10 h à 12 h et de 14 h à 18 h (9 h 30 à partir du 1er juillet) ; du 10 juillet au 25 août de 9 h 30 à 18 h ; en octobre le samedi de 14 h à 17 h 30 et le dimanche de 10 h à 12 h et de 14 h à 18 h ; et en novembre les samedis et dimanches suivant les conditions climatiques.
Durée de la visite : 75 minutes.
En été, il est préférable de faire la visite le matin.

Les enfants seront enchantés de faire la promenade en barque sur cette rivière souterraine un peu mystérieuse, où stalagmites et stalactites prennent des formes bizarres, parfois un peu effrayantes...

Arrivés à **Foix**, vous irez ma foi, juste une petite fois voir, au **château des comtes de Foix**, le **musée départemental**, consacré surtout à la préhistoire. Ouvert tous les jours de 9 h à 12 h et de 14 h à 18 h.

En sortant, les enfants se diront peut-être que c'est la dernière fois qu'ils viendront à Foix, et s'ils ont encore la foi, vous filerez de Foix à **Tarascon-sur-Ariège** par la N 20 pour aller visiter, à proximité, les **grottes de Bédeihac**, de **Niaux**, de la **Vache-Alliat** et de **Lombrives**.

À 5 km sur la D 618 vers Saint-Girons :

Grotte de Bédeilhac

09400 Saurat – Tél. : 61 05 95 06

 Ouvert tous les jours pendant les vacances d'hiver, de Pâques, de la Toussaint et de Noël et en avril, mai, juin et septembre (sauf le mardi) de 14 h 30 à 16 h ; tous les jours en juillet et août de 10 h à 17 h 30.

Bisons, chevaux, cerfs et bouquetins accompagnés de signes symboliques sont gravés sur les parois de la grotte. Le porche d'entrée est aussi impressionnant, large de 35 m et haut de 20 ; il est tellement vaste que, pour les besoins du tournage d'un film, un avion a pu y atterrir et y décoller !

À 4 km de Tarascon sur la D 8 vers Vicdessos :

Grotte de Niaux

09400 Niaux – Tél. : 61 05 88 37

 Ouvert du 1er octobre au 30 juin tous les jours : visites à 11 h, 15 h et 16 h 30 et du 1er juillet au 30 septembre, tous les jours de 8 h 30 à 11 h 30 et de 13 h 30 à 17 h 15.
Départ de visite toutes les 45 minutes. La visite dure une heure quinze.

Le parcours de 1 800 mètres aller et retour est long et accidenté ; des lampes de poche sont prêtées à l'entrée. En été, il est prudent de réserver, car les visites sont limitées à 20 personnes.
Des dessins vieux de 14 000 à 10 000 ans, d'une rare qualité ont été conservés dans cette grotte ; certains sont presque aussi beaux que ceux de Lascaux dans le Périgord.

Juste en face :

Grotte de la Vache-Alliat

09400 Niaux – Tél. : 61 05 95 06

 Ouverte en avril, mai, juin et septembre : visites à 15 h, 16 h et 17 h et en juillet et août tous les jours de 10 h à 18 h . Fermée le mardi.

Les chasseurs magdaléniens viennent de quitter cette grotte, ils ont laissé les pierres entourant le foyer, leurs outils en silex et des ossements du gibier qu'ils ont mangé...

À 4 km sur la N 20 en direction d'Ax-les-Termes :

Grotte de Lombrives

09400 Ussat-les-Bains – Tél. : 61 05 98 40

 Ouvert de Pâques à la Toussaint les samedis, dimanches et jours fériés de 10 h à 12 h et de 14 h à 17 h 30 et en juillet et août tous les jours de 10 h à 19 h. Un petit train vous conduit à la grotte toutes les 10 minutes.

Une vaste grotte avec des salles aux dimensions impressionnantes, « soutenues » par mille colonnes ; un curieux mammouth en stalagmites surprend par son réalisme.

De Foix gagnez **Quillan** par la D 117, et le circuit **« Entre les Deux Mers »** vous mènera à **Perpignan**.
Mais, de Perpignan nous aurons encore une fugue « pyrénéenne » à faire.

 Fugue à Amélie-les-Bains

De Perpignan, vous allez par la N 9 ou par l'autoroute A 9 jusqu'au Boulon, puis par la D 115 à Amélie-les-Bains à qui la reine Amélie, épouse de Louis-Philippe, a donné son nom. À cette époque les thermes d'Amélie venaient d'être aménagés, et aller y faire une cure représentait un bien long voyage : vingt-deux heures de train de Paris à Perpignan et trois heures de voiture à cheval de Perpignan à Amélie...

Vous y ferez vous aussi une **promenade en calèche** le long de la rivière et jusqu'au petit village médiéval de Palalda.
Départ toutes les demi-heures de la maison du Pays, quai du 8 mai. Renseignements au 68 39 18 20.

Palalda est un petit village médiéval où un petit **Musée postal** (Tél. : 68 39 01 98) est aménagé.
Ouvert tous les jours de l'année de 14 h à 18 h et de 15 h à 19 h en juillet et en août ; fermé du 15 décembre au 15 février.
Des saynètes font revivre l'histoire de la poste. On y découvre la naissance du télégraphe et celle du téléphone.

En août, vous verrez, au cours du **festival folklorique international**, des démonstrations de sardane, la danse de la région.

La sardane est une sorte de ronde où les pas à droite et les pas à gauche s'effectuent selon une répartition très précise. Les bras en guirlande, il faut sauter, tourner, osciller au rythme de la « cobra », un orchestre de douze instruments très particuliers : fiscorns, primes, tenores, etc.

Si vous poursuivez sur **Arles-sur-Tech**, les enfants iront jouer un petit moment au **parc de loisirs du Château**. Tél. : 68 39 18 20.
Et, à Arles-sur-Tech, dans un ancien **moulin à huile**, un **musée de la Manufacture de tissage catalan** a été aménagé. Une rétrospective des métiers se rapportant au tissage et des collections de costumes traditionnels. Ouvert toute l'année sauf en novembre de 9 h à 17 h. Entrée gratuite.

Au retour, en fonction de l'époque, votre halte à **Céret** vous permettra de regarder danser la sardane pendant le festival du mois d'août ; ou en juin et juillet, de manger des cerises dont la ville est la capitale.
Et maintenant abandonnez les montagnes et laissez-vous entraîner au **bord de la Méditerranée** dans le circuit de la **côte du Languedoc-Roussillon**.

L es rivages méditerranéens du golfe du Lion ont un aspect bien différent près de la frontière espagnole ou aux approches de la Camargue : la Côte vermeille, qui doit son nom à la couleur de ses roches, contraste avec le littoral du Roussillon alignant des plages de sable blanc.
Les enfants se laisseront glisser des toboggans et autres pentaglisses des Aqualand. Ils resteront dans l'ambiance de la mer en contemplant les poissons des nombreux aquariums.

LA CÔTE DU LANGUEDOC-ROUSSILLON

L'Amigoland _____

Aquarium Panoramique _____

Parc Zoologique de Lunaret _____

Lagunage de Mèze _____

Aqualand _____

Musée du Cap d'Agde

Mini Ferme Zoo _____

Musée Agathois _____

Aquarium _____

Hawaï Park et Aquajet _____

Réserve Africaine _____

Water Parc _____

- Musée du Jouet

~ Aquarium _____

Aquacity _____

Pépinière Exotique et Promenades en Mer _____

Le Laboratoire Arago _____

LA CÔTE DU
LANGUEDOC-ROUSSILLON

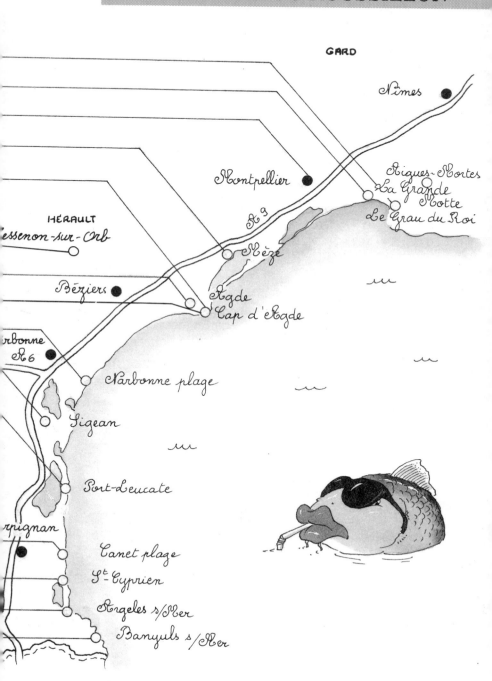

GARD

Nîmes

Montpellier

Aigues-Mortes
La Grande
Motte
Le Grau du Roi

HÉRAULT

A 9

essenon-sur-Orb

Mèze

Béziers

Agde
Cap d'Agde

rbonne
A 6

Narbonne plage

Sigean

Port-Leucate

rpignan

Canet plage
St-Cyprien
Argeles s/Mer
Banyuls s/Mer

LA CÔTE DU LANGUEDOC-ROUSSILLON

Vous commencerez votre circuit peu après la frontière espagnole et vous longerez la Méditerranée jusqu'à la Camargue, vous arrêtant pour vous baigner sur les merveilleuses plages de sable fin.

La première station balnéaire rencontrée est Banyuls-sur-Mer ; c'est la plage la plus méridionale de France.

L'université de Paris-VI y a installé le Laboratoire Arago.

Aquariums du Laboratoire Arago

66650 Banyuls-sur-Mer – Tél. : 68 88 73 39

 Ouvert tous les jours de 9 h à 12 h et de 14 h à 18 h et en été jusqu'à 22 h.

Centre de recherches en océanographie. Vous y verrez un aquarium géant où évoluent de nombreux spécimens de la faune méditerranéenne.

Le bateau **La Catalane** (Tél. : 68 88 50 56) vous emmènera en mer de mai à septembre.

Par la N 114, vous gagnerez Argelès-sur-Mer, capitale européenne du camping : une soixantaine de terrains ont été aménagés.

Les grands amateurs de traditions populaires iront visiter le musée Catalan.

La Casa de les Alberes

Museu Catala de les Arts i Tradicions populars
4, plaça dels Castellans 66700 Argelès-sur-Mer – Tél. : 68 81 42 74

 Ouvert tous les jours sauf samedi après-midi et dimanche de 9 h à 12 h et de 15 h à 18 h.

Dans un ancien château d'eau de style catalan, un musée sur la vie rurale des environs d'Argelès : les travaux des champs, le travail de la vigne, les métiers propres au terroir, comme la fabrication des fouets, des espadrilles et bouchons de liège.

Le musée a agrandi ses murs, vous découvrirez maintenant l'atelier du tonnelier, du bouchonnier et du bourrelier.

Vous pourrez faire une promenade étonnante dans la Pépinière Exotique.

Pépinière Exotique

66700 Argelès-sur-Mer – Tél. : 68 22 11 50

 Ouvert tous les jours de 9 h à 19 h.

Des baobabs, des jacarandas, des bananiers... bien acclimatés au climat méditerranéen.

En saison, vous cueillerez vous-même des fruits exotiques et d'autres, « bien de chez nous ».

De juin à septembre, un **petit train** fait la liaison entre **Argelès-Village et Argelès-Plage**.

D'Argelès-Plage une agréable promenade en mer longe la Côte vermeille, la baie de Collioure, le port de commerce de Port-Vendres et la pointe du cap Béar.

Promenades en mer

Accès plage sud 66700 Argelès-sur-Mer
Renseignements au 68 88 36 33 et 68 81 15 85 (O.T.)

 Fonctionne les lundis, mardis, jeudis, vendredis et dimanches de juin à septembre avec un départ à 15 h et un retour à 16 h 30 ; et en juillet et août avec deux départs : à 14 h 30 et 16 h 15.

Suivez la D 81, à **Saint-Cyprien**, grands et petits s'amuseront comme des fous à l'Aquacity.

517

Aquacity

Chemin du Mas-des-Capellans 66750 Saint-Cyprien - Tél. : 68 21 43 43

 Ouvert du 8 juin au 11 septembre de 10 h à 19 h.

Descendez, confortablement installé sur une bouée, la rivière rapide ; faites des courses de vitesse sur le pentaglisse, prenez des virages serrés, dévalez les pentes vertigineuses du tunnel obscur du grand-huit.

Les petits resteront tranquillement dans la pataugeoire où des toboggans miniatures leur sont réservés.

Des parades musicales, des spectacles et des numéros de clowns maintiendront une ambiance de gaieté permanente.

Plus calme sera la promenade en mer sur la **Juillanaise** (Renseignements au 68 21 01 33 (O.T.).

Après avoir roulé sur cette petite bande de terre entre les étangs de Canet et de Saint-Nazaire et la mer, vous arriverez à **Canet-Plage**. Prévoyez une bonne halte, car trois musées et un aquarium vous attendent le long de la plage. Pour les trois musées, rens. au **68 80 35 07** et 3 billets.

Musée de l'Auto

« Les Balcons » Front de Mer 66140 Canet-Plage - Tél. : 68 73 22 56

 Ouvert tous les jours de 10 h 30 à 12 h 30 et de 14 h 30 à 18 h 30 en juillet et août, et du 1er septembre au 30 juin tous les jours, sauf mardi, de 14 h à 18 h. Fermé en janvier.

Des véhicules restaurés avec passion par des collectionneurs de la région retracent l'histoire de l'automobile de 1895 à nos jours. Les plus belles voitures sont là, cabriolets ou cadillac... chacun peut rêver. Les petits garçons vont surtout envier la collection d'autos miniatures.

Musée du Bateau

Place de la Méditerranée 66140 Canet-Plage - Tél. : 68 73 12 43

 Ouvert tous les jours de 10 h 30 à 12 h 30 et de 14 h 30 à 18 h 30 en juillet et août, et du 1er septembre au 30 juin tous les jours, sauf mardi, de 14 h à 18 h. Fermé en janvier.

Les maquettes des plus fameux navires qui ont sillonné les mers du monde entier, des galères romaines aux prestigieux paquebots transatlantiques.

Musée du Jouet

Place de la Méditerranée 66140 Canet-Plage - Tél. : 68 73 20 29

 Ouvert tous les jours de 10 h à 12 h et de 14 h à 20 h du 1er juillet au 31 août et les lundi, mercredi, jeudi, vendredi de 14 h 30 à 18 h 30, et samedi, dimanche et jours fériés de 14 h à 19 h, du 1er septembre au 30 juin. Fermé en janvier.

Ce musée portait le joli nom de musée du Père Noël, il a été malheureusement débaptisé. Des milliers de jouets racontent l'enfance depuis les civilisations les plus anciennes. Chacun trouvera son bonheur : poupées, automates, soldats de plomb, trains électriques, bateaux, jeux de société... l'antre du Père Noël en quelque sorte.

Aquarium

20, bd de la Jetée 66140 Canet-Plage - Tél. : 68 80 49 64

 Ouvert tous les jours sauf mardi de 10 h à 12 h et de 14 h à 18 h 30 (jusqu'à 20 h 30 en été et ouvert le mardi).

L'endroit est riche de multiples espèces aquatiques méditerranéennes et exotiques : les poissons des mers tropicales parés de leurs couleurs merveilleuses dansent, infatigables, au milieu des coraux vivants ; l'hippocampe guette ; le crapaud-buffle attend d'assommer sa proie avec sa grosse langue à bout adhésif ; et le crocodile, immobile, se réchauffe.

Sur le front de mer, un petit train du Far West circule du port à Canet sud.

Plus loin, sur la côte, **Le Barcarès** et **Port-Barcarès**.

Vous aurez le choix entre deux sortes de navigation : le coche d'eau, qui vous fera faire **le tour des étangs** (Tél. : 68 86 11 64 – de Pâques à fin septembre) **ou la promenade en voilier sur le lac marin** (Tél. : 68 86 11 64 – de mars à octobre).

Si vous vous promenez le long de la nouvelle façade maritime de Port-Barcarès, vous verrez le **Lydia**, un paquebot ensablé en 1967.

Un peu plus loin, avant Port-Leucate, le Water Parc.

Water Parc

11370 Port-Leucate – Tél. : 68 40 71 88

 Ouvert de début juin à septembre de 10 h à 18 h et en juillet et août de 10 h à 19 h.

Que d'éclaboussures, de cris et de rires sur le pentaglisse et le toboggan tire-bouchon !

Vous ne pourrez bientôt plus suivre la côte, et vous rattraperez la N 9 pour vous rendre à la réserve africaine de Sigean.

Sur la N 9 entre Narbonne et Perpignan, 15 km au sud de Narbonne la Réserve africaine de Sigean.

Réserve Africaine de Sigean

11130 Sigean – Tél. : 68 48 20 20

 Ouverte tous les jours de l'année de 9 h à 18 h 30 en été et de 9 h à 16 h en hiver.

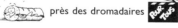 près des dromadaires

La réserve de Sigean, située à proximité du littoral est un vaste domaine d'étangs et de garrigues. Conçu initialement pour accueillir uniquement une faune africaine, le parc aujourd'hui présente des espèces animales originaires des cinq continents. Plus de 2 700 animaux se partagent le territoire. En voiture, vous roulez sur le territoire des lions, des ours du Tibet et des rhinocéros blancs.

À pied, la promenade dure au moins deux heures si vous voulez avoir le temps d'un petit brin de causette avec les watussis, les zèbres, les nandous, les wallabies, les aras et le « vieux marabout » ; les alligators, dans leur maison solaire, resteront imperturbables devant vos bavardages.

Au printemps, vous aurez peut-être la chance de voir d'adorables bébés guépards.

La « cuisine » de tous ces pensionnaires doit valoir la visite : car ils mangent à eux tous plus de 1 500 kg de nourriture par jour !

Si vous êtes là vers 17 h, ne ratez pas le repas des guépards et des lycaons.

Près de Sigean, on peut s'offrir une belle **balade en barque sur les étangs** et faire le tour des îles de l'Aute, de la Nadière, de Planasse, etc.

Vous traversez Narbonne et retournez au bord de la mer à **Narbonne-Plage**.

521

Les enfants vous entraîneront à coup sûr à l'Aquajet, un parc d'attractions nautiques sur la route de Gruissan (D 332).

Aquajet

11100 Narbonne-Plage – Tél. : 68 49 92 25

 Ouvert du 15 avril au 15 octobre, tous les jours de 10 h à minuit.

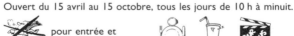 pour entrée et attractions payantes

Du sommet de la colline verdoyante, l'eau jaillit en cascade sur trois pistes de toboggans : le *boa bleu*, le *dauphin bleu* et le *turbo jaune*. Chacun choisira son toboggan selon ses propres critères (de vitesse ou de durée). Les moins de 5 ans ne sont pas oubliés, ils ont aussi leur carrousel nautique.

Nouveautés : un bassin avec des bateaux tamponneurs, des jacusis à bulles et à jets et un poney-club.

Un peu au nord de Narbonne-Plage, vous éviterez de tomber... dans **le gouffre de l'Œil-Doux**.

Phénomène naturel, le gouffre est large de 100 mètres et abrite un lac salé où s'engouffre la mer.

Vous quittez la côte jusqu'à Béziers.

Au mois d'août, Béziers est en liesse pendant la féria, une tradition vieille de vingt ans, pendant laquelle se succèdent corridas et spectacles. Renseignements au 67 49 24 19 (O.T.).

Au nord-ouest de Béziers par la D 14, vous atteindrez **Cessenon-sur-Orb**.

La Mini-Ferme - Zoo

34460 Cessenon-sur-Orb - Tél. : 67 89 54 14

 Ouvert tous les jours du 1er janvier au 1er octobre de 10 h à 20 h ; et les mercredis, samedis, dimanches, jours fériés et pendant les vacances scolaires.

Dans un cadre boisé, vous rencontrerez plus de 150 animaux venus des fermes du monde.

Si les enfants ont vraiment faim, ils pourront se rassasier avec des « biterrois », des gâteaux de voyage ! Et vous vous laisserez aller à une petite douceur en croquant les chocolats appelés « délices de Bonsi ».

Par la N 112, vous vous rendrez à **Agde** et au **cap d'Agde**.

À Agde, rendez-vous au :

Musée Agathois

5, rue de la Fraternité 34300 Agde – Tél. : 67 94 82 51

 Ouvert tous les jours sauf mardi de 10 h à 12 h et de 14 h à 18 h.

Un joli musée où sont reconstituées des scènes de la vie des habitants : l'atelier du potier, la cuisine, la chambre, la salle de la mariée... Le passé maritime du Vieux-Port grec est évoqué avec une importante collection de maquettes de bateaux.

Au cap d'Agde sont aménagés un Aqualand et un musée d'Archéologie.

Aqualand du cap d'Agde

34300 Agde – Tél. : 67 26 71 09

 Ouvert tous les jours de 10 h à 18 h de juin au 25 septembre (jusqu'à 19 h en juillet et août).

Un parc aquatique avec ses toboggans hauts de 15 mètres, ses huit pistes de pentaglisse et ses aquascooters.

Les tout-petits ont un coin-jeux bien surveillé et une garderie Aquababy. Et les plus grands assisteront à des démonstrations de sauts des plongeurs de l'extrême.

Musée d'Archéologie Sous-Marine

Mas de la Clape 34300 Cap d'Agde – Tél. : 67 26 81 00

 Ouvert tous les jours sauf mardi de 10 h à 12 h et de 14 h à 18 h ; et tous les jours en juillet et août de 10 h à 12 h 30 et de 14 h à 19 h.

Le musée d'Archéologie sous-marine et subaquatique ne contient pas des pièces exceptionnelles, mais la pensée que ces amphores ont été trouvées au fond des mers leur donne une valeur particulière.

Les techniques de fouilles sous l'eau sont clairement expliquées et rendent la visite instructive et passionnante.

Aquarium du Cap-d'Agde

11, rue des Deux-Frères 34300 Cap-d'Agde - Tél. : 67 26 14 21

 Ouvert tous les jours de l'année de 10 h à 22 h en haute saison et de 14 h à 19 h le reste de l'année.

Conçu dans un souci pédagogique, avec une attention particulière pour les enfants, cet aquarium fait découvrir la vie sous-marine avec la multiplicité des organismes qui y participent, du plus spectaculaire au plus insignifiant en apparence.

Pendant les grandes vacances, des matinées « vie dans l'eau » sont organisées pour les enfants. Renseignements et réservation au 67 26 14 21.

Quittez la côte et prenez la D 51 pour passer par Mèze où il faut visiter l'élevage de poissons tropicaux d'ornement du :

Lagunage de Mèze

34140 Mèze – Tél. : 67 46 64 80

 Ouvert tous les jours de 14 h à 18 h et en juillet et août de 10 h à 18 h.

Les animations « microvidéo » sont étonnantes : vous découvrez le phytoplancton (végétaux) et le zooplancton (animaux minuscules) sur des écrans, grâce à un microscope binoculaire relié à une caméra.

Montpellier n'est plus très loin, la N 113 ou l'autoroute « la Languedocienne » vous y conduiront.

Vous irez user vos baskets sur les 9 km de chemins piétonniers du zoo de Lunaret.

 # Parc Zoologique de Lunaret

34000 Montpellier – Tél. : 67 63 27 63

 Ouvert tous les jours sans interruption en été de 8 h à 19 h et en hiver de 8 h à 17 h.

Si vous êtes trop fatigués, un petit train fait le tour du parc.

Les nombreux animaux bénéficient d'espace et d'installations très confortables. Le visiteur a plaisir à les voir évoluer dans d'aussi bonnes conditions, d'autant plus que des fosses de vision permettent l'observation des animaux en semi-liberté.

Dans l'ambiance tropicale de la grande serre, les oiseaux des pays chauds se sentent un peu chez eux.

Quant aux petits, ils sont contents de visiter la ferme conçue spécialement pour eux. Rens. au **67 54 66 24**.

Palavas-les-Flots et **La Grande-Motte** sont les plages de Montpellier.

Vous pourrez faire le tour de La Grande-Motte en petit train. Départ face au casino – Tél. : 67 64 09 69. Vous irez surtout visiter l'Aquarium.

 # Aquarium panoramique

Esplanade de la Capitainerie 34280 La Grande-Motte
Tél. : 67 56 85 23

 Ouvert de Pâques à la mi-juin, tous les jours de 10 h à 12 h et de 14 h à 18 h ; de la mi-juin à la mi-septembre tous les jours de 10 h à 12 h 30 et de 14 h 30 à 19 h 30 et de 20 h 45 à 22 h ; de la mi-septembre à la fin octobre, tous les jours de 10 h à 12 h et de 14 h à 18 h ; et du début novembre à Pâques tous les jours de 14 h à 18 h sauf le lundi.

Comme si vous vous promeniez sous l'eau, vous côtoyez quatre-vingt-dix espèces de poissons.

Devant chaque bac un pupitre éducatif donne des informations claires permettant de mieux connaître les poissons.

Rattrapant la côte, vous arriverez au Grau-du-Roi, **où les enfants vous supplieront de les laisser un grand moment à l'Amigoland.**

Amigoland

Rond-point de l'Espiguette 30240 Le Grau-du-Roi - Port-Camargue - Tél. : 66 51 71 54

 Ouvert de mai à septembre de 9 h à 20 h.

Un Luna-parc original où des toboggans enverront les baigneurs au milieu des hippopotames à ressort et des monstres géants. En été, vous pourrez assister à des spectacles de pyro-symphonie.

N'oubliez pas non plus l'Aquarama, un parc aquatique situé sur la plage du Boucanet (tél. : 66 53 13 92) ; puis allez tous au Palais de la mer.

Seaquarium

30240 Le Grau-du-Roi - Tél. : 66 51 57 57

 Ouvert tous les jours en janvier, février, mars, octobre, novembre et décembre de 9 h 30 à 12 h et de 14 h 30 à 19 h ; en avril, mai, juin, septembre de 9 h 30 à 21 h ; et en juillet et août de 9 h 30 à 24 h.

Vous partez là pour une odyssée sous-marine et plongez dans l'univers magique des fonds sous-marins. Marchant sous un tunnel de verre situé au cœur d'un bassin géant de **400 000 litres**, vous vous trouvez nez à nez avec des requins tropicaux. Une visite au musée de la Mer complétera votre visite.

En suivant la D 979 vous verrez soudain surgir la mythique cité d'**Aigues-Mortes**. Et là, grâce à un film en 3 dimensions, vous découvrirez les paysages magnifiques de Camargue. **Cinéma en relief**, place de Verdun 30220 Aigues Mortes - Tél. : 66 88 40 91.

Et par la D 58, vous rejoindrez la D 570 et **Les Saintes-Maries-de-la-Mer**. Vous serez au cœur de la **Camargue**, où vous vous promènerez au cours du **circuit en Provence**.

De garrigues en collines, de calanques en Alpilles, le même ciel bleu lumineux coiffe cette Provence parfumée à la farigoule et à la lavande. Daudet et Mistral vous guideront au pays d'Arles, à Marseille vous écouterez Pagnol, sur les traces de Cézanne vous parcourrez le pays d'Aix et vous suivrez Chagall, Picasso et Matisse sur la Côte d'Azur.

Les jeunes baigneurs n'auront que l'embarras du choix des aqualands et autres aquafolies. Ils ne seront pas en manque d'attractions diverses et goûteront de réels plaisirs dans cette belle Provence.

PROVENCE-CÔTE D'AZUR

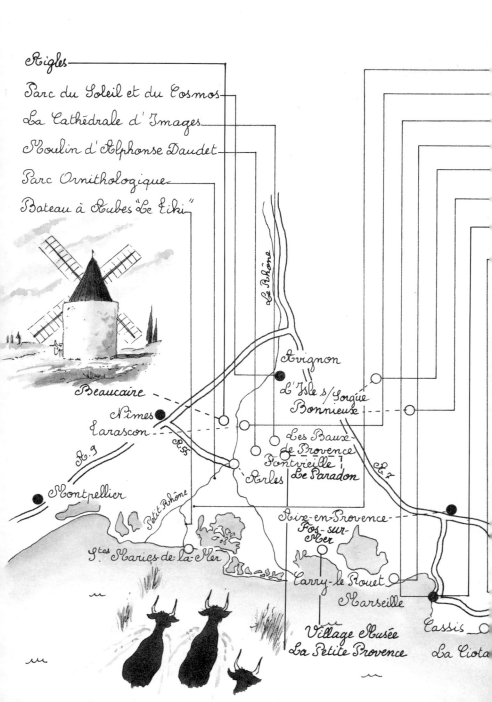

Aigles

Parc du Soleil et du Cosmos

La Cathédrale d'Images

Moulin d'Alphonse Daudet

Parc Ornithologique

Bateau à Aubes "Le Tiki"

Le Rhône

Beaucaire

Nîmes

Tarascon

Avignon

L'Isle s/Sorgue

Bonnieux

Les Baux
de Provence

Fontvieille

Arles

Le Paradou

R.9

N.5

Montpellier

Petit Rhône

Stes Maries de la Mer

Aix-en-Provence

Fos-sur-
Mer

Carry-le-Rouet

Marseille

A.7

Village Musée
La Petite Provence

Cassis

La Ciotat

Arrivant du Dauphiné, vous vous êtes arrêtés à Avignon. Vous continuerez votre route d'une part vers Arles et la Camargue, d'autre part vers Marseille, et enfin vers Aix, Toulon et la Côte d'Azur.

D'Avignon à la Camargue

À **Avignon** vous ne danserez pas tous en rond sur le pont, ce serait trop dangereux : depuis longtemps le pont Saint-Bénézet ne franchit plus le Rhône.

Les jeunes touristes admireront les remparts, tours et mâchicoulis qui entourent la ville. Ils se laisseront impressionner par le palais des Papes, et, gavés de melon confit, partiront découvrir un Parc de Découverte de l'Univers de conception originale.

À 4 km du centre ville sur la route de Villeneuve-les-Avignon :

Parc du Soleil et du Cosmos

30133 Les Angles – Tél. : 90 25 66 82

Ouvert d'avril à septembre, tous les jours sauf les mardis de 10 h à 12 h et de 14 h à 18 h ; et les week-ends de 14 h 30 à 17 h.
Les visites sont commentées.

Une promenade dans la garrigue est prétexte à un fabuleux voyage dans l'espace et le temps, vous entrez en contact direct avec le Cosmos, et pénétrez dans le domaine des étoiles et des galaxies...

Si donc d'Avignon vous ne vous laissez pas mener en **bateau à Arles** ! départ de l'allée de l'Oulle, au bord du Rhône, tous les jeudis d'avril à octobre, à 12 h 30 ; arrivée à Arles à 15 h 30, **ou bien un circuit aller et retour** le dimanche à 11 h 30 retour d'Arles à 16 h – Renseignements au 90 85 62 25 –, vous partirez en voiture par Châteaurenard, Saint-Rémy-de-Provence et Les Baux-de-Provence (la D 571).

La route entre Saint-Rémy et Les Baux sillonne la **montagne des Alpilles** et traverse le **Val d'Enfer** où se cachent dans les rochers aux formes étranges des sorcières ou de drôles de génies.

Dans l'un de ces antres, c'est-à-dire dans les salles souterraines d'une ancienne carrière de calcaire blanc, une cathédrale d'images a été aménagée.

Cathédrale d'Images

13520 Les Baux-de-Provence – Tél. : 90 54 38 65

 Ouvert de la mi-février au 11 novembre de 10 h à 19 h (Fermé à 18 h à partir du 26 septembre). Attention au contraste de température, prévoir des lainages.

Un journaliste a eu l'idée d'utiliser les parois, plafonds, sols et infra-structures de ces carrières comme autant d'écrans géants. L'image est partout, on s'y promène, on marche sur elle, elle vous tombe sur la tête et se laisse envelopper par une musique stéréophonique.

Le spectacle de 30 minutes change chaque année : l'Égypte, le cosmos, le feu et la terre, la Provence, Van Gogh, les Forêts de l'Espoir...

Un peu plus loin mi-village, mi-rocher, **Les Baux** apparaissent fantasmago-riques. S'il n'y a pas trop de monde, vous flânerez dans les ruelles, les enfants s'arrêteront un court instant au petit, très **petit musée des santons de Provence**.

À Noël, la **messe de minuit provençale** est une bien jolie célébration, avec les authentiques bergers, santons grandeur nature, et les chants de Noël en provençal.

Des Baux, vous passerez à **Fontvieille**, le village d'Alphonse Daudet, et si la petite chèvre ne broute plus le thym et le romarin, le moulin est toujours là sur la colline.

Un **moulin** bien authentique, mais où Daudet n'a en fait jamais écrit !

Qu'importe, la promenade est jolie. En montant, on regardera au passage une partie de boules et, avec un peu de chance, on verra descendre de jolies Arlésiennes en costumes, à moins que des taureaux ne sortent de la petite arène, une course à la cocarde achevée.

Zoom sur les fêtes en pays d'Arles

Des fêtes, il y en a du printemps à l'automne dans presque tous les villages, elles ont toutes leur charme, et le soleil et l'accent leur donnent une saveur particulière. Nous ne citerons que les plus originales.

À **Saint-Rémy-de-Provence :** le 1er mai, le passage des joueurs de fifre et de tambourin assis dans une charrette fleurie tirée par 20 à 30 ânes, et, le lundi de Pentecôte, celui du troupeau de 2 000 moutons avec ânes bâtés, béliers, chèvres et boucs, simulant comme jadis le départ en transhumance vers les alpages.

À **Arles :** les cocardes, les corridas – surtout celle du 15 août – la féria de Pâques et la fête des gardians le dernier dimanche d'avril.

La Cocarde est un spectacle typiquement provençal remontant à la Renaissance. Il se déroule dans l'arène, où les « razeteurs » doivent décrocher à l'aide du « razet » (sorte de peigne) une cocarde attachée entre les cornes du taureau.

À **Châteaurenard**, à Maillane, à Graveson... en août : la **« carreto ramado »** en l'honneur de saint Éloi. Un étrange attelage d'autant de chevaux que possible, harnachés à la mode sarrasine, tire une charrette de foin où repose la statue du saint, et traverse plusieurs fois la ville au triple galop.

Aux Saintes-Maries-de-la-Mer, les 24 et 25 mai, les gitans ou bounians venus des quatre coins de France commémorent l'arrivée de la barque de Marie Jacobé, la sœur de la Vierge, de ses compagnes et de Sarah, la servante noire devenue la patronne des gitans. Un **pèlerinage** haut en couleurs où se mêlent gardians et Arlésiennes en d'interminables farandoles.

À **Tarascon**, le dernier week-end de juin, les **fêtes de la Tarasque**, ce monstre marin qui terrorisait la région et que sainte Marthe apaisa d'un signe de croix ; en souvenir de ce miracle, tous les ans, un monstre de papier mis en mouvement par des jeunes gens cachés à l'intérieur fonce sur la foule en liesse.

À **Fontvieille**, le premier dimanche d'août, **la fête du « roudelet di Moulin »** avec ses défilés d'Arlésiennes et les danses au moulin.

À **Mouriès**, trois jours de la fin septembre, la **fête des olives** vertes avec « pegoulado », défilé folklorique aux flambeaux, et « abrivado », arrivée de taureaux encadrés de gardians à cheval dans les rues du village.

À côté de Fontvielle, **au Paradou**, vous découvrirez une Provence en miniature.

La Petite Provence

Avenue de la vallée des Baux 13520 Le Paradou - Tél. : 90 54 35 75

 Ouvert du 1ᵉʳ novembre au 31 mai de 14 h à 19 h et du 1ᵉʳ juin au 31 octobre de 11 h à 20 h.

Ce serait Daudet, Mistral et Pagnol qui se demanderaient ce qui leur arrive, s'ils découvraient leur Provence devenue si petite... Huit mille heures de travail ont été nécessaires pour réaliser ce village en miniature et pour recréer plus de trois cents pittoresques Provençaux.

Arles, dix kilomètres plus loin (D 17), **est une bien belle ville pour les grands ;** les petits pourront la découvrir à bord du petit train.

Petit Train Rens. au 90 18 41 20 (O.T.)

 Fonctionne tous les jours d'avril à octobre. Le circuit est commenté et dure 40 minutes.

Arles sent déjà la Camargue, et, sur le chemin, arrêtez-vous sur la D 570 au mas du Pont-de-Rousty, au :

Musée Camarguais

Mas du Pont-de-Rousty 13200 Arles – Tél. : 90 97 10 82

 Ouvert du 1ᵉʳ octobre au 31 mars de 10 h 15 à 16 h 45 tous les jours sauf mardi ; du 1ᵉʳ avril au 30 septembre tous les jours de 9 h 15 à 17 h 45 (en juillet et août jusqu'à 19 h). Fermé le jour de Noël, de l'An et le 1ᵉʳ mai.

 pour les enfants

Histoire d'avoir un avant-goût de ces étonnants paysages et des coutumes des Camarguais, vous visiterez ce musée, bien aménagé dans une ancienne bergerie.

En poursuivant la D 570, faites une halte au parc ornithologique.

Parc Ornithologique du Pont-de-Gau

13460 Les Saintes-Maries-de-la-Mer – Tél. : 90 97 82 62

 Ouvert de 9 h au coucher du soleil.

Si vous savez être patients, vous verrez passer la plupart des espèces d'oiseaux vivants ou transitant par la Camargue. Quant aux espèces les plus difficiles à rencontrer dans la nature, vous les observerez dans de vastes volières.

À 4 km des Saintes-Maries, **le centre Ginès** continue votre initiation sur le Parc naturel régional de Camargue.

Centre Ginès

13460 Les Saintes-Maries-de-la-Mer – Tél. : 90 97 86 32

 Ouvert tous les jours de 9 h à 12 h et de 14 h à 18 h ; fermé le vendredi du 1er octobre au 31 mars, le jour de Noël, de l'an et du 1er mai.

Sans être vu, bien protégé des moustiques... dans une vaste salle panoramique, vous épiez le marais ou, sans faire plus d'effort, vous regardez un montage audiovisuel.

Au **Boumian**, un peu plus loin, vous est proposé un **musée de cire**, reconstituant des scènes de la vie camarguaise. Tél. : 90 97 82 65.
Ouvert tous les jours en saison de 8 h à 12 h et de 13 h à 18 h.
Enfin, vous aimerez **Les Saintes-Maries**, ce charmant petit village tout blanc où débarquèrent un jour en 44 ou 45 de notre ère Marie Jacobé, Marie Salomé, leur servante noire Sarah, Marthe et Marie-Madeleine.

Vous pourrez faire aussi des **mini-croisières** sur le Petit Rhône à bord d'un drôle de bateau à aubes, le **Tiki** : Départs à l'embouchure du Petit Rhône, route d'Aigues-Mortes, à 2,5 km des Saintes-Maries. Renseignements au 90 97 81 68. Départs de mars à novembre, plusieurs fois par jour.

Ou des **promenades** et des **excursions touristiques** sur la **Salicorne**. Renseignements au 66 87 33 29 (à Saint-Gilles).
Prenez vos précautions, les moustiques sont virulents.

En revenant sur vos pas jusqu'au croisement à droite avec la route de Méjanes : la manade de Méjane organise des fêtes taurines et des ferrades, un petit train part de là et longe le Vaccarès.

Domaine de Méjanes

Étang du Vaccarès - 13460 Les Saintes-Maries-de-la-Mer - Tél. : 90 97 10 62

Rien ne vaut une promenade à cheval pour apprécier la Camargue sauvage. Réservations au 90 97 10 62.

Tous les jours les mois d'été de 8 h à 19 h.

Si vous n'êtes pas cavalier, un petit train peut vous conduire dans ce pays de mystère.

Petit Train de Méjanes. Tél. : 90 97 10 10

Fonctionne les week-ends de décembre, janvier et février et tous les jours les autres mois. Départ avec un minimum de 8 personnes.

Et puis, vous pourrez assister à des manifestations typiquement camarguaises : jeux gardians, ferrades, courses à la cocarde, dressage...

Ferrades et spectacles taurins.

Les dimanches et jours fériés des Rameaux à la mi-juillet.

En Camargue, la « ferrade » est un jour de fête, et pourtant il s'agit d'une cérémonie bien cruelle et difficile à supporter pour les non-initiés : les jeunes taureaux, les « anoubles », sont marqués au fer rouge à l'enseigne de leur manade (l'élevage auquel ils appartiennent) ; la brûlure doit être profonde afin de laisser une cicatrice indélébile. La foule joyeuse rassemblée à cette occasion mange et boit et improvise, dans des arènes rustiques, des courses de vachettes ou de jeunes taureaux.

Fugue à Tarascon et à Beaucaire

La N 570 vous conduit d'Arles à Tarascon.

La ville de la terrible « tarasque » et de Tartarin, le célèbre héros de Daudet, ce naïf chasseur à l'origine de toute une littérature de galéjades méridionales. On peut visiter sa « maison ».

Maison de Tartarin

55 bis, boulevard Itam 13150 Tarascon - Tél. : 90 91 05 08

 Ouvert tous les jours de toute l'année : du 1er avril au 30 septembre de 9 h 30 à 19 h et du 1er octobre au 14 mars de 10 h à 12 h et de 14 h à 17 h.

Des mannequins costumés restituent l'ambiance du roman de Daudet : Tartarin est en costume de chasse au milieu de ses trophées, il fait semblant de chanter le grand air de Robert le Diable, ou d'être malade pour ne pas partir en Algérie.

Dehors, un petit jardin exotique, au fond duquel vous pourrez voir la fameuse « Tarasque ».

Passez le pont sur le Rhône et vous serez à **Beaucaire**.

Les Aigles de Beaucaire

Château de Beaucaire 30300 Beaucaire - Tél. : 66 59 58 33 ou 66 59 26 72

 Ouvert de la fin mars jusqu'à la Toussaint. Spectacle tous les jours, sauf mercredi, l'après-midi (tous les jours en juillet et août).

Vous pouvez assister dans l'enceinte majestueuse du château royal à un grand spectacle médiéval de rapaces en vol libre. Grâce aux costumes d'époque, à la musique et aux commentaires, la dextérité des faucons et des aigles et la subtilité des grands vautours prennent un intérêt particulier.

De Tarascon descendez sur Arles, puis par la N 113 gagnez **Salon-de-Provence et Marseille**.

Musée Grévin de la Provence

Place des Centuries 13300 Salon-de-Provence - Tél. : 90 56 36 30

 Ouvert tous les jours du 15 juin au 15 septembre de 10 h à 12 h et de 15 h à 20 h et du 15 septembre au 14 juin de 10 h à 12 h et de 14 h à 18 h.

Voici le dernier-né des musées Grévin, il retrace les grandes étapes de l'histoire de la Provence présentées dans 18 décors, mettant en scène les grands personnages historiques et mythiques.

La maison de Nostradamus, un des habitants célèbres de la ville, est aujourd'hui à nouveau habitée par le fameux savant.

Maison de Nostradamus : 11, rue Nostradamus – Tél. : 90 56 64 31 (mêmes horaires et prix que le musée Grévin).

MARSEILLE

Marseille, premier port maritime français, est née grecque il y a vingt-six siècles ; elle s'appelait Massilia ou Massalia.

Musée de la Marine

Hall du Palais de la Bourse 13002 Marseille
Tél. : 91 39 33 33

 Ouvert tous les jours sauf mardis du 1er octobre au 30 avril de 10 h à 12 h et de 14 h à 18 h 30 ; du 1er mai au 30 septembre de 10 h à 12 h et de 14 h 30 à 19 h.
Métro : Vieux-Port.

Que de maquettes ! Des galères, une tartane, un chebec, un pinque, une drague, des corvettes, des paquebots, un ponton grue... et des souvenirs de la fameuse histoire du port.

Un peu plus loin, au fond du jardin des Vestiges :

Musée d'Histoire de Marseille

13001 Marseille – Tél. : 91 90 42 22

 Ouvert tous les jours sauf dimanche et jours fériés de 12 h à 19 h.
Métro : Vieux-Port.

La spectaculaire épave d'un navire marchand romain est l'intérêt principal du musée. À moins que les enfants n'aient la chance de suivre une des visites du mercredi organisées spécialement pour eux.

Toujours tout près du Vieux-Port, **la Maison Diamantée**, appelée ainsi à cause de la taille de ses pierres en « pointe de diamant », abrite le :

Musée du Vieux Marseille

Rue de la Prison 13002 Marseille – Tél. : 91 55 10 19

 Ouvert tous les jours de 10 h à 17 h.
Métro : Vieux-Port.

Le musée de la mémoire et des traditions marseillaises renferme une importante collection de costumes de différentes époques et surtout de santons et de crèches.

Un autre musée d'Arts et Traditions Populaires vaut aussi la visite :

Musée-Château Gombert

5, place des Héros 13013 Marseille - Tél. : 91 68 14 38

 Ouvert tous les jours, sauf mardi, de 14 h 30 à 18 h 30.

Le château Gombert est un lieu où l'on vient en famille revivre ou découvrir la vie d'autrefois avec ses fêtes, ses pèlerinages, ses coutumes... Vous adorerez la belle collection de crèches et de santons dont certains remontent au XVIIe siècle.

Enfin, ne ratez surtout pas le musée d'archéologie récemment aménagé.

Musée d'Archéologie Méditerranéenne

2, rue de la Charité 13002 Marseille - Tél. : 91 56 28 38

 Ouvert tous les jours du 1er octobre au 31 mai de 10 h à 17 h et du 1er juin au 30 septembre de 11 h à 18 h.

Le musée d'Archéologie vient d'être transféré dans le Centre de la Vieille Charité. Vous y verrez une exceptionnelle collection d'antiquités égyptiennes, des pièces intéressantes illustrant la protohistoire régionale et des antiquités classiques.

Des ateliers sont organisés pour permettre aux enfants d'aborder les civilisations égyptienne et celto-ligure, et d'étudier les collections grecques et romaines par le biais de maquettes et de planches à découper et à colorier.

À l'extrémité du Vieux-Port, au bout du quai de Rive-Neuve, suivez plutôt la corniche jusqu'à la promenade de la Plage, le nouveau quartier de la ville, attrayant avec ses nouvelles plages et sa base de yachting.

À l'entrée de la corniche, l'Aquaforum :

Marseille Aquaforum

Prado-Plage 59, av. Georges-Pompidou 13008 Marseille
Tél. : 91 71 00 46 - Métro : Rond-Point du Prado.

 Ouvert tous les jours de 10 h à 19 h.

Partez à la découverte des mondes aquatiques dans les galeries du nouvel aquarium de Marseille. Faites connaissance avec les fonds de la Méditerranée ; rencontrez les poissons des eaux douces tempérées et découvrez la faune étonnante des eaux douces tropicales.

Chaque jour à 14 h 30 et 15 h 30, assistez aux repas des poissons.

Dans un gigantesque bassin de 9 m de long, les requins vont et viennent, et chacun se réjouit d'être séparé d'eux par une vitre solide !

Derrière le champ de courses, se trouvent le joli lac et la roseraie du **parc Borély.**

En remontant l'avenue du Prado et en tournant à droite au rond-point du même nom sur le boulevard Michelet, vous arrivez à la « maison du fada » appelée aussi la **Cité Radieuse**, construite par Le Corbusier entre 1946 et 1953.

Si vous passez devant **Notre-Dame-de-la-Garde**, cette fameuse basilique romano-byzantine (construite par un architecte qui s'appelait « Espérandieu » !) et dont la « Bonne-Mère » veille sur Marseille, grimpez les escaliers pour aller voir l'impressionnante collection d'ex-votos. Ouverte de 6 h à 7 h 30 ou 19 h selon la saison.

Marseille donna aussi son nom à notre hymne national, et pourtant il fut composé à Strasbourg, en 1792, par Rouget de Lisle et s'appelait **le Chant de guerre de l'armée du Rhin**... Seulement voilà, des volontaires marseillais venus à Paris chantèrent avec tant d'enthousiasme et d'ardeur dans les rues de la capitale le chant révolutionnaire, que l'on décida de l'appeler dorénavant **la Marseillaise.**

 ## *Fugues de Marseille*

Vous quittez Marseille en prenant l'autoroute de Salon-de-Provence et en sortant à **« Plan de Campagne »** afin de vous rendre à l'Aquacity.

Aquacity

Route de Septèmes-les-Vallons, Lieu-dit « Le Petit Péage »
13270 Pennes-Mirabeau – Tél. : 91 96 12 13

 Ouvert de début juin à la mi-septembre, de 10 h à 19 h.

 pour les enfants de moins d'un mètre, les papis et mamies et le jour des anniversaires

Un seul billet d'entrée permet de passer une journée complète, de glisser à volonté, de patauger, de s'amuser sur les petits bateaux et de regarder les spectacles et les parades.

Poursuivez l'autoroute A 55 jusqu'à Martigues et Fos-sur-Mer. À **Fos**, vous découvrirez un adorable village.

Village-Musée

Place de l'Hôtel-de-Ville 13270 Fos-sur-Mer - Tél. : 42 05 27 57

 Ouvert tous les jours du 1er juin au 15 septembre de 9 h à 12 h et de 14 h à 19 h ; et du 16 septembre au 31 mai ouvert jusqu'à 18 h et fermé le lundi.

Tous les enfants aiment les reconstitutions en miniature ; là, cinq maquettes vous restituent le village de Fos dans les années 1920/1950. Certaines scènes sont automatisées, ce qui réjouira encore plus les jeunes visiteurs.

Vous reviendrez par la côte. A **Carry-le-Rouet**, les cow-boys vous attendent.

 # El Dorado City

13220 Châteauneuf-les-Martigues – Tél. : 42 79 86 90

 Ouvert de la mi-mars à la fin mai et de la mi-septembre à la mi-novembre, les dimanches et fêtes de 11 h à 18 h – spectacle à partir de 14 h 30 –, les mercredis et samedis à 14 h – pas de spectacle – ; du 1er juin à la mi-septembre de 11 h à 19 h – spectacle tous les jours à partir de 15 h.
Le billet d'entrée donne droit au spectacle, au parcours en diligence, au petit train, au manège de poneys et à une boisson gratuite à la cantina Mexico.

Un vrai village western avec son saloon, sa « bank » régulièrement attaquée, sa « jail » à côté.

La visite de la mine d'or, malheureusement « hantée », en fera frissonner plus d'un, et le risque de rencontrer les Indiens rendra la promenade en train bien angoissante !

On se remettra des émotions en faisant un petit tour de diligence ou en sirotant un Coca-Cola tout en assistant à un spectacle de french-cancan.

D'Avignon à la Côte d'Azur

Vous prendrez la N 100 en direction de L'Isle-sur-Sorgue. Un peu avant la ville, vous vous engouffrerez dans une grotte.

Grotte de Thouzon

84250 Le Thor – Tél. : 90 33 93 65

Ouvert tous les jours en avril, mai, juin, septembre et octobre de 10 h à 12 h et de 14 h à 18 h 30 ; en juillet et août de 9 h 30 à 19 h ; et de mars à novembre de 14 h à 18 h.

Un parcours dans le lit fossile qu'une rivière souterraine creusa jadis, laissant aujourd'hui des concrétions multiples, dont des « stalactites fistuleuses », d'une grande délicatesse. Un son et lumière donne une touche d'originalité à la beauté de ce monde minéral.

De L'Isle-sur-Sorgue, la D 25 vous conduira à **Fontaine-de-Vaucluse**.

À l'entrée du Lubéron, c'est le fleuve souterrain qui jaillit en une source vert émeraude et Pétrarque et ses amours malheureuses font la célébrité de Fontaine-de-Vaucluse. Il faut dire aussi que ce village peut s'enorgueillir d'avoir donné son nom au département, *Vallis clausa*, vallée close.

« Le monde souterrain » vous convie à une découverte hors du temps.

Musée de Spéléologie
Le monde souterrain de Norbert Casteret

84800 Fontaine-de-Vaucluse – Tél. : 90 20 34 13

Ouvert du 1er février au 11 novembre ; en été, tous les jours de 10 h à 12 h et de 14 h à 18 h 30 ; en demi-saison, fermé lundi et mardi.

Les récentes explorations ont permis de mieux cerner le phénomène exceptionnel de Fontaine-de-Vaucluse que vous commentent des spéléologues. Vous cheminerez dans un monde souterrain intégralement reconstitué : gouffre, rivière, cascades souterraines, fresques préhistoriques... Vous découvrirez une très belle collection de concrétions calcaires sous la forme de cristallisations de toutes dimensions.

Vous prolongerez votre visite par celle d'un atelier de fabrication manuelle du papier dont le matériel antique est entraîné par une des plus belles roues de Provence toujours en action.

Ne quittez pas la Vallée close sans assister au spectacle gratuit que donnent les **maîtres cristalliers**, qui soufflent et façonnent à la main tous les jours à la cristallerie des Papes.

Même si vous n'êtes pas passés à **Carpentras**, un peu plus au nord, il n'est pas trop tard pour acheter des berlingots, la spécialité de cette ville. Vous trouverez un peu partout dans la région ces délicieux bonbons acidulés de toutes les couleurs, et à la forme caractéristique.

De l'Isle-sur-Sorgue, poursuivez la N 100 à travers le **Lubéron**.

Si, par hasard, vous passiez à **Gordes**, n'oubliez pas d'aller voir le **village des bories**, un témoignage de la vie rurale dans ces maisons de pierres sèches en forme d'igloo (tous les jours de 9 h au coucher du soleil).

À **Roussillon**, vous serez tous impressionnés par le rouge de la terre, et le **colorado de Rustrel** mérite bien une promenade.

À **Apt**, à la **miellerie de Viton**, vous observerez des rûchettes à travers une baie.

Miellerie de Viton

84400 Apt – Tél. : 90 74 43 09

 Ouvert de septembre à juin du lundi au vendredi de 15 h à 20 h ; en juillet et août tous les jours de 15 h à 20 h sauf le samedi et le dimanche.

Dans la ville d'Apt dégustez les délicieux fruits confits.

Une dizaine de kilomètres avant Apt, tournez à droite sur la D 36 pour vous rendre à **Bonnieux**, au :

Musée de la Boulangerie

84480 Bonnieux – Tél. : 90 75 88 34

 Ouvert de 10 h à 12 h et de 15 h à 18 h 30 tous les jours sauf mardi du 1er juin au 30 septembre ; les week-ends du 1er mars au 31 mai et du 1er octobre au 31 décembre et pendant les vacances scolaires.

Un sanctuaire du pain ! Un montage son raconte l'histoire du pain au four et à mesure de la progression dans une boulangerie comme autrefois, avec ses pelles à enfourner, ses bannetons, son pétrin dans la « gloriette ». Il ne manque que l'odeur de fleur de farine et la chaleur du fournil.

Continuez cette même route jusqu'au Cadenet, et là regagnez la N 7 que vous descendrez jusqu'à **Saint-Cannat** et si le soleil n'est pas au zénith, vous pourrez éventuellement faire un crochet à **La Barden** par la D 572 en direction de Salon-de-Provence.

Parc Zoologique

13330 La Barden – Tél. : 90 55 19 12

 Ouvert tous les jours de l'année de 10 h à 19 h et de 14 h à 19 h, en journée continue l'été.

 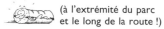 (à l'extrémité du parc et le long de la route !)

Il fait très chaud sur cette colline aride ; heureusement les animaux viennent pour la plupart de pays tropicaux ; ils sont sûrement moins accablés que vous ; leur inconfort vient plutôt des installations précaires !

Un vivarium et une oisellerie, bizarrement installés dans l'écurie de la ferme du château, terminent plus au frais la visite.

Si vous avez simplement poursuivi la N 7, arrêtez-vous 2 km plus loin au :

Village des Automates

13760 Saint-Cannat – Tél. : 42 57 30 30

Ouvert d'avril à septembre tous les jours de 10 h à 18 h et du 1er octobre au 31 mars les mercredis, samedis, dimanches et jours fériés de 10 h à 18 h.

Accueillis à l'entrée par Merlin l'Enchanteur lui-même, vous vous promenez dans un parc boisé où sont disséminées des petites maisons, théâtres d'animation : le château de la Belle au bois dormant, le cirque, les Mille et Une Nuits et, dans une énorme baleine, l'histoire de Pinocchio, etc.

Les enfants mettent en mouvement eux-mêmes les automates, au fur et à mesure de leur passage.

Prévoir une vraie grosse médaille en chocolat à donner au créateur de ce parc-musée.

Puis, remontés comme les automates, vous arrivez à Aix-en-Provence.

AIX-EN-PROVENCE

Les nombreuses rues piétonnes de cette ville ont l'avantage de permettre aux enfants de sauter ou de courir sans danger, pendant que papa et maman admirent les élégants hôtels du XVIIe ou du XVIIIe siècle.

Des *calissons* plein la bouche, ces confiseries à la pâte d'amande, en forme de losange, vous entrerez dans le musée du Vieil Aix, situé entre la place de l'Hôtel-de-Ville et la cathédrale Saint-Sauveur.

Musée du Vieil Aix

17, rue Gaston-de-Saporta 13100 Aix-en-Provence
Tél. : 42 21 43 55

Ouvert tous les jours sauf lundi de 10 h à 12 h et de 14 h à 18 h (17 h en hiver) ; fermé en octobre et les jours fériés.

Une exceptionnelle collection de crèches ravira tous ceux pour qui le jour de Noël est encore une fête.

C'est au XIXe siècle qu'apparurent ces figurines en argile peinte, personnages locaux venus rendre visite à Marie et à Jésus : Tartarin, le maire et sa femme,

la vieille chargée de son fagot, la poissonnière, le pêcheur, le berger des monta-
gnes, le gitan... Certains ont l'air humble ou naïf comme « lou ravi », d'autres
sortent directement de la réalité quotidienne ou des histoires provençales célèbres,
comme Mireille ou Escartefigue.

Début décembre, la foire aux santons est amusante à voir.

Pas très loin de là, près de la place Saint-Honoré :

Musée d'Histoire Naturelle

Hôtel Boyer-d'Eguilles 6, rue Espariat
13100 Aix-en-Provence – Tél. : 42 26 23 67

 Ouvert tous les jours sauf dimanche de 9 h à 12 h et de 14 h à 18 h. Fermé les
jours fériés de septembre à mai.

Les œufs que l'on peut voir dans ce musée n'ont rien à voir avec ceux
auxquels nous sommes habitués. Ce sont des œufs de dinosaure pondus
il y a 60 millions d'années et retrouvés conservés dans la vase des
marécages. Un de ces monstres a été reconstitué dans son environnement.

On pourra voir également des plantes fossiles âgées de 35 millions
d'années et des traces laissées par des espèces de hyènes, de tapirs ou
d'antilopes dans un marais du Vaucluse.

D'Aix, vous prenez l'autoroute et vous vous dirigez soit vers **Cassis** et **Toulon**,
soit vers **Sainte-Maxime**, **Brignoles**, **Le Muy**, **Cannes** et **Nice**.

Commençons donc par Cassis, un port qui fait penser à une scène de
théâtre où l'on s'attend à chaque instant à voir Scapin sauter d'une embar-
cation.

Les vedettes alignées les unes à côté des autres vous sollicitent pour
vous faire visiter les **calanques**. Elles se valent toutes, et elles vous emmè-
nent à Port-Miou, un fjord étroit au fond duquel sont amarrés des dizaines
de voiliers, à Port-Pin, une jolie petite plage ombragée, à la calanque
d'En-Vau, la plus spectaculaire, où des alpinistes s'entraînent en grimpant
sur les parois des falaises qui la bordent. Certains jours ils sont si nombreux
que l'on se demande s'il ne faudra pas imposer des heures de montée et
de descente ! Au fond, une plage de galets ne décourage pas les baigneurs...

Puis à **La Ciotat**, célèbre pour ses chantiers navals, vous ferez une
agréable promenade au **parc du Muguel**, niché à l'abri du Bec de l'Aigle.
Le long des sentiers balisés, les arbres et plantes de la région déclinent leurs
noms : chênes-lièges, caroubiers, arbousiers, myrte, laurier-tin, etc.

546

À l'intérieur de l'atelier bleu du Cap de l'Aigle, vous verrez des montages de diapositives sur les merveilles de la région et des fonds sous-marins.

Ouvert tous les jours du 1er avril au 30 septembre de 7 h à 20 h et du 1er octobre au 31 mars de 8 h à 18 h ; fermé en décembre.

De La Ciotat, si vous prenez la D 3 pour Brignoles, en tournant à gauche sur la N 8 vous arrivez tout de suite au parc d'attractions O.K. Corral, à 3 km de **Cuges-les-Pins.**

O.K. Corral

13780 Cuges-les-Pins – Tél. : 42 73 80 05 et 42 73 82 75

Ouvert de 10 h 30 à 18 h 30, uniquement le dimanche en mars ; les mercredis, samedis et dimanches, jours fériés et vacances scolaires en avril et mai ; tous les jours du 1er juin au 4 septembre ; les mercredis, samedis et dimanches du 4 septembre au 30 septembre ; uniquement le dimanche en octobre ; tous les jours pendant les vacances de la Toussaint.

donne droit à toutes les attractions

Des manèges pour les petits, le « looping star » pour les grands, un train qui défile les courbes à plus de 100 km/h, des toboggans géants, un train fantôme, un village western, un bateau du Mississippi, des spectacles dont les orgues aquatiques d'El Paso et le mexican twist, etc. En un mot, une journée de plaisirs pour tous les âges.

Ce parc a su avec le temps allier agréablement le sensationnel et les attractions plus familiales.

Si, de La Ciotat, au contraire, vous avez continué à **longer la côte**, vous pourrez vous baigner soit sur la grande plage des Lecques, soit glisser de plus ou moins haut et toujours plus vite des toboggans cobra, niagara ou kamikaze.

Aqualand

83270 Saint-Cyr-Les-Lecques – Tél. : 94 32 09 09

Ouvert de début juin à début septembre : en juin et en septembre de 10 h à 18 h, en juillet et août de 10 h à 19 h.

À Bandol et à la sortie de la ville :

Zoo et Jardin Exotique

83110 Sanary-sur-Mer – Tél. : 94 29 40 38

 Ouvert tous les jours de 8 h à 12 h et de 14 h à 18 h (19 h en été) ; et les dimanches et jours fériés de 14 h à 18 ou 19 h.

Des centaines d'oiseaux, des singes, des makis, des daims, des fennecs... attendent bruyamment votre visite au milieu des plantes tropicales, des cactées et des aloès du jardin exotique.

En continuant toujours la côte après Sanary, **au petit port du Brusc vous embarquerez pour l'île des Embiez**, une île aménagée en complexe touristique sur laquelle se trouve la fondation océanographique Paul-Ricard.
Le tour peut se faire en petit train.

Aquariums et Musée

Île des Embiez 83140 Six-Fours-les-Plages - Tél. : 94 34 02 49

 Ouvert tous les jours de 10 h à 12 h 30 et de 13 h à 17 h 45 (18 h 30 en juillet et août) ; fermé les 25, 26 décembre et le 1er janvier ainsi que les mercredis matin du 1er novembre au 31 mars.

Un musée océanographique donne un aperçu de la faune marine et des aquariums, véritables hublots sur le monde sous-marin, présentent une centaine d'espèces différentes de la faune et de la flore de Méditerranée.

Après la visite du musée, une promenade sous-marine en Aquascope s'impose.

Aquascope

Ile des Embiez 83140 Six-Fours-les-Plages - Tél. : 94 74 63 34

 En saison, départ toutes les 45 minutes. Durée 35 minutes.

Escortés par un banc de poissons, vous partirez à bord d'un vaisseau à vision panoramique à la découverte de la grande bleue, et doucement vous vous poserez dans l'herbier du fond de la mer.

En continuant la côte sur environ 7 km, vous arriverez dans la forêt de Janas au zoo de Janas.

Jardin Animalier de Janas

83500 La Seyne-sur-Mer – Tél. : 94 34 41 55

 Ouvert de mai à septembre de 10 h à 19 h.

Ni zoo, ni parc, ce jardin un peu comme une arche de Noé ouvert à tous et où règne le grand amour des animaux.

TOULON

À Toulon, il faudra faire le tour de la rade, monter au mont Faron voir le zoo-fauverie et visiter le musée de la Marine.

Tour de la Rade

83000 Toulon – Renseignements au 94 62 41 14

 Départ quai Stalingrad.
Fonctionne de la mi-avril à la fin octobre, le matin et l'après-midi.
Durée : 1 à 2 heures.

Par le téléphérique vous montez au sommet du mont Faron et visitez le zoo-fauverie.

Zoo du Mont

Mont Faron 83000 Toulon – Tél. : 94 88 07 89

 Ouvert en juillet et en août de 10 h à 19 h ; de Pâques à juillet et en septembre de 10 h à 12 h et de 14 h à 18 h ; et d'octobre à Pâques tous les jours de 14 h à la nuit.

Des félins magnifiques : lions, tigres, panthères, jaguars, ocelots, etc., mais ce sera la nursery qui sera passionnante à voir si, comme on l'espère, beaucoup de bébés viennent au monde.

Au-delà de Toulon au Lavandou, pourquoi ne pas embarquer à bord du *Seascope*.

Seascope

Quai Gabriel Peri 83980 Le Lavandou - Tél. : 94 71 01 02

 Fonctionne toute l'année, se renseigner sur les horaires de départ. Durée 35 minutes.

Le *Seascope* est un trimaran dont la coque centrale est transparente et profondément immergée. À bord de ce vaisseau panoramique, vous découvrirez la faune rocheuse traditionnelle de Méditerranée.

À **Saint-Tropez**, vous ne verrez pas de bébés phoques... Se promener sur le port est distrayant pour tout le monde, mais attention, dans la foule, de ne pas perdre les enfants. Et empêchez-les bien de grimper sur la passerelle des yachts, ils sont farouchement gardés, et un vase de glaïeuls est si vite renversé ! En saison, vous pourrez aller en bateau pour Sainte-Maxime ou Port-Grimaud.

Au-delà de Cogolin et de Grimaud, dans l'arrière-pays à **La Garde-Freinet**, existe un élevage de pigeons intéressant à visiter.

Le Mouron Rouge

83680 La Garde-Freinet - Tél. : 94 43 65 32

 Ouvert de mai à septembre de 10 h à 12 h 30 et de 15 h à 18 h ; d'octobre à avril de 14 h à 17 h. Fermé le mardi et le dimanche matin.

Non seulement vous verrez des pigeons, mais vous visiterez un musée colombophile, et ainsi vous saurez presque tout sur l'histoire du pigeon voyageur.

Le long de la **route de Saint-Maxime au Muy**, sur la D 25 est installé un petit musée du Phonographe et de la Musique mécanique.

Musée du Phonographe
et de la Musique Mécanique

Sur la D 25 – Tél. : 94 96 50 52

 Ouvert de Pâques à la fin septembre de 10 h à 12 h et de 14 h 30 à 18 h ; fermé les lundis et mardis. Visite guidée de 3/4 d'heure.

La façade du musée évoque un limonaire des années 1900 et, à l'intérieur, les drôles d'instruments, les boîtes à musiques, les phonographes et le « pathégraphe », un appareil pour apprendre les langues étrangères, semblent des vestiges d'un temps révolu.

Si, par hasard, pour gagner Saint-Tropez et Sainte-Maxime, vous n'aviez pas suivi la route de la corniche des Maures et si vous avez pris la route intérieure N 98, passant par Cogolin, à **La Môle,** il y a une belle piscine californienne avec des bains à remous et des toboggans géants, très larges.

Niagara

Route du Canadel 83310 La Môle
Tél. : 94 49 58 85 ou 94 49 59 23

 Ouvert tous les jours de juin à la mi-septembre de 10 h 30 à 19 h.
Prix : 65 F et 55 F.

En suivant la côte après Sainte-Maxime vous arrivez à Saint-Raphaël ou plus exactement à Fréjus, vous pourrez encore aller vous baigner et vous donner des sensations fortes dans le parc nautique très joliment paysager :

Aquatica

Sur la RN 98 83600 Fréjus – Tél. : 94 52 58 58

 Ouvert 10 h à 18 h en juin et septembre et de 10 h à 19 h en juillet et août.

Avant de regagner l'autoroute ou la N 7 allez au :

Parc Zoologique de Fréjus

Le Capitou 83600 Fréjus – Tél. : 94 40 70 65

 Ouvert tous les jours de l'année : de mai à septembre de 9 h 30 à 18 h et en hiver de 10 h à 17 h.

Sur une colline boisée de pins parasols et de chênes-lièges, un parc à parcourir en voiture ou à pied, au choix. En voiture il est possible de s'arrêter où l'on veut et de descendre voir de plus près les animaux parqués derrière des enclos.

Le spectacle de fauves et de chimpanzés dressés vous ravira, ainsi que la démonstration d'otaries joueuses.

Si vous avez atteint Fréjus en venant d'Aix par la N 7, en cours de route, vous vous serez arrêtés sans faute à Brignoles au :

Parc MiniFrance

Route Nationale 7 83170 Brignoles - Tél. : 94 69 26 00

 Ouvert au printemps et en automne de 10 h au crépuscule.

Une visite insolite d'une France miniature. Sans se fatiguer, en 80 minutes on parcourt sur un petit sentier la France entière, admirant le Mont-Saint-Michel, les alignements de Carnac, le château de Chambord, le Pont du Gard, le port de Saint-Tropez, la cathédrale de Strasbourg, l'Opéra de Paris, etc. 70 sites hauts de 50 cm et fidèlement reproduits à l'échelle.

La vraie « France des enfants ».

Poursuivez la N 7. Au Cannet-des-Maures est installé un parc zoologique.

Parc Zoologique de Pierre Galifet

« Les Chênes » Quartier La Partiguière
83340 Le Cannet-des-Maures – Tél. : 94 60 74 91

 Ouvert du 1er mai au 1er octobre tous les jours de 10 h à 19 h 30 ; en hiver les mercredis, samedis, dimanches de 14 h à 18 h et tous les jours pendant les vacances scolaires.

Un zoo, un peu différent des autres, à la fois maison de retraite et de convalescence pour animaux fatigués du spectacle ou blessés ; grâce à « Brindille », ils retrouvent un peu de confort et font encore la joie des enfants.

Par la N 97, faites un crochet par Gonfaron.

Le Village des Tortues

83590 Gonfaron - Tél. : 94 78 26 41

 Ouvert de mars à la fin novembre, tous les jours de 9 h à 19 h.

Le « village » s'étend sur un hectare de sous-bois et de végétation provençale ; il est habité par 2 000 tortues... Elles sont venues se faire soigner, en cure ou passer des vacances... Elles ont une carapace jaune et noire. Certaines sont très vieilles (80 ans maximum !)... Leur arbre généalogique est impressionnant, on leur a trouvé des aïeux, il y a 35 millions d'années ! On les appelle les tortues d'Hermann.
   Prenez une visite guidée, c'est intéressant.

Au-delà de Saint-Raphaël, en poursuivant la route côtière, vous arriverez à Agay. Embarquez à bord de l'Aquavision.

553

Aquavision

Kiosque de la Rade 83700 Agay - Tél. : 94 82 75 40

 Fonctionne de février à la mi-novembre. Se renseigner sur les horaires de départ. Durée 35 minutes.

Belle occasion de faire une promenade en mer le long de la côte et de découvrir la faune sous-marine grâce à ce bateau panoramique.

Après Cannes, si vous poursuivez votre route le long de la côte, les enfants auront la chance de passer une journée inoubliable au **Marineland** d'Antibes.

Marineland

06600 Antibes – Tél. : 93 33 49 49

 Ouvert tous les jours de l'année, deux ou trois spectacles à partir de 14 h 30 et un nocturne supplémentaire à 21 h 30 en juillet et août.

Un spectacle comme ceux que l'on voit aux États-Unis, des dauphins, des orques, des otaries sautent à travers des cerceaux, jouent au ballon, dansent, traînent des petits bateaux, etc.

Un aquarium et un musée de la Marine complètent la visite.
Attention à l'affluence l'été !

Juste à côté :

 ## L'Aquasplash

 Ouvert de début juin à fin septembre de 10 h à 19 h.

Même si les enfants profiteront avant tout de la mer chaude, ils auront grand plaisir à faire ici des glissades infernales.

La Petite Ferme

 Ouvert tous les jours de 10 h à 17 h (18 h en été).

Une petite ferme provençale où les enfants auront plaisir à câliner les petites chèvres, à donner le biberon aux agneaux, à faire des petits tours de poney et à rendre visite au village des souris.

 # Adventure Golf

 Ouvert tous les jours (sauf en cas de pluie) de 10 h à la tombée de la nuit.

Deux parcours de mini-golf de 18 trous dans un décor de végétation exotique.

La Jungle aux papillons

 Ouverte du 1er mars au 15 novembre.

Multicolores et légers, les papillons volent autour de vous dans une grande serre.

Prenez maintenant l'autoroute pour Nice, sortez d'abord vers l'aéroport et juste en face allez faire une merveilleuse promenade au **parc Phoenix**, puis en continuant la Promenade des Anglais et en montant à gauche vers le quartier Fabron (nombreuses indications) vous vous rendrez au **parc des Miniatures**.

 # Parc Phoenix

405, promenade des Anglais 06000 Nice - Tél. : 93 18 03 33

 Ouvert toute l'année, tous les jours, sauf lundi, de 10 h au coucher du soleil. Fermé en janvier.

Jardins du monde : le parc Phoenix procure l'occasion d'une merveilleuse promenade dans les végétations des quatre coins du monde. L'exotisme est très bien rendu grâce à la sonorisation : oiseaux et insectes vous accompagnent le long de votre marche. La « Mare aux petits diables », espace jeux pour les enfants, est particulièrement réussie et le labyrinthe dans la forêt de bambous est bien joli.

Parc des Miniatures

Boulevard Impératrice Eugénie 06200 Nice – Tél. : 93 44 67 74

 Ouvert tous les jours de 9 h 30 à 18 h 30 (20 h en été).

Dans un parc de plus de 3 hectares dominant Nice et la baie des Anges, vous ferez une étonnante promenade dans l'histoire de Nice. Vous verrez les principaux monuments reproduits à l'échelle 1/25e. Les maquettes sont superbes, riches en détails.

Vous pourrez également visiter le Musée des Trains miniatures, un impressionnant réseau de chemin de fer.

Longeant la côte jusqu'à la principauté de Monaco, arrêtez-vous au **Cap-Ferrat** pour aller vous promener dans la jungle.

Zoo du Cap-Ferrat

06230 Saint-Jean-Cap-Ferrat - Tél. : 93 76 04 98

 Ouvert tous les jours de 9 h 30 à 19 h à la bonne saison et 17 h 30 en hiver.

Dans une belle végétation tropicale et méditerranéenne évoluent tranquillement un grand nombre d'animaux du monde entier.

Notre circuit s'achève à **Monte-Carlo**. Si papa et maman n'ont pas tout perdu au casino, il vous faudra tous aller faire un voyage dans le SeaBus.

SeaBus

Quai des États-Unis Port de Monaco – Tél. : 92 16 18 19

 Fonctionne tous les jours (sauf aléas météorologiques). Arrêts le 2ᵉ et 4ᵉ lundi de chaque mois.

+ de

Embarquez à bord du sous-marin *SeaBus* et plongez au large par 40 mètres de fond. Durant 1 heure environ, *SeaBus* évolue parmi les épaves, galères de haute-mer, amphores antiques... et bien sûr les poissons. Vous admirez derrière de larges vitres ce spectacle des fonds sous-marins. C'est très cher mais le voyage vaut la peine.

Ou encore, vous visiterez le célèbre musée Océanographique et irez voir les poupées du musée National.

Musée Océanographique

Avenue Saint-Martin Monaco – Tél. : 93 15 36 00

 Ouvert tous les jours de juin à septembre de 9 h 30 à 18 h 30 ; en juillet et août de 9 h à 19 h ; d'octobre à mai de 9 h 30 à 19 h.

Ce musée exceptionnel présente des collections de faune marine : des animaux naturalisés, des squelettes, dont celui d'une baleine de 20 m.

Au premier étage, les mystères de l'océan comme les phénomènes des marées, des courants marins ou l'« upwelling », la remontée des eaux profondes, sont expliqués grâce à de nombreuses maquettes et à des animations audiovisuelles.

Au sous-sol, les poissons de toutes les mers du globe évoluent dans quatre-vingt-dix bassins, directement alimentés en eau de mer : un requin-nourrice cohabite sans difficulté avec de superbes tortues.

Et, en permanence, dans la salle de conférences sont projetés les films de l'odyssée sous-marine du commandant Cousteau.

Ou encore, vous irez vous promener dans l'exceptionnel jardin exotique.

Jardin Exotique

Boulevard du Jardin Exotique Monaco - Tél. : 93 30 33 65

Ouvert tous les jours de 9 h à 18 h (19 h en juin, juillet, août et septembre).

Un jardin extraordinaire regroupant quelque **7 000** variétés de plantes dites « succulentes » : des cactées centenaires, des euphorbes candélabres de 15 m de haut. Des passerelles permettent une bonne vision d'ensemble. Dans l'enceinte même du jardin, à 60 mètres sous terre, une grotte préhistorique montre ses stalagmites et ses stalactites sous des effets de lumière surprenants.

Musée National des Poupées et Automates d'autrefois

17, avenue de la Princesse-Grace Monaco – Tél. : 93 30 91 26

Ouvert tous les jours de Pâques au 15 septembre de 10 h à 18 h 30 ; du 16 septembre à Pâques de 10 h à 12 h 15 et de 14 h 30 à 18 h 30.

Dans une villa du XIXᵉ siècle construite par Charles Garnier, l'architecte de l'Opéra de Paris, une collection exceptionnelle de poupées et d'automates des XVIIIᵉ et XIXᵉ siècles remarquablement présentée.

Visiter Monte-Carlo, c'est aussi l'occasion de tout savoir sur la célèbre famille Grimaldi et d'admirer les voitures du prince de Monaco.

Monte-Carlo Story
Terrasse du parking des Pêcheurs - Tél. : 93 25 32 33
Tous les jours, un film sur l'histoire d'une dynastie.

Historial des Princes de Monaco
27, rue Basse - Tél. : 92 16 20 00.
Des personnages en cire recréent des scènes de la vie de la famille princière.

L'Exposition de la collection de voitures anciennes de S.A.S. le prince de Monaco
Terrasse de Fontvieille - Tél. : 92 05 28 56.

Le guide de la France des friandises

I maginez une France qui serait un peu comme le palais de Dame Tartine.

Les montagnes seraient en chocolat saupoudré de sucre glace, les collines se découperaient dans du caramel et les plaines onduleraient dans du moka. Les fleuves et les rivières couleraient comme de longs rubans de guimauve.

Les rochers seraient pralinés et les cailloux acidulés. Les arbres donneraient des fruits confits et les fleurs s'épanouiraient cristallisées.

Tous les animaux seraient en pain d'épices ou bien encore en pâte d'amandes.

Les villes ne seraient célèbres que pour leurs sucreries, et les étapes touristiques dans ce pays de douceurs ne se feraient qu'en fonction des bons gâteaux et des savoureux bonbons.

De Cambrai à Monte-Carlo, c'est cette route des friandises que nous vous proposons de suivre.

> "Ah, vous dirai-je maman,
> ce qui cause mon tourment,
> Papa veut que je raisonne
> comme une grande personne.
> Moi, je dis que les bonbons
> valent mieux que la raison."

« *Grand'mère qu'as-tu vu ?*
– J'ai vu un garçon qui faisait des bêtises aussi
grosses que des bonbons. »

Cambrai

Dans le nord, les **BÊTISES DE CAMBRAI** sont aussi célèbres que les clairs de lune de Maubeuge.

Laissez-vous faire et suivez le conseil de la bonne grand-mère Afchain dont le portrait orne les boîtes de bêtises : « Non ! mais goûtez-moi ça ! » dit-elle depuis plus de 140 ans.
Lorsque la vieille dame proférait ces paroles, depuis longtemps déjà, elle n'en voulait plus à son sacripant de fils. Grâce à ses « bêtises », la confiserie de la famille était devenue célèbre. Et pourtant, elle était bien fâchée le jour où le jeune apprenti avait raté le mélange du sucre d'orge nécessaire à la fabrication des friandises commandées. Pour camoufler son erreur, il avait ajouté un peu de menthe pour parfumer. On n'aimait pas jeter à cette époque, et les parents du coupable avaient décidé de mettre en vente malgré tout les vilains bonbons.
Croyez-le ou non, jamais une des douceurs de la confiserie Afchain ne s'était aussi bien vendue.
Tout naturellement, ces nouveaux bonbons gardèrent le nom de « bêtises ».

Comme Martin et Martine, les enfants de Cambrai, garçons et filles apprécieront ces drôles de bonbons blancs à rayures jaunes.

La confiserie Afchain existe toujours, vous y achèterez des bêtises et visiterez la fabrique ouverte au public.

Confiserie Afchain
Rue du Champ de Tir
59400 Cambrai
Tél. : 27 81 25 49
Ouvert du lundi au vendredi de 8 h à 12 h et de 14 h à 18 h

Lille

À Lille, vous fredonnerez la bouche pleine de **« P'TITS QUINQUINS »**, la célèbre rengaine qui a donné son nom à ces bonbons ovales acidulés aux fruits.

Tourcoing

En passant à Tourcoing, vous constaterez que les **« PAVÉS »** au chocolat fourrés de biscuits pralinés sont croquants à souhait.

EN PICARDIE

Amiens

À Amiens, vous goûterez les **MACARONS**, spécialités de la ville, afin de les comparer avec ceux de Nancy.

EN HAUTE- ET BASSE-NORMANDIE

Pommes de reinette et pommes d'api...
Prenez une pomme verte, tenez-la par la queue
et trempez-la dans du caramel.

Le Havre/Rouen

Dans le bocage normand broutent les vaches, fleurissent les pommiers.

Aussi délicieuses soient les pommes à croquer, les enfants les préféreront enrobées dans du caramel comme celles que l'on trouve dans les bonnes pâtisseries du Havre, ou encore en bâton ambré, les fameux **SUCRES DE POMME** de Rouen.

Merci à l'apothicaire espagnol à qui l'on doit ce mélange de sucre et de pomme qu'il recommandait contre la mélancolie. Est-ce pour cette raison que l'impératrice Marie-Louise en était grande consommatrice ?

Paillard
32, rue du Gros Horloge
76000 Rouen
Tél. : 35 71 10 15

Cadet-Roussel aimait trois caramels...
L'un était à Bayeux, l'autre à Flers
Et le troisième à Isigny.

562

Caen

À Caen, il y a des **CHIQUES**, sorte de caramels au beurre salé. Par curiosité vous y goûterez, mais n'en mangez pas de trop car **Isigny** n'est pas loin et comme chacun sait les **CARAMELS** sont la spécialité de la ville.

Normandie Caramels
12, avenue Tour du Pin
14230 Isigny-sur-Mer
Tél. : 31 21 52 89

Flers

À Flers, les **« COUCI-COUÇA »** ne portent pas bien leur nom car rien n'est meilleur que le goût du sucre fondu dans du bon beurre.
Le caramel est un des plus anciens bonbons, il tire son nom de la canne à sucre *cannamella* en latin.

Sur les plages de la côte normande, vous trouverez des **GALETS**. Ceux que vous sucerez seront en pâte d'amandes.

EN BRETAGNE

Tas de crêpes, galettes, biniou et pâtés de sable.

Saint-Malo/Saint-Brieuc

En Bretagne, les enfants laisseront les artichauts et les choux-fleurs à leurs mamans, ils préféreront les **PATATES** de Saint-Malo (pâte d'amandes en forme de pomme de terre) ou encore les bonbons à la pulpe de pomme et au beurre appelés **« GUILLAUMETTES »** à Saint-Brieuc.

Petits et grands se régaleront de **GALETTES** de blé noir qu'ils mangeront avec du jambon ou avec des œufs, et de **CRÊPES** au froment saupoudrées de sucre.

Quimper

Ils croqueront sans les briser les **CRÊPES DENTELLES**, les petites gaufrettes fines et très fragiles, spécialités de Quimper.

Au mois de juillet, tout le monde ira à la fête de la crêpe en Montagnes Noires.

Renseignements au syndicat d'initiative de Gourin (Morbihan) Tél. : 97 23 66 33

Douarnenez

À Douarnenez, les plus gourmands pourront se couper des parts de **KOUIGN-AMANN**, un gâteau au beurre comme l'indique son nom : *kouign* voulant dire gâteau et *aman* beurre.

Deux pâtisseries en vendent de délicieux :

Claude Pendu
Place des Halles
29100 Douarnenez
Tél. : 98 92 06 44
et
Pâtisserie Le Moing
5, rue Jean Jaurès
29100 Douarnenez
Tél. : 98 92 01 40

Il faudra aussi goûter le **« FARZ »**. Selon les régions, il contiendra des pruneaux (Quiberon), des raisins secs (Brest), de la gelée de pommes ou rien du tout.

Pont-Aven

À Pont-Aven, il n'y aura pas que les souris pour grignoter les **GALETTES « TRAOU MAD »** ; ces petits gâteaux sablés au beurre salé de Bretagne sont fabriqués depuis 1924 selon une ancienne recette familiale.

Vous pourrez sur rendez-vous visiter la biscuiterie Penven.

« Les délices de Pont-Aven »
Z.A. de Kergazuel
29930 Pont-Aven
Tél. : 98 06 05 87.
Visites le mardi et le jeudi d'avril à septembre (fermé la première quinzaine d'août).

Ou en acheter dans la boutique :
1, quai Théodore Boterel
29930 Pont-Aven
Tél. : 98 06 00 49

Ou bien encore, vous régaler :
Pâtisserie Kersalé
12, place de l'Hôtel de Ville
29123 Pont-Aven
Tél. : 98 06 00 61

EN ÎLE-DE-FRANCE

J'ai descendu dans mon jardin pour y goûter des coquelicots et grignoter des cailloux bruns et bosselés...

Moret-sur-Loing

À Moret-sur-Loing aux confins de la forêt de Fontainebleau, vous aurez un « avant-goût du Ciel » en suçant les **SUCRES D'ORGE**. C'est en effet grâce à des religieuses d'un couvent de ce pittoresque village qu'est né, au XVIIᵉ siècle, le sucre d'orge.

Pour des raisons restées mystérieuses, la reine Marie-Thérèse, épouse de Louis XIV, et les dames de sa suite se rendaient fréquemment dans ce couvent ; elles rapportaient de chaque visite des friandises en forme de cœur qui avaient, disait-on, la propriété d'adoucir la gorge. Ces sucreries furent très vite célèbres à Versailles.
La Révolution fit disparaître la recette, l'Empire la redécouvrit. Aujourd'hui, par prudence, le secret des religieuses de Moret est précieusement déposé dans une enveloppe scellée.

Nemours

Dans la région de Nemours, les jolis coquelicots des champs sont devenus presque aussi rares que les **« COQUELICOTS DE NEMOURS »**, les bonbons rouges, comme les fleurs, eux aussi très doux pour la gorge.

EN CHAMPAGNE-ARDENNES

Faute de boire du champagne, la jeune classe sucera les bouchons.

Reims

Dans la région de Reims, les bouchons de champagne sautent à toutes les occasions. Ce sont ceux en chocolat qui plairont surtout aux enfants.
Vous trouverez des caissettes de **« BOUCHONS DE CHAMPAGNE »** dans toutes les bonnes confiseries de Reims.

Si vous êtes grands amateurs de **BISCUITS À CHAMPAGNE**, si vous aimez les tremper dans votre coupe, n'oubliez pas d'en garder pour les jeunes convives. Ils aimeront lécher le sucre cristallisé de ces drôles de biscuits en forme de doigt, souvent d'une jolie couleur rose.

Une bonne adresse pour acheter des biscuits :

Fossier
25, cours J. B. Langlet
51100 Reims
Tél. : 26 47 59 84
et 44, boulevard Jamin
Tél. : 26 07 27 56

EN LORRAINE

Des dragées roses, blanches et bleues,
Confettis des jours heureux.

Verdun

Si Verdun évoque avant tout pour les parents la terrible et glorieuse bataille qui porte le nom de la ville, les enfants, eux, penseront surtout à se faire offrir des **DRAGÉES**.

C'est en 1220 qu'un droguiste eut l'idée d'enrober des amandes de sucre et de les faire durcir ; les dragées s'appelaient alors épices.
Le roi Henri III en reçut pour son sacre, et en 1603, Henri IV, grand amateur de douceurs, s'en fit offrir lors de son passage dans la ville.

La coutume voulut bientôt qu'on donne des dragées aux jeunes accouchées, ces bonbons sucrés contribuaient à redonner de la force à la maman et étaient offerts aux parents et amis venus voir le nouveau-né. Depuis, comme on le sait, il n'y a pas de baptême sans dragées.
Et, puisque les dragées sont associées aux événements heureux, il est de coutume d'en offrir parfois aussi à l'occasion des mariages.

Le grand spécialiste de la dragée à Verdun est la maison Braquier.
Les Dragées Braquier
3, rue Pasteur
55100 Verdun
Tél. : 29 86 05 02

En passant par la Lorraine, j'ai rencontré les macarons, les bergamotes et les madeleines.

Nancy/Commercy

Nancy ! Voilà une ville où vécurent des gens de goût !

Le roi Stanislas était peut-être polonais mais il fut duc de Lorraine. Il était, paraît-il, un grand consommateur de confitures et de pâtes de fruits. C'est à lui que nous devons le **BABA**, un des meilleurs gâteaux de nos pâtisseries. La forme du baba évoque une babka polonaise (vieille paysanne).

Stanislas Leszczynski aurait également une part de responsabilité dans les **MADELEINES** de Commercy, ville où il résidait parfois.

Lors d'un dîner où le dessert avait été oublié, une simple soubrette, nommée Madeleine, aurait rapidement préparé des petits gâteaux, les seuls que sa mère lui avait appris à faire. Le roi fut charmé par leur forme de coquillage et en apprécia vivement le goût ; il décida sur-le-champ de baptiser ce nouveau dessert du nom de la jeune servante.

Grosjean
8, place Charles de Gaulle
55200 Commercy
Tél. : 29 91 02 53

C'est à deux religieuses nancéennes de la communauté des Dames du Saint-Sacrement restées dans l'histoire sous le nom des « sœurs macarons », que nous devons le **MACARON**, un biscuit moelleux fait avec de la pâte d'amandes, du blanc d'œufs et du sucre.

Le secret de la recette fut jalousement gardé par la maison Genot fondée en 1793. Courez-y en arrivant à Nancy et régalez-vous de délicieux macarons.

Jean-Marie Genot
21, rue Gambetta
54000 Nancy
Tél. : 83 32 23 25

Puis il y eut les époux Lillich ou Lillig qui s'installèrent comme confiseurs en 1855. Ils eurent l'idée de mettre de l'essence de bergamote (un croisement entre le citron et la poire) dans du sucre cuit. Ils créèrent ainsi la confiserie la plus célèbre de Lorraine : la **BERGAMOTE DE NANCY**.

La maison Lalonde, un des premiers fabricants, en fait toujours sa spécialité.

Jean Lalonde
59, rue Saint-Dizier
54000 Nancy
Tél. : 83 35 31 57

S'il y eut un duc-roi, il y eut assurément des duchesses... Aujourd'hui habillées de vert pâle, les **« DUCHESSES DE LORRAINE »** fondent agréablement dans la bouche en laissant un goût de praliné.

Les Vosges

Les montagnes des Vosges, plus raisonnablement, apportent leur contribution aux sucreries avec leurs **« PASTILLES »** et leurs **« VRAIS BON-BONS »** au bourgeon de sapin. Les uns comme les autres feront beaucoup de bien aux gorges sensibles.

Et puis, à Gérardmer, il n'y aura pas que les jardiniers pour vouloir acheter des **OIGNONS DE TULIPES**... Les gourmands se précipiteront sur ceux en chocolat.

EN ALSACE

Des bretzels pour se mettre autour du cou,
un char en sucre pour Cendrillon,
un kougelhof pour souhaiter la bienvenue.

En Alsace, sucre et brioches vous convient à la fête.

Erstein

À Erstein (Bas-Rhin), vous célébrerez le **SUCRE** le dernier week-end d'août.

Il y a 630 ans que ce gros bourg alsacien rend hommage au sucre. Chaque année des mains habiles réalisent un énorme objet en sucre. L'année dernière, il a fallu 1 500 kg de sucre pour confectionner le char de Cendrillon. Il mesurait 8,50 m de long sur 3 m de large et 4 m de haut.

Renseignements à la mairie - Tél. : 88 64 66 66

Ribeauvillé

En juin, c'est à Ribeauvillé (Haut-Rhin) que vous ferez la fête avec le **KOU-GELHOF**, le gâteau alsacien par excellence.

On raconte que c'est dans cette ville que, de retour de Terre Sainte, les rois mages auraient fait étape. Pour remercier de son hospitalité leur hôte, potier de profession, Melchior, Gaspar et Balthazar auraient préparé un gâteau dans un moule façonné la veille par le maître de maison.

Voilà donc pourquoi la grosse brioche côtelée est devenue le symbole de l'hospitalité.

Le gâteau tire son nom de sa forme, *kougel* qui veut dire boule, et de sa pâte que l'on fait lever avec de la levure de bière (*hopf* : houblon).

Renseignements au syndicat d'initiative - Tél. : 89 73 62 22

En Alsace du nord, ce sont les **BRETZELS** (des biscuits en forme de huit, au goût un peu salé) qui participent aux jours de fête.
Autrefois, les grands-parents offraient ces gâteaux secs à leurs petits enfants venus leur souhaiter la bonne année. Les plus gâtés enfilaient les biscuits autour de leurs bras ou s'en faisaient des colliers.
De nos jours, il n'y a pas de carnaval sans bretzels.

EN FRANCHE-COMTÉ

Jamais la Tante Arié* n'aura assez de paniers pour toutes les sucreries de Franche-Comté.

En Franche-Comté, l'imagination a pris le pouvoir des confiseries.

Besançon

À Besançon, ville fortifiée, les **« BOULETS DE LA CITADELLE »** (des noisettes grillées enrobées de chocolat) et les **« GALETS DU DOUBS »** (un caillou fondant au beurre et à la praline) se disposent en batterie dans les devantures des confiseries ; en hommage à l'industrie horlogère née dans la cité bisontine, les chocolats se mettent à l'heure des **« MONTRES À L'ANCIENNE »** (un cœur de nougatine nimbé de chocolat blanc) et, pour rappeler les bons fromages de Franche-Comté, ils s'enrobent de chocolat blanc et se rangent dans de vraies boîtes de **« MONT-D'OR »**.

Montbéliard

À Montbéliard, les chocolats se parfument au kirsch et prennent le nom de **« BARON CUVIER »** en l'honneur du célèbre paléontologue né dans la ville ; ils peuvent aussi se rouler dans la poudre d'amandes et s'appeler **« CHIBRELI »** comme la valse que l'on dansait à la cour des princes de Wurtemberg.

Morteau

À Morteau, la fameuse saucisse adopte chez les confiseurs une saveur sucrée.

* La Tante Arié est la « Mère Noël » des enfants franc-comtois.

Pontarlier

À Pontarlier, les **« BOURLAKI »** (bonbons feuilletés) restaurent la mémoire de ce général dont les troupes déferlèrent sur le Haut-Doubs en 1870.

Baume-les-Dames

À Baume-les-Dames, les beignets soufflés font preuve de grande irrévérence envers les chanoinesses de l'abbaye en portant le nom de **« PETS DE NONNES »** ; heureusement que les **PÂTES DE COING** (délicieuses pâtes de fruits) et les **CRAQUELINS** (des petits gâteaux voisins des bretzels alsaciens) n'ont d'autre ambition que de faire la notoriété des pâtissiers de la ville.

Les bonnes adresses de la région :

Pâtisserie-Chocolaterie Caraux
91, Grande Rue
25000 Besançon
Tél. : 81 81 34 23

Jacques Belin
23, rue de la République
25000 Besançon
Tél. : 81 82 18 69

J.-P. Quedillac
74, rue des Granges
25000 Besançon
Tél. : 81 82 25 34

Salon de Thé Jean-Pierre Debrie
12, rue Velotte
25200 Montbéliard
Tél. : 81 32 11 43

Philippe Barbier
22, Grande Rue
25500 Morteau
Tél. : 81 67 09 43

Pâtisserie Blanc
127, rue Félix Bougeot
25110 Baume-les-Dames
Tél. : 81 84 01 71

Pâtisserie Claude Roy
8, place Saint-Martin
25110 Baume-les-Dames
Tél. : 81 84 10 78

EN BOURGOGNE

En Saint-Nicolas, en sabot de Noël,
en cloche de Pâques...
le pain d'épices est le roi de la fête.

Dijon

En Bourgogne, les cassis sont, paraît-il, les meilleurs de France. Si en sirop ou en alcool ils parfument délicieusement le vin blanc, ils permettent aussi la confection de pâtes de fruits, les **« CASSISSINES »**, qui, avec la moutarde et le pain d'épices, contribuent à la réputation de Dijon.

LE BOICHET, ce pain fait avec de la farine, du miel et du levain dont Marguerite de Flandre était friande, était-il l'ancêtre du **PAIN D'ÉPICES** ? Aujourd'hui, devenu fidèle compagnon du quatre-heure des enfants, le pain d'épices a le goût du déguisement : pour chaque occasion il arbore un nouvel aspect ; et, pour conter fleurette, il n'hésite pas à prendre la forme d'un cœur.

À Dijon, une jolie boutique a pour spécialité le pain d'épices :

Mulot et PetitJean
13, place Bossuet
21000 Dijon
Tél. : 80 30 07 10

Quant aux cassissines, si vous voulez vraiment savoir à quel point cette pâte de cassis peut être bonne, allez :

Au Parrain Généreux
21, rue du Bourg
21000 Dijon
Tél. : 80 30 38 88

Noirs comme des négus et blancs
comme des pastilles...

Nevers

À Nevers, vous serez surpris de découvrir que la spécialité sucrée de la ville rend hommage à l'empereur d'Éthiopie, dit le Négus, venu en visite officielle en France en 1902.
Le plus célèbre confiseur de la ville avait pris l'habitude de créer à Noël un nouveau bonbon auquel il donnait le nom d'un événement ou d'un fait

marquant survenu dans l'année. Le bonbon mis au point cette année-là fut un caramel au chocolat noir enrobé dans du sucre cuit ; sa couleur présentait une certaine analogie avec le teint du visiteur impérial et on l'appela donc **« NÉGUS »**.

Comme, au début du siècle, l'Éthiopie était encore l'Abyssinie, le petit frère du négus, parfumé lui au café, fut appelé **« L'ABYSSIN »**.

Au Négus Maison Grelier et Lyrons (le créateur et seul fabricant)
96, rue du Commerce
58000 Nevers
Tél. : 86 61 06 85

DANS LE CENTRE

Bourges

À Bourges, on fit preuve de moins d'imagination lorsque l'on nomma les délicieux bonbons pralinés à l'aspect satiné et aux couleurs chatoyantes, **« FORESTINES »** du nom de leur inventeur Georges Forest.

La maison Forest existe toujours et la forestine a fêté ses cent ans en 1979.

La Maison des Forestines
3, place Cujas
18000 Bourges
Tél. : 48 24 00 24

Pithiviers

Au-delà de Fontainebleau, quel régal vous ferez en dégustant un **PITHI-VIERS**, un gâteau feuilleté à la frangipane, spécialité de Pithiviers.

Vous trouverez de délicieux pithiviers de Pithiviers dans deux pâtisseries de la ville.

Pâtisserie Beaufort
23, rue de l'Amiral Gourdon
45300 Pithiviers
Tél. : 38 30 00 21

À la Renommée
5, mail Ouest
45300 Pithiviers
Tél. : 38 30 00 24

Montargis

À Montargis, vous vous demanderez pourquoi ce n'est pas Clément Jaluzot, dit « La Fleur » plutôt que son maître qui laissa son nom à la **PRALINE** dont il fut le créateur.

Il était, on le sait, l'officier de bouche d'un des ministres de Louis XIII, le duc de Plessis-Praslin. Le valeureux maréchal avait coutume d'offrir aux dames de la cour de délicieuses friandises « bosselées de tous sens et colorées de brun » préparées par son cuisinier. Lorsque La Fleur se retira du service du maréchal, il fonda la « confiserie de Roy » devenue aujourd'hui la confiserie Mazet.

Le magasin néogothique digne de Viollet-le-Duc est amusant à voir et les pralines délicieuses à goûter.

Confiserie Mazet « Au Duc de Praslin »
Place Mirabeau
45200 Montargis
Tél. : 38 98 00 29
Ouvert tous les jours de l'année de 9 h 15 à 12 h 15 et de 14 h 15 à 19 h 15

Les châteaux sont bien beaux !
Ma tant', tire, lire, lère.
Les bonbons sont meilleurs !
Ma tant', tire, lire, lo.

Orléans

À Orléans, les écoliers aussi curieux que gourmand, auront une leçon d'histoire en léchant ces sortes de roudoudous que sont les **« COTIGNACS »**.

Ils apprendront que ce mélange de coing et de sucre existait déjà au Moyen Âge. On leur racontera qu'en 1546, ces douceurs furent offertes à la reine de Navarre, que sous Louis XI des archives en faisaient également mention, et qu'assurément on en dégustait encore beaucoup au siècle de Louis XV. De nos jours, la coutume veut que tout hôte de marque passant par Orléans se voie offrir une boîte de cotignacs.

À Orléans, il existe encore une confiserie qui fut fondée en 1765. Ne ratez pas cette opportunité de déguster de délicieux chocolats et de goûter les cotignacs.

Chocolaterie Royale
53, rue Royale
45000 Orléans
Tél. : 38 53 93 43

Beaugency

À Beaugency, les petits malins essayeront d'acheter des **« CHATONS DE BEAUGENCY »** avec les **« DENIERS DU ROI RAOUL »**.
À vous d'observer combien de pièces en chocolat vaudront les bonbons pralinés au caramel !

Pierre Leroux
Place du Martroi
45190 Beaugency
Tél. : 38 44 51 37

Vendôme

À Vendôme, chacun aura encore une occasion de faire un péché de gourmandise en léchant la **« SAINTE LARME »**.
Cette goutte de chocolat enchâssée dans une coque en sucre veut évoquer la relique qu'abritait l'abbaye de la Trinité au Moyen Âge.

Confiserie P. Bouard
9, place Saint-Martin
41100 Vendôme
Tél. : 54 77 32 58

Blois

À Blois, il faudra faire attention aux **« MALICES DU LOUP »**. Le dernier avatar de l'animal mythique, tout de noisettes, d'amandes et d'écorces d'orange, se déguste sans compter.

Voici deux bonnes adresses :

Pâtisserie Buret
20, rue du Commerce
41000 Blois
Tél. : 54 78 02 96

Au Péché Mignon
29, rue des Trois Marchands
41000 Blois
Tél. : 54 78 20 16

Amboise

À Amboise, les plus jeunes laisseront sans regret les **« AMBOISINES »**, des chocolats parfumés au marc, à leurs parents.

EN PAYS-DE-LA-LOIRE

Angers

Les plus jeunes aimeront les **« ARDOISES »** d'Angers.
Ces fines lamelles pralinées enrobées de chocolat bleu... ardoise sont aussi jolies que délicieuses.

Nantes

À Nantes, il n'y aura pas de quatre-heures sans **PETITS BEURRES**.

À la pêche à la sardine, dine, dine.

Sables-d'Olonne

En allant jusqu'à l'océan, aux Sables-d'Olonne en Vendée, les marins d'eau douce en maillot de bains dévoreront les **SARDINETTES** en chocolat.

Celles de la pâtisserie Pierrot sont particulièrement bonnes.

Pâtisserie du Pierrot
18, promenade Amiral Lafargue
85100 Les Sables d'Olonne
Tél. : 51 32 00 40

EN POITOU-CHARENTES

Elle était verte,
elle était belle,
elle était douce
et elle avait la vertu d'un ange...

Niort

Dans le Poitou, la ville de Niort s'est fait une réputation avec une spécialité originale, l'herbe des anges ou **ANGÉLIQUE**. Cette plante ombellifère originaire du nord de l'Europe était pieusement cultivée au XIVe siècle dans les monastères d'Europe centrale, comme préventif contre la peste. Un gentilhomme agronome, Olivier de Serres, parle d'elle comme du meilleur remède contre le venin des serpents.

575

Ce sont les religieuses de Niort qui eurent la bonne idée de confire l'angélique dans du sucre. Devenue ainsi une délicate friandise, elle fut au XVIIIe siècle l'objet d'un commerce florissant.

Madame de Sévigné avait été frappée par le goût étonnant de ces tiges vertes : « ... son goût ne ressemble à aucun autre que le sien », écrivait-elle dans une de ses lettres.

Avec de l'angélique, on réalisait des « grandes pièces » très coûteuses. L'une d'elles, représentant un aigle impérial, fut offerte à Louis-Napoléon Bonaparte lors d'un voyage à Niort ; une autre, plus étonnante encore, commémorait l'amitié de la France et de la Russie, à l'occasion de la venue du tsar en France en 1896.

Avec des cerises confites, l'angélique décore joliment les gros gâteaux d'anniversaire.

L'Angélique de Niort (Éts Thonnard)
Avenue de Sevreau
79000 Niort
Tél. : 49 73 47 42

Angoulême

À côté d'Angoulême dans les Charentes, existe un autre excellent chocolatier-confiseur qu'il serait injuste de ne pas mentionner quand on parle de chocolats. La maison Letuffe fabrique elle-même ses spécialités : **« MARGUERITES »** (chocolats à l'orange), **« DUCHESSES D'ANGOULÊME »** (chocolats parfumés au cognac ou au pineau) et tant d'autres délices de qualité exceptionnelle.

Maison Letuffe
16730 Trois Palis
Tél. : 45 91 05 21
Ouvert du lundi au vendredi de 9 h à 18 h (sans interruption du 15 juin au 15 septembre) et les samedis, dimanches et jours fériés de 14 h à 18 h.
La fabrication des chocolats et autres friandises se fait devant vous.

EN AUVERGNE

Moulins

À Moulins, les **PALETS D'OR** valent leur pesant d'or et se dégustent avec délectation.

Vous en achèterez chez :

Jean Jarrigues
11, rue de Paris
03000 Moulins
Tél. : 70 44 02 21

Vichy

Après toutes ces douceurs, une ou deux **PASTILLES** de Vichy vous feront grand bien.
Ces pastilles blanches, sucrées, parfumées à la menthe contenant des sels extraits des eaux de Vichy, facilitent la digestion.

Pastilles de Vichy
Rue du Pars
03200 Vichy
Tél. : 70 97 50 85

DANS LA RÉGION RHÔNE-ALPES

Pan, pan ! Qui frappe là ?
Ce sont les bâtons de Guignol.
Pan, pan ! Qui voilà ?
Ce sont les cocons que vlà.

Lyon

Dès la Renaissance, Lyon était la capitale de la soie. Il était donc naturel que la première spécialité lyonnaise en confiserie fût le **« COCON »** du ver à soie, une délicieuse friandise à base de pâte d'amandes et de praliné. Plus tard vint le **« COUSSIN »**, un bonbon praliné vert, à la forme bien rebondie.
Puis, des confiseurs créèrent des chocolats très plats qu'ils appelèrent tout naturellement **« FOULARDS »** ou encore **« SOIERIES »**.

Lyon est aussi, rappelons-le, la ville natale de Guignol, les « gones » lyonnais (enfant en patois local) aiment à sucer des gros sucres d'orge en nougatine enrobés de chocolat, appelés **BÂTONS DE GUIGNOL.**

Pas un anniversaire, à Lyon comme à Paris, sans **PAPILLOTES**. On les doit aux larcins du commis du confiseur Papillot qui avait pris l'habitude d'emballer dans des mots d'amour, les friandises qu'il volait pour sa fiancée.

Bonnes adresses :

La Cabane en Sucre
2, rue Vaubecour
69002 Lyon
Tél. : 78 37 46 37

Le Casati
31, rue Ferrandière
69002 Lyon
Tél. : 78 37 30 67

Ch. Janin
129, avenue du maréchal de Saxe
69003 Lyon
Tél. : 78 60 18 11

La Ronde des Bonbons
99, avenue des Frères Lumière
69008 Lyon
Tél. : 78 09 11 77

Enfin à Lyon, est installé **MAURICE BERNACHON**, un des meilleurs chocolatiers de France. Il fabrique des chocolats de toutes sortes ; si les palais d'or et les truffes sont peut-être les plus délicieux, il faudra aussi goûter le célèbre **« PRÉSIDENT »**, un gâteau où se mélangent habilement praliné aux noisettes et chocolat.

Maurice Bernachon
42, cours Franklin Roosevelt
69006 Lyon
Tél. : 78 24 37 98

À propos de chocolats, trois petits tours, et puis nous revoilà.

Saint-Étienne

Levons notre chapeau (emprunté au musée de Chazelles !) à l'incomparable chocolaterie de Saint-Étienne. Reine du chocolat noir, créatrice des **NOUGAMENTINES** et des **NOUGASTELLES**, la maison Weiss a pignon sur rue à Lyon comme à Saint-Étienne.

Maison Weiss
17, rue Childebert
69002 Lyon
Tél. : 78 42 13 90
et
8, rue du Général Foy
42000 Saint-Étienne
Tél. : 77 32 41 80

Non loin de Saint-Étienne, dans le parc naturel régional du Pilat, vous goûterez, après l'orage, aux « **GRÊLONS** » (en chocolat) ; puis, bien à l'abri, vous assisterez à des démonstrations de travail du sucre à l'ancienne. Vous verrez se faire devant vous berlingots, chiques et caramels.

Spécialités du Pilat
42220 Saint-Julien-Molin-Molette
Tél. : 77 51 55 88
Démonstration tous les jours (sauf le lundi) les mois d'été et les mercredis et dimanches après-midi à 15 h 30 hors saison.

Dans ce pays de cocagne, les marrons glacés poussaient sur les châtaigniers et les noix étaient fourrées de pâte d'amandes.

Privas

Dans les Cévennes et en Ardèche, vous rencontrerez sur les pentes étagées en terrasse, des châtaigniers qui déploient un feuillage dense et d'un vert profond.
En été, les curieuses fleurs de l'arbre donnent naissance à des fruits enfermés dans des bogues vertes et piquantes.
Autrefois, ces fruits servaient à faire de la farine, d'où le nom d'arbre à pain que l'on donnait parfois aux châtaigniers.

En 1882, un ingénieur des Ponts-et-Chaussées, Clément Faugier, eut la bonne idée de tremper les châtaignes dans du sucre glacé ; ainsi déguisées, on les appela **MARRONS GLACÉS**.

À Privas comme à Aubenas, vous en trouverez d'excellents :

Au Bon Bec
5, place de l'Hôtel de Ville
07000 Privas
Tél. : 75 65 82 87

Établissement Faugier
Chemin Logis du Roi
07000 Privas
Tél. : 75 64 07 11

Marrons Sabaton (fabricant de marrons glacés)
137, route Nationale
07200 Labégude
Tél. : 75 37 40 03

Grenoble

Dans les Alpes grenobloises, ce sont les noyers séculaires qui ombragent les pentes des montagnes. Les noix s'enrobent de sucre et de pâte d'amandes et deviennent ainsi les friandises chéries des Grenoblois.
Qu'elles soient « franquette », « mayette » ou « parisienne », les **« NOIX DE GRENOBLE »** valent à elles seules un voyage en Dauphiné.

Pierre de Belval
2, boulevard Gambetta
38000 Grenoble
Tél. : 76 46 13 85

Au Chardon Bleu
17, cours Jean Jaurès
38000 Grenoble
Tél. : 76 87 45 08

Montélimar

Dans la région de Montélimar, ce sont les amandiers qui charment le paysage.
Ces arbres délicats, symbole de la Grèce Antique, firent leur apparition au XVIIe siècle ; ils se propagèrent grâce à Olivier de Serres.
L'abondance des fruits donna vite l'idée aux pâtissiers de Montélimar de mélanger les amandes avec du bon miel de Provence ou des Alpes. Le résultat fut cette « affriolante pâte durcie affectant l'aspect de la plus réjouissante des mosaïques où, sur un fond crémeux de doux miel, apparaissent et se marient en s'harmonisant les petits carrés d'amandes ivoirines, de rutilantes pralines et de vertes pistaches ».

Le **NOUGAT** faisait autrefois figure de denrée rare et précieuse. On sait que le 2 janvier 1701, le premier consul de Montélimar offrit aux ducs d'Anjou, de Berry et de Bourgogne de passage dans sa ville un quintal de nougat blanc.
Beaucoup plus tard, Alphonse Daudet fit figurer le nougat blanc et le nougat noir parmi les treize desserts du Noël provençal.

Vous pourrez sur rendez-vous visiter une des plus anciennes fabriques :

Nougat Chabert et Guillot
9, rue Charles Chabert (place de la gare)
26200 Montélimar
Tél. : 75 00 82 00
Ouverte tous les jours de 8 h à 18 h. Fermée en juillet.

EN AQUITAINE

Des raisins en sucre, des bouteilles pleines de truffes, des bouchons en pâte d'amandes. Quelle belle région que la Gironde !

Bordeaux

Les vignobles du Bordelais sont les plus célèbres du monde, il est donc normal de trouver chez les confiseurs de Bordeaux des **« BOUCHONS »** (des cigarettes fourrées à la pâte d'amandes et aux raisins macérés dans la fine), des **« GRAPPES D'OR »**, des **« CEPS DE VIGNE »**, des **« SARMENTS »** en chocolat et des bouteilles garnies de truffes.

Histoire de changer un peu, on se régalera aussi d'autres spécialités comme les **« NINICHES »** (des caramels mous au chocolat), les **« FANCHONNETTES »** (des bonbons acidulés) et les **« GALIENS »** (nougatines pralinées), sans oublier les **« CANNELÉS »** (sorte de petits flans).

Bonnes adresses :

Pâtisserie Darricau
7, place Gambetta
33000 Bordeaux
Tél. : 56 44 21 49

Saunion
56, cours G. Clemenceau
33000 Bordeaux
Tél. : 56 48 05 75

Buck
11, rue Duffour-Dubergier
33000 Bordeaux
Tél. : 56 52 98 28

Carnet de Bal
21, rue de Cheverus
33000 Bordeaux
Tél. : 56 81 27 24

Charles Sprengnether
33, rue Trémoille
33460 Margaux
Tél. : 56 88 36 18

À la cour du roi Montezuma, on buvait du chocolat...

Bayonne/Biarritz/Saint-Jean-de-Luz

Au sud de l'Aquitaine, quatre siècles de tradition font de Bayonne la plus ancienne ville chocolatière de France. Il est probable que les premiers artisans chocolatiers furent des juifs chassés d'Espagne. Ils apportèrent à Bayonne, où ils s'étaient réfugiés, une technique rudimentaire que les Bayonnais améliorèrent très vite.

Le chocolat avait été introduit en Espagne par les conquistadores en 1585. C'est à la cour du souverain Montezuma, au Mexique, que Cortès avait découvert la préparation que les Aztèques confectionnaient à partir des fèves de cacao. D'abord grillées, puis réduites en bouillie, les fèves étaient assaisonnées de piment fort.

Le breuvage était très prisé et les haricots du cacaoyer avaient valeur de monnaie dans toutes les provinces du Mexique. Il fallut attendre 1660, année du mariage à Saint-Jean-de-Luz de Louis XIV avec Marie-Thérèse d'Autriche, fille du roi d'Espagne, pour que la mode du chocolat se répande en France.

Pâtisserie Casenave
19, Arceaux du Port-Neuf
64100 Bayonne
Tél. : 59 59 03 16

À Biarritz :

Dodin
7, rue Gambetta
64200 Biarritz
Tél. : 59 24 16 37

À Saint-Jean-de-Luz :

Robert Pariés (chocolatier et spécialiste de kanougas [caramels mous])
9, rue Gambetta
64500 Saint-Jean-de-Luz
Tél. : 59 26 01 46

Au pays basque, vous goûterez le **GÂTEAU BASQUE**, un gâteau fourré à la crème pâtissière ou garni de cerises noires, et les **TOURONS**, une adaptation des « turrones » espagnols. Cette sorte de nougat très tendre peut être agrémentée de fruits confits, de pâte d'amandes, de chocolat... Quelle que soit sa présentation, elle reste la friandise favorite des Espagnols, petits et grands.

Secouez-vous, mangez des pruneaux
Entraînez-vous et crachez les noyaux très haut !

Granges-sur-Lot

En remontant la Garonne, vous remarquerez dans la campagne des vergers de pruniers.

Ce sont des pruniers dits d'Ente, une variété qui demande autant de soleil que d'humidité et, en prime, un sol très spécial. Ces arbres produisent une variété de prunes que l'on fait sécher pour devenir des **PRUNEAUX**.

Il semble que ce soit au lendemain des croisades que la culture de la prune, en vue de sa transformation en pruneau, se soit répandue.

Vous saurez tout sur ce fruit, son histoire, sa culture... en visitant à Granges-sur-Lot le **MUSÉE DU PRUNEAU**.

Musée du Pruneau
RD 911
Granges-sur-Lot
Tél. : 53 84 00 69
Ouvert toute l'année, la semaine de 8 h à 12 h et de 14 h à 19 h
et les dimanches et jours fériés de 15 h à 19 h.

Sur place, vous pourrez déguster les spécialités faites à partir du fruit : pruneaux enrobés de chocolat noir, pruneaux fourrés à la crème de pruneau ou à la pâte d'amandes, pavés agenais, pruneaux à l'armagnac pour les grands...

Et, si vous le souhaitez, vous pourrez en commander à votre retour chez vous :

Établissement Berino-Martinet
Domaine du Gabach
47320 Lafitte-sur-Lot
Tél. : 53 84 00 69

Saint-Aubin

À Saint-Aubin (pas très loin de Villeneuve-sur-Lot), les pruneaux seront prétexte à faire la foire le deuxième dimanche de septembre. L'origine de cette foire remonte à la fin du XIXᵉ siècle où tous les mardis, d'août à octobre, avait lieu un marché aux prunes.

Le clou des réjouissances de ce week-end sera sans conteste le concours du craché de noyau en hauteur. Sachez que le record à battre est de 4,80 m.

Renseignements au 53 41 66 08 (S.I. de Saint-Aubin).

DANS LE MIDI-PYRÉNÉES

***Des violettes cristallisées, des roses en sucre tiré,
de la réglisse en petits grains...
Quel drôle de jardin !***

Toulouse

Toulouse, la ville rose, cultive les violettes.
Ces timides petites fleurs originaires de Parme seraient arrivées par hasard dans la besace d'un soldat de l'armée napoléonienne.
De retour des guerres d'Italie, le jeune homme avait rapporté un petit pot de fleurs à sa fiancée toulousaine.
Protégées par l'impératrice Eugénie, les violettes furent la fleur favorite du second Empire.

On les offre toujours en bouquet mais on les mange aussi... Des confiseurs eurent l'idée de tremper la fleur dans du sucre et de la laisser cristalliser.
Les **VIOLETTES** en sucre décorent souvent les gâteaux aux côtés de boules de mimosa.

Les Violettes de Toulouse
10-12, impasse Descouloubre
31000 Toulouse
Tél. : 61 48 77 84

Mimosa Godiva
30, rue de Metz
31000 Toulouse
Tél. : 61 52 68 07

C'est à Toulouse aussi qu'un certain monsieur Lajaunie pharmacien de profession, inventa le **CACHOU**.
Des années après les petits grains de réglisse se bousculent toujours au portillon de la sortie des petites boîtes jaunes. Le goût du cachou est un peu fort pour les palais enfantins mais très plaisant pour parfumer l'haleine.

Cordes

À 70 km de Toulouse, à Cordes-sur-Ciel, existe un musée étonnant, c'est le musée de l'art du sucre.
Ce musée, unique en son genre, retrace et montre toutes les possibilités artistiques du sucre.
Vous y verrez des pièces sculptées dans du sucre, dignes du plus grand art.
Vous découvrirez les diverses méthodes de travail du sucre : tiré, coulé, soufflé, en ruban, en rocher... en pastillage, en glace...

Musée de l'art du sucre et sa boutique
de spécialités de fleurs en sucre
81170 Cordes
Tél. : 63 56 02 40
Ouvert tous les jours de 10 h à 12 h et de 14 h 30 à 18 h 30 (fermé en janvier).

Cordes a su se faire également remarquer avec ses **CROQUANTS** aux amandes (petites tuiles croustillantes).

Dans les Pyrénées, vous trouverez des **ROCHERS** et des **BÛCHETTES** en chocolat et, à Lourdes, des **CAILLOUX** en sucre à l'effigie de la Sainte-Vierge.

EN LANGUEDOC-ROUSSILLON

« Vous plaît-il un morceau de ce jus de réglisse ? »
demande Tartuffe à Elmire.

Montpellier

C'est à Montpellier où la faculté de médecine avait grande réputation que furent créés les premiers bonbons. Ils portaient alors des noms sérieux comme diamargeretons, gingembraz, diadragams ou pomidoins. Mi-médicaments, mi-douceurs, ils eurent très vite beaucoup de succès.

La réglisse était aussi très prisée. Cette plante poussait à l'état sauvage dans la région environnante et chacun prenait plaisir à sucer ses racines parfumées.

Napoléon était un grand consommateur de réglisse, il en gardait toujours près de lui. On trouva à Saint-Hélène, à côté du lit de camp de l'empereur, une bonbonnière en contenant.

La réglisse, mélangée au miel et roulée en petites boules saupoudrées de cassonade, a donné les **GRISETTES**.
Ces petits bonbons étaient autrefois si appréciés que les pèlerins de Compostelle s'en servaient de monnaie d'échange.

Réglisserie Deleuze
39, route de Toulouse
34070 Montpellier
Tél. : 67 42 50 68

Grisettes de Montpellier
« Rucher de la Hacienda »
Boulevard de la Lironde
34980 Montferrier-sur-Lez
Tél. : 67 59 92 26

« *Maman, donne-moi-z'en* » dit la petite fille
à sa maman.

La ville d'Uzès, dans le Gard, tire aussi grande fierté de ses réglisses et de ses zans.
Vous les trouverez en bâtons, en rouleaux, en dés et encore en pastilles de toutes les couleurs.

Pezenas

Les gens de **Pezenas**, dans le Roussillon, ne seraient pas contents si nous ne profitions pas de cette occasion pour évoquer cet Africain qui, il y a fort longtemps, confectionnait dans des pains de sucre parfumés à différents arômes des bonbons aux rutilantes couleurs pour les petits enfants. Depuis ce temps, les berlingots sont aussi la spécialité de Pezenas.

Le sucrecuitier Christian Boudet fabrique comme autrefois.

Place Gambetta (boutique)
34120 Pezenas
Tél. : 67 98 16 32
Chemin de Saint-Christol (fabrique)
34120 Pezenas
Tél. : 67 98 16 32

EN PROVENCE-ALPES-CÔTE D'AZUR

Des calissons pour les grands garçons
Des berlingots pour les gentils marmots
Des fruits confits pour les bons amis.

Aix-en-Provence

Un peu plus au sud de la capitale du nougat, les douces amandes servent à fabriquer les **CALISSONS**.
Créés à Aix vers 1473, les calissons sont un mélange d'amandes broyées, de melons confits et de sirop de fruit.
Petits losanges allongés, sagement posés sur des feuilles de papier de riz, les calissons se mettent en rang gentiment dans leur boîte de même forme qu'eux.

Les plus célèbres calissons sont ceux du Roy René :

Les calissons du Roy René
Rue Papassaudi
13100 Aix-en-Provence
Tél. : 42 20 18 89

Vous pourrez, si vous le souhaitez, visiter leur fabrique située à :

La Pioline
13290 Les Milles
Tél. : 42 26 67 86
(du lundi au vendredi entre 9 h et 10 h 30 et 14 h).

Une autre boutique mérite que l'on pousse sa porte :

À la Reine Jeanne
32, cours Mirabeau
13100 Aix-en-Provence
Tél. : 42 26 02 33

À l'image de la Provence où la lumière et la nature ont une personnalité bien à elles, les friandises affichent une gaieté toute méridionale.

Carpentras

Les **BERLINGOTS** de Carpentras se livrent à un festival de couleurs douces et chatoyantes et les **FRUITS CONFITS** d'Apt exaltent la saveur des délicieux abricots, pêches et melons des vergers environnants.
Le nom des berlingots viendrait-il de *berlingau,* « osselet » en provençal, ou est-ce une déformation de Bertrand de Got, vrai nom du pape Clément V ?
Le maître-queux du souverain pontife avait eu l'idée de parfumer à la menthe et au citron de la pâte de caramel ; son illustre maître prenait plaisir à découper en petits cubes les bâtonnets bariolés qu'on lui présentait.

Bonnes adresses :

Hardy confiseur
288, avenue Notre-Dame de Santé
84200 Carpentras
Tél. : 90 63 05 25

Albert Bono (la fabrique se visite)
26, rue de la Sous-Préfecture
84200 Carpentras
Tél. : 90 63 04 99

Confiserie Saint-Denis
84400 Gargas (près d'Apt)
Tél. : 90 74 07 35

Tarascon

À Tarascon, les **« TARTARINADES »** mettent à l'honneur les cerises en les faisant au préalable macérer dans l'alcool avant de les enrober de chocolat.

Les enfants préféreront sans hésiter le délicieux **« TARASQUE »**, un gâteau au chocolat et pâte d'amandes à l'effigie du monstre fétiche, qui jadis effrayait la population de la ville.

Pâtisserie Morin Regis
56, rue des Halles
13150 Tarascon
Tél. : 90 91 01 17

Saint-Tropez

Sur la côte, Saint-Tropez a donné son nom à la **« TARTE TROPÉ-ZIENNE »** (vous trouverez les meilleures dans les pâtisseries de **COGOLIN**).

Chez Sénéquier, célèbre café du port, vous dégusterez un café glacé à la terrasse et dans l'arrière-boutique, vous achèterez d'exceptionnels **abricots** et **poires confits**.

Sénéquier
4, place aux Herbes
83990 Saint-Tropez
Tél. : 94 97 00 90

Cannes

À Cannes, les **« CLÉMENTINETTES »** ne font pas de cinéma et justifient bien leur réputation ; et à Grasse, vous retrouverez tout le soleil de la Méditerranée dans les **FIGUES CARAMÉLISÉES**.

Confiserie Maiffret (les chocolats sont fabriqués devant vous tous les jours sauf le dimanche entre 16 h et 18 h)
31, rue d'Antibes
06400 Cannes
Tél. : 93 39 08 29

Bruno
50, rue d'Antibes
06400 Cannes
Tél. : 93 39 26 63

Tourrettes-sur-Loup

À proximité des gorges du Loup, dans les Alpes-Maritimes, sont installés des ateliers de confiserie qui perpétuent les méthodes de fabrication artisanale.

Les clémentines confites entières et les écorces d'orange roulées dans du sucre ou enrobées de chocolat sont parmi leurs meilleures spécialités.

La visite de cette confiserie complètera délicieusement l'excursion dans les gorges du Loup.

Confiserie des Gorges du Loup
Le Pont du Loup
06140 Tourrettes-sur-Loup
Tél. : 93 59 32 91
Visite gratuite et guidée tous les jours (y compris les dimanches et jours fériés) de 9 h à 12 h et de 14 h à 18 h.

Cagnes-sur-Mer

À Cagnes-sur-Mer, les **« GRIMALDINES »**, des chocolats à l'orange, portent fièrement le nom de la célèbre famille du Prince de Monaco.

Monte-Carlo

Et, à Monte-Carlo, faute de jouer au casino, vous pourrez chercher dans les confiseries des louis d'or en chocolat.

INDEX GÉOGRAPHIQUE

593

599

600

603

Ruoms (Ardèche) : Parc Aquatique de Chauzon, p. 444

Ry (Seine-Maritime) : Galerie Bovary et Musée des Automates, p. 103

S

Sables-d'Olonne (Vendée) : Sardinettes, p. 575

Sabres (Landes) : Écomusée de la Grande-Lande, p. 489

Sacy-le-Grand (Oise) : Musée de l'Habit du Cheval - Parc de Loisirs, p. 54

Saint-Aignan-sur-Cher (Loir-et-Cher) : Zoo Parc de Beauval, p. 190

Saint-Ambroix (Gard) : Grotte de la Cocalière, p. 444

Saint-Antoine-l'Abbaye (Isère) : Forêt des Insectes Géants, p. 433

Saint-Bauzille-de-Putois (Hérault) : Grottes des Demoiselles, p. 449

Saint-Brieuc (Côtes-d'Armor) : « Guillaumettes », p. 563

Saint-Cannat (Bouches-du-Rhône) : Village des Automates, p. 545

Saint-Céré (Lot) : Musée de l'Automobile, p. 380

Saint-Cirq-Lapopie (Lot) : Vivarium, p. 384

Saint-Claude (Jura) : Exposition Pipes et Diamants, p. 268

Saint-Cyprien (Pyrénées-Orientales) : Aquacity - Promenades en Mer, p. 518

Saint-Cyr-les-Lecques (Var) : Aqualand, p. 547

Saint-Étienne (Loire) : Musée d'Art et d'Industrie - Musée de la Mine, p. 317 - Nougamentines, Nougastelles, « Grêlons », p. 578

Saint-Étienne-du-Bois (Ain) : La Ferme des Mangettes, p. 296

Saint-Fargeau (Yonne) : Son et Lumière au Château, p. 277

Saint-Faust (Pyrénées-Atlantiques) : Cité des Abeilles, p. 502

Saint-Geniez-ô-Merle (Corrèze) : Son et Lumière, p. 330

Saint-Gervais-les-Bains/Le Fayet (Haute-Savoie) : Téléphérique du Bettex - Tramway du Mont-Blanc, p. 409

Saint-Goazec (Finistère) : Domaine de Trévarez, p. 157

Saint-Hilaire-de-Riez/Merlin-Plage (Vendée) : Atlantic Toboggan, p. 212

Saint-Hilaire-du-Touvet (Isère) : Funiculaire, p. 426

Saint-Hilaire-Saint-Florent (Maine-et-Loire) : Musée du Champignon - Musée du Masque, p. 200

Saint-Hippolyte-Dufort (Gard) : Écomusée de la Soie, p. 448

Saint-Ignace (Pyrénées-Atlantiques) : Train de la Rhune, p. 498

Saint-Jean-de-Luz (Pyrénées-Atlantiques) : Musée Grévin - Toro de Fuego, p. 498

Saint-Jean-de-Monts (Vendée) : Pépita Parc, p. 211

Saint-Jean-du-Gard (Gard) : Musée des Vallées Cévenoles, p. 448

Saint-Julien-de-Cassagnas (Gard) : Parc Ornithologique des Iles, p. 445

Saint-Just-Luzac (Charente-Maritime) : Atlantrain, p. 352

Saint-Lary (Hautes-Pyrénées) : Maison de l'Ours, p. 501

Saint-Lary-Soulan (Hautes-Pyrénées) : Maison de l'Ours, p. 502

Saint-Laurent-de-Trèves (Lozère) : Empreintes de Dinosaures, p. 456

Saint-Laurent-du-Var (Alpes-Maritimes) : Parc de Jeux « Sun Loisirs », p. 555

Saint-Léger-en-Yvelines (Yvelines) : Étangs de Hollande, p. 61

Saint-Lô (Manche) : Haras, p. 121

Saint-Macaire (Gironde) : Aquarium Tropical - Musée Régional des PTT d'Aquitaine, p. 467

Saint-Malo (Ille-et-Vilaine) : Aquarium - Exotarium - Musée de Cire « Quic-en-Groigne » - Musée des Poupées - Petit-train - « Le Renard », p. 142 - Patates, p. 563

Saint-Malo-de-Guersac (Loire-Atlantique) : Maison de l'Éclusier - Parc Animalier de la Brière, p. 178

Saint-Marcel (Indre) : Musée d'Argentomagus, p. 327

Saint-Martin-du-Lac (Saône-et-Loire) : Musée des Attelages de la Belle Époque, p. 288

Sautron (Loire-Atlantique) : Parc des Naudières, p. 204

Savigny-les-Beaune (Côte d'Or) : Musée de la Moto, de la Voiture de course et de l'Aéronautique, p. 284

Savonnières (Indre-et-Loire) : Grottes Pétrifiantes, p. 196

Schlucht (Col de la) (Vosges) : Jardin d'Altitude du Haut-Chichelet - Luges d'été, p. 250

Septmoncel (Jura) : Musée du Jouet du Coulou, p. 269

Sergeac (Dordogne) : Village préhistorique de Castel-Merle, p. 367

Servoz (Haute-Savoie) : Musée de la Faune - Musée montagnard, p. 410

Sevrier (Savoie) : Musée de la Cloche, p. 415

Sigean (Aude) : Réserve Africaine de Sigean, p. 521

Sizun (Finistère) : Maison de l'Eau et de la Rivière - Moulins de Kerouat - Parc de jeux de Milin Kerroc'h, p. 160

Sizun (Cap) (Finistère) : Réserve Ornithologique, p. 165

Sochaux (Doubs) : Musée de l'Aventure Peugeot, p. 256

Soluté (Saône-et-Loire) : Musée de la Préhistoire, p. 290

Souillac (Lot) : Musée de l'Automate - Quercyland, p. 375

Soyons (Ardèche) : Ardèche Miniature, p. 441

Spay (Sarthe) : Jardin des Oiseaux, p. 132

Strasbourg (Bas-Rhin) : Horloge Astronomique - Minitrain - Musée Alsacien - Musée Zoologique de l'université Louis-Pasteur - Océade-Aquadrome - Planétarium - Parc de l'Orangerie - Promenades sur le Rhin, p. 223

T

Talmont-Saint-Hilaire (Vendée) : Musée de l'Automobile, p. 212

Tarascon (Bouches-du-Rhône) : Maison de Tartarin, p. 536 - « Tartarinades », « Tarasques », p. 588

Tarbes (Hautes-Pyrénées) : Haras national - Jardin Massey - Musée international des Hussards, p. 507

Tautavel (Hérault) : Musée Préhistorique, p. 474

Thevray (Eure) : Parc de Jeux « Risle Valley Park », p. 110

Thiers (Puy-de-Dôme) : Maison des Couteliers, p. 388

Thionne (Allier) : Parc des Gouttes, p. 325

Thoiry (Yvelines) : Parc Zoologique, p. 65

Thonon-les-Bains (Haute-Savoie) : Promenades en bateau, p. 406

Thouzon (Grotte de) (Vaucluse), p. 542

Tiffauges (Vendée) : Château de Gilles de Rais, p. 216

Tinténiac (Ille-et-Vilaine) : Musée de l'Outil et des Métiers, p. 140

Torche (Pointe de la) (Finistère), p. 166

Toucy (Yonne) : Chemin de Fer touristique de Puisaye, p. 278

Toulon (Var) : Promenades en bateau - Zoo-Fauverie du mont-Faron, p. 549

Toulouse (Haute-Garonne) : Aqualand - Jardin des Plantes - Usine aérospatiale, p. 470 - Violettes, p. 584

Tournon (Ardèche) : Petit Train du Vivarais, p. 441

Tournus (Saône-et-Loire) : Musée Bourguignon Perrin de Puycousin, p. 286

Tourcoing (Nord) : « Pavés », p. 562

Tours (Indre-et-Loire) : Aquarium tropical - Historial de Touraine - Petit Musée du Costume, p. 195

Trégarvan (Finistère) : Musée de l'École rurale bretonne, p. 163

Trégastel (Côtes-d'Armor) : Aquarium, p. 155

Trégomeur (Côtes-d'Armor) : Parc Animalier du Moulin de Richard, p. 152

Treignac-sur-Vézère (Corrèze) : Lac aménagé, p. 328

Trélon (Nord) : Atelier-Musée du Verre, p. 18

Trépôt (Doubs) : Fromagerie-Musée, p. 262

Triel-sur-Seine (Yvelines) : Parc aux Étoiles, p. 66

Trouville-sur-Mer (Calvados) : Aquarium, p. 115

Troyes (Aube) Maison de l'Outil - Musée de la Bonneterie - Musée d'Histoire Naturelle, p. 43

606

Tuffé (Sarthe) : Plan d'Eau aménagé, p. 130

Tursac (Dordogne) : Préhisto Parc, p. 365

U

Ugine (Haute-Savoie) : Musée des Arts et Traditions populaires, p. 414

Ungersheim (Haut-Rhin), p. 234

Upie (Drôme) : Le Jardin aux Oiseaux, p. 435

Uzès (Gard) : Château, p. 450

V

Valencay (Indre) : Château et Parc Animalier - Son et Lumière, p. 190

Val-Joly (Lac du) (Nord) : Lac aménagé, p. 18

Vallon-Pont-d'Arc (Ardèche) : Descente des gorges de l'Ardèche en barque, p. 444

Valmont (Seine-Maritime) : Parc de Loisirs, p. 98

Vannes (Morbihan) : Aquarium - Palais des Automates, p. 174

Vassivière (Lac de) Royère-de-Vassivière (Corrèze) : Lac aménagé, p. 328

Vaux-le-Vicomte (Seine-et-Marne) : Château, p. 59

Velaine-en-Haye (Meurthe-et-Moselle) : Zoo de Haye, p. 246

Vendeuvre (Calvados) : Musée du Mobilier miniature, p. 117

Vendôme (Loir-et-Cher) : « Saintes larmes », p. 574

Verdun (Marne) : Centre Mondial de la Paix - Citadelle Souterraine, p. 40 - Dragées, p. 566

Verdun-sur-le-Doubs (Saône-et-Loire) : Maison du Blé et du Pain, p. 284

Verneuil-sur-Avre (Eure) : Parc Aquatique de Center Parcs, p. 119

Versailles (Yvelines) : Château, p. 63

Verzy (Forêt de) (Marne) : Les « faux », p. 46

Veyrignac (Dordogne) : Château, p. 375

Vichy (Allier) : Pastilles, p. 577

Villars-les-Dombes (Ain) : Le Parc des Oiseaux, p. 298

Ville-sous-Anjou (Drôme) : Musée Animalier, p. 434

Villedieu-les-Poêles (Manche) : Atelier du Cuivre - Fonderie de Cloches - Zoo de Champrépus, p. 123

Villefontaine (Isère) : Parc Animalier du Château de Moidière, p. 420

Villeneuve-d'Ascq (Nord) : Moulins - Musée d'Art Moderne, p. 16

Villeneuve-sur-Allier (Allier) : Arboretum de Balaine, p. 323

Villerest (Loire) : Musée de l'Heure et du Feu, p. 305

Villerest (Lac de) (Loire) : Barrage et Centrale Hydroélectrique - Train touristique de Commelle-Vernay, p. 305

Villerouge-Termenès (Aude) : Festival médiéval, p. 476

Villers-le-Lac (Doubs) : Promenades en bateau, p. 264

Villiers-en-Bois (Deux-Sèvres) : Zoorama européen de la forêt de Chizé, p. 336

Villiers-Fossard (Manche) : Vallée des Oiseaux, p. 122

Viuz-en-Sallaz (Haute-Savoie) : Musée paysan, p. 407

Viverols (Puy-de-Dôme) : Musée Louis Terrasse, p. 391

Vosges (Parc régional des) (Bas-Rhin), p. 220 - « Pastilles », « Vrais bonbons », p. 568

Volvic (Puy-de-Dôme) : Maison de la Pierre, p. 393

Vouglans (Lac de) (Jura) : Promenades en bateau, p. 267

Xonrupt-Longemer (Vosges) : Expo Faune Lorraine, p. 249

Yerres (Essonne) : Centre Aquatique « Le Triton », p. 57

Yves (Marais d') (Charente-Maritime) : Centre Nature, p. 348

Yvoire (Haute-Savoie) : Labyrinthe des Oiseaux - Vivarium, p. 406

Yvré-l'Évêque (Sarthe) : Papéa, p. 131

Aidez-nous à mettre à jour le *Guide de la France des Enfants*. Envoyez-nous vos informations. Vous recevrez un exemplaire gratuit de la prochaine édition si votre information est retenue.

Si vous figurez dans ce guide mais aimeriez apporter une précision ou des informations complémentaires, ou si au contraire vous ne figurez pas mais souhaiteriez être inscrit dans la prochaine édition, n'hésitez pas à nous écrire :

« LE GUIDE DE LA FRANCE DES ENFANTS »
Rédaction : « Espace 2 000 »
11, rue de Javel, 75015 Paris